比较法学文库

高　祥◎总主编

取法人際

天道歸一

二十一世纪变化中的亚洲法律

第二届比较法学与世界共同法国际研讨会
暨亚洲比较法学会成立大会论文集

高 祥◎主编　幸颜静◎副主编

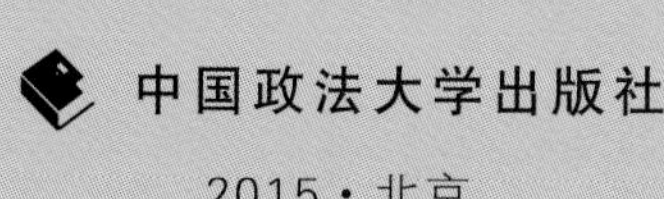

中国政法大学出版社

2015・北京

图书在版编目（CIP）数据

21世纪变化中的亚洲法律:第二届比较法学与世界共同法国际研讨会暨亚洲比较法学会成立大会论文集/高祥主编.—北京:中国政法大学出版社，2015.1
ISBN 978-7-5620-5700-0

Ⅰ.①2… Ⅱ.①高… Ⅲ.①法律－亚洲－文集 Ⅳ.①D93-53

中国版本图书馆CIP数据核字(2014)第271952号

出版者　中国政法大学出版社
地　址　北京市海淀区西土城路25号
邮寄地址　北京100088信箱8034分箱　邮编100088
网　址　http://www.cuplpress.com（网络实名：中国政法大学出版社）
电　话　010-58908524(编辑部)　58908334(邮购部)
承　印　固安华明印业有限公司
开　本　720mm×960mm　1/16
印　张　27
字　数　480千字
版　次　2015年1月第1版
印　次　2015年1月第1次印刷
定　价　59.00元

总 序

高 祥 *

法治是现代社会文明的标志与基石。良好的法治需要完备的法律制度及其落实的良好氛围。比较法的目的与使命在于通过对不同法域间的法律制度、法律文化和法律体系的比较研究，深化人们对这些法律制度、法律文化和法律体系的认识，了解世界法学发展的动态、法律发展的趋势，进而择善而从，完善已有的法律制度和法律体系，为人类的共同文明与进步服务。

信息化与全球化使得我们所处的世界正在变得越来越小，使得不同法域间的人们的交往越来越频繁、关系越来越密切，彼此间需要了解对方的法律制度和法律文化的要求越来越迫切、内容越来越详细，从而使得比较法在现代法治建设与人类文明进步中的功能越来越明显，作用越来越大，任务越来越重。

在中国法制现代化的过程中，比较法发挥了非常重要的作用。通过研究和认知域外法律制度、法律体系与法律

---

* 中国政法大学比较法学研究院院长。

文化，使得中国法学界能够迅速和充分地了解这些制度，使得中国的法律体系能够在学习和借鉴域外相关法律制度的基础上很快建立起来。虽然中国的法制建设已经取得很大成就，但离现代法治的要求仍有很大距离。在中国法制建设的进程中，比较法仍然具有无限的发挥空间。

中国政法大学比较法学研究院是在整合原中国政法大学比较法研究所、中德法学院和中美法学院三个教学科研院所的基础上成立的，是目前中国高校和科研机构中惟一以比较法学为中心的专门的教学科研机构，聚集了一批优秀的比较法人才。其成立的目的是为了适应信息化与全球化以及中国法制国际化与现代化的需要，构建以比较和研究中外法律制度为目的的比较法学研究的平台，力争巩固其在国内比较法学研究领先地位的基础上达到世界先进水平，从而更好地为中国的法制建设和社会进步贡献自己的力量。

为了完成其光荣使命，中国政法大学比较法学研究院开展了丰富的教学科研活动。这些活动中形成的各种学术成果均蕴藏着比较法教学与科研的最新成果与思想财富，颇具学术价值，非常值得整理出版。这些成果若以单本出版发行，难见系统，编为文库出版，方能相得益彰，蔚为壮观，既便于研读查考，又利于文化积累。

《比较法学文库》能够顺利出版，需要感谢的人很多。但特别需要感谢的是山西联盛能源集团及其董事局主席邢利斌先生，是其慷慨解囊使得中国政法大学比较法学研究院能够设立联盛比较法基金，并对本文库的出版给予资助。

前　言

比较法学重在梳理各国法律产生和发展的历史和文化背景，研究各国各部门法的移植、借鉴、融合的可能性以及这种融合的合理程度、范围和进程，寻求法律一体化的有效途径。随着世界经济一体化进程的加快，中外法律文化的交流日益密切。在这种时代背景下，比较法学在世界各国法律文化和法律实务中的地位和作用已不可取代。在一定程度上，一个国家比较法学的发展水平，已成为反映其法学学术水平以及其在世界法律文化交流中的地位的重要标志。

中国政法大学比较法学研究院拥有中国国内最大的比较法学术团队，以推进比较法学与世界共同法研究的国际学术交流与合作，提升国内比较法学与世界共同法研究的学术水平为己任。为此，中国政法大学比较法学研究院除本身致力于比较法学的研究之外，还计划每两年举办一次国际性的比较法学研讨会；以帮助国内外学者了解世界各国比较法学的最新动态和发展趋势，促进比较法学科的可持续发展。至今，中国政法大学比较法学研究院已成功举办两届比较法学国际研讨会。

继2011年“当代法律交往与法律融合——第一届比较法学与世界共同法国际研讨会”成功举办后，“第二届比较法学与世界共同法国际研讨会暨亚洲比较法学会成立大会”于2013年9月27日至28日在北京成功举行。此次会议的议题是“二十一世纪变化中的亚洲法律”，来自澳大利亚、德国、希腊、印度、意大利、日本、俄罗斯、瑞士、美国、中国等国家和地区的近八十名专家学者在为期两天的会议中，就法律翻译、法律全球化背景下比较法研究的范式转换、人性与法、宪法中人的形象、中欧知识产权法的比较、隐私权的保护、法典编纂、法律移植、民法商法的法源比较、电子商务中的国际法等法律问题展开了深入的交流和对话。本次会议的论题及发言主要以对亚洲地区法律的评介、比较及研究为主，对亚洲以外其他地区的法律亦有探讨；范围涉及比较法学的基本理论以及比较公法和比较私法等领域。

此外，本次会议的另一项重要议题是宣布成立“亚洲比较法学会”。“亚洲比较法学会”是一个团结和联系亚洲和世界比较法专家学者开展国际学术交流与合作的学术组织，正如中国政法大学校长黄进所言，“亚洲比较法学会”的成立，将有利于促进亚洲比较法学的教学和研究，提高亚洲比较法学的学术水平，有利于亚洲法学更好地走向世界、世界更好地了解亚洲。

本书收录了“第二届比较法学与世界共同法国际研讨会”上各国比较法学者在会议上的发言、观点及所提交的论文，而“第一届比较法学与世界共同法国际研讨会”论文集——《当代法律交往与法律融合》已于2013年出版。出版研讨会论文集的目的是为了保存各国比较法学者的最新研究成果和独到的学术见解，为比较法学科的后续研究提供宝贵的资料。

目录

第二部分　比较法总论

第四部分　比较私法

第一部分

嘉宾致辞

欢迎辞

高　祥 *

尊敬的各位来宾、各位朋友、女士们、先生们：

大家上午好！

由中国政法大学比较法学研究院主办的“第二届比较法学与世界共同法国际研讨会暨亚洲比较法学会成立大会”现在开始。我是中国政法大学比较法学研究院院长高祥。这场由我来主持。我谨代表中国政法大学比较法学研究院对各位的光临表示最热烈的欢迎和最衷心的感谢！

首先请允许我介绍一下今天到会的各位国内外嘉宾（略）。

下面，我简单介绍一下我们这次会议的意义和目的。中国政法大学比较法研究院应该是目前中国高校和科研机构中唯一一个专门从事比较法研究的教学科研机构，人数应该是在中国最多的，也许在国际上也是最多的，因为我没有对国际上的相关机构的人员进行详细了解。我们的人员素质优良、朝气蓬勃，现在一共有 45 位教职员工，绝大部分的教师都有博士学位，有一半以上的教师是在国外拿到的博士学位。我们的目标是力争在国内领先的基础上达到世界先进

* 中国政法大学比较法学研究院院长、教授、博士生导师。

水平。我们中国政法大学的办学目标是建成一个开放式、国际化、多科型、创新性的世界性大学，我们比较法学研究院要做在此过程中的排头兵。我们想把这个比较法与共同法的会开成一个系列的会、品牌的会，所以我们在2011年举办了第一次会议，这是第二次。

这次会议的另一个议程就是成立亚洲比较法学会。亚洲比较法学会由三个机构组成：一个是理事会，它是决策机构；另一个是行政理事会，是执行机构；还有秘书处。我们昨天晚上召开了理事会，请我们尊敬的江平教授担任理事会主席，请尊敬的刘飏女士担任名誉主席，现在一共有23位专家、学者。我们这不是一个固定的模式，将来还会继续增加学术理事会成员。成立亚洲比较法学会是希望给各国比较法学者搭建一个互相交流的平台，希望通过这个学会的成立使大家能够更好地沟通。

致　辞

黄　进*

尊敬的各位嘉宾、各位专家学者、各位同事，女士们、先生们：

大家上午好!

两年前的9月，也就是这个月的最后一个周末，我们在北京召开了“第一届比较法学与世界共同法国际研讨会”。那次会议的主题是“当代法律交往与融合”，与会学者就当代世界法律文化的交流与实践、当代法律体系的格局与融合、世界共同法的形成与发展以及中国法律文化在世界法律文化中的地位与贡献的议题进行了深入的对话和交流。可以说上次的会议开得非常成功，我们取得了丰硕的成果，这次是第二次会议。

时间也过得真快，一晃两年就过去了，今天我们很高兴在这秋风送爽、丹桂飘香的季节，又与许多熟悉的老朋友相聚在这里；另外我们还欣喜地看到，这次会议又来了不少新朋友；借此机会，我代表中国政法大学对这次会议的成功举办表示热烈的祝贺，对各位嘉宾、各位新老朋友莅临会议表示热烈的欢迎。

---

* 中国政法大学校长、教授、博士生导师。

大家知道，随着国际交往日益频繁和深入，我们共同生活的地球村越来越小，在这个村庄里并存着多元文化之间的相互影响和交融，无论是其广度还是深度都超过了历史上的任何时期。在这样一个背景下，我们这些以法律文化为研究对象的当代法律人就不仅应该具有本土情怀，而且应该具有国际视野；不仅应该知晓本国法律与他国法律之间的异同，而且应该知晓这些异同的由来；不仅应该致力于建立一国的公平正义的社会秩序，而且应该致力于建立人类的持久和平。而比较法作为一个非常特别的法律学科和通用的法律研究方法，恰恰可以启发我们法律人的心智，促进不同法律文化的交流，指引我们共同建造一个善良与公正的殿堂。我想我们今天这个会议就是再一次给这座殿堂添砖加瓦。

中国政法大学成立于1952年，至今已有61年历史，中国政法大学长期以来重视比较法学的教学与研究工作，我们今天在座的江平教授、潘汉典教授都是我们中国政法大学乃至中国比较法教学和研究的开拓者。我们不仅设立了一个拥有三十多位中外专家学者的比较法学研究院（这个研究院有来自澳大利亚的专家，也是我们的专职人员），而且还建立了比较法学的硕士、博士、博士后研究项目，大力开展比较法学的人才培养和科学研究，我们还出版了《比较法研究》杂志。应该说迄今为止，中国政法大学比较法学研究院是我们中国高校科研机构当中唯一一个以比较法学为中心的专门的教学科研机构。

所以，今后我们中国政法大学将继续以比较法学研究院这一机构作为我们的龙头、骨干，来更好地与世界各国和各地区开展多形式、多层次的法学学术和法律文化的交流，促进比较法学的发展与繁荣。

另外，大家肯定注意到，本次会议还有一个非常重要的内容，那就是正式成立“亚洲比较法学会”，这是一个团结和联系亚洲和世界比较法专家学者、开展国际学术交流与合作的学术组织。我相信这个具有里程碑意义的学术事件必将有利于促进亚洲比较法学的教学和研究，提高亚洲比较法学的学术水平，也必将有利于亚洲法学更好地走向世界，世界更好地了解亚洲。我相信在这个新的平台上无论是我们之间的法学的交流与合作，还是我们之间的深厚友谊，都会进一步地深化，都会开出鲜艳的花朵，结出丰硕的成果。

最后，预祝大会取得圆满成功！

谢谢大家！

致　辞

程家瑞 *

主席先生，黄进校长，刘飚女士：

我作为刚刚成立的亚洲比较法学会的秘书长，非常荣幸地给大家简要介绍一下相关的背景以及这个新的研究会的宗旨。

我们都知道亚洲地域非常广大，而且有非常强的多样性，有各种各样的法律体系，这些法律体系当然和各个国家的社会背景是一脉相承的。如此强的多样性、如此多不同的法律体系的现实在历史上可能会妨碍亚洲各国走到一起，团结在一起。新成立的亚洲比较法学会在以后将会致力于克服国家之间的边界构成的障碍，也就是要克服不同的法律体系所造成的障碍，这就意味着我们将会启动一系列的活动，包括开展研究项目和组织亚洲各国之间的合作，从而让亚洲各国能够更紧密地走到一起，相互之间更加了解。

昨天晚上亚洲比较法学会的成员通过了理事会《章程》。《章程》第 3 条指出，亚洲比较法学会致力于组织关于比较法学的学术会议以及安排相关的学术论文的发表，促进比较法学的相关研究和文献的形成，并且致力于打造一个

---

* 台湾东吴大学教授。

有利于比较法学研究的学术氛围。

女士们、先生们，亚洲可以说是世界的中心，不光是政治、经济、商业或者是文化意义上的中心；我们希望在以后还会形成一个更为统一的法律体系，这也是我们努力的目标，而且一系列的国际组织也在开展相关的工作。今天很多的国际组织也到场了，包括国际统一私法协会，他们在这方面也做了很多工作，还有联合国国际贸易法委员会也做了大量的工作，促成了法律的统一尤其是商法的统一和协调。对亚洲国家而言，我们希望新成立的亚洲比较法学会也会竭尽全力让亚洲的学者能够更为紧密地团结在一起，形成一种新型的亚洲的团结关系，以解决我们面临的主要挑战，不光是法律领域的挑战，也包括与法律秩序相关的其他领域的挑战。

我等会儿会请高祥教授介绍相关的情况，他刚刚当选为亚洲比较法学会的行政理事会秘书长，我就不多说了。我想在最后从个人的角度向所有的来宾表示感谢，尤其是国外来宾，因为你们从罗马、新德里等地方来到中国真的是千山万水，非常感谢！希望我们今后的工作能够继续得到你们的支持，也非常希望和政府间的国际组织继续合作，我相信我们这个学会会在最短的时间内履行自己的使命。

谢谢！

致　辞

刘　飏 *

各位来宾，各位专家学者，女士们、先生们：

在这秋高气爽的美好日子里，“第二届比较法学与世界共同法国际研讨会暨亚洲比较法学会成立大会”在这里隆重举行，我很高兴能够代表中国法学会对本次会议的召开表示诚挚的祝贺。

以1900年巴黎会议的召开为标志，比较法学科正式诞生，距今已经有一百多年的历史了；但是相对于刑法、民法等其他学科，我们这个学科还显得比较年轻。这些年我们见证了这个年轻学科的茁壮成长，也可以毫不谦虚地说，现在这个学科在中国已经从一株幼苗成长为一棵枝繁叶茂的参天大树，而且生机无限。

法治是我们人类文明的一个共同成果，多元的法律文化、法律制度、法律体系需要相互之间的了解、认知，也需要彼此学习和借鉴。特别是在经济全球化和区域经济一体化深入发展的大趋势下，法律在促进国家关系的和谐发展，构建更加公正、合理的国际政治经济新秩序等方面的作用日益凸显；这就需要我们各国法学学者和法律工作者要进行广泛

---

* 中国法学会常务副会长。

的对话和交流，充分地关注彼此的法治进程，正确地理解彼此的法律制度和法律理念。我想要做到这一点，我们比较法学者就扮演着法律文化使者这样的一个重要的角色，肩负着不可替代的光荣使命。

记得1990年在北京举办的亚运会的主题歌叫作《亚洲雄风》。现在应该说亚洲正在雄起，亚洲国家在国际舞台上也发挥着越来越重要的作用。而加强亚洲国家法学法律界这样的一个研究合作，加强亚洲国家与世界其他区域法学法律界的对话与交流，从而加深了解、增进互信的需求，就显得越来越迫切。我想在这个时候成立亚洲比较法学会不仅是必要的，而且正当其时，我们对这个学会充满了期待，并且也寄予厚望。

中国法学会作为中国法学界、法律界的一个学术团体，促进国际和区域间的法学法律交流是我们非常重要的一项职责，所以我们今后一定要以亚洲比较法学会这样的一个新的平台来积极地支持和参与组织多领域、多学科和多地区的法律交流和研究活动。刚才主持人也给了我一个荣誉称谓，是名誉主席，我深感荣幸。我表个态，今后要做好服务工作，为大家服务好。希望通过我们共同的努力，通过我们自身的行动来广交朋友，使亚洲这些国家的法学法律界能够团结在一起，为实现人类的共同繁荣和世界和平做出应有的贡献。

祝大会取得圆满成功！谢谢！

致 辞

Renaud Sorieul *

各位女士们、先生们，各位尊贵的嘉宾：

我非常高兴并且非常荣幸能够再次来到北京，能够在这里见到我的老朋友并且结识一些新的朋友，在这个场合我特别愿意代表联合国国际贸易法委员会来致辞。

你们知道，我们联合国国际贸易法委员会应该说是非常知名的，所以我仅非常简要地给大家介绍一下我们委员会：它属于联合国下的常设机构，主要目的是能够在全球范围内对商法进行协调和统一。

在这里我不打算非常详细地给大家介绍我们的主要目标究竟是什么，因为坐在这里的学者都非常了解这个领域，也知道在整个私法的协调统一及我们的实体法统一的进程当中，我们做了很多工作，比如说起草了一些法律规范，我们也希望在全球范围内尤其在商法的范围内对法律的统一和协调方面能够做出一些努力。这是我们主要的目的，但如果想要达到这一点必须能够从所有的国家、地区和所有法律体系的代表和学者当中汲取力量，并且进行合作。

当然，应该说我们想要做的这件事是非常野心勃勃的。

---

* 联合国国际贸易法委员会秘书长。

在过去的几十年当中我们做了很多努力，并且有了一定的成绩，有些成绩是非常令人鼓舞的，无论在中国还是亚洲地区或在世界地区都是如此。

在这个进程当中如果想要通过一个新的法律，想把各个法律体系之间的障碍和不同消除，很显然，我们无论用什么样的方法，首先要用的就是比较法。我们并不是一个学术机构，但是就我们的组织而言，我们大量地运用了比较法学者的成果以及比较法方面的一些文件，特别是关于整个比较法在全球的发展。因为大家能够很容易地理解，如果整个法律体系想要进行一个协调统一的话，最重要的就是对于各个法律体系要进行比较，要理解各个法律体系之间的不同点和共同点，这些不同是不是能够通过我们的努力消除，这样的话只有通过对比较法的了解才能够做得更好。所以，从这个角度而言，就我们的组织而言，我们是比较法学者的成果的受益者。因此在我们工作的过程当中，我们特别愿意和各国的比较法学者进行很好的联系，我们也非常高兴能够看到亚洲比较法学会的成立，因为我们又有了一个新的舞台，这也给我们带来了新的希望，对于整个的法律进程带来了一丝新的希望，能够让我们做得更好。

我在做结语之前想说，作为一个组织，我们特别愿意能够做出一些立法的模板和范式，这样的话能够让世界的许多其他地区进行一些借鉴，在这个过程当中，就如我们所说的一样，希望各国比较法学者进行配合。另外，我们也要对于各个不同私法体系的立法者进行一些游说工作，要告诉他们为什么我们设立的模板对他们是适合的，采用之后是不是可以更好地融入世界经济等，我们也必须要分析各个国家的不同。所以，我们的这个合作是从学会的级别到一个地区和国家的级别，到最后是在联合国的像我们这种的级别，我们也特别希望这种合作能够使整个的联合国的机构都受益，也特别希望新的亚洲比较法学会提出非常好的意见和建议，让我们更多受益。我们也特别希望亚洲比较法协会今后也能够召开类似的像今天这样的研讨会，这个研讨会非常有意义，有这么多著名学者参与，能够共同地来探讨亚洲法律一些新发展和中国法律的新发展，这样的话我们才能有一个非常平衡的视角，在全球我们所进行的立法尝试中也能够了解更多。

最后非常感谢主办方，衷心希望此次会议取得圆满成功！谢谢！

致 辞

何勤华 *

尊敬的各位中外来宾：

大家上午好！

首先我代表华东政法大学对本次会议的召开表示热烈的祝贺！亚洲比较法学会的成立意义非常重大。近代以来法学中的各个学科几乎都发源于西方，比如宪法、行政法、民法、商法、刑法、诉讼法、国际法等；但比较法有点例外，它有两个发源地，一个是法国，一个是日本，法国发展起来比较法的体系和组织，日本发展起了比较法的核心概念及法系的概念。

1881 年，东京大学教授穗积陈重先生在世界上首次提出了“法律家族”的概念，并阐述了世界五大法律家族的理论，这可以说是最早的法系理论。因此，近代比较法既发源于西方，也发源于东方及亚洲。中国自近代从日本引入比较法的概念和研究体系以后，比较法的发展也非常快，在民国时期就出版了十多本比较法的专著。这次我受商务印书馆的委托，已经把这十多本民国时期比较法的著作出版了，今年 12 月准备和商务印书馆举行一个首发式，届时将邀请各位

---

* 华东政法大学校长、教授、博士生导师。

嘉宾参与并指教。

新中国成立以后尤其是1978年改革开放以来，我国的比较法研究发展很快，出现了潘汉典、沈宗灵、江平、刘兆兴、倪正茂、朱景文、米健、高鸿钧、梁治平、贺卫方等一大批著名学者，推出了一大批成果，如江平和刘兆兴先生主编的《比较法在中国》等。我本人也在北京大学出版社和法律出版社分别主编了《外国法和比较法》文库和《比较法文丛》两套丛书。目前比较法的研究在日本、韩国、中国都呈现出一个繁荣的局面，在这样的形势下由中国政法大学、东吴大学等发起成立亚洲比较法学会，我认为是非常合适的，我相信这个学会一定会大有作为，必将为推动比较法以及世界共同法的发展做出贡献，我也愿意为这个事业做出我个人的努力。

谢谢大家!

致　辞

Rahmat Mohamad *

尊贵的嘉宾、女士们、先生们：

大家上午好！

现在请允许我利用这个非常好的机会来代表我们亚非法律协商组织，当然也代表我自己来感谢主办方中国政法大学能够邀请我到这里参加此次盛会，我当然也愿意看到我们中国政法大学比较法研究院能够在这里召开如此重要的会议，同时来研究非常重要的话题即"比较法以及世界共同法"。此次参加盛会的学者和专家都是我们比较法方面和世界共同法方面的专家，他们能够影响整个世界的法律进程。

我们亚非法律协商组织是一个政府间组织，亚洲和非洲的 47 个国家都是这个亚非组织的成员。大家可能对这个组织不是特别熟悉，它是在 1956 年成立的，1955 年我们在"不结盟运动"之后做好了要成立这一组织的准备，最后是在印度的新德里成立的；当时也是我们印度的领导人认识到这方面的合作必须要加强，同时刚刚独立的这些亚非国家必须要能够在法律的领域在第三世界国家组织起一个很好的法律组织来表达自己的声音。我觉得我们这个亚非组织主要的

* 亚非法律协商组织秘书长。

目标已经实现了一部分，那就是能够不断地进行国际法研究的促进工作，还有国际法法典的编纂工作。我们认为这个组织开始能够为亚非第三世界的国家提供一个很好的平台来表达自己对于国际法的想法。

当然，我们的理念是要促成国际法，包括国际公法和国际私法的发展，我们的组织所涉及的主题是方方面面的，包括人权、环境、贸易，因此我们具体地与各种国际组织包括联合国国际贸易法委员会、国际统一私法协会和其他组织合作。谈到比较法这样一个话题，我们也希望与国际法比较法相关的机构加强联系。我非常荣幸，能够成为非常尊贵的亚洲比较法学会的一名创始成员；我也期待着和各位进行合作，密切地开展工作，从而让新成立的亚洲比较法学会能够取得成功，我也希望我们的合作非常顺利，富有成效。

的确，我们有非常强烈的需求，需要我们组织的各个成员国，也就是这些来自于非洲和亚洲的国家提供自己的意见，尤其是如何协调各个国家的法律。这点也是刚才联合国国际贸易法委员会秘书长提到的一项重要的工作，就是国际法与国内法的协调，也就是说先在国家这个层面上提供意见，然后能够更好地在国际层面上促成各国法律之间的协同和法典化。

祝贺大会圆满成功!

致　辞

潘维大 *

尊敬的各位中外贵宾：

本人应邀参加“第二届比较法学与世界共同法国际研讨会”暨亚洲新的区域组织——亚洲比较法学会成立典礼，感到莫大荣幸！

在过去的十年中，我们看到亚洲国家与法学界成立亚洲国际法高等研究院之后，再度以研究比较法为主旨所成立的区域组织即亚洲比较法学会。这两个组织都与东吴大学法学院有直接的关系，前者是由东吴大学法学院的前院长程家瑞教授所推动，联合厦门大学于2005年在海牙国际法院而成，今天又是程教授联合中国政法大学而成。

东吴大学法学院自1915年创立于上海，即亚洲第一所比较法学院；而当前在台湾仍维持其传统的五年比较法的教育体制。今天，新的比较法研究院又设在中国政法大学，而中国政法大学又是中国大陆地区首屈一指的法学最高学府，可以说是相得益彰，特别值得庆贺，使亚洲比较法学教育在两校密切合作下迈向新里程。

我们知道，经济全球化带动全球各领域走向个别领域的

---

* 台湾东吴大学校长。

全球化，亚洲国家无论从地理、历史、政治体制、法律制度、经济、社会结构、文化传统、宗教信仰、种族方面均属多元文化。亚洲比较法学会的成立有助于彰显对亚洲各国间法律体系的认知，有助于大幅度地提高并建立亚洲各国家与地区间的合作关系，作为比较法核心基地之一的东吴大学，必定会全力支持这一新的亚洲区域组织。

我们衷心预祝亚洲比较法学会成为推动亚洲国家比较法研究的重镇，带动亚洲国家比较法的研究，进而促进亚洲地区的和平与繁荣。谢谢！

致　辞

Alberto Mazzoni *

我非常荣幸接受邀请参加这次盛会，并且还有发言的机会，而且非常荣幸能够见证亚洲比较法学会的成立。但我也感到有点吃惊，因为我觉得好像我没有资格在开幕式上致辞，但却给了我这个机会，我没有准备，我尽量不犯错。

的确，这次会议非常重要，我们通过这次会议进行的对话能够促成不同的法律体系、法律文化之间持续的沟通，而且这种沟通会日益成熟，达到一个更高的发展水平。我们在这里聚会也体现出我们之间的密切联系。我所在的国际统一私法协会也和大家保持着密切联系，我们协会成立于 20 世纪 30 年代，在当时盛行的法律文化也就是绝大部分的国家当时所采用的法律文化，奉行的思想就是各个国家自己的法律。

所以，我们协会的理念就是希望通过比较法研究、比较法立法，比如通过公约起草或者是立法模板的制定，能够促成各国法律的融合，这是我们的使命，而且这个使命没有发生变化。我们后来也看到像国际公约或者其他的法律需要我们做出很多的努力，但是这些公约往往并没有取得成功，所

* 国际统一私法协会理事会主席。

以我们也就意识到需要进一步加强法律的协调，从而保证法律的实施。比如仲裁员、法官、法律实践者，对于他们而言有一点非常重要，就是他们所创设的法律一定是要有很高的质量，而且要在很高的程度上进行协调，从而在现实世界中有实际的作用，否则的话法律规则就没有效果。

因此，国际统一私法协会一直致力于从事各种项目，这些项目通过制定原则来指导现实世界中的立法活动，而且这种活动不见得需要政治上的共识，不需要通过议会的斗争仍然可以实现法律的统一和协调，其中这些原则就包括国际统一私法协会关于商业合同的原则，这是我们明天会具体详细探讨的一个专题，这些原则就像刚才我提到的那样，非常重要；这些原则也凸显了国际统一私法协会在新的时代赋予自己的使命，也就是要更好地致力于在当代世界发挥作用。

作为一个致力于促成法律统一的机构，我们有这样的使命，比较法研究当然不会消除法律的多样性；所以我们还有另外一个宗旨就是通过比较法的研究，能够更好地了解不同的法律体系之间的差异，不见得是要消除这些差异。所以我们还有另外一个目标，就是进一步了解不同的法律之间的差异，以及通过相应的国际文书，不光是国际公约，或者是法律模板，通过其他的国际文书或者相应的法律原则能够在差异中寻找共性。

我想再次表达对你们的谢意，感谢给我这个参会的机会，我想致以诚挚的祝愿！谢谢。

致 辞

John C. Heitz *

非常感谢，我很荣幸来到这里，就我个人而言能够受邀参加这次会议非常高兴，我也带来了美国比较法学研究会的祝愿，我现在是名誉会长。这个学会是美国从事比较法研究的最为受人尊敬的学会，历史非常悠久，我们的会员构成有很强的灵活性，所以我们的会员也是非常丰富的，有各种各样背景的个人参加我们的学会。

在我加入美国比较法学研究会的最初那几年，我还是一个年轻的学者。当时在美国有这样一种看法，就是美国非常偏爱欧洲，这点的确是有道理的，因为你看美国的历史，大部分美国人，尤其是前几代人在学习比较法的时候，基本上都师从于那些从欧洲逃离到美国的学者，所以也是在以他们的视角看问题，而且欧洲的语言也是我们美国人更容易学习的，当然可能很多人对中文非常感兴趣，但太难了，不好写。

时过境迁，我想说在今天美国的比较法学界不再存在这种对欧洲的偏好，当然欧洲还是很重要，但亚洲也非常重要，亚洲也有自己非常重要的位置；尤其是很多美国的年轻学者都学会了亚洲的语言，而且他们也对亚洲国家的法律进

---

* 美国比较法学会名誉会长。

行专门研究，比如中国和日本的法律。所以现在美国这一代比较法研究的学者远远超过了前面的学者，这也凸显了亚洲的重要性。所以我非常高兴看到亚洲比较法学会的成立，我也代表美国比较法研究会向大家致以最诚挚的敬意。

祝愿这次会议取得成功！谢谢！

致　辞

刘兆兴 *

尊敬的黄校长，尊敬的高院长，尊敬的中外各位专家、学者，各位领导：

第二届比较法学与世界共同法国际研讨会暨亚洲比较法学研究会的成立是2011年召开的第一届国际比较法研讨会之后的又一次盛会。在此，我代表中国法学会比较法研究会向会议表示衷心的祝贺！

一百多年来，中外许多比较法学者都在研究比较法学与世界共同法的问题，同时对世界共同法的概念和范畴诸问题有不同的解释。其中一种狭义解释即普通法，是指不同国家和不同地区普遍认可和普遍适用的世界性法律，是指朗贝尔提出的文明人类共同法，即共同法或普遍法；并且期望通过比较法学把地方性法律和普遍性的自然法学相融合，以实现文明人类共同法。这个问题在2002年的国际会议上又被重新提出来。我们跨越世界共同法、普遍法历史发展的不同阶段，在当代世界经济全球化、法律全球化发展趋势下，世界共同法的内涵和具体应用越来越显现，当今世界超越主权国家的联合体通过部分主权让渡，产生了在全球范围内的各种

* 中国比较法学研究会会长。

法律及其适用的机制，而且不断增强和具体化，法律全球化体现出全球范围内的法律理念、法律价值观、法律制度、执法标准及其法律监督机制的趋同化，在坚持国家主权原则下，在某些区域和全球范围系统地体现出趋同化和一体化的共同法性质。

当今世界出现了各种法律，随着全球化和法律化的发展，超国家实体组织和网络所起到的功能跨越了作为一个实体存在的民族国家的界限，具有广泛的世界法律前景，同样包括各种形式的非国家法。当今世界各国不单在民事法律、刑事法律，而且在私法领域里面的商法等方面已经早就远远超越了国界，具有世界范围内的适用性，也就是说体现出国际化是最容易形成世界统一法的。

在公法方面，国际统一化发展方向不是指运用一种相近的或相似的法律规范，而是指具有相同或相近的价值观和法制精神。行政法、刑事法律特别是行动立法诸多立法精神原则所运行的程序等都取得了许多方面的一致性，如打击犯罪等等。还有技术性的特别是技术各方面的法律法规，都充分体现出各国和地区法律制度之间的许多共同性和人类面临的需要不断解决的许多共同性问题，都体现出具有国际统一性的文明人类共同法的性质和发展方向。与此相适应，我们当代比较法学研究必须转换传统性的、长期在世界范围内单一研究的范式。所以世界共同法的内涵、范围和具体应用应当在这方面不断地扩展。

第一，当今世界不同的法律体系充满了多样性，在特定的法律体系中有多元因素，所以我们应该研究当今世界的多元化，在传统的法系里面应当加入混合法系，因为法系都呈现出二元性或多元性的性质，许多传统型的混合法系国家和地区都有其各自公法制度和私法制度以及法律职业等等。所以说不能以旧的视野，即只是从法系方面进行研究。

第二，我们应该注意到，当今世界不同法系和法律体系的多样性，在特定的法系体系格局多元因素的情况下，构成了不同法律体系之间多方面的相似性和差异性。正如美国法学家乌戈马太所说的“隐藏着一种有效原则的共同核心”，因此找到意图掩盖着的共同性，是我们比较法学家面临的任务。任何一个民族国家和地区的法律都有其特殊的文化，我们应当在承认和进行多层面研究的同时，不断研究不同民族存在的法律文化，进行差异比较研究时需找其深层面的共同核心，这就是对多元的法律文化进行多视角的比较研究。

第三，要充分发挥和超越功能比较的功能，但是有一个观点需要说明一下，应从同一性角度找出相对应的相近功能的法律制度进行功能比较，来解决人们共同存在着的实际问题和社会需求，形成人类普遍的法律价值。

第四，比较法研究必须与其他学科相结合，例如与社会学、人类学结合，比较法学的功能与社会实践相结合，达到将法律理解为社会中的规范治理效果；运用哲学理论研究方式，更从纵深的层面上促进比较法研究的深刻性；与政治学研究紧密结合，对法律生成的政治体制比较会更全面地认识被比较法律和法律体系诸方面的深刻根源；对法律的多维视角研究，对私法的比较、法律职业的比较更是当今世界法律和制度改革比较研究的重要方面。

第五，以全球化的视野建立多极化的比较法研究领域。我特别同意刚才美国的比较法学会的那位教授所讲的，我们要超越两大法系的限制，超越欧美中心主义，要克服以欧美学者为中心的狭隘局面，我们并不是说不研究，但过去这种重点在欧美的情况已经偏离了各大洲特别是亚洲，还有非洲法律，像伊斯兰法律在五十多个伊斯兰国家里面有许多各自不同的伊斯兰法，过去对伊斯兰法研究得不太够。

另外，要消除各种狭隘的民族偏见。

各位中外专家学者，我们中国比较法学自中国改革开放的三十多年来有了举世瞩目的长足发展，中国法学会比较法学研究会作为团结和联系全国各高校和科研机构比较法学专家及学者的学术团体，在自1990年成立以来24年中对推动中国比较法学发展起到了一定的组织作用，特别是该会的前会长沈宗灵教授（已经过世），还有江平教授以及潘汉典教授等，对我国现代比较法学发展起到了奠基作用，做出了杰出贡献；他们引领我国一大批中青年学者共同发展了中国比较法学。我愿向与会专家学者介绍关于中国比较法学几十年来在各方面的发展状况和学术成果、争鸣及诸方面的学术团体，我撰写了一篇文章刊载在今年3月英国牛津大学出版的《比较法》的中国专题中，请大家参阅。我这个研究会的团队九年多来一直遵循着我国著名法学家沈宗灵、江平、潘汉典教授和其他老一辈法学家的比较法学思想和教诲。

各位中外专家学者，本届国际研讨会是由中国政法大学比较法学研究院举办的，中国政法大学比较法学研究院是我国比较法学教学与科研的骨干力量，也是中国比较法学会的重要成员，在校长黄进教授的直接领导下，比较法学研究院院长高祥教授是我会副会长，在短短的几年间取得了显著成就，并且与国内外许多同行有紧密的学术交流与科研合作，本届国际学术研讨会承蒙他们的邀请，对此我再一次由衷地感谢黄校长、高院长以及付出辛勤劳动的其他亲爱的法大的教师们、同志们，祝大会取得圆满成功！

致辞

Faizan Mustafa *

尊敬的各位嘉宾、各位同事，女士们、先生们：

我要代表印度大学热烈地祝贺会议主办方能够成立亚洲比较法学会。我们印度总共有六百多所大学，这些大学有的是科技方面的，比如 ICD 方面，有的是医药方面的，当然也有一些法律大学。

我们印度的这些法律大学都是在印度司法部的领导下进行工作的。我们总共有 40 个法律大学，当中都提供了比较法的教学。我们也特别高兴能够成立这样的亚洲比较法学会，我们也特别相信它今后对于我们印度大学在比较法方面的一些研究也能够提供一些帮助。我们也特别希望亚洲比较法学会的成立能够给我们印度大学提供一些合作和交流的机会。

现在我们的确需要加强关于比较法方面的研究，像最高法院，印度最高法院和欧洲、美国以及亚洲其他的国家进行了很多的交流，但有一部分是缺失的；比如现在中国已经成为印度最大的贸易合作伙伴之一，但我们对中国的法律几乎一无所知，中国对于印度可能也是如此。所以，就这一点而

---

* 印度国立法律大学校长。

言，我们在做比较法研究的时候必须要能够彼此看一下亚洲的这些合作伙伴之间的法律体系究竟是怎样的，并且更进一步，我们要看整个私法体系是如何运作的。所以我认为我们在亚洲方面的法律合作必须要进一步加深，因为亚洲将最终是世界的中心。

在此我对亚洲比较法学会的成立表示祝贺！我相信它会大有所为。谢谢！

致　辞

江　平 *

祝贺亚洲比较法学会成立！

当今亚洲的情况可以用两句话来概括，一句话就是大国兴起，这标志着亚洲国家在世界格局中的政治地位加强了。第二句话就是矛盾加剧，这表现在西亚方面很明显是战争不断；中亚也不安宁，也有不断的矛盾和冲突；东亚政治冲突也越来越强。

在这种情况下我们应该发挥大国的作用，在国际上地位的加强应该保持下去，但是令人焦虑的就是冲突不断的问题怎么能够克服。从长远的角度来看，当然应该走欧洲国家的道路，欧洲也是从一个冲突连绵的状态逐渐走向了和平，欧盟的建立和欧洲法律的统一也是一个艰巨的过程，它是我们的方向。我觉得亚洲要是想建立像欧盟这样的一个格局的组织为期还很远，尤其是要像欧洲法律把亚洲的法律统一起来一样，这恐怕更是难以估计的前途。

但我们作为法学家应该有这个责任，应该有这个义务，应该有这个勇气来促进亚洲法律达成越来越多的共识，越来越多地走向统一。我希望亚洲能够真正实现和平，能够造福

* 中国政法大学终身教授。

于全体亚洲人民；而对于我来说，我觉得法学家的任务，应该说比其他学科的学者所肩负的任务更加重大，我希望我们亚洲比较法的研究会的成立能够做到和促进这一点。

谢谢大家！

第二部分

比较法总论

法律全球化背景下比较法研究的范式转换

刘兆兴 *

在当代世界，随着经济全球化的不断发展，法律全球化的发展趋势越来越明显。不同国家、不同政治制度下的人们，都会具有相同或相似的价值观，并随之逐步产生相同的或相近的行为规则，以及遵循相一致的社会秩序。因此，法律全球化体现出全球范围内的法律理念、法律价值观、法律制度、执行标准及其法制监督机制的趋同化。在承认和坚持国家主权原则的前提下，已经开始形成某些区域性的和全球性的规范系统，即体现出趋同化和一体化趋势。对此，我们既要一如既往地看到和研究多方面的差异性，同时也必须看到和研究在民族国家主权下的不同民族国家法律发展的全球一致性，以及在全球范围内已经形成和不断形成的、旨在全球治理和国际法治领域中的各种法律。

随着全球化和法律趋同化的发展，必然促使不同国家和地区的复杂多样的法律体系及其各种相应的法律制度之间的联系更加密切和深入，任何国家国内法的发展变化、法律体系的不断完善和法律制度的变革，都不再仅仅是由单纯的国内诸如社会、经济、政治、文化及其传统等因素的发展变化

* 中国法学会比较法学研究会会长，中国社会科学院教授。

所致，而必然会同时受到其他国家和地区或国际各种因素的深刻影响。例如，在民法典中的诸种领域问题，如物权法和合同法的诸问题，这些法律的变革、发展和不断完善，早已不只是限于一国之内的标准，而是与国际统一的（诸如各国相应的规范）标准相一致的，即体现出国际化。例如，商法交易的性质，原本就是世界性的，正如日本著名法学家田中耕太郎所指出的，基于人类一般理性和合理习惯的东西，商法中最容易形成世界统一法。大量的法律作为技术性规范超越了国界，特别是商法（传统的商法和与全球范围市场经济相适应的现代商人法）；又如经济贸易、投资、土地租赁、公司行为、公司证券的上市与交易、金融管理等其他各种法律；知识产权法、环境法、契约法以及其他许多私法。

在公法方面，同样具有国际统一化的发展方向，在此，不是指运用一种或几种相近似的法律规范，而是指具有相同或相近的价值观和法律精神。例如，宪法和宪政制度建设方面，有关人民主权和人权保障精神，人权的全球化，以及对此进行研究的比较人权法、违宪审查制度及其运行机制；行政法治原则；刑事法特别是刑诉法诸多立法精神、原则以及运作规程等；又如当代世界范围内的打击“三股势力”（即宗教极端势力、民族分裂势力、国际恐怖势力）的国际性规范、打击各种跨国犯罪的规范和运行机制、各国和地区的反贪、反腐、倡廉法律及其制度等，都充分体现出各个国家和地区法律制度之间的许多共同性和人类面临的需要不断地解决的许多共同问题，都存在着国际统一性的必然发展趋势。与此相适应，我们从人类共同价值观和共同需求出发，在法律全球化时代必须转换比较法研究的范式。这种转换主要体现在以下方面：

一、必须扩展比较法研究的范围

在我国，以往传统的比较法研究范围和对象，主要是对不同法系的或相同法系不同国家的法律体系、法律规范和法律制度的比较，以及对不同法系或相同法系国家的相应部门法之间法律规范及其功能的比较。法律全球化趋势的发展，不仅要求对传统的大陆法系与英美法系等主要法系之间进行比较，而且必须要根据现实两大法系各自发展的变化及其之间的融合趋势进行研究。近几年来，一些西方比较法学家也认为，长时期以来形成和划分的两大法系也应当重新思考其内在的科学性。例如，英国的巴兹尔·马克西尼斯针对法国著名比较法学家勒内·达维德划分法系的学说提出不同观点，认为法系的划分尽管“在当时具有原创性”，但是这种分类让人感到存在缺陷，“因为这种分类完全是以私法为基础，而忽视了按照公法作为标准可能导致的不同安排”[1]。据此，我认为在现实中，应当重新审视比较法研究的范围和视野，至少如上所述，对某一法系的研究，应当突破其原有范围。同时要注重对其他重要法系，例如伊斯兰法系的发展、变革及其影响的研究。

我们在扩展比较法研究传统的几大法系（主要是大陆法系和英美法系）的范围时，同时要注重近些年来在不同地域或不同国家形成的“混合型法”，或称“二元或多元法律”之间的比较。例如，苏联各个加盟共和国在苏联解体后的20年间的民事立法，至今已经形成了“比较法折中主义”状况，其各自依据不同的渊源，通过对多方面的比较研究、借鉴、吸纳和融合的方式，已经构成了“俄式民法典”、“德式民法典”和“杂式民法典”，将原来的体系“裂变”为多种形成。又如，现行土耳其法是从瑞士、意大利、法国以及近些年从美国、欧盟输入的结果。当今世界许多国家的法律（法典）都呈现出“二元”或“多元”法系的性质。例如，近些年来，德、法、荷、意等传统的大陆法系国家，分别在各自的立法中，都不同程度地吸收借鉴或移植了不同法系的内容。诸如德国1975年的《一般交易条件法》[2]、2001年的《德国债法现代化》[3]和2002年的《德国侵权法现代化》[4]等，都先后分别借鉴和吸收了法国、奥地利、意大利、荷兰、以色列、瑞典、美国、欧洲议会、英国、欧洲法院、《联合国国际货物销售合同合约》以及相关条约和欧盟指令的内容等，还有“《欧洲合同法原则》的前两部分中，至少有132个条文是以《联合国国际货物销售合同公约》的规定为模式”，这两个法律文本都对德国债法改革产生了巨大的影响[5]。最近，德国的公司法模仿了美国法的许多创新之处。从此充分体现出德国现代立法和法典的完善所必需的比较法研究早已打破了法系和“一元法”的界限，而且有力地证明了在法律全球化的趋势下，民族国家的现代法律体现着国际社会法律的融合性、同一性和共同性的发展趋势。比较法研究的范式早已不是也不能是原来意义上的了。

扩展比较法的研究范围，同样要将长时期以来忽视或很少研究的地域范围，

---

〔1〕［英］巴兹尔·马克西尼斯（Basil Markesinis）：《比较法：法院与书院——近三十五年史》，苏彦新、胡德胜等译，清华大学出版社2008年版，第6页。

〔2〕参见《联邦参议院资料》，360/75。

〔3〕参见《联邦众议院资料》，14/6040。

〔4〕即《第二次损害赔偿法修正草案》，载《联邦众议院资料》，14/77520。

〔5〕［德］莱因哈德·齐默曼（Reihard zimmerman）：《德国新债法——历史与比较的视角》，中译本序，韩光明译，法律出版社2012年版。

纳入到重点研究范围内，例如，当今亚洲和非洲一些国家的“混合型”法律制度和其深厚的习惯法；拉丁美洲一些国家在民商立法中出现的“解法典化”和法典重构的状况，确立了一种“微观法律制度”[1]等，所有这些都是比较法研究的新的范围。

二、应当在更深的层面上运用微观比较研究方法

揭示不同法律体系的异同，以及它们之间的包容性和融合趋势。对于不同法系和不同法律体系的比较研究，运用宏观与微观比较方法，这是比较法传统的研究方式。随着法律全球化的发展，我们必须要将这种研究方式引向更深入的层面，特别是要运用微观比较研究方法。

当今世界不同的法系和法律体系充满了多样性，但是在特定的法律体系内各具多元因素，这就构成了不同法律体系之间多方面的相似性和差异性，正如意大利法学家 R. 萨科指出的，它们的相似性和差异性分布在各个“法律共振峰”之内。[2] 因此，比较法研究就必须要从微观上阐明法律体系中的所有“共振峰”，然后再具体地寻找出不同法律体系之间的异同点，“在不同法律体系的技术细节背后隐藏着一种有效原则的共同核心”[3]。因此，“对共同核心的研究是一种用以更深入挖掘被形式上的差异掩盖的类似之处的非常有前途的工具。”[4]

特别是对法律移植的研究过程中，更加需要运用微观比较方式。任何一种法律及其制度都是源于本土社会、价值、传统而生成的，并且深嵌于本土整个经济、政治和文化之中。传统的法律移植理论侧重于研究特定的法律文化传统的独立性，而在全球化时代，必须打破这种局限性。例如，南非的法律及其制度，传统上被认为属于英美法系，然而自 20 世纪 90 年代以来，南非开始构建新的法律秩序，受到外国宪法思想观念的影响，特别是德国《联邦基本法》即宪法的强烈影响，使得现行的南非宪法有关基本权利的规定、联邦参议院的组成、专门宪法法院的设置等，都十分接近德国类似的规定。在南非的司法实践中，从 1994 年至 1998 年之间，南非最高法院和宪法法院的判决中，有多达 1258 项判决除参

---

〔1〕 参见刘兆兴：“比较法视野下的法典编纂与解法典化”，载刘兆兴主编：《比较法在中国》（2008 年卷），社会科学文献出版社 2008 年版，第 13～17 页。

〔2〕 参见［法］皮埃尔·勒格朗、［英］罗德里克·芒迪主编：《比较法研究——传统与转型》，李晓辉译，北京大学出版社 2011 年版，第 104 页。

〔3〕 Ugo Mattei, *Comparative Law and Economics CANN Arbor*, University of Michigan Press,（1997～1998）3 *Columbia J. Eur.* L. 339, p. 340.

〔4〕 Mauro Bussani and Ugo Mattei, *the Common Core Approacn to European Private law*,（1997～1998）3 *Columbia J. Eur.* L. 339, p. 340.

考了美国、加拿大、英国、印度法院的判决，还重点参考了德国和欧洲法院的判决。[1] 在此体现出两个方面的问题：其一，早已突破了两大法系的司法界限；其二，南非的立法者和司法者都共同认为，在其司法机构改革和司法判决的进程中，都有比较法学家们运用微观方式进行深层面的比较研究而提供的有力依据。对比较法学家们的重视，体现在其立法和司法实践中。

因此，应当运用微观的多视角的分析和比较研究方式，不断发现不同法律制度之间的共性和差异性及其包容性，以便寻找出被移植国的哪些法律制度适合于继受国，从而进一步逐渐形成具有国际统一性的规范和运行机制。

三、必须要充分发挥和超越功能比较研究的功能性

功能比较同样是比较法的传统的研究方式，但是在法律全球化的时代，更需要突出这种研究方法，充分发挥和超越其功能性。正如有的西方学者指出的，比较法“观念”逐渐呈现出一种工具主义的特质。功能比较的出发点和基础就是社会问题和社会需要。功能比较能够突破和摆脱某一国或数国的法律概念、法律结构和法律思维方式的偏见，这是规范比较的局限性。

世界各国的法律体系及其各种部门法在结构上千差万别，但是都存在着不同程度的可比性，甚至具有相当一致的可比内容。例如社会法体系（例如19世纪末德国社会立法许多有效的原则、内容等，至今仍为许多国家的社会立法所借鉴）、环境法体系等，因而可以从同一性的角度找出相对应的相近功能的法律制度进行功能比较研究，从而能够解决人们共同存在着的实际问题和社会需求。

我们可以从1992年最终生效的荷兰新的《民法典》的许多新内容中得到很大启发。在该法典制定过程中，人们认为旧民法典和旧商法中的许多内容已过时，因而将现代社会生活中的新的需要内容进入新的法典中，例如，关于青少年、消费者、租赁、雇佣、居住、农业、出租、劳务合同、知识产权、公司、电子商务等；而且判例的发展对荷兰《民法典》和其他立法影响很大，例如，侵权行为法的许多内容源于法院的判例所创制。与此同时，荷兰的立法者很重视并吸收比较法学家们从功能比较的范式对其他各国相应法律进行比较研究的成果，他们不仅研究德国、意大利、瑞士和希腊的法律，还研究埃及、巴西等国的立法，运用功能比较寻找能够规范和最直接解决共同的社会问题和社会需求的办法。

功能比较还应当超越或称为穿越传统的比较范式，这是因为传统的功能比较

---

〔1〕 参见［英］巴兹尔·马克西尼斯：《比较法：法院与书院——近三十五年史》，苏彦新、胡德胜等译，清华大学出版社2008年版，第160、167页。

只是着重于对法律的求同研究，不适应于在法律全球化发展趋势下法律的多元化及其差异性的研究，甚至于排斥这种研究。因此，功能比较应当超越这种局限性，进一步分析世界各个领域和各个民族国家法律的多样性，推动不同法律体系和法律文化之间的协调和沟通，促进人们对各种法律差异的认知，形成法律共识，进一步形成人类普遍的法律价值，这才是功能比较的深的层面。

四、比较法研究必须与其他学科的研究相结合

比较研究目的的实现，又必须要与其他学科的研究方式有机地结合。例如，它与社会学和人类学在对法律实践经验的研究中是相互促进的。比较法的功能比较注重与社会学实践性研究的结合，能够达到将法律理解为社会中的规范治理的效果。同时，这也就体现出比较法的研究从单纯的理论研究范式转向功能应用和实践型的比较法研究。

五、以全球化的视野建立“多极化”的比较法研究领域

多少年来，比较法研究从来主要就是西方学者们从事研究的领域。研究内容涉及追源罗马法为主的包括同法律史紧密相连的大陆法系生成和演进过程；追源普通法和衡平法是如何形成英美法系的历史，以及这两大法系又是如何遍及和影响到世界各地。我们从来不否认，而且总是认真地学习和研究伟大的罗马法及其生成的大陆法系；学习和研究英美法系对我们有益的丰富内涵。尽管过去的研究同样涉及世界其他法系及其存在着的领域，但是，与前者相比却显得十分薄弱。因此，我们必须越出以两大法系和欧美学者研究为中心的狭隘局面，克服欧洲中心主义的倾向。应当以全球化的视野，建立“多极化”的比较法研究领域。例如，已经遍及五十多个伊斯兰国家的伊斯兰法系、古老的埃及法系、印度法系、中华法系等，以及世界各大洲的许多国家和地区的各种法律渊源。

当今世界中，从政治、经济等方面已经构成了一些超国家的组织，与此相适应，我们可以比较研究相应的法律及其制度。例如，已经出现了对欧洲联盟法的比较研究，我们同样要进行对东南亚联盟各国法律的比较，对东北亚各国法律的比较，对非洲联盟和其他非洲各国法律的比较，对拉丁美洲各国法律的比较，以及对中亚、西亚各国法律的比较等。这种“多极化”的比较法研究，正是在法律全球化的发展进程中不断全面地寻找各民族国家和地区法律的异同及其发展规律，使各国和各地区的法律不断地形成国际化、一体化，以致相互融合的趋势。

在现代比较法的研究范式中，我们必须要努力增强中国和其他东北亚各国比较法学家的话语权。一方面，占主流的西方比较法学在其研究的文献中，中国的法和一些东北亚国家的法长期以来一直被边缘化，在国际法学学术界缺乏话语权。当然，这其中原因有语言、视角和理解的问题。对此，我们自身必须增强对世界诸种问题的理解力和思辨能力。另一方面，就中国而言，随着我国社会政治、经济、文化等综合国力的增强，以及对外扩展各方面的交流，中国的法和传统文化必将使许多外国学者，特别是西方学者不断增强其研究的注意力；中国的学者不断增强国际交流能力和话语权，让世界更客观、更全面深入地研究和了解中国法的发展历程以及法治建设的发展趋势，使我们的法律及其制度，以及比较法的研究，更好地融入世界一体化之中。

法律建议及比较法

糊泽能生（Yoshiki Kurumisawa）* 唐妍琳** 肖 雪*** 译

一、转型社会的建议战争和法律援助学

随着东欧革命及苏联的解体，许多苏联随从国家都经过公选，从原先的社会主义体系转为资本主义国家的政体。这些国家选择的道路，引入了市场关系，也就是说，他们与社会其他地区联系在了一起。正因为市场体系不能没有法律这一基础，所以许多曾经的随从国家向发展中的资本主义国家寻求帮助，以建立自己的法律体系。资本主义国家间互相竞争，以求将自己的法律体系植入这些前随从国家。因为这种植入，可以使其保持银行、公司、律所及其他单位的活力，并在该体系下保持竞争力。这一现象被媒体称为“建议的战争”。

提供基础建设援助的国家，经常被指控为试图利用援助行为控制接受国的经济。这也是为什么在援助的同时，学者们被要求研究法理学中有关于一些问题的原理和理论。这些问题包括：法律能否率先植入？为什么这样是公正的？什么是最佳的法律技术援助方式？有这样一个经典的案例：作为

---

* 东京早稻田大学比较法学院院长、教授。

** 中国政法大学比较法学研究院 2012 级硕士研究生。

*** 中国政法大学比较法学研究院 2010 级硕士研究生。

德国法律援助的带头人，Rolf Knieper 教授通过与接受国学者对话，在法律实施过程里出现的紧张关系中，探索法律技术援助的途径。[1] 学者们加入到法律援助项目中，这让援助这一行为本身成了学术研究的对象。更甚者也研究法律超越社会和国家的界限，所具有的普遍适用性，并鼓励研究每个接受援助国环境的独特性。可以说，当今的比较法学者正亲身面临着法律援助问题。

二、证明移植法律的原理和法律的普遍适用性

Knieper 教授赞成法律的普遍适用性，即宣称法律需要在全世界范围内被认可。这既不是原理，也不是永恒适用的原则，而是在世界历史中特定的时间段内的一个有效的理论。这一时间段是指投入资本和劳动力生产商品，并在市场中通过货币来实现交换的时间段。这样的一个社会，私领域结构是通过公领域和国家领域对法律的需要来搭建的。在这个社会中，许多原则就需要具备普遍的有效性，包括私人所有制、合同约定自由的保护、自由的商业活动、纳税义务，以及国家建设基础设施义务，政府权威机构遵守法律义务和保护弱者的义务。同时这种全球范围内的有效性，也使得跨国的法律援助有了正当性。据此，向转型的社会提供法律援助的目的，并不是对欠发达社会的建设，而是帮助该国在真正的世界大环境中，即在这个必须要通过商品和资金，与全球化经济联系的社会中，建立法律体系。当然，这种假设建立在两个条件上。一是存在着市场经济，二是市场需要法律体系来维持秩序。换句话说，法律代表一种调解生产和贸易（例如：市场）经济关系的社会关系。同样地，在市场经济中这种社会关系是有效的。这就证实了法律的普遍有效性，推理出了法律的可移植性和证实法律援助可存在的基本原理。

三、对接受国原有文化内涵的理解及其理解方法

接受国社会并不是一张可以随意涂画的白纸。它作为一个社会，有着自身的历史和独特的文化内涵。为了使法律援助获得成功，必须要将这些内容分类，检验针对这些内容适用法律所需要的时间长度。关键点在于，如何在法律对普遍有效性的需求和接受国本身文化内涵之间找到平衡点。那么，我们怎样才能去理解这些内涵呢？

移植法律的前提条件，是将接受移植的对象国与基于市场机制的全球化经济连接起来。因此，理解该社会的文化内涵，很重要的一点是了解接受国社会将有哪些排异现象，以及当它了解市场关系并且与全球化经济连接后，它会经历哪些

---

〔1〕 罗尔夫·克尼普：《法律合作：普遍性、经验与前景》（《司法合作：普遍性和背景》），德国技术合作公司 2004 年版；罗尔夫·克尼普：《沿丝绸之路》（《法律改革的丝绸之路》），巴赫 2006 年版。

变化。在抓住该社会的文化历史内涵时，这几点要非常注意。

探索在特定社会中建立市场机制最佳途径时，至少要考虑以下两点：一是如何在非市场关系，如国家、社区之中，通过市场关系分配社会财富；二是如何分配市场中的独立成分，即满足需求（购买或消费）的交易地点安排，及增加价值（为销售而进货）的交易地点安排。这两点受接受国社会历史文化影响很大，在提供法律援助中，如果无视它们，将会产生一定的摩擦。即使是在一个大部分社会财富由商业协定来分配的社会中，也并非所有的社会财富都是商业化的。每个社会或多或少都有自身特有的财富分配机制，其中就有一些是通过非市场性质的社会关系来分配的。考虑特定社会的历史文化内涵对要素的影响，是指通过非市场关系分配的社会财富类型，或是受商业化的限制。同时，根据法律代表了特定的社会关系调解机制这一前提，可以说，强行在非市场经济关系中运用法律将造成混乱。

四、案例研究：土地商业化

（一）土地商业化的国家反应

商品最初是由劳动力创造的。每个社会和国家都用独特的方式将土地商品化。Takeshi 教授是一位法律历史学家，他将历史上土地法变为商品的时间段定义为“土地市场经济社会时期”；它是一个独特的社会经济结构，这一时期已不再是封建社会，但仍未进入资本主义社会。[1]

在中国，秦朝和汉朝时期，分散的团体被分解，国家从封建体制转变为省国合一。这时土地变为交换的对象。这些发展促进了土地的合并和农民的解散。然而，在国家“土地市场”的大背景下，中国采用的政策是禁止土地的自由买卖以保护小农，通过国家持有土地来防止农民被解散。这一政策很显然是为了从国家层面建立一个公平的社会。在法国，各地区编纂习惯法（关于恢复根据亲属关系设立的不动产制度），以阻止土地的商业化趋势。在这同时，与之相对应的是在公民法律制度中形成的合同法理论。它拒绝根据亲属关系设立的不动产制度，而接受土地的商业化趋势，但同时它并不认同违背公平公正原则的无限制土地买卖。

（二）作为受移植国的日本的经验

与禁止土地商业化的中国不同，与接受土地商业化但控制土地买卖的法国也不同，日本从团体转变为“土地市场社会”并非自发产生，它是在受到西方列强的压力下，在极短时间内发展起来的。对于一个面临转变的社会，绝对所有权

---

〔1〕 武水林：《Tennoseiの史論》（《皇帝制度的历史分析》），岩波书店 2006 年版。

是舶来品。它无法接受不动产赎回体系，对非常损害原则产生排异现象，但接受土地作为商品进行交易。因此，农村的所有权从种植者转移到了地主手中。佃农种田开地，而地主寄生的制度由此产生。这一制度直到战后政府针对土地商业化带来的不良后果，实行土地改革之后才得以改观。改革使农民拥有了自己创造的劳动果实。为支持新的经济秩序，《农业土地法》颁布出台，废止了地主土地所有制度，确立了农民按劳分配获得土地制度，保障了农民的劳动成果。

（三）土地法领域中法律的普遍适用性

在不少国家，社会财富的主要来源是土地（尤其是农田）。土地法便因此成为接受国在法律领域最感兴趣的一门法律。他们强烈地倾向于建立这样的土地法，即寻找一条能够将国家或集体所有的土地迅速私有化，允许土地在市场中自由转让的道路，以获得经济利益的最大化。在接受国把土地视为投资选项的情况下，法律技术援助将实现土地转让的规制和自由化。那么，日本作为一个接受法律移植的国家，很好的例证了这种援助会带来的后果。

就农田来说，首先，我们有必要知道，农田的权利持有人应当是居住在农田并在那里劳作的人。其次，有两点：一是确立享有该农田权利的标准应当是以生产为目的的使用权；二是确立该权利可以转让。合适的选择应当根据社会历史文化内涵来决定。当选择第二个选项，例如，一个允许农田能在市场中交易的体系，普遍适用性则应当被视为这样一个法律原理：负责管理农田，居住在该区域以求全身心负责种田者，应当具有实体权利（通用观点。例如瑞士的《农民土地法》中自食其力原则，奥地利国家法律中对农田和森林的交易规定，以及日本《农业用地法》中适用的耕者原则）。这一措施在使劳作者享受到劳动果实的同时，也保证和平衡了生产者和土地之间的综合性关系。这种关系是既保持产量又保证生活的基础。这样，土地资源就会成功留给下一代，不会被用尽。

（四）案例1：越南

为了打造社会主义市场，越南在集体农场的大框架下，按户分配，设立家庭承包土地制度。该政策的设计是考虑到农民为自己干活的积极性，从集体农业生产体系转变为家庭承包经营体系。换句话说，一方面，集体农场的取消将直接激发农民卖力干活和积极管理农田的热情；另一方面，集体农场的取消，使得土地被非常平均地分配出去。这两种趋势在国家的农业社会中并存，一种变成了个体化管理，另一种是按照均分原理实行土地平均分配。在此背景下，全国第一个《土地法》颁布，人们开始意识到土地是生产的一种手段。

1987年的《土地法》允许排他性地占用耕地，作为一种生产手段，并禁止农田交易。1993年的《土地法》允许土地使用权在三公顷以内的范围内进行交易。这个阶段的《土地法》可以说是一个有农民参与的在小农制度基础上建立的农地市场。相比之下，经济发展导致 2003 年《土地法》被视为在农田交易中已越过普遍有效性的原则，不仅使农田要越过土地使用权的限制、通过租赁交易获得积累，从而加速了农民解散；而且还允许企业集团收购土地使用权。可以说，这些措施已经在土地市场实行并导致了小农制度的解体。

（五）案例二：蒙古

在蒙古，其境内曾一度几乎完全游牧。土地不是任何人的财产，而是所有人共同的资产，任何人都可以使用任何部分。然而，全国向市场经济转型要求非牧草地要为了经济目的同样被使用，以帮助国家经济的发展。这是因为之前大家认为除了土地之外的其他资源不能产生经济效益。此时，为了使土地能够在市场上自由流通，政府开始制定法律，促进土地私有制。第一部是 1994 年颁布的《土地法》。该法律规定，首先，所有的土地由国家拥有，然后由国家授予土地给公民。然而，1994 年的法律并没有直接授予公民土地所有权，而是规定了一个取代方案——根据该国家与私人公民签订的合同，依据使用目的，授予居民一定的使用时间（最多 60 年）。这里的“授予权”相当于“占有权”，与所有权并不相同。这样一来，在授予居民土地所有权之前依靠制定一部允许私人土地所有权的法律（已在 2002 年实现），国家的目的是创造一个土地使得公民能够赚钱的环境。

在社会主义时期，农田属于大型国营农场，在牧区的基础上进行管理。那些国营农场，涉及粮食和蔬菜生产和畜牧业。从 1991 年开始，私有化的生产方式是，国有财产包括国营农场的土地以外的方式，以债券的形式分发给公民。然后市民联手建立一家私人公司，运用他们的债券。蔬菜生产已经由家庭农场管理。采取这种方法是考虑到小麦产量，需要一个更大的养殖规模。相对应地，规模化的生产设施及机器等财产分割，不可能以家庭为单位。根据 1994 年的土地法律，依据私人公司大小而授予其相应的土地占有权。这些权利没有发放到农民个人手中。农民上演了拖拉机抗议，要求政府重新分配耕地占有权。2003 年，政府针对用于种植粮食和饲料的土地占有权设定了 3000 公顷的上限。因此，公司一旦拥有超过 3000 公顷的土地，政府就有义务收回其超过规定限额部分的土地占有权，并无偿授予居民务农五年或更长的时间。小于 5 公顷生产土豆等蔬菜和小于 100 公顷种植粮食的土地都可被授予。然而，在 2008 年，政府修改了 2003 年的决定，提高了占有权土地所能获得的数量上限。用于粮食和饲料生产的土地，其上限从 3000 公顷提高到 20 000 公顷。用于生产土豆、蔬菜和其他植物的土地，其上限从 50 公顷提高到 200 公顷。这一决定是发生在采矿和其他非农企业加大对农业企业投资，并开始经营大型养殖场或耕种数千数万公顷土地的大背景下。

2002年《蒙古公民土地所有法》引入了农田私人所有权，这因为对价而决定授予。农田私人所有权优先于农田占有权。然而在现实中，由于畸高的价格，农田私人所有权尚未实现。虽然无偿授予农田私人所有权的建议也被提出，但是使其成为现实则需要同时引入农田交易法规。这些法规需要确保农田由全职管理农场、并为管理承担责任的当地农民所有。另外，由于占有权是不可转让的，这可以被视为构成了一个法律框架，有助于稳定农民和农田之间的关系。

在蒙古，管理粮食生产不适合家庭农场，在居民中实行合作管理可以说符合普遍有效的耕者原则。因此，优先增加和支持当地居民管理的中型农场，而非管理与劳动分离、人们工作和生活地方不同的非农业实体大型农场。在土地法律领域，重要的是从这个角度提供技术援助。

根据美国宪法，牧场可以既不被占有也不被拥有。它是一个对任何牧人开放和可供使用的空间。然而，国家议会最近一直在讨论一项《牧场法律草案》，旨在引入牧场所有权（尤其是在郊区），促进定居放牧。这个（立法）运动是由多个新情况所引起的。首先是降雨的减少导致牧草生长状况的恶化。这又造成了牧民们搬至和集中到更好条件的地区。此外，伴随着市场经济的引入，社会基础设施发展项目都集中在首都和其他大城市，促使牧民迁徙至能够更易进入市场的中央地区。这些趋势已经导致了牧场地区和饲养农场动物数量的不平衡，正在造成牧草生长进一步受到破坏的恶性循环。为了解决这个问题，MCC公司和其他外国援助机构已经开始担负一些实验项目，旨在确保高效、合理和可持续使用草地，并通过设置独占使用和特定牧民管理的区域牧场来鼓励牧民从低效的游牧业向更高生产力的定居牧业转型。《牧场法律草案》是通过建立一个法律框架来促使这些战略的实施。但是，一些处于不利地位省份的国会成员反对这个法律草案。我们需要仔细观察此事将会如何获得进展。

在像蒙古这样的干旱或半干旱地区放牧，受降雨量以及自然灾害（包括雪灾和旱灾）的影响，（放牧）活动范围并不局限于一个特定的区域。活动的模式既不固定也不明确，这必然使得资源使用的边界也不清楚。由牧民们组成的部落也是多样化的、多层次的、流动的以及多变的。基于这样的条件，在伴随着社会规则支配和牧场使用的同时，牧民形成了针对资源使用包括灵活利用资源和互惠（在困难时候互相帮助）的伦理规范。鉴于今日这些传统的规则正逐渐地失去它们的有效性，已有的建议是改变游牧业本身的形式。但这里的问题，即游牧业是否应该消亡是关于文明的一个根本性问题。[1] 甚至连普遍有效的耕者原则也不能适用于牧场，因为它并没有土地所有制这样一个历史背景。

五、一个比较法的方法：法律和社会的比较

正如上面所讨论，法律技术援助是需要亲自动手的，它要求法律理论学者们应付寻找能够跨越国界的普遍有效的法律原则和分析每个国家的社会与历史背景这样一个挑战。展望未来，法律技术援助被期待将重心从立法转移到法律实施。这将可能需要联合研究的长期项目，受援国的学者们将联合研究法律社会学，分析报告由社会的反应构成——适应、抗拒、拒绝直到法律移植。在未来，超越研究和比较每个国家的实体法，采取比较法社会学的方法——即法律和社会之间的关系以国家为单位进行比较将是对比较法学者的要求。

---

〔1〕 克彦田中：《诺门罕战争》（《蒙古，满洲诺门罕战争》），岩波书店2009年版。

比较法的道德基础和观点

——先进的基本思想的初步草案

斯拜瑞登·维瑞利斯（Spyridon Vrellis）*　　刘道纪 **　译

引　言

1. 80 年前，Georges Ripert 谈到法律责任的道德规则。〔1〕我跟大家分享他的想法，即没有宗教或哲学中产生的道德元素〔2〕，法律规则必然导致暴政和混乱。我相信，在调节人

---

* 雅典大学法律系名誉教授，名誉博士，希腊国际法与外国法协会主任。

** 中国政法大学 2012 级硕士研究生。

〔1〕 G. Ripert, *La règle morale dans les obligations civiles* (4th ed., Paris, L. G. D. J., 1949), *passim*.

〔2〕 基督教对于法律和道德之间关系的观点。参见 J. Ellul, *Le fondement théologique du droit* (Dalloz, 2008) 9 fn. 2. 根据伊斯兰教的法律，这并不独立于神学。参见 L. Milliot, "L' idée de la loi dans l' Islam", *RIDC* 1952, 669 ff., 671～672, 680～681; *id.*, "La pensée juridique de l' Islam", *RIDC* 1954, 449, 452～453. 在中国，法律的精神是人道、道德与和谐的结合；参见 X. Li, "L' esprit du droit chinois: perspectives comparatives", *RIDC* 1997, 8, 17 ff; *id.*, "La civilization chinoise et son droit", *RIDC* 1999, 531. 在中国文化中的礼，即一个人在所有情况下的所有举动所应该遵循的规矩，似乎比法律更为重要，后者也被当作是前者的一部分。同上，524, 527. 在印度，法律、道德和宗教融合得更好，他们共同在古印度构成了佛法的概念；Gangotri Chakraborty, "Law, Literature and Justice: exploring new horizons", 37 & 38 *Banaras L. J.* (2008～2009) 30, R. N. Sharma, "The ideal of Dharma or Justice in Indian culture", 35 & 36 *Banaras L. J.* (2006～2007) 124. "……佛法是正义，因为它表达的是权利、真理、存在，也暗示了意志、欲望、权力和对生命进行改革与规制的行为", *ibid.*, 117～118. 在日本"義理"道德的根基参见 on *giri* see I. Kitamura, "La part du droit dans la société japonaise contemporaine", *in* L. Vogel (dir.), *Droit global Law - Unifier le Droit: le rêve impossible*? (Paris 2001/1) 37.

的行为和社会生活的过程中，任何事物都存在着道德[1]，即使这种道德因素可能与法律不一致，也可能引导着法律通往正确的方向。[2]

这一情形在比较法的领域内会出现特例，因为与其他部门法相比，比较法有其特殊性。

2. 很明显，比较法学的主题并非特定领域的人际关系。例如，不同于家庭法、合同法或侵权法、刑法等。一个德语词汇可以帮助我们理解比较法——Rechtsvergleichung，它的意思是“法律（法律规则或法律系统）的比较”。

因此，我们常说到的比较法是法律中最具有理论性的一部分。在法律的其他领域，立法者或法官，在尝试规范人类的社会行为时，他们的做法是定位于实践的。相反，研究比较法的学者通常不以实践为导向，他们不会尝试规范任何人的行为。他们只是观察法律规则或法律体系，然后比较各种形式的法律现象。他们的结论可能是有用的，可以改善法律制度或正确地对其进行诠释，但他们自己只是观察并得出结论，而不去规范任何事。

在了解了这两种区别后，我们可以认同这样的事实：家庭法中的道德是对法官或立法者道德的反映（例如，有关离婚或亲子关系的相关法律规定）。但是，法官和立法者的道德不会直接影响我们。直接影响我们的是法律规则中包含的道德因素。另外，在比较法中，直接影响我们的道德因素还包含在了对法律进行比较的人的行为之中。这是因为他作为一位观察者，如果我们愿意认同他所评价的法律规则与制度，他的行为就评价了法律规则。[3]

正如其他理论，精神或概念的活动，这样的比较根本不是被动发生的。相反，它是非常激烈的，虽然从外面看不见；因为它是理智的行为，构成人类灵魂的最好的一部分。因此，在比较人的行为时会有更好的效果。此外，观察和评价的过程中有很大的犯错误的风险，从道德变成不道德。为了获得良好的效果，必须要实现比较行为中的两个方面，即遵守和评价。

---

〔1〕 Sp. Vrellis, “Conflit ou coordination de valeurs en droit international privé – à la recherche de la justice”, *Recueil des cours* Vol. 328 (2007) 197, (No. 6).

〔2〕 法院很清楚，依靠道德准则可以补强、软化或完善法律规则，并且在任何情况下，只有当它被良心所认可的时候，法律规则才会被尊重。从另一方面看，这关乎法律和神圣之间的关系。参见 Ph. Chiappini, *Le droit et le sacré* (Dalloz, 2006), *passim.*

〔3〕 According to R. A. Graveson, “L' influence du droit comparé sur le rapprochement des peuples”, *RIDC* 1958, 503, “la comparaison est un des chemins les plus importants de l' esprit humain pour la compréhension générale. [···] la comparaison est une action de la pensée à laquelle on ne peut jamais échapper, sauf dans le domaine assez étroit de l' instinct pur. [···] Nous comprenons ce qui est mauvais par comparaison avec ce qui est bon, ce qui est lourd par comparaison avec ce qui est léger [···]”.

由此产生的问题是：道德究竟存在于哪里？我们可以将我们的思维限制在对这个问题较为重要的三个道德原则上，即对正义与真理的尊重，对个人的尊重，以及慎重地对待尊重。[1]

一、对真理与正义的尊重

（一）一个客观的路径

比较不同国家法律制度和规则的人的首要责任是有意愿去理解外国的法律制度，精确地了解它，尊重它，[2] 而不是带有激情、傲慢与偏见。[3] 否则，他就会冒着与他人在路上擦肩而过而未相遇的风险。[4]

能够理解他国法律制度，需要使用一些标准。这些标准的来源不是完全由我们自己的道德、宗教、种族或文化价值来决定。否则，我们只能接受与我们相似的东西，拒绝与我们不同的东西。为了更好地了解它，我们必须扩大我们自己价值观的类别。[5] 这种扩大使得我们有些不同，因为它扩大了我们的视野。[6] 这并不意味着我们摒弃了自己的价值观，或者说我们必须要采用他人的全部或部分价值观。对其他法律文化持尊重和客观的态度，并不意味着采用不同的（道德

---

〔1〕 我们对外国法律制度评价的正确性很大程度上取决于我们的审慎，实践中的智慧告诉我们自己能力的限度，以建立或承认权力以及正确的（不仅是公正的）法律规则，这使我们在研究其他社会的法律时变得更加温和，也让我们在吸收或拒绝与我们不同的社会规章时更加小心。

〔2〕 See A. Tunc, "La contribution possible des études juridiques comparatives à une meilleure compréhension entre nations", *RIDC* 1964, 55. 他在第56页补充道，真正的问题是我们是否愿意尝试与其他社会友谊共存还是我们更喜欢继续把对方看成随时准备进行攻击的敌人。

〔3〕 公平是正义的特性或一部分，但是只有公平是不够的。在印度文化中，"没有平等与宽容的正义是无法打动人心的，佛法要求有真理、理智、公平和履行一个人的义务"。R. N. Sharma (*supra*, fn. 2) 118 ~ 119. Gangotri Chakraborty (*supra* fn. 2) 31，"佛法包括真理、争执、正义、自由平等、和谐与容忍"。

〔4〕 L. Milliot, "L' idée de la loi dans l' Islam", *RIDC* 1952, 682 *in fine*, correctly observed that we must be able to recognize the Other, and be recognizable, otherwise "nous le croiserions sur la route sans le rencontrer".

〔5〕 According to Chr. Eberhard, *Le Droit au miroir des cultures. Pour une autre mondialisation* (*L. G. D. J.*, 2006) 18, [···] si dans cette comparaison entre "soi" et "l' autre" on glisse vers une approche en termes de ressemblances/différences on risque au bout du compte de voir l' autre s' évanouir et à ne trouver à sa place plus que sa propre image inverse". If one proceeds in such a way, "au lieu d' aborder l' autre dans son originalité, on le construit en référence à soi-même. Explicitement on l' englobe dans la catégorie générale d' humanité, mais implicitement c' est nous qui restons les modèles de cette humanité": *ibid.*, 19.

〔6〕 一些作者提到了"视野的混合"。对 Gadamer 这一术语的论述，参见 Ch. Taylor, *Multiculturalisme - Différence et démocratie* (transl. into French by D. -A. Canal, Flammarion 1994) 91. 根据 Ch. Taylor，"我们学习扩大视野，评价的基础与标准曾经被认为是不证自明的，将来它将会被认为是一种除了被不同文化的标准的一种可能性"。Chr. Eberhard (*supra* fn. 10) 23, believes that "c' est [···] probablement l' existence en nous, au moins au niveau du potentiel, de l' autre, qui nous permet de comprendre dans une certaine mesure les constructions de sociétés très différentes de la nôtre".

观)，也不意味着排斥不同的（道德观）。然而，这意味着我们更正确地了解我们自己的民族对于人类文明的集体贡献，这种贡献是在任何情况下的一部分。同时我们发现，其他国家也有自己的部分成为人类文明的贡献，他们的贡献有自己的价值。我不认同在不同文化中存在相同价值这一假设。〔1〕一个国家可能已经创造了一个更广阔、更重要的文化；另一个国家的文化则显得不那么重要。但我们会推定或确定一种文化更有价值，从这个意义上，在每一种社会的文化都具有一定的价值。当我们接触其他文化时，让我们去发现和了解的正是这种特定的价值。我们必须客观地进行接触，这意味着真理和正义。〔2〕

（二）观察真理

怎样是正确地评价外国法？首先这意味着，我们在评价外国法时没有歧视或赞成的心态。〔3〕否则，我们不可能精确地了解它。当然，因为我们已经熟悉了自身法律制度中的价值，而我们看到外国的规则和制度时（当我们学习、搜索、阅读），本能将其进行比较，并迅速对其产生好感或者厌恶。

如果我们不能够从一开始避免这种危险，至少我们必须努力不相信我们的本能反应。在完整地学习和了解外国法律之前，不能对其带有成见是很有必要的。这也是我们不对其进行区别的原因。我们首先要探索外国社会的需要，其发展水平和调节能力，以满足成员的期望，社会的需求。

此外，我们必须要了解特定文化中出现的具体的法律规则，〔4〕国外社会的思想方法和意识形态，及其“视觉世界”；因为“视觉世界”与法律有着辩证关系，每一个法律制度都是受特定意识形态的影响，其社会对神、人类、自然、宇宙的普遍看法。每一个法律制度都是特定的意识形态的载体。〔5〕换言之，我们需要了解那些赋予外国社会生命的神话。〔6〕例如，在西方国家的社会中，法律

---

〔1〕 A. Rubinstein, “The decline, but not demise, of multiculturalism”, *Isr. L. Rev.* 40（2007）806，结论是“文化一定不是平等的”。

〔2〕 在印度文化中“佛法与正义一样是生活行为中被遵守的真理，例如思想、言语与行为。这逐渐变成了优秀与道德生活的典范。正义也在各个方面满足了真理的标准”。*R. N. Sharma*（*supra* fn. 2）118.

〔3〕 真理作为道德价值与正义相关联，并组成了“pars justitiae”. See *in* G. del Vecchio, *La justice – La vérité, Essais de philosophie juridique et morale*（Paris, Dalloz, 1955）180.

〔4〕 J. Ellis, “General Principles and Comparative Law”, *EJIL* 22（2011）966.

〔5〕 *Chr. Eberhard*（*supra* fn. 10）57.

〔6〕 “Reconnaître l’existence du *mythos* est primordial pour s’ouvrir à l’altérité”, maintains *Chr. Eberhard*（*supra* fn. 10）18. 神话是让我们看清事物的光，但其本身却不能被我们看到。*ibid.* 神话是一个我们预想假定出来的领域，我们对神话深信不疑，以至于我们不相信自己相信神话。Pannikkar 给出了一个更好的定义，神话是我们界定真实概念时的一个隐形的边界。参见 *Chr. Eberhard*（*supra* fn. 10）55 fn. 1.

文化是建立在秩序上的概念，但是在其他一些社会，法律的基础是和谐。

如果不进行这些了解，我们对他国法律的认识会很模糊，得出的结论会是错误的。最后，我们无法得知外国法律中的精髓，也不能正确理解这些法律。

（三）评价正义

如果有任何法律规制的目的是在最大程度上满足正义，相比之下其他的规定就不值得被称为法律。[1] 我们必须牢记，外国法律也试图在最大程度上实现正义。但是，如果所有人、所有社会和国家努力实现正义，规则和法律制度为什么因社会和国家而异？正义的概念和内容在任何地方都是客观相同的吗？我相信，很难证明这一点（除了价值不能被证明，只可以被展示，[2] 我试图展示在这一问题上我所看到的），（正义的概念）在任何地方都是相同的，我们人类在统一程度上很难对其进行区别。[3] 这种程度取决于立法者或者对解决方案进行评价的人的能力。社会或个人的道德水平越高，他们就越能正确地识别出正义与好的法律规则。

在一个较发达的社会中，法律规则在道德上更符合正义。相反，在道义上不那么发达的社会中，法律规则不一定会符合正义。但是，在这两种情况下，这些规则可能都是正确的，但彼此不同。这种情况的发生是因为法律规则对应于特定的社会实现正义的能力不同。我们不能要求立法者做得比其所处的社会可以承担得更多。不同的社会在实现正义价值的路上可能会有两条不同的路径。例如，A 国有关离婚的法律规定可能与 B 国所规定的不同，我们不能认为 A 国的规章就比 B 国的更好，并试图将 A 国的制度移植到 B 国去。

这并不意味着正义的概念是相对的。正义的概念并不是简单的道德或社会价值，而更多的是道德价值。[4] 无论何时何地，正义是道德价值。由于我们所达到的道德水平不同，所以正义的概念也是相对的。

对外国法律的移植和继受的前提是，这两个国家达到相同（或几乎相同）的道德发展程度。我们可能会受到外国法律的启发，从而修改我们自己的法律，

---

〔1〕 G. Ripert（*supra* fn. 1）10（No. 5），如果法律不能够提升个人道德，那么它在社会中也就没有作用了。J. Ellul（*supra* fn. 2）32，在法律意义上，法就是与正义的统一。

〔2〕 Sp. Vrellis（*supra*, fn. 3）258 ~ 259（No. 105）.

〔3〕 J. Ellul（*supra* fn. 2）66 ~ 67, believes, that "par lui – même, naturellement, l' homme ignore ce qu' est la justice "and that "c' est en réalité seulement par la sagesse que Dieu donne que l' homme peut reconna? tre la justice"; he, then, adds（p. 71）that [···] il ne faut pas penser que cette justice est invariable, éternelle: elle n' est rien d' autre qu' un critère pratique dont la détermination est variable".

〔4〕 E. g. Dharmendra Kumar Mishra speaks about "The Protean Face of Justice（from Plato to Amartya Sen）", 35 & 36 *Banaras L. J.*（2006 ~ 2007）145 ~ 156.

并进一步迈向正义。最重要的不是法律制度或法规，而是对公平法律规则的努力和渴望。

二、尊重他人

（一）对人的尊重

1. 与他人相遇

研究比较法的人，从一开始他必然面临的是他所不熟悉的法律制度和规则。它们不仅是未知的，而且是十分陌生的。然而，这些都是人类社会，去正确规范正义与其成员间的关系的果实。在评价外国的法律体系过程中，我们遇到了不同的制度。

我们为什么要遇到不同（的人、法律制度）？也许它仅仅是好奇的体现。好奇是人类灵魂的一个基本倾向，一种求知的倾向。

也可能不只是因为好奇。这可能是对亲属、对相关的人的一种趋同的倾向，为了与他沟通，或与他建立社会关系，所以才对他人有了基本的好奇。

与他人的相遇和接触并不一定意味着冲突。[1] 对于一些人，不同文化背景代表着文化的冲突。[2] 相反地，我认为分歧并不意味着不相容。它反而可能有助于社会的和谐共存。[3]

对我而言，我不会因为一些事物不同于我，就认为它会对我形成威胁。即使这种分歧存在于思维方式，生活的方式和风格，意识形态，对与错，善与恶，或者社会生活中重要的正确的行为和规范中，但这些“另类”的可能是我在通往美德路上的同伴。因此，我需要了解它，容忍它，尊重它。

这种对对方的尊重源自于自然秩序的正义，要平等对待所有与我们类似的。同时，正义的概念也让我们要尊重分歧。它并不仅仅要给相同或相似的人同样的待遇。考虑到不同的特性也要求给不同的人以不同的待遇。对方不同的特性是很有价值的，是因为我可以形成自己的特性（我个人的和集体的特性）。我自己的特性并不是我单独形成的，[4] 而是在我与他人沟通关系中形成的。因此，良心

---

〔1〕 更多分析请参见 Sp. Vrellis (*supra* fn. 3) 224 ~ 241 (nos 49 ~ 76).

〔2〕 See *in* P. Mercier, *Conflits de civilisations en droit international privé* (1972) *passim*, H. Gaudemet - Tallon, “La désunion du couple en droit international privé”, *Recueil des cours* 226 (1999 - I) 179 ff., M. Verwilghen, “Les problèmes juridiques soulevés par l’ immigration musulmane”, *in Le statut personnel des musulmans* 24.

〔3〕 A. Tunc (*supra* fn. 7) 50，对其他社会的敌意，是人类的天性，通过更好地了解或者为了同一目标的合作而消除这种敌意。

〔4〕 事实上，每个人内心都认为他们祖先所遗留下的东西是属于他们的。这一观点被一位名叫 Kostis Palamas 的希腊诗人所完美地表现了出来，参见“静物——百种声音”。

的多样性成为智慧的起点。[1] 当一个人研究比较法，在处理这一问题的时候要十分慎重，否则他将会有很大的风险犯错误。从良心的差异或分歧到有优越感，距离有时只是一步。[2] 在与他人接触中正确的态度不是自然给予的，而是以道德为前提。Paul Ricoeur[3] 写到，现在有相同的信仰并不是理所当然的，而更像是一个任务。

2. 容忍他人

尽管存在着分歧，但如果我们尝试去正确地评价和领会外国法律，我们很有可能能够理解它。事实上，我们可以意识到外国法不会与其本质背离，因为如果这样，法律就无法体现外国社会中的道德观点，所以我们可以去承认它。我们不一定要模仿外国法律的不同，我们不用让自己的社会采纳它，但我们要在一定程度上承认它。这一程度应该是怎样的?

在当前国际私法给出的答案是公共秩序的条款，可以非常具体地衡量承认的程度。在一定程度上，只要不影响国内的基本的道德、法律原则、规则和价值，我们国家会接受外国的法律规则，会承认和执行外国法院的判决。我们不能承认违反这些原则、规则和价值（根据我们的公共秩序）的法律，因为如果我们比外国社会有更先进的正义和美德，承认就意味着现有道德水平的失去和倒退；另一方面，如果我们社会的正义和美德比不上外国社会，我们在道德层面上向前迈出的一步就显得不够成熟。乍一看似乎后者比前者更容易。然而在这两种情况下，公共秩序条款引入了一个盲目承认外国法律的例外。在任何情况下，这一例外阻碍了外国法律规则的适用和对外国法院判决的承认与执行。

（二）尊重他人的道德自由

承认别国（外国人）的不同，是我们尊重他国的结果。尊重的第二个方面是尊重对方的道德自由，[4] 这意味着我们不能将自己的正义和道德价值强加于他人。广义上的道德与狭义上的正义都要以自由为前提。迫使外国社会接受我们自己的法律制度，是一种不道德的行为。[5]

---

〔1〕 Cf. J. Déprez, "Droit international privé et conflits de civilisations", *Recueil des cours* Vol. 211 (1988 - IV), 37 ~38.

〔2〕 *Ibid.*, 317 *in fine.*

〔3〕 *Le Juste* 2, 35.

〔4〕 政治行为的道德原则自治的自由主义，参见 J. Raz, *The morality of freedom* (Clarendon Press - Oxford, 1986/1988), *passim.*

〔5〕 在印度文化中"自由是正义或佛法中的一部分，是彻底的'好'，并且使人的幸福能得以具体化。它同时也是完美的人类文明。" R. N. Sharma (*supra* fn. 2) 123.

然而，外国法律制度在其他国家强制执行的例子屡见不鲜。这让我们想起，西班牙征服者将他们自己的法律制度强加于美洲大陆上的多个社会。

一般而言，想要通过将自己的法律规则强加于外国，从而快速地改变外国社会是不道德的做法。这样的做法把对方从同伴变成了对手，没有显示出任何对他人的尊重，却反映了一种非常不道德的傲慢。

在坚持对人强加源自外国的所谓的人权的西方（主要是欧洲）国家和政府，这种傲慢是显而易见的。[1] 对于西方社会，人权可能是一个很好的法律武器，但是这并不适用于世界上所有的社会。有些社会有不同的意识形态。它们更注重保护集体和集体利益而非个人与个人利益。[2] 如果西方关于人的概念或者人权是以人为中心的，其他社会中人的关系就像是以宇宙为中心或神为中心。其他社会并不比西方社会缺少人性和尊重。毕竟，道德不允许我们通过法律规则去尝试着改变他们，改造他们。

对于政治体制，也是同样的道理。在西方民主社会，我们都习惯于一个民主的政治制度，我们为有这样的制度感到自豪，尽管民主现在有多种形式和细微差别。但是，这并不代表我们就可以不容忍或不尊重其他不同的社会制度，例如生活在部落制度下的非洲人民。同样也不代表，道德授权我们去将自己的政治制度直接或间接地强加于其他社会。有些社会发展到了能够适应民主制度的阶段，而有些社会则没有，或许他们不需要民主制度。

三、不同社会和平共处是比较法的道德哲学

道德价值是正确理解别国法律的必要基础。比如评价外国法律的真理与正义，理解、承认、尊重外国社会的道德自由，促进了人、社会、国家的和平共存。和平不仅是一个社会或政治上的最大的愿望，而且也具有很高的道德价值。[3]

在国际层面，国际社会为建立和平已经做出了许多努力。

---

〔1〕 It has been talk about a "religion la? que des droits de l' homme", see in Ph. Chiappini (*supra* fn. 4) 320 ff.

〔2〕 R. N. Sharma (*supra* fn. 2) 123, "自由是西方思想中所渴望的，是对个人主义夸大的效果，给了个人财产更多的圣洁，导致了人们对人类社会阶级的探索。印度对自由的观念是基于人对自己责任的认识，对整个社会而言个人的义务比权力更加重要。真正的自由包括人的自我意识和把自己从改化灵魂的联系与现实中解脱出来"。

〔3〕 和平有多种意义，像没有战争的和平，没有冲突的和平，或是没有暴力的和平等。See U. Gori, "Les dimensions antagonistes de la paix dans différentes civilisations", *in* D. Sidjanski (dir.), *Dialogue des cultures à l' aube du XXIème siècle* (Bruylant, 2007) 151 ~ 173. 然而这个意义有着负面的内涵，并且作为对其他社会的同情，在不宣传我们自己的意识形态的情况下，没有涵盖和平在全部道德层面的意义。

（一）无效的建立和平的方式

1. 外交与法律的方式

人们曾用外交和法律方式建立和平。但经验表明，这些方式并不是充分的或有效的。为什么会发生这种情况？答案是，这种方式本质上是对立且不和谐的。国家不尊重对方，他们希望满足自己的利益而忽略对方的利益，他们往往害怕对方。通常情况下，维护遵守法律规则本身是因为他们存在恐惧。多数人遵守法律，是因为害怕违反法律后被判刑。只有极少数的人，善良的人，如苏格拉底，是因为良知正义而遵守法律。[1] 因此，法律的手段，本身是不能够实现和平的。它们只是在维护社会稳定，平衡人与人之间的关系和国家之间的关系。[2]

2. 全球化

如今人们计划和追求的全球化，在一定程度上已经建立。全球化主要看重经济因素：货物、人员、服务的自由流通。欧美国家构想的全球化，就像是全世界范围内经济自由的延展和扩张。[3]

这类全球化伴随着其他的想法。在很大程度上变得一致的这种趋势是全球化所固有的。[4] 全球化体现了一种同化政策，外国人在另一国境内固定居住。在西方国家现行的一些原则和一些社会生活的形式，被提议让不同文化的社会从思想方法和意识形态上接受。这样的目标是被傲慢自大所驱使的，“有优越感和意识到多样性只有一步之遥”。这些从多个伟大的宗教和哲学体系中混合的理念和元素，被媒体和国家政策引入到人的良知当中。

任何形式的国际化都不是实现正义的有效方式。首先，经济全球化是不恰当的，因为其目的是消除商业中的各种障碍，通过法律规则去规范利益冲突，而不是和谐共存。其次，混合的想法，为了让不同社会的人在思想方式、意识形态上趋同，也是不恰当的。主要有两个原因：首先，这是不真实的；其次，这干扰了他的良心，且不尊重对方的道德自由。

---

〔1〕 苏格拉底，被误判死刑，但拒绝了逃脱惩罚的帮助。他认为，逃避惩罚是对他自己国家和法律的不公。参见 Plato，*Crito*，*passim*.

〔2〕 R. A. Graveson（*supra* fn. 5）506～509，强调比较法在国际公法中以及建立统一法中的重要性，构成了把多个国家联合在一起的重要元素。

〔3〕 在国际化面前出现了越来越多的西化，甚至是新自由帝国主义。Chr. Eberhard（*supra* fn. 10）*passim*，*goes in for the pursuit of* “*une utopie alternative*.

〔4〕 “世界上法系的差异与多元化不应被视为阻碍，而应该被当成财富。” See J. Ellis（*supra* fn. 15）971. On the uniformity as *desideratum*（though excessively stressed by many authors）in private international law，See Sp. Vrellis（*supra* fn. 3）317～324（nos 193～203）.

（二）有效建立和平的方式

和平作为一种道德价值，只有通过道德的手段才能实现。因此，基于道德价值观的比较法，更有效地促进了社会、人民和国家的和平共处。当然，这并不意味着比较法直接导致各种社会、人民和国家的和平共处。这仅仅意味着对外国制度的理解会有助于对它的接受。它在一定程度上阐明了原因、争议的性质和程度，使得通过暴力解决问题更加困难。

研究比较法的人要学习外国的法律体系，发现潜在的思维方式和意识形态，尝试理解和承认外国法。他们认为相同的分歧证明的是正义的痛苦，与他们的痛苦类似。通过这种方式，他们在特定领域内促进了人民和社会的和平共处。[1] 他们可以通过更广阔的视野去观察，有许多不同的人，许多不同的社会在行使正义和道德的道路上前行。[2] 这些人和社会中，有的走在前列，有的落在后面。所以他们中较为先进的人或社会有道义上的责任去帮助别人（如果他们寻求帮助），告诉他们正确的方式（如果他们想看到），容忍他们的弱点，并尊重他们的努力，等待着他们自己的进步，而不是与他们争论或将先进强加于他们。

许多社会中，人民和国家之间存在着分歧。但在他们中一个基本的元素还是共通的，即对正义的渴望和向往。但是，尽管每个社会在这一点上是共通的，许多国家和社会仍在对正义的理解和构想上存在着不同。正如我们上面已经说明，这种多样性的出现是由于每个社会和民族的道德发展处在不同的阶段。对他人强加你自己的正义（或试图将外国的正义强加于自己国家），是绝对错误的。不考虑别人的道德水平，而去模仿他人正义观念的做法是愚蠢的。

在我看来是唯一正确的做法，是尝试着去了解外国的思维方法和思想，去理解他们，并开始尊重他们，在一定程度上容忍他们。这样才能稳定地和谐共存。[3] R. H. Graveson 曾说：可以说，成功的秘密是建立在容忍不同意见的基础之上，意见不同而不会引起不愉快。[4]

---

〔1〕 A. Tunc（*supra* fn. 7）54 ff.，为了使比较各国之间的比较研究更有效且更易理解：①试图纠正我们对他人的夸大，并且也给他人纠正其自己对我们的夸大的可能；②提供意识集中现象的可能；③展示日益增长的人与人的信任与团结过程，有助于提升人类之间的团结；④不发达的问题吸引了学生的注意，因为和平与正义是密不可分的。

〔2〕 A. Tunc（*supra* fn. 7）57，形成相同或相似的概念，他们都忍受着各自政治制度之中的不足之处，他们因为不了解对方而承受着痛苦。

〔3〕 A. Tunc（*supra* fn. 7）59，促进了解与尊重其他国家，是直接的国家利益，这预示着对其他国家的同情。

〔4〕 R. A. Graveson（*supra* fn. 5）505，"le secret de la *common law* se trouve dans la tolérance des opinions que l' on ne partage pas et dans l' art de différer sans être désagréable".

人性以及法在社会中的角色：与中国的差异

约翰·C. 瑞兹（John C. Reitz）*　唐妍琳**　廖　望***　译

“所有的权力都将导致腐败，绝对的权力导致绝对的腐败。”[1]

子曰：“道之以政，齐之以刑，民免而无耻；道之以德，齐之以礼，有耻且格。”[2]

“人之初，性本善。性相近，习相远。”

“苟不教，性乃迁。教之道，贵以专。”（《三字经》）

中国已经正式确立了加强法制建设的目标，且已经在向

---

* “爱德华·卡莫迪”教授、美国爱荷华大学法学院法学硕士和访问学者计划处主任、中国浙江大学光华法学院客座教授、美国比较法学会荣誉会长（2012～2014 年）、前会长（2010～2012 年）。笔者在宁波大学、中国人民大学、浙江大学、台湾东吴大学以及 2011 年 1 月爱荷华州的法律研究工作室访学期间，与于飞（音译，爱荷华大学 2009 级法硕）、顾卫平（音译，爱荷华大学 2011 级法硕）和吴苇茎（音译，爱荷华大学法学博士，将于 2015 年毕业）进行了交流沟通，感谢他们为本文草稿提出的宝贵意见。还要感谢很多中国的研究生通过电子邮件方式对本课题的探讨，因人数众多，在此不再单独列明。爱荷华大学法学院院长卡罗琳·琼斯在 2009 年秋假期间也为这项工作投入了部分努力，奥伯曼高级研究中心在此期间也为本工作提供了一个适宜的工作场所。

** 中国政法大学比较法学研究院 2012 级硕士研究生。

*** 美利坚大学华盛顿法学院国际商法专业 2012 级法硕。

〔1〕 巴特勒的引言。

〔2〕 参见《论语》第 2 章，第 2、3 篇（西蒙·雷斯译，1997 年版）。

目标靠拢的道路上取得了巨大的成就。和中国1949年新中国成立时相比，法律在中国大陆社会上无可争议地扮演着越来越重要的角色。因此，当西方人不屑地认为中国现行法律体系并没有体现出法治时，中国人会感到失望甚至被冒犯。没有人能够把“法治”这个复杂的词说清楚，所以我也不打算解释它的任何一种意义。但是，我想探讨一下中国当代的法治是如何不同于在西方民主——欧洲、美国、加拿大、澳大利亚和新西兰〔1〕——中占主导地位的观念的，我尤其想探讨导致不同的文化和知识方面的原因。

术语“法治”并没有一个明确的、公认的意义。它的意义有许多方面，它被称为“一个众所周知的有争议的概念”。〔2〕所以正如在西方一样，在中国有一场关于它的意义的争论，也就不足为奇了。这个辩论，我相信，实际上是中国目前面临着的最重要的问题之一。作为一个非中国的人，我当然不会告诉我的中国同事们他们应该采用什么意思，但是我希望用比较法这个可以采用的最好的方法之一，来帮助厘清这场辩论。比较两个或两个以上的法律体系可以帮助我们看到的，不仅是它们之间系统的不同和相似；当我们关注相关国家的文化和知识背景时，还有一些决定相同和差异的重要因素。法律系统的比较使我们能够比较潜在的前提、价值、知识观念。

中国社会和文化中有许多长期存在的方面，似乎不符合西方版的法治支持的价值观。其中最重要的是隐含在阿克顿勋爵的著名格言中的对人性的看法。按照这种观点，任何权力集中是危险的，绝对的权力对社会的健康导致绝对的危险，西方国家已经发展出分离的体制，或称之为“分权”，以便使握有权力的每个机关或官员可以扮演监督其他机构或官员权力的角色。西方版的法治是这监督分权系统的一部分力量。事实上，本文认为西方模式的法治理念中最重要的一个方面是，独立法庭有权力决定其他政府分支机构行动的合法性，这成为对行政权力最重要的一个限制。因为在法院被其他机构控制的情况下，不能指望它能够约束政府的其他机构；因此西方版的法治已经倾向于承认法官的独立性是法治的最重要的要求。

中国有超过两千年的王朝统治，直到20世纪，中国人对人性的思考仍一直被儒家思想所统治。这些思想家强调通过道德和政治教育的力量去遏制阿克顿勋

---

〔1〕为简略表述，我将按照忽略地理位置的惯例，将这一系列国家都称作“西方国家”。日本、韩国以及印度已经在很大程度上接受了法治理念，这极大深化了法治的内涵。

〔2〕马丁·库赖金：“马克思主义与法治：共产主义破灭后的反思”，载《法与社会之间》1990年第15期，第640页。

爵希望从那些掌权者手中获得的寻找自我的行为。在儒家看来，政治权力的大规模集中对社会没有危险，如果那些持有这种力量者拥有适当的道德和政治教育的心，使他们能够将自己的个人利益服从于社会整体利益。换句话说，教育可以使领导者完美地，或至少接近完美地统治中国。儒家观点为在传统中国的政治权力高度集中，法律在抑制公权力中并不扮演重要角色的统治形式提供了基础。

儒家的人性观点在今天的中国具有多大的说服力？如果它仍然是相当有说服力的，那么它为法律和法院扮演一个非常不同的角色提供了基础，而且我们在西方需要理解这些不同的观念，即使我们不分享它。如果它不是，中国可能仍然选择截然不同于西方形式的法治，但至少我们将分享法治上的一些非常重要的知识和文化库，也许在中国制定自己的版本时可以用到一些西方机构和文化实践。

本文提出了一个问题：中国作为一个整体是否拒绝隐含在阿克顿勋爵格言中的人性观点，以及儒家观点在中国是否在很大程度上仍然有说服力？本文通过比较中国和西方当前和历史的实践，描述了这个问题的基础，然后通过探讨不同的人性理念可能会导致法律在整个统治结构扮演非常不同的角色，以试图显示该问题的重要性。

一、中西方法治理念的比较

正如前面提到的，法治是一个宽泛的——也许是模糊的——确实具有争议性，有多种含义的术语。但本文认为，在西方，这个复杂概念最重要的一个方面，即法院应为其他政府分支机构的行为把关。这种想法反过来就是说需要法官的实质独立。当然法治还有许多别的方面的内容，其中一些被广泛认同。例如，我想西方人和中国人都会同意理想的法治要求法律应该是，尽可能实现的、普适的、大众的、具有未来性的（或至少不滥用地追溯的）、可以理解的、一致的（或至少不严重自相矛盾的），能被适用、稳定和执行。[1]

法律的一般性质的一个很重要的方面是根据其条款，它应该适用于所有人，而不考虑他们的个人身份。在西方，我们通过渴望法治而不是人治来表达这个理想。在实践层面上，因为很难定义最低标准，所以关于这一理想的认知有很多差异，例如，可理解性、一致性和稳定性。关于什么是法治，尽管可能有很多差异，但我认为在基本原则方面存在一个认同。

虽然对于我们所说的术语“强制执行”的理解存在着较大的差异，但是如

---

〔1〕与富勒著名的法治的必要特征的目录很相似。参见富勒：《法律的道德性》，商务印书馆 1976 年版，第 39 页。另参见兰德尔·裴文睿：“百花齐放，百家争鸣：中国法治辩论”，载《密歇根州国际法律期刊》2002 年第 23 期，第 478～479 页。

果法律被政府官员和民众很好地遵守，那么法治可以说是被相当好地体现出来了，关于这一点我们有着广泛的认同。但如何确保遵循法律？通过文化和政治力量实现这一目标无疑是重要的。如果领导人和民众都大规模地拒绝遵守法律，那么就没有任何法律体系可以发挥作用了。但在西方，我们都认为市民应该能够依靠法院执行法律表达的大部分的限制，法院只有在实质上的独立才可以可靠地执行法律。

（一）西方法治概念的本质

一种表达我所指的法治的主要或基本方面的方式是在这种理念下，法律应该限制所有权力的行使。对法律应该限制私人行使权力的期待是大部分法律体系中最常见的。法治的特殊之处在于对法律应该限制公共权力的行使渴望。[1]

但是法律如何设定界限，特别是政治分支机构的行为？因为政府对国家资源有更好、更直接的掌控，因此从实际意义上讲政府比法院更有权力。在某种程度上，法律发挥着自己所有实质性的力量。理想情况下，我们会遵循法律，因为这是法律规定的，也许是因为我们欣赏支持法律的政策。但法律论证是出了名的灵活。任何观点，即使有最明显的不合理之处，也可以被放在一个法律三段论的形式中，如果我们愿意对语言做些解释，许多法律争点延伸了许多语言的意义，所以需要辨别力来判断合理和不合理争点之间的界线，理性的人可以区分不同的空间来划这条线。所以，区分是好的还是坏的是很困难的。

民法法系的传统法律科学已经比普通法系更努力尝试构建能更容易区分合理与不合理争点的传统的法律论证，因为该法律推理方法优先于逻辑上的一致性的程度大于普通法法系，因此至少基于政策的观点不会像普通法系那样开放。民法传统中法律解释的过程因此可能不像普通法系法学家为了推进各自的政策偏好而操纵法律争议的解释那样开放。民法法系实际上是对这种操纵不太开放的事实虽然是可能的，但这很难证实。民法法系还开发了建立和维持体制的学术权威的更具体的方法，这样，法律在民法法系的司法管辖区至少看起来更稳定，能更好地解决问题。[2]

相比之下，普通法传统更公开地对法令的文字表示怀疑，例如，可以决定一个特定情况下法律适用的结果。普通法法系观点认为，法律论点的关键包含了太

---

〔1〕 参见D节末段的叙述，设置限制与确定所有决定并不相同。根据西方法治理念，法院不做所有的重要政策的决定。在一个民主国家，那些可能委托部分给行政部门的权力保留给立法机关行使。法院只是执行法律在这两个部门行使决策权时的限制。

〔2〕 约翰·瑞兹："法律科学的重要性"，载 *Transnat' l L. & Contemp. Probs* 2013 年第 21 期，第 647 页。

多的东西——过多的空间留给价值判断和政策选择——以致忽略了解释者有政策偏好的可能性，他是否是行政人员或法官，可能会影响解释者适用法律。在普通法的传统中，这种怀疑一直受到早期发展结构的保护——是司法任命和监督的规则——使法官从被控政府的其他两个分支，立法或行政中逃脱出来。如果很难证明实体法律规则需要法官宣布的特定的裁决来决定，那么至少可以尝试通过给法官保护以排除不当的影响。[1]

但即使在民法法系的传统中，今天也有一个普遍的认识，即如果法官不实质独立，就不能说对于法院的判决，是法律而不是政治划定行使权力的界限。此外，法官的结构保护从某些方面来讲，德国和法国这样的国家可以比美国和英国更好地保护法官以使其免受政治影响。[2] 只有实质独立才能让我们确信判决是依据法律做出的，而不是根据愿望或其他人的命令。因此，现在的民法和普通法传统使法官的独立成了法治理想的基石。事实上，不能过分强调这一点对西方的法治观念是多么重要，而在这一点上，西方的观点似乎是和当前中国模式的法律规则差距最大的。

法官保持独立有何重要性以及应如何保护这些结构性工作？作为法治理念的主要领域——公法对司法独立的威胁的主要来源是行政和立法机构以及控制这些政府机构的政治党派。西方的法治因此强调维护法官独立于其他政府机构的重要性，西方国家已经采取用了各种各样的制度机制，给予法官独立于其他分支的实质性保护。[3]

需要注意的是，所有这些保护措施都不能百分之百地保障司法的独立。但是，这一理念能使司法独立和政治责任达到一个适当的平衡。没有一种西方民主主张由法官来管理国家。如果法官的司法解释脱离人们的正义感太远，那么法律的合法性将会受到质疑。法官完全脱离对政治组织的任何责任或完全不被政治组织影响，这会深刻地威胁到每一种统治形式。但对法官维持一个适度的政治影响力的问题必须严重关切，如果法官不是在实质上独立于所有国家的其他权力，尤

---

〔1〕 英国法官早期受到社会和政治自治的保护，法官是从律师学院的开庭律师中挑选的。《1701 年王位继承法》消除了国王解职法官的权力，将这种权力赋予国会行使。1789 年的美国宪法保护联邦法官是第一次真正意义上对法官的保护。约翰·瑞兹："政治、行政优势和司法独立的转型"，载《美国圣托马斯法学期刊》2008 年第 5 期，第 790 ~791 页。

〔2〕 玛丽·L. 富凯斯基："以欧洲方式任命法官"，载《福德汉姆法学期刊》2007 年第 34 期，第 363 页。

〔3〕 这些制度性保障已经采取以下一些形式：司法招聘、确认、监督、升级与终身任职的官僚形式，相对较长的固定期限的任命，任期限制到只有一个任期，固定期限的普选，司法委员会或司法工会。参见玛丽·L. 富凯斯基："以欧洲方式任命法官"，载《福德汉姆法学期刊》2007 年第 34 期，第 363 页。

其是来自政府其他机构的权力，那么他们就不能设定行使公共权力界限。尤其，当部分出于关心当事人在案件中能否受到公平对待的案例出现时，法官能在审判当前具体案件中不受影响，被认为是特别重要的。

政治责任和影响的容许机制主要被限制使用在了司法选择的方式上，在法官真实决定的实质方面的监督方法不得不被大大地减弱了。在任何情况下这些西方模式都不允许一个真正的政治实体控制住法官。例如，只有一个更高的法院可以推翻一个司法裁决，而且只能是适当地被案件一方当事人提起的诉讼所产生的上诉结果。在法官的官僚监督系统中，与法院判决的分歧不能成为解雇甚至是违规开除法官的依据。一般来说，解雇法官的规则使开除法官变得相当困难，尤其是在美国联邦的弹劾规则下。[1] 西方规则目标下的司法独立因此限制政治因素在决定任何被指定由他们这个职位的法官审理的案件之前，对法官选举过程的影响。

大陆法系的传统依赖于官僚体系的司法监督，相对于尊重法官所呈现的个人意见，似乎是为更多的政治控制打开了一扇门，而西欧国家主要依靠资深法官的同行审查以试图避免这种危险。他们也通过同行审查和相关规则的择优标准来磨炼责任机制，禁止因任何非严重违反法律的事由，而于法定退休年龄前离职。在各个法系中，法官渴望晋升到更高的司法职位，这一过程处处需要一个新的任命程序，使得法官较容易受到各个司法任命体系内部的政治影响，这在大陆法系国家尤为严重，因为在这些国家的传统中，法官的职位在很大程度上是一个独立和独特的职业路径，从法学院毕业后立刻或不久之后进入法官的职位，然后保持平稳的职业生涯。但是考虑到所有其他的将法官与政治分支的直接控制相隔离的保护，将其称作为政治控制体系是不正确的。总之，我们认为西方的法制模式允许最适度的政治影响，主要体现在法官的选拔，在特定情况下政治影响力可以影响决策。我们可以总括地来说，在西方的观念中，法律基本上是一个自治的过程，但并不完全与社会脱节。

对法官独立性的坚持与西方政治组织的宽泛模式非常匹配。首先是对议会和总统的民主制度来说相当普遍的机构分权形式 。不管行政机构分权于立法还是属于立法的一部分，在西方政治观念中，司法机构必须富有意义地独立于其他两个机构。因此我们可以看出，西方的法治理念成了分权理论的重要组成部分。

---

[1] 根据美国联邦宪法，任何联邦官员，弹劾任何联邦官员，包括法官，都要求众议院全体和三分之二参议院的指控。1789 年以来，在 47 例案件中只有 13 例针对联邦法官，其中只有 7 例中的法官被定罪。参见约翰·瑞兹："政治经济学与分权"，载《法律与当代问题》2006 年第 15 期，第 579 页。

三权分立是西方分权民主制度的一部分。就像民主选举、代议制政府、分权的各种形式以及联邦制的各种形式，甚至是言论和出版自由，法治是为了分散政治的权力，以使任何政府或集体都不能垄断公权力。我认为把法治当成竞争式民主和代议制政府的分离部分通常有助于达成分析的目的，西方法治理念应该被理解成政治分权广泛模式的一部分。当然，每个西方国家必须平衡分权和集权，因为分权太多会导致统治集团无法采取行动。[1]

对现在目标来讲，重要的一点是所有的西方民主都已接受实质上保护司法独立的分权规则的基本形式和相当数量的分权模式，例如竞争式民主和代议制政府以及出版自由。

（二）当前中国的法治

从大约1976年“文化大革命”结束之后，现代中国就开始努力建立其法律体系进程表，因为在“文化大革命”期间所有法律学校、大多数法院都被关闭，国家开始了一个没有任何现代法律体系调整的时代。从那时起，中国在建设和重建法律体系进程中已经取得的进步令人惊叹。中国现在已经设有大量的法院、法律院校，培养了众多的律师和法学学生。[2] 自1949年以来，在这相对较短的时间里中国已经施行了5种不同版本的宪法。2004年《宪法》第5条规定中国是一个法治国家，对法治使用了中国式的解读。中国已经颁布了一些主要的法典，包括民事和刑事诉讼程序法典、刑法典、民法典以及大量行政方面的法典，包括调整行政行为司法审查的行政诉讼法、行政许可法、行政执行处罚法，但还没有一部调整必须由行政机关跟进的程序的行政程序法，尤其是包括实施听证和调查的方式。

因为中国仍然处在建立及加强法律体系的进程中，不关注已经取得的成就而关注于还没完成的事情似乎不太公平。但是虽然官方说法支持法官独立，包括在最高院建立特别官员以促进法官独立，但中国的法官至今仍然不独立。事实上他们很容易在某些特别的案件中因为持不同意见而被解职。更重要的是，正如北京大学前法学院院长朱苏力教授说的，中国共产党已经通过增加对法院选任和开除

---

〔1〕 我曾在别处指出，权力的扩散，至少对于权力的分离，如各种形式的总统和议会政府，似乎与国家介入经济的程度相关——我叫它“政治经济学”。约翰·瑞兹：“政治经济学与分权”，载《法律与当代问题》2006年第15期，第579页。

〔2〕 例如，2013年8月26日发布的中国全国律师协会报告中，到2012年底，中国大陆有超过23万的律师（不包括香港，澳门和台湾地区）。见新华社新闻：http：//news. xinhuanet. com/legal/2013 - 08/27/c_ 125253679. htm. 在司法机构于2013年7月25日作的全国发展会议报告中，中国有大约196 000名法官。参见新华社中国日报 http：//www. chinadaily. com. cn/hqcj/zxqxb/2013 - 0725/content_ 9677804. html.

法官程序的控制，完全地渗入到司法中，以至于让我们都无法分清党和司法的界限了。“没有必要作区分”以及事实上“不能加深我们对基础层次的法律体系的理解”。[1] 他暗示道，实际上，党已经完全渗入进司法领域，党提倡的司法独立不可能实现。[2]

因此关于法官的独立性，我们认为中国持一个非常不同的法治理念。至少，和西方的普遍性相比，中国让渡了很低程度的优先权给司法独立。

正如在西方，处理法官的方法是把它当成政治统治宽泛模式的一部分；但与建立在西方的分权模式不同的是，中国遵循集权制度，换句话说，权力集中在一个中央国家机关或机构手中。中国《宪法》将最高统治地位赋予了人民代表大会，但同时也规定中华人民共和国是一个“由工人阶级领导的、以工农联盟为基础的人民民主专政的社会主义国家”[3]。虽然没有在字面上提到中国共产党，但后面的条款却在事实上将中国共产党放到了领导地位。

根据民主集中制的原则，中央集权的过程通过党的层级扩张实现。实践中这一结合了“民主集中和集中领导的民主”[4] 的矛盾条款似乎意味着虽然领导应当响应级别和文件的规定，但高层领导仍旧控制着党[5]。现在党已经官方声明反对对党内领导人的个人崇拜了，例如之前的毛泽东；作为替代，它选择一个系统的领导集体，但是在最高层，这些领导集团仍然集中在一个相当小的实体中。党的最高领导在名义上就是党的全国代表大会，代表所有的党员；但是这个机构每5年选一次由370名全职或兼职的党员组成的中央委员会。中央委员会选举由25人组成的政治局，政治局选举代表委员会——2012年从9人缩减为7人——

[1] 朱苏力：“中国司法中的政党”，载 *Duke J. Comp. & Int' l L.* 2007年第17期，第535~543页。

[2] 朱苏力展示了这个过程如何产生无所不在的影响力以及中国共产党的前劲敌国民党（国民党或国民党）之前在中国，后来在台湾试图创造那种控制力。对于法院而言，国民党讲“局部化的司法”（司法党化）的。但是，中国共产党比之国民党实现了更强的渗透力。朱苏力：“中国司法中的政党”，载 *Duke J. Comp. & Int' l L.* 2007年第17期，第536~537页。

[3] 1982年《中华人民共和国宪法》，2004年修订，第1条。

[4] 张荣臣：《中国共产党：组织和运行》，中国洲际出版社2007年版，第31页。

[5] 理解这个词的关键是在于理解党内选举的性质。党的章程坚持党内一切领导机关由选举产生，有两种类型的选举，直接选举和有代表党员的选民参与的间接选举。此外，还有单候选人选举，只要候选人数不超过由选举填补职位的数量，以及竞争性的选举机制。然而，即使在竞争性选举中，党的规则仍然限制着报考人数和职位需要之间的差距，使这种差距在正常情况下不超过百分之十到二十。在任何情况下，党的上级机关在选择或批准谁可能参选的时候发挥了很大的作用。最近与涉及公开提名和直接选举（海选）选举制度相关的试验已经在基层或地方一级开始实施。张荣臣：《中国共产党：组织和运行》，中国洲际出版社2007年版，第30~37页。

组成了中国最高的领导集团。[1]

同分权模式相反，中国采取了相反的集权模式——权力名义上集中于一个庞大的、具有代表性意义的立法机构，但事实上却集中于少部分位于高层的中国共产党的领导人手中。当法律在中国的管理统治中扮演越来越重要的角色时，法官仍不独立而且也不打算独立，使他们完全独立会违背宪法规定的民主集中制度。[2]

二、对人性的不同定义

对法律和分权或集权，不同的态度有很多不同的解释方式。中国和西方的不同确实反映了在不同历史进化中的不同的文化。我想要探讨人性的不同定义的重要性，但不是有意减少对单一因素的解释。

（一）西方定义的人性

我认为，独立法庭的存在作为对政府分支机构的监督具有强烈的必要性，折射了西方社会对人性的看法，这隐含在阿克顿勋爵的那句名言“权力导致腐败，绝对的权力导致绝对的腐败”之中。在西方社会这一观点被广泛接受，甚至包括那些从未听说过阿克顿勋爵或他的格言的人。因为这很好地概括了人类本性的问题。西方普遍认为：给予任何一个人（或小群体）力量是危险的，因为无论他们多么倾向服务于公共利益而不是他们自己的，如果他们认为能够手握权力足够长的时间，他们将借此为自己谋取利益。给他们绝对的权力，而没有人有权监督他们的行为，将不可避免地导致他们自私自利地滥用权力。三权分立的原则，依照权力分给三个分支的政府机构，三者都有权利监督约束别人，是一个主要的方法来防止必然伴随着公共权力委托给个人或机构的腐败。

运用法律和司法部门的权力来监督个人颇具吸引力，尤其在这种对人性的看法上；因为法律本身就涉及了一些扩散实力的法院，司法部门分支最不可能成为一个暴君。行政部门或许成为最大的威胁，因为它通常是首席执行官控制下的等级分明的组织。因此，行政部门尤其手握集中的权力，若是被错误地使用，可能导致为了积聚专断的力量而企图主宰其他两个分支。立法部门最不容易被一种或多种利益团体绑架，因为它是一个庞大的组织。同时，正因为它多数情况遵循少数服从多数原则，当其中某一派具有绝对的优势时，根据阿克顿勋爵关于人性的观点，他们将利用这个权力为自己的利益服务，在这种情况下，少数派提出反对

---

〔1〕 理查德·麦克格里：《党》，2010年版，第12～13页。

〔2〕 “中华人民共和国的国家机构实行民主集中制的原则”，《中华人民共和国宪法》第3条（1982年颁布，2004年修订）。

的能力也就降低了。

不难想象，同样的事情也会发生在司法部门。特别是长期看来，法律的运作经历了多数人意见的过程，结果就显得不那么确定了。当然，在短期内，法官判决案件，上诉程序限制了下级法院法官的权力，仅仅保护高级法院的权力，以他们想要的方式实施法律。但是长期来说，这些决定还需接受公众和专家意见的考量。下级法院在审理后续案件时，或是接受或是抵制这些决定。因此，即使是最高法院大法官的权力也不是绝对的。此外，我在他处已提及，在公众和专家的意见碰撞中，合法性的重要来源——法律——是法律科学所扮演的角色或类似法律科学的由独立的法律学者和一些独立的法官组成提供讨论法律问题的平台的组织。借此可以冷静地分析逻辑、理性、政策和利益并在不少关键问题上达成共识。[1] 法律所宣称代表的公平和正义，最终取决于这社会上的独立机构达成的共识。因此，法律体系本身体现了一套制衡系统。没有一个法官或是学者可以主导这个系统来决定什么样的法律。相反，法律源自众多不同的意见。

阿克顿勋爵关于人性的观点的根基是黑暗或者说是悲观的。人们容易屈从自己利益或直系亲属利益的引诱。可能这一观点与犹太教和基督教的教义不谋而合。他们认为人生来具有原罪，从而总是倾向于做出利己主义的行为。但是这一观点不只限于这些宗教。事实上，它起源于古希腊的政治学说，体现了犹太教和基督教在希腊领土上的影响。古希腊城邦经历了富有的少数人（寡头政治家）和贫穷的平民之间持久的冲突。在多数城邦，寡头倾向于占主导地位，权力或主动给予或被某一个全能的人攫取。在希腊这个人被称为 tyranos 或是暴君。与阿克顿勋爵的格言一致，执政的寡头或暴君倾向于利用他们的能力来利用较弱的平民。雅典人认识到他们必须给予他们的领导人实质性的权力，但是从公元前 5 世纪中期到公元前 4 世纪，他们推动第一次民主来努力克服滥用权力的倾向。[2]

雅典人分权使每一个个人或团体被监督的民主有几个关键的组成部分。其一，雅典人选择他们自己的长官和执政官，通过选举或抽签，大部分一年一任，且多数情况下官员被禁止两次当选。对国家行政和基本政策设立的监督在不同的成员由抽签选出的集会手中。其二，法律（法则或是普遍适用的规则，包括规范官员行使权力的规则）必须由“法律制定者”委员会命令颁布，通过一个类似

---

〔1〕 约翰·瑞兹：“法律科学的重要性与必要性”，载 *Transnat' l L. & Contemp. Probs* 第 21 期，第 647 页。

〔2〕 参见库特·A. 瑞福伯：《古希腊民主党的渊源》，2007 年版。

审判的程序，法律如果受到挑战，会被人民的法庭审查。[1] 集会和委员会的运用都是建立在希腊社会古老传统之上的，关于审议和在露天集会上由多数投票做决定。这些发展都是西方民主的开始。其三，在雅典民主中，法庭是由抽签选出的市民组成且经常组织很多市民成员，通过审理需要官员去处理的不同法律诉讼程序的案件对官方权力进行监督。例如，法官任期开始和任期结束之后的各种强制性审核程序。此外，市民可以向法院起诉离任官员，即使是大众推举的各种军事开支，各种滥用权力的行为。[2]

法律和法庭适用的遏制官员滥用权力的法律在雅典民主中扮演重要角色，这是为什么雅典被说成是西方传统民主和法治的滥觞。但是雅典的例子并没有延续着产生继任者。罗马统治包括一些相似的法庭和法院诉讼，但是实质上，罗马共和国政府在所有方面都还比雅典民主，在共和国的继任者罗马帝国元首统治时期，权力都集中在皇帝手中。罗马把法学大全中重要和具有创造性的法律传统流传了下去，但是罗马法的遗产对公法没有很大的帮助，因此对限制滥用权力也没有很大帮助。

本文没有追溯从罗马法至18世纪，西方法律体系的公法中控制政府滥用权力以及法官、律师独立的大量学说和允许法学家适用法律学说的逐步发展过程，[3] 使其满足表达在18世纪末快速起草美国宪法的目的，[4] 因为这个过程清楚地显示了阿克顿勋爵暗示的关于人性定义的重要性。美国宪法充分利用了分权的技巧，这样可以使政府的每一个分支互相监督。例如，两院通过的立法在成为法令之前都必须由总统签署，这样就赋予了总统否决他反对的立法的权力。[5] 国会仍然有使被否决的法令成为法律的权力，只要两院各有2/3大多数重新通过；但是这相当困难，因为在选举自由竞争的通常情况下，没有一方会赢得2/3大多数，因此2/3大多数是相当不寻常的。另一个重要的例子就是美国的监督和制衡机制——重要的联邦政府官员，包括所有的联邦法官是被选任到职位上的，他们由总统提名——但只有在经过议会大多数投票通过才能上任。[6] 一旦上任，他们会终身任职，他们的报酬终身都不会被削减，[7] 这样做有效地阻止了政府

---

〔1〕 参见库特·A. 瑞福伯：《古希腊民主党的渊源》，2007年版，第4页。

〔2〕 保罗·古德：《民主、团结与法治：雅典的教训》（即将出版）。

〔3〕 参见哈罗德·伯曼：《法律与改革》1982年版；《法律与改革（二）》2003年版。

〔4〕 制宪会议于1787年完成宪法的起草工作，被13个殖民地批准通过的过程于1789年完成。

〔5〕 美国宪法第1条第7款第2项。

〔6〕 美国宪法第2条第2款第2项。

〔7〕 美国宪法第3条第1款。

的另外两个分支从任何方面因为某些特定案件的判决结果而惩罚他们。

被许多联邦党人文集[1]所强调的一点是孟德斯鸠观点，政府的三股权力应当被严格地区分开来，例如行政机构做的事应当与立法和司法机构做的事区分开来。联邦党人第48号反对这种观点，声称除非政府的这三个分支“互相连接和服从，给予互相控制的宪法权利，分立的程度被认为是对一个自由政府特别重要的，否则实践中不可能被适当维持。”[2] 调查了13个殖民地在联邦宪法实施之前没有建立政府分支机构权力监督机制的失败的统治经验之后，联邦党人第48号总结道：“仅书写在羊皮纸上的限制几个部门的宪法，不足以防范那些将所有政府权力专制集中在同一只手上的侵犯。”[3]

因为国父们不愿意仅仅依靠“公文纸保障”[4] 去阻止政府任何一个部门集权，所以他们采用了宪法监督和制衡的结构性保障机制，每一个分支都有一定的权力去影响其他部门行使权力。联邦党人第51号辩称，这种监督制衡机制：很明显每个部门（此处是指政府分支机构）的成员都应该尽可能相互独立，在与他们职位相对应的报酬方面。如果地方行政长官，或者法官，不从立法中独立出来，他们的独立就仅仅是有名无实的。

但是出于宪法上必要的方式和个人动机，防止同一部门逐渐集权的最大保障由那些掌管各部门去抵制对别的部门的侵蚀组成。正如所有其他案件中的抗辩条款被制定得同侵害的危险一样。野心必须被野心抵消。人的利益必须和宪法的权力联系在一起。它必须是人性的反映，方式必须是用于控制政府滥用权力所必需的。但是什么是政府本身但是又最大程度的反映了人性呢？“如果人是天使，就没有政府存在的必要了，如果天使统治人类，内部或者外部政府都将没有存在的必要了”，有人类统治人类的政府的建构，最大的困难在于：你必须先使政府控制那些被统治的；然后，再使它控制自己。毫无疑问人们的依赖是政府，但是经验告诉人类辅助性预防措施的必要性。

这个政策通过提供对立的竞争性利益，使得更好动机的缺陷可以在整个人事

---

〔1〕 这85篇文章最初于1787年和1788年发表在纽约报纸上，题目是《联邦党人文集》，笔名为“帕布里乌斯”。事实上，我们知道，它们是由亚历山大·汉密尔顿和詹姆斯·麦迪逊主要起草，约翰·杰伊也作了其中5篇。参见查尔斯·凯斯勒与克林顿罗斯特合编：《联邦党人文集Ⅷ－Ⅻ》（1961）。

〔2〕 参见查尔斯·凯斯勒与克林顿罗斯特合编：《联邦党人文集》（1961），第276页（詹姆斯·麦迪逊）。

〔3〕 参见查尔斯·凯斯勒与克林顿罗斯特合编：《联邦党人文集》（1961），第281页。

〔4〕 Free Enterprise Fund v. Public Company Accounting Oversight Board（免费企业基金诉公众公司会计监督委员会），130 S. Ct. 3138，3157（2010）（参考《联邦党人文集》第48号）。

系统中，不论是公共的还是私人的，被追踪到。我们认为它尤其体现在权力的下属分配中，当即的目标是根据互相监督原则分配和安排这些部门，个人的私利可能会守护公共权力。审慎的发明在国家最高权力的分配中是一个必要条件。[1]

“没有什么能比努力实践自己信仰对法官的独立精神更重要”，亚历山大·汉密尔顿把这一观点作为自己在担任联邦法官的终身任期内的信念。

法律规则——公文纸保障——不能抑制寻找自我的趋势。为了使规则生效，必须由独立于政府其他分支机构的法院来执行这些规范分支机构政治领导的规则。因此法庭是监管和平衡系统中最核心的部分。正如亚历山大·汉密尔顿在《联邦党人文集》第78号中写道：宪法中的规定意在限制公权力的行使，“通过司法正义——职责在于声明所有违反宪法明显意思的行为无效——作为媒介被保留到实践中。没有了这一点，所有特权的保留都等于零。”[2] 因此，他说——在联邦最高法院确立1803年马伯里诉麦迪逊案思想的15年前——法院就主张自己有拒绝适用违反宪法的法律规则的权力。[3]

但根据违反宪法而认定的司法上无效的立法是美国形式的法治中最具争议的部分，而不是我准备说的西方法治模式中法治的一个元素。[4] 因此重要的是指出汉密尔顿的论点，即司法独立不受限于一个实施宪法的限制的司法。

只有当法官的独立成为预防社会中偶然发生的不和谐的不可缺少的护卫时，才能实现对违反宪法行为审查。但这些有时因为不公正、不中立的法律，不会危害到特殊公民阶层的私权。地方司法长官的坚定态度对缓和这种严重情形、限制这种法律的实施异常重要。不仅减轻已经被通过的即时的不和谐带来的影响，同时也监督立法机构通过它们把一系列因为法官有所顾忌而产生的不公正目的当成阻碍，从某种强制意义上讲，这是他们为满足自己的意图而想出来的不公正的动机。[5]

因此法院组成了审查立法的重要力量，即使它们缺乏对宪法性立法的审查能力，但这只有在它们独立于立法时才能办到。汉密尔顿甚至没有提到——因为在他那个时代还没有发展出来——法院决定行政和执行行为的合法性的能力。但是

---

〔1〕 参见查尔斯·凯斯勒与克林顿罗斯特合编：《联邦党人文集》(1961)，第289～290页（詹姆斯·麦迪逊）。

〔2〕 参见查尔斯·凯斯勒与克林顿罗斯特合编：《联邦党人文集》(1961)，第434页（亚历山大·汉密尔顿）。

〔3〕 参见查尔斯·凯斯勒与克林顿罗斯特合编：《联邦党人文集》(1961)，第437页。

〔4〕 约翰·瑞兹：“法制建设的进步”，载《民主理论与后共产主义的变化》，第128～130页。

〔5〕 参见查尔斯·凯斯勒与克林顿罗斯特合编：《联邦党人文集》(1961)，第438页。

这些抑制行政机构或官僚机构行使受到监督的权力的行为的意义并没有超出阿克顿勋爵的理论的最大限度，只要法院是实质上从行政机构中独立出来的。

美国最高法院频繁引用这些观点以证明他们处理分权问题的合理性。在2010年“自由基金诉公共公司会计监督委员会”的案件中，首席大法官 Robert 再次就多数意见提到的问题发表了如下看法：

在制宪者建立的体系中，第51号联邦党人（J. Madison）认为，人与人的相互信赖成为对政府的主要限制。而第48号联邦党人认为这种信赖关系的维持不能仅仅依靠“羊皮纸上设立的屏障”，J. Madison 认为必须依靠野心的相互抵制，通过给予每个部门不同的动机和必要的宪法手段，去抵抗来自其他部门的权力侵害。[1]

这种权力运转体系贯穿美国历史。我们可以看到美国坚决坚持制衡制度的完善，根据这个系统，任何一个政府部门都有权力保护自己免受其他部门的侵害，同时，防止任何其他两个部门将所有政治权力集中在自己手中，建立独裁统治。他们假定，一旦缺少这种能够制约野心的检查和平衡系统，就如 Lord Acton 所说，每个政府部门的官员，都会他们被手中依据宪法正当掌握的权力所引诱，并试图运用权力实现自己的目的和利益，国家利益被弃之不顾。这种观点尤其决定了美国人对于法院系统的态度，因为法院是制衡制度的一个重要组成部分。美国人坚信为了让法院能够独立行使职责，必须让它充分地独立于其他政府部门。法律很重要，在某种程度上，法律可以拥有独立的权力，我们希望法院遵循法律；但毋庸置疑，我们无法确定法院能完全遵循法律，除非它真正独立于其他政治力量。这是很明显的美国观点，今天，这种观点显然被全世界许多国家广泛地接受，至少在西方国家，它们的立法机关和行政部门采用各种各样的形式厉行司法审查，保护法院的独立。

（二）儒家思想关于人性的观点

在外国人看来，中国现在对法官权力的控制和以前朝代中政权对法官的控制有着惊人的相似，这和儒家思想的本质不谋而合。所以本篇文章的主要目的是，试问传统的观点是否依然足够强硬来支撑现有的政体，又或者是现在的观念是否正在或者已经在进化，逐渐形成一种观念：一种分权制的政体，包括法院作为一种单独的机构来监督、检查政府各个部门权力的形式。

1. 传统中国政府

在谈论儒家思想本质之前，先来论证下现在中国政体和以前朝代的政体的相

---

〔1〕 130 S. Ct. 3138, 3157 (2010).

似之处。现在的集权政体和民主集中制只体现在上层 CPC，通过一个全面的行政体系来统治国家中。同样的，以前朝代的政体至少在表面上通过帝王统治了整个国家。权力全部被集中在上层行政部门。

这个形式没有给独立的法官们留下空间，法官判案更像是一种行政手段。以前的司法体系，在朝代的更迭中不断地深化，但是唯独没有形成一种独立的司法体系。反观西方，这种独立的体系在罗马法的不断被发现中产生。[1]

这种集权形式的政体基本把所有权力集中在了帝国首都。2000 年来，从秦朝到清朝 1912 年灭亡的律法，都通过一种集中在帝国首都的复杂的皇室系统来行使。首先，通过国家的考试，有很大一批儒家思想的行政官员从各个地域被选拔出来，他们中的一些作为统治者或官员[2]，就在各个区域范围内代表着帝王权力的统治。中国的王朝是被区分为好几个行政区域的；但政府集中在帝国首都，省长从首都派出，为抵制裙带关系，他们通常被派往没有亲戚的地区做官。最高级的行政官员（大学士）不但指导帝王，还在帝王的成长过程中教育、监督他学习儒家思想的教育成果。其他皇室成员也深受影响，包括占行政系统中大部门的太监们，这被认为是必不可少的管理措施。在这些群体中，谁是推动整个国家运作的，毫无疑问要看各方势力的权力的强弱和野心大小，但皇帝仍是在名义上控制行使权力，决定重要事项的人，包括对整个帝国所有高级官员的任免。[3] 帝国中存在广泛的报告制度，以告知皇帝和他的首席顾问帝国之内发生的所有重大事件、需要被决定的重要事项或者批准设立帝国的首都。[4] 中国文化生命的历史也证明了中央集权在帝国中心的强大力量。[5]

通过阿克顿勋爵的格言来解释这种思想也不是没有道理。比如国务院负责对主席作最高层次的指导，但是它的行为受到了其他部门的监督。许多中央部门是由两个同等级的官员负责，来相助监督。中国的政体已经发展出了一个复杂的机构来调查、监督、指导、核查，来保证政府部门的正常运行。其中最基础的独立

---

〔1〕 哈罗德·伯曼：《法律与革命》1983 年版。

〔2〕 这类官员在英语中有时候被称作“mandarin”（父母官）或者“prefect”。

〔3〕 参见黄仁宇：《万历十五年》（英文）1981 年版。

〔4〕 根据不断流入中心的关于清朝的惊人的详细报告，请参见史景迁：《谋逆之书》。

〔5〕 杜甫（公元 712～770 年），通常被认为是中国最伟大的诗人，他因为公元 750 年早期混乱的政治局势而不得不离开。他走遍全国各地，围绕着当时的都城西安游转一圈，他常常写诗表达他对返回都城的渴望。实际上，他像一块磁铁一样一直指向都城，那个他后来再也没能回去的地方。参见杜甫：《诗歌人生》（David Young 翻译，Alfred Knopf 出版社 2008 年版）。

掌权机构是人民代表大会，它通过多种途径维持政府部门的良好运作。[1] 但是这个并不意味着真正的分权，这些机构都是为“帝王”服务的。[2]

就像中国有短暂的一段政体分权历史一样，中国也有一段短暂的地方分权历史。至少自秦朝以来，就没有一种形成联邦制的趋势。在中国的朝代史中，中央都坚持冒险将权力延伸到外围地区或者满盘皆输。自从秦朝以来，中国只有在内战或者外敌入侵的情况下，才分裂成多个政权。[3] 在中国的历史中，一直是中央集权的。

2. 儒家思想中的人性

儒家思想在清朝占到了统治地位，充斥在治理和法律中，并且一直延续到20世纪。它依然在中国和周边国家有影响力。短暂的清朝，在很大程度上采取了竞争的政治哲学或者说法家思想。法家，就像名字所表明的，倡导依据法律，并根据惩罚和奖励来引导人们的行为。法家倡导的思想有一点类似于西方法律的作用。这更像一种法治，但是法家依然认为这是一种控制社会的手段。在秦朝被推翻之后，汉朝废止了法家思想，恢复了儒家的思想。

与法家相反，儒家教导的是政治哲学中的地位。区别于依据法律来左右人们的行为，儒家更倡导德和礼，就像孔夫子所说的：

“通过政治手段指引，通过惩罚约束，人民会变得卑微奸诈。但是通过道德、传统来约束，人民会逐渐出现一种羞耻感。”

尽管“礼”是扎根于传统仪式的，但理解儒家思想中礼的哲学也是十分重要的。就像西蒙·雷斯所写的：

“第一次见到儒家思想中的礼的时候，西方读者可能会难以理解，但是奇怪的仅仅是语义罢了。只要用道德规则等一系列词来代替了礼，读者就会很快发现儒家思想与从启蒙运动从发展出来的西方政治哲学原理十分相似。孟德斯鸠发

---

[1] E. A. 库莱克：“中国人和政府的艺术”，载雷蒙·道森编：《中国的遗产》1964 年版，第 319 页。

[2] E. A. 库莱克：“中国人和政府的艺术”，载雷蒙·道森编：《中国的遗产》1964 年版，第 321 页。

[3] 比照：三国时期、金人入侵宋朝、明朝忠臣抵制清朝统治（福建省和台湾）、鸦片战争导致外国殖民地的形成。

现，法律的不断制定并非是社会民主的进步，相反，这是社会道德的沦陷。”[1]

所以，儒家思想对于道德和行为的约束能更加有效地影响人们。这种思想需要根植于传统的教育。儒家学派强调人们的行为可以被道德教育改变，传统的道德教育是中国教育体制的标志。中国传统文学是在各个朝代的道德模范中不断产生的。[2]

另外两种儒家思想使其对道德育人的概念变得更有说服力。首先，儒家教导人们生来就是平等的。经验和教育能改变人们，使之各自不一样。但是所有的人生来都有潜力成为有道德的人。其次，儒家思想注重人性本善的概念，这被记录在《三字经》中。[3] 它的前两段对此做了一个简练的总结：

“人之初，性本善。性相近，习相远。”

“苟不教，性乃迁。教之道，贵以专。”

儒家思想对于人性是持一种乐观态度的，阿克顿勋爵的格言更信服人。如果一个人生来就是善良的，并且之后能通过道德教育不断完善，最后就能成为道德模范。中国传统政府就有志于推广这种思想。从儿童时期，帝王就接受了儒家学者传授的儒家道德哲学。当帝王登基的时候，他的老师就成了大学士。从大学士一直到最下层的官员，都要学会掌握这种儒家思想，所以，儒家传统就这样在各个阶级中产生了。[4]

两千年来，中国一直尝试着建立一种由哲学家帝王统治，哲学家行政官员辅佐的政体。柏拉图也倡导国家由哲学家统治，在西方，亚历山大大帝也有同样的背景也对这种政体有同样的兴趣。[5] 但是那里没有群众教育的基础等一系列中

---

〔1〕 约翰·W. 海德、王延平：《中国古代法典》2005 年版，第 39 ~ 40 页（引用《论语》第二十五、二十六篇，西蒙·赖斯译，1997）。另请参阅雷蒙·道森：《孔子》，1981 年版，第 27 ~ 29 页（“礼”指仪式或习俗，但孔子扩大了词的意思，因为他更感兴趣的是基本原则和术语的道德含义，因为他强调的是进行仪式时的正确态度）；林语堂：《孔子的智慧》，第 10 页。（“礼”在其最一般的意义上意为“礼貌”，而且孔子认为它也有“政府”的意思，这两个词都与“维持人类社会的秩序”有关）。

〔2〕 道森解释说，动词“学”，通常译为“研究”，往往意味着中国古代对道德模范的学习和模仿。参见史景迁：《龙山的主》（描述了明遗民张迪笔下的道德模范）。

〔3〕 直接归属于孔子的著作显然不会发表这种已然相当清楚的观点，但道森认为，这种观点“似乎是中国人根深蒂固的信念，认为宇宙是一个和谐的，人类是这一和谐的组成部分”。雷蒙·道森：《孔子》1981 年版，第 43 页。

〔4〕 对于明代的这个系统的详细说明，请参见黄仁宇：《万历十五年》1981 年版。

〔5〕 儒家理论中，中国皇帝的统治确实包括宗教层面。皇帝负责为老百姓的利益执行各种宗教仪式，他们统治的合法性的前提是有上天的青睐。孔子不反对中国人的宗教传统，但我要说的是他的哲学是基于“人”的基础，在这种基础上宗教的维度是很难介入的。参见雷蒙·道森：《孔子》1981 年版，第 44 ~ 46 页。

国特有的体制，所以这种政体很难形成。

这很难说对于不同信仰的人们会产生对不同政体的理解。在西方，自中世纪以来反对皇室集权的申明是毋庸置疑的，政治权力分散在不同的国家，比如最重要的基督教和天主教，并继续分布在不同的阶层中。中世纪之后，权力的分散并没有使国家受到威胁，直到18、19世纪一些国家的兴起。中国没有同样权力的分散也解释了为什么中国会产生一个不被信任的集权政体。

另外一个重要因素是通过长时间从朝代的统治到20世纪，中国意识到自己将面临外国势力的入侵。放眼中国历史，中国面对更多的是突厥和藏独分子。有许多次，中国的领土被这些势力夺去。从18世纪到20世纪，西方势力也面临着同样的问题，但是外来势力没有取得太多成功。[1]

通过中国的这些历史，我们更能看出为什么中国会有集权的政体。包括西方国家在内，面对外来敌对势力的时候，各级社会都希望通过集权来战胜或者统治。所以我的观点是，不要去深究其他因素，重点来研究为什么重视道德教育和后天培养的儒家思想支持集权的合法性。这种合法性依旧被高层的领导坚持着：至少需要一名强力的领导来击退外来势力。这种思想结合了儒家思想对于道德教育的乐观和之后不断教育中对道德的培养。与其分权各自监督对方，还不如通过道德教育来培养道德品质。

也许人类的自私的问题在朝代的统治中似乎不那么紧迫，因为人们有着普遍的信念，即认为人性本质上是好的以及教育和考试系统的良好设计能够培养有道德的人。如果人们生来就没有腐败等一系列恶习，那么长时间的教育就能有效地对付这一系列问题。再加上传统中国教育系统中塑造了很多清廉、道德高尚的官员。也许这也可以看出这种道德教育是可行的并且在一定程度上取得了效果。

这种重视道德教育来对付假公济私和真正的自治法律制度还是有差距的。在某种程度上，这种想要通过道德教育解决集权问题的做法，与发展出一个独立的司法系统来制衡是相违背的。[2] 更为重要的是，集权政体下师生的关系也并非

---

〔1〕 来自欧洲以外的主要威胁是：①查尔斯·马特尔在732年果断反转被阿拉伯人和北非的穆斯林入侵的局势；②在13世纪被蒙古人和他们的盟友入侵；③1453年征服了君士坦丁堡，但1529年在维也纳被围困的土耳其人入侵。

〔2〕 道德教育的方法可能会使用法律或法律程序，比如秘密审判或从违法者那里采得的供词，这些一般不依赖于独立的法律和法律程序，因为那些负责道德教育的人要控制例证的传播。但在真正独立的法律程序并不能掌控结局，因此无法控制事件中道德相关的消息的传播。例如，违法者可能被无罪释放，或无辜者被定罪，或证据相当不充分。因此道德教育并不十分适合法律程序的自治系统，但却很好地适应于政治统治。清代的德育方法就是一个很好的示例。参见史景迁：《谋逆之书》（皇帝试图把持不同政见的叛逆者通过道德训诫变忠诚的说法）。

平等。这种教育体制下的老师把自己树立成一种权威来指导学生，而非像优秀的老师一样，最大程度地创造出一种民主的氛围并缩小等级观念。即使是苏格拉底式的方法也存在一定程度对学生的引导。所以，用道德教育来解决腐败问题和用律法来解决问题还是有差距的。

我也认为道德论点是政治争论中不可避免的一部分，它的特点是用法律论证来区分道德和其他政治争论。如果这是正确的，那么依靠道德教育在本质上就是一种解决腐败问题的政治途径；同时法律也区别于政治和道德。道德和政治的考虑也必然会是法律论点的一部分，但是很多方面上，法律论点和他们还是有区别的。首先，法律问题上有律师，法律问题可以被专业的律师来发现。其次，法律问题是通过权威的条文来解决的。不管是正式的法律还是其他权力主体，相反，道德问题不像这样。最后，法律问题有很多技术的方面，比如相关的公约、法律部门和其他司法解释。然而道德问题不像法律问题那样。所以，依靠道德教育来解决腐败问题与依靠法律来解决是有差距的。

基于上述这些原因，我认为在中国依赖道德教育来解决腐败问题这种方法将会偏离用法律和司法体系来解决问题的设想。

三、儒家思想是否依然在中国占主导地位？

同基于上面讨论的很难将道德问题和政治问题区分开来一样，律师也很难区别法律问题。我认为传统中国的政体将道德优先于法律就像将政治优先于法律一样。尽管中国表面上也有像西方一样的司法体系，但是共产党领导下的政体依然将政治权力凌驾于法律之上。过去如此是因为儒家思想，所以搞清楚现在人们对于儒家思想的观点十分重要。

乍一看，可能似乎不太可能是这种情况。由于孔子的教条是和中国传统社会紧密联系的，所以中国18、19、20世纪蒙受的所有耻辱都归结到了孔子身上。20世纪早期就有中国的作家谴责儒家思想带来的社会负面影响，谴责其将妇女仅仅定位在生育上，并且使中国严重脱离了科学技术。在“文化大革命”期间（1966～1976），[1] 儒家思想遭到了沉重的打击。[2]

然而，尽管有尝试在中国政府高层否认儒家思想，还有很多关于当代中国依然保留儒家思想的例子。[3]

---

〔1〕 雷蒙·道森：《孔子》，1981年版，第85～86页。有人甚至认为，孝道学说阻碍手术的发展，因为它与“身体发肤受之父母”的思想相抵触。

〔2〕 雷蒙·道森：《孔子》，1981年版，第85～86页。

〔3〕 雷蒙·道森：《孔子》，1981年版，第86～87页。

有很多事情依然没有改变，就像重视教育和道德模范的塑造。是否核心的人性态度仍然存在，并且否认了在阿克顿勋爵的格言中对人性的看法？最近，一个中国作家倡导儒家的宪法秩序：一部分学者监督所有行政和执法机构，另一部分学者有着否决立法的权力。[1] 这并不是我能回答的问题，但我还是要阐述为什么这个问题如此重要。

四、不同观点的人性对法律的影响

现在中国的领导展示出对用法律手段惩罚腐败的支持。但是只有法庭拥有了独立的地位，才能摆脱政府、官员对一些案件的控制。但是如果真正的权力受到了限制，拥有集权的高层还是会控制法庭来达到他们的目的。阿克顿勋爵的格言由此表明最高领导层将防止法院试图在党的最高层控制腐败。

但是假设党的控制是来确保一名官员滥用职权的认供，西方人会对此产生怀疑：既然官员已经在法律下认供，那么庭审也会有很多证据来证明其罪行。这可能是高层的官员来决定判决来压迫被告方承认罪行，而非法庭。法庭并非通过一系列证据证明其违法这么简单。

有很多方法可以区分西方司法体制下对于认供的理解。首先，西方人会说是政治权力在这种案件中施行。并且证明法律在其中施行的唯一方法就是让法庭在没有政府控制的情况下去判案。所有用来保证分权的工具都能让法庭保持与其他政府部门的独立。如果中国没有这种分权的意愿，就不会有西方意义上的法治，这样也就无法保持法庭的独立。

其次，通过权力的分配来制衡是西方深入人心的观念。这种理念也需要被告在刑事案件中能够有权利充分地发表意见保护自己，并且这种权利包括查阅证据、面对证人、查看其他相关的信息。换句话说，西方观念上的法律也包括在刑法的辩护中，被告有充分的机会辩护。要保护这种权利就要保护辩护律师，因为律师有专业的技能来有效辩护。无论对抗的证据有多强，如果律师的辩护受到限制，那么被告也很难得到充分的辩护机会。因为要保持法庭和被告的独立性，所以说认供是法律的产物而非政治的产物。[2]

中国有可能建立一种制度：像在西方一样，用法庭和辩护律师来处理底层官员的案件。如果党的高层官员能够认可法官的独立，尤其是在基层的案件中，那么可以想象法庭和辩护律师能够充分发挥其作用。但是如果相信勋爵的格言，无

---

〔1〕 江青："儒家宪政秩序：如何中国的古老的过去可以塑造其政治前途"，埃德蒙·瑞登译，载丹尼尔·贝尔、范瑞平主编：《中国季刊》2013 年版。

〔2〕 这些正是对美国计划通过军事法庭起诉涉嫌恐怖分子和有武装分子操控的基地组织的担忧。

论党有多强的意愿来以法律自律，过不了多久，集权集团的领导就会用他们的权力去阻拦任何妨碍他们利益的指控。

这种论点也可以在民事案件中体现。在民事案件中，法庭能够比较自由地运用法律，但是不久之后，高层党领导会阻碍任何妨碍他们利益的案件。但是对于大多民事刑事案件来说，一般都不会触碰到上层的利益，所以法庭在运用法律方面就会像西方一样不会受到太多阻碍。勋爵的格言并不是认为在集权国家中法庭就不能像西方一样，而是认为作为独立法院来监督政治权力的滥用会受到主权力的阻碍，并对其产生一定程度的限制。一些案件就会被定性为政治案件，所以只能用政治的手段去处理，这与西方的司法制度相左。

公平地说，在美国，必须承认政治影响力能够左右被指控的人。因为美国检察官有广泛的自由裁量权，权力的行使不受司法审查。总的来说，西方的系统尝试着将法官与其所做的判断分割开来，以免他们受到处罚。如果他们要进行新一届的选举或者他们寻求晋升，他们会很容易受到案件的影响。[1] 像美国联邦终身制法官这样的就不会受到如此大的影响。

相比来说，一个建立在人们道德完善基础上的系统，拥有通过道德方面的选举产生出来的，并给予集中的权力的法庭人员，这样的法庭就不需要独立于上层领导。但是实际上，各级政府都希望被上级领导。这就产生了一种矛盾的情况。因为如果在上层权力集体并不存在着假公济私的危险，就可以设想法庭从上层的指导中获益，并不在上层干涉下自由运作。而事实上，如果我们假定上层领导都是道德上的典范，并且所有党员都能通过道德教育不断提升，那么校长朱苏力所说的中国法庭就有道理了。但是现在法庭完全被党的组织和领导影响着，所以区分法庭和党并不合适。[2] 而且这么区别并不合理，法庭和党在儒家思想上本来就应该是没有区别的。

这里有两种关于这个的替代模型。首先，重要的决定在这种系统中是政治性的，而非合法性的。法律可能作为一种很重要的工具来统治，来为法庭处理非政治性质的案件。但是如果政治胜过了法律，那么法律就不能作为一种独立的系统来行使又或者法律本来就是次要的。不管在哪种情况下，都不会吸引学者或者其他团体的参与。法律就不会发展成一种自治的、独立的系统。

其次，这种替代模型在中国现在正在实行，就像王朝统治时候的中国，事实上都有像勋爵描述的监察权力。这之中也有不同的利益集团在高层不断地妥协并

〔1〕 参见前文第一部分。

〔2〕 朱苏力：“中国司法中的政党”，载 *Duke J. Comp. & Int' l L.* 2007 年第 17 期，第 535 ~ 543 页。

不断行使权力。另外，现在的规定禁止领导人连任2届5年任期，这就很大程度上限制了权力，也反映出勋爵的格言。再加上党组建了很多下一级的治理机制。共产党甚至拥有中纪委，其职权就像共产党机构中的司法部门。由于这种系统的制衡是来自于上层的，所以这只是政治权力上的分权而非法律意义上的分权。但是我们可以想象司法系统的独立可以在这种架构中实现。

我们也可以想象，中国上层领导最终将会接受司法独立。在西方的理论中，法院系统并不是对于立法或者其他政府部门的一种限制，因为他们的判断不受行政、立法权力约束。法院系统预防立法机构在超出宪法赋予他们的范围内立法，并且预防行政部门在超出宪法赋予权限之外执法。所以在西方的体制中，法院并不仅仅用来判案。他们仅仅在法律的范围内行权。在一个通过选举的民主社会，许多关于国家重要的政策都应该由选举部门、立法部门和行政部门通过。

五、总　结

最后来总结，我并不是在说中国是个囚犯或者过去是。我坚信中国丰富的历史文化能支持中国今后的发展道路，就像全球各种传统文化一样。但是我们的发展也受到过去传统的影响。所以我想知道，是否现在儒家对于道德教育和后天培养的思想依然在当今占主导地位就和过去朝代统治的时候一样？

这个问题很重要，因为儒家思想在朝代统治的时候，由帝王等集权控制帝国是有道理的。在这种体制下法官没有受到任何机制的保护并且居于次要地位，所以难以形成独立的机构。相反，阿克顿勋爵的格言，“权力导致腐败，绝对的权力导致绝对的腐败”成了西方自古希腊以来的缩影。所以西方形成了一种只有分权才能阻止腐败产生的思想。这其中很重要的一部分是司法的独立，其可以制衡另外的立法部门和执法部门。

所以，理解西方人眼中司法系统制衡的作用对于中国的律师和学者十分重要。西方认为只有在司法相当独立的情况下，制衡这种职能才能被行使。这就是为什么西方人在中国避免使用“法治”一词的原因。

西方人也希望了解中国，什么是人性的主流思想？种种迹象都很模糊。儒家思想看似依然在中国占主导地位，但是中国也花费了很大力气去构建现代的司法体系和法律教育。我也相信我许多从事中国法研究的同事和他们的学生都认为中国需要一个西方式的法治和独立的司法系统。过去混乱的历史在一定程度上把中国引入了西方的视野和全球的视野：内战和外敌入侵、大量的工业化等都使中国人重新思考传统对人性的理解。上述我所提到的关于传统和现代政体似乎都对集权控制的架构产生了一些考量。

到底中国将走向何方？对于这个问题有很多争论。我试图表明，人们对人性的理解对于法律在社会中扮演的角色是多么重要。因为我认为如果司法改革不符合社会价值观的话，是注定会失败的。我希望这些分析能够对这些争论有所帮助。

全球化时代的国际法治

——以形式法治概念为基准的考察

黄文艺 *

我们可以清晰地观察到，全球化的时代潮流和历史进程在两个向度上推动了现代法治的多元化发展：其一，在横向上，兴起于17、18世纪的欧洲的现代法治经由全球化进程逐渐传播扩展到世界上的其他几个大陆，并与当地的文化传统、价值观念、意识形态、政治制度相融合，演化出运作机理和机制各具特色的法治样式，诸如英美法治、欧洲大陆法治、社会主义法治、伊斯兰法治等；其二，在纵向上，起初作为民族国家统治方式的法治开始突破民族国家的统治空间，向下和向上进入各种次国家、跨国家和超国家的社会空间，已经或将会萌生出运作形式更为多样化的法治形态，诸如次国家层次的法治、区域层次的法治（如欧盟法治）、全球层次的法治（如 WTO 法治）等。本文主要关注全球化所带来的法治在纵向上的多元化问题，而且仅仅关注区域层次的法治和全球层次的法治。法学界通常把这两层次的法治归入国际法治的范畴。本文以一个形式法治概念为分析判准，主要阐释法治和国际法治的基本要素，分析国际法治与国内法治的差异，并通过两个样本考察全球层面和区域层面的国

* 吉林大学理论法学研究中心教授。

际法治。

一、一个形式法治概念

我们在分析各种具体形态的法治之前所必须做的一项前提性工作，是确立起一个可以用来解释、规范和评价各种具体形态的法治的一般性法治概念。这样，以这个一般性法治概念为参照系，我们就可以判断出人类社会生活的某一领域是否存在法治，或者在多大程度上存在法治。而且，只有坚持以同一个一般性法治概念为判断标准，我们才能在分析和解释各种具体形态的法治时保持逻辑上的同一性和自洽性。

事实上，国际法治论者大都在讨论国际法治问题之前先界定一下作为研究前提的法治的一般概念。尽管国际法治论者所界定和理解的法治概念五花八门，但总体上可以分为形式法治概念和实质法治概念两类。形式法治概念不考虑法律的内容是什么，也不关心法律是善法还是恶法；而只规定法律在形式上或体制上的要求。这些形式上或体制上的要求通常包括，法律是可预期的，法律保持相对稳定，法律不溯及既往，司法机关保持独立，政府受治于法等。按照形式法治概念，只要某个社会的法律体系符合这些形式上或体制上的要求，这个社会就存在法治。实质法治概念则极为强调法律的实质内容和价值取向，认为人们所追求的法治必然是良法之治，而不可能是恶法之治。因此，实质法治概念往往通过开列出良法的种种标准——形式上、实体上、价值上的标准——来界定法治的内涵，如法律尊重和保障人权，法律维护社会公正，法律促进社会和谐等。实质法治概念与形式法治概念的根本区别就在于，前者不仅强调良法的形式标准，更为强调良法的实体标准和价值标准。[1]

在国际法领域，相当多的学者坚持实质法治概念，把国际法治视为国际良法之治。因此，国际社会的各种崇高的追求，诸如人权保护、正当程序、环境保护、全球正义、可持续发展等，都被认为是国际法治的构成要素。[2] 国内的国际法学者也多从这一角度理解法治和国际法治的概念。车丕照教授将国内法意义上的法治概括地表述为“特定社会接受公正的法律治理的状态”。基于这一法治概念，他将国际法治界定为“国际社会接受公正的国际法治理的状态”，并将国际法治的内在要求概括为四个方面：①国际社会生活的基本方面接受公正的国际

〔1〕 关于形式法治理论与实质法治理论的更多讨论，参见黄文艺：“为形式法治理论辩护”，载《政法论坛》2008 年第 1 期。

〔2〕 Mattias Kumm，“International Law in National Courts：The International Rule of Law and the Limits of the Internationalist Model”，44 *Virginia Journal of International Law Association*，2003，p. 22.

法的治理；②国际法高于个别国家的意志；③各国在国际法面前一律平等；④各国的权利、自由和利益非经法定程序不得剥夺。[1] 这种界定因对法律的公正性的强调而应归入实质法治概念。如果说车丕照教授所论述的法治概念仍是弱式意义上的实质法治概念，那么何志鹏教授所论述的法治概念则是强式意义上的实质法治概念。何志鹏教授所阐述的法治概念的核心要素是良法和善治，[2] 而这两个抽象的概念本身又包含着众多实质化的价值观念和政治理想，诸如人本主义、人权原则、可持续发展等，因此属于一种相当实质化的法治概念。

另一些国际法治论者则奉守形式法治概念，从法律的形式或体制的方面来阐述法治概念。纽约大学法学院沃尔登教授所提出的法治概念包括四个形式要素：①掌权者应在公共规范的约束框架下行使权力，而不应当基于个人的偏好或意识形态行使权力；②规则应当事先颁布，并且是一般的和明确的，这样人们根据规则就能知道他们该如何做，他们的行为会产生什么样的法律后果，以及如何与官方打交道；③应当有法院，而且法院应当按照公认的正当程序或自然正义标准运转，为纠纷的解决提供一个公正的舞台，并允许人们有机会在独立公正的裁判者面前举证和辩论，特别是当官方行为影响人们的生命、自由、经济福利等重大利益时，允许人们挑战官方行为的合法性；④法律平等原则，即法律普遍适用于每一个人，任何人都不得凌驾于法律之上，每一个人都可以获得司法救济。[3] 郑永流教授在论述国际法治的标准时，认为各种价值倾向的法治有三点共同的内在规定性：①全面预设规则，包括法的预设性、全面性、确定性；②预设的规则至上，即所设规则必须得到服从；③独立的机关专司规则，即有独立的司法机关或准司法机关专司解决争端之职。[4]

在法治的概念问题上，笔者依然坚持笔者在以往的一篇文章[5]中所表达的形式法治理论的立场。我认为，首先无论是在民族国家层面，还是在国际社会层面，形式法治概念都优于实质法治概念。主要理由是，实质法治概念所包含的那些实体价值目标（如公正），往往是难于给予精确解释而又容易引发激烈争议的

---

〔1〕 车丕照："国际法治初探"，载《清华法治论衡》第1辑，清华大学出版社2000年版；车丕照："法律全球化与国际法治"，载《清华法治论衡》第3辑，清华大学出版社2002年版。

〔2〕 何志鹏："国际法治：全球化时代的秩序建构"，载《吉林公安高等专科学校学报》2007年第1期；何志鹏："国际法治：良法善治还是强权政治"，载《当代法学》2008年第2期。

〔3〕 Jeremy Waldron, "Are Sovereigns Entitled to the Benefit of the International rule of law?", http://www.iilj.org/.

〔4〕 参见郑永流：《法治四章》，中国政法大学出版社2002年版，第196页。

〔5〕 黄文艺："为形式法治理论辩护"，载《政法论坛》2008年第1期。

宏大而抽象的理想，这容易使法治变成一个没有实际内涵的空洞口号。其次，实质法治概念把民主、公正、人权等其他社会价值纳入法治的概念之中，不仅人为地扩大了法治的概念内涵，而且容易混淆法治与其他社会价值、法治概念与其他价值概念的界限。再次，实质法治概念由于给定了太多实质性的价值标准，可能仅仅适用于那些坚持同样价值标准的国家或国家共同体，而容易把坚持不同价值标准的国家或国家共同体排除在法治的范围之外，出现党同伐异的结果。形式的法治概念有助于克服上述问题。本文所提出的形式法治概念包括三项基本原则：

第一，法律的可预期原则。这一原则主要是针对立法环节，要求立法机构所制定的法律必须是公开的、明确的、稳定的，并且是不溯及既往的。这样，人们可以根据法律规定确切地知道如何行为，并预测行为的法律后果。不过，可预期原则的诸多要求在民族国家和国际社会实现的难度不一样。例如，可预期原则要求有一个常规的立法机制持续不断地制定新法和修改（废止）旧法。由于几乎所有民族国家都有常设的立法机构行使立法职权，以至于国内法治论者通常不会将其视为是法治的一项要求。但是，在国际社会领域，建立一个常规的立法机制却是一件相当困难的事情。在绝大多数情况下，国际立法机制不过是谈判机制，即相关各方通过谈判和协商达成一致意见，最后形成对各方具有约束力的法律文本。这种立法机制具有不稳定、低效率等严重缺陷，使得国际立法步履维艰，是阻碍国际法治进程的重要因素。相反，另外一些容易被民族国家的政府违反的要求，如法律的公开性、法律的稳定性，在国际社会却能轻而易举地做到。例如，由于国际立法进程较为缓慢，国际社会很多领域的法律长期保持稳定不变，以至于法律的稳定性成为一个贬义词。

第二，法律的普遍适用原则。这一原则主要是针对法律的遵守和执行环节，要求所有主体都必须平等地受治于法，特别是那些掌握公共权力的人必须受治于法。这一原则在民族国家和国际社会都很难实现，但难以实现的阻碍因素不一样。对于国内法治来说，最严重的威胁是掌握公共权力的政府功利性地解释、执行和遵守法律，即按照对政府最有利的原则解释法律，只遵守对政府有利的法律，不遵守对政府不利的法律。对于国际法治来说，最严重的威胁是各个国家特别是某些大国功利性地解释、遵守和执行国际法，即按照有利本国的原则解释国际法，只遵守对本国有利的国际法，不遵守对本国不利的国际法。奥地利学者柯齐勒曾分析了美国对联合国框架下的国际法治实施的阻碍，归结起来就是，“该领导全球的力量（a）定义应适用的规则；（b）选定这些规则的适用范围；而且

(c) 决定这些规则落实的特定的方式方法"。[1] 如果说在民族国家内部，通过民选政府、有限政府、司法审查、人权保障等制度可以最大限度地限制或克服政府违法的机会主义行为，那么在缺乏世界政府、国际民主、国际司法等制度的国际社会，国家违反国际法的机会主义行为事实上很难得到有效的克制。

第三，法律纠纷的有效解决原则。这一原则主要是针对司法或纠纷解决环节，要求当人们发生法律纠纷时，可以请求法院或其他争端解决机构做出有拘束力的裁判。这一原则要求有独立行使裁判权的法院或其他争端解决机构，以及保证法院或其他争端解决机构有效行使裁判权的程序规则。在民族国家的政治体制中，一般都存在法院或其他准司法机构；因此实现这一原则的主要问题是如何保障司法独立，如何保障司法权威。而在国际政治舞台上，最根本的问题是缺乏拥有普遍管辖权和强制执行权的国际司法机构。缺乏有效的国际司法机构的结果，不仅使国际法变成了只具有舆论约束力的国际道德准则，而且还使受到侵害的合法权益得不到有效的法律救济和保护。正是在这种意义上说，缺乏有效的国际司法机制或纠纷解决机制，是国际法治实现的最大障碍之一。

二、国际法治与国内法治的差异

如果说上一节关于法治概念的分析重点在于揭示国际法治与国内法治的共同规定性，那么本节的重点就在于阐明国际法治与国内法治的差异。在笔者看来，法治从民族国家扩展到国际社会所发生的根本性变化，可以用从"作为国家统治方式的法治"到"作为全球治理方式的法治"来概括。欲细致说明这一变化的实质，我们必须从人类政治生活从统治向治理的转变说起。

按照俞可平的概括，随着全球化时代的来临，人类的政治生活正在发生重大的变革，其中最引人注目的变化之一，便是人类政治过程的重心从统治走向治理，从善政走向善治，从政府的统治走向没有政府的治理，从民族国家的政治统治走向全球治理。[2] 国内外学术界关于治理与统治的区别的理论分析很多[3]，但在笔者看来，治理与统治主要存在两个方面的明显差异：①主体不同。按照传统政治理论，政府是国家唯一合法的权力中心，只有政府才能合法地实行统治。而按照治理理论，各种公共机构和私人机构都有为公众所认同的权威和影响力，

〔1〕 Hans Köchler："联合国、国际法治与恐怖主义"，何志鹏译，载《法制与社会发展》2003 年第6期。

〔2〕 俞可平："全球治理引论"，载《马克思主义与现实》2002 年第1 期，第20 页。

〔3〕 例如，[英] 格里·斯托克："作为理论的治理：五个论点"，华夏风译，载《国际社会科学杂志（中文版）》1999 年第1 期；[美] 詹姆斯·罗西瑙主编：《没有政府的治理》，张胜军等译，江西人民出版社2001 年版。俞可平："全球治理引论"，载《马克思主义与现实》2002 年第1 期。

可以在各自的领域进行有效的治理。②方法不同。按照传统政治理论，政府主要依靠严密组织的官僚体系，借助于合法垄断的强制力对社会实行科层制统治。而按照治理理论，各种治理机构主要依靠复杂的合作网络，更多地通过谈判、协商、交换等自愿平等的方式对社会公共事务实施管理。不过，我并不赞成有些学者关于治理与统治在目标上——善治和善政——存在根本差异的说法。[1] 其实，合法性、法治、透明性、责任性、回应性、参与性、廉洁、公正等，都是善治和善政所共有的基本要素。

在全球化研究中，很多理论家都用治理理论用来描述国际社会的政治过程与民族国家的政治过程的差异——治理与统治，形成了一股声势浩大的全球治理运动。由于在民族国家之外的国际社会不存在世界政府，所以无法实行那种国家式的政治统治，只能实行治理理论所描述的那种治理，而且是一种"没有政府的全球治理"。按照英国学者麦克格鲁的解释，这种没有政府的全球治理就是"多层全球治理"，即"从地方到全球的多层面中公共权威与私人机构之间逐渐演进的（正式与非正式）政治合作体系，其目的是通过制定和实施全球的或跨国的规范、原则、计划和政策来实现共同的目标和解决共同的问题"。[2] 这样，全球治理论者就对当今世界的格局形成了一种令人鼓舞的独特解释：虽然在全球公共事务中缺乏某种类似政府的中央权威，但是依靠民族国家、次国家组织、跨国家组织、超国家组织等多层次组织的治理行动，也能建立起一定程度的制度性安排和秩序。这就跳出了传统的国际政治理论所设计的二元选择：要么是建立世界政府，要么是无政府状态。

自然而然，民族国家的统治与国际社会的治理的差异必然反映在作为国家统治方式的法治（国内法治）与作为全球治理方式的法治（国际法治）之上。国际法治与国内法治之间的主要差异体现在两个方面：

第一，国际法治是一种契约型法治，而国内法治是一种强制型法治。国内法治是一种存在于国家主权之下的"有政府的法治"。政府代表全体国民行使国家主权，制定和强制实施国家的各项法律，建立或维护国家的法律秩序。全体国民都有服从和遵守法律的义务，违法行为将受到政府的法律制裁。但是，由于不存在对全球进行统一管理的世界政府，国际法治是一种"无政府的法治"。这种法治只能按照近代西方启蒙思想家所提出的社会契约论的思想逻辑建立，即由国际

---

〔1〕 俞可平："全球治理引论"，载《马克思主义与现实》2002 年第 1 期。

〔2〕［英］托尼·麦克格鲁："走向真正的全球治理"，陈家刚编译，载《马克思主义与现实》2002 年第 1 期。

社会的成员自愿地订立契约（条约），规定每位成员的权利、义务，并建立一定形式的国际组织，监督或保证契约（条约）的履行。这就是说，作为全球治理模式的法治必然是、也只能是一种契约型法治：①法律（条约）是基于每个成员的协商而制定的契约，而不是依靠权力自上而下强加于人的命令；②作为法律实施者的国际组织产生于法律（条约），其权力来源于法律（条约）；③每个成员守法的道德根据在于他们是契约的当事人，有履行诺言的道德义务；④对成员进行制裁的唯一正当理由是他们违反了法律（条约）规定的义务；⑤国际社会的成员既有加入条约（契约）的自由，也有一定限度的退出条约（契约）的自由。这样，启蒙思想家为资本主义民主和法治作论证而假想出来的社会契约论[1]，实际上为国际法治的建立奠定了理论基础，并在全球化时代开始转化为活生生的现实。

第二，国际法治是一种多元分散型法治，而国内法治是一种一元型法治。国际社会和国内社会的一个重要区别是：国内政治体系是集中的和等级制的，低层次的政治权威服从高层次的政治权威；而国际政治格局则是无中心的、分散的，各个国家在形式上处于平等的地位，众多国际组织之间也互不隶属。[2] 在国内社会中，由于集中的和等级制政治体系的存在，其法律自下而上大体上是统一的，因而其法治是一种一元型法治。即使在联邦制国家，各个邦或州有相对独立的法律体系，但各个邦或州的法律不得同联邦的宪法和法律相抵触，其法治仍可以说是一元型法治。与此不同，在全球范围内，由于是一种无中心的、分散的政治格局，存在着相当数量的彼此独立的国际规则体系。这些国际规则体系分别是由不同的国际社会成员所创建的，也仅仅对那些创建规则体系的国际社会成员有效。尽管联合国等国际组织试图协调不同的国际规则体系之间的关系，但是不同国际规则体系之间彼此抵牾的情形仍然比比皆是。因此，国际法治只能是一种多元分散型法治，即分散于国际社会的各个领域或空间。只要不存在世界政府，国际社会就不可能存在类似国内法治的那种整体意义上的法治，国际法治只可能是国际社会某个领域或空间的法治。当然，在国际社会各种力量的共同推进下，越来越多的国际社会领域或空间会走向法治，从而使国际社会的法治化程度不断提升。

---

〔1〕 关于社会契约论思想的基本观点，参见张文显：《法哲学范畴研究》，中国政法大学出版社 2001 年版，第 171～172 页。

〔2〕 参见［美］华尔兹著，胡少华等译：《国际政治理论》，中国人民公安大学出版社 1992 年版，第 104 页。

三、全球层次的国际法治：以 WTO 为例

和区域层次相比，全球层次形成国际法治的过程无疑更为困难和艰巨。尽管法学界经常使用“国际刑事法治”、“国际贸易法治”、“国际环境法治”等概念，但从严格意义上说，目前尚没有任何一个国际领域真正在全球层次上形成了国际法治。某一领域形成全球层次的国际法治起码应具备两个基本前提条件：其一，该领域存在着以若干国际条约为基础的国际规则体系；其二，该领域存在着一个保证国际规则体系有效实施的全球性国际组织。从目前来看，只有联合国（UN）、世界贸易组织（WTO）、国际奥委会（IOC）等全球性国际组织所涉及的有关领域开始初步形成法治。其中，WTO 可以说是走在国际法治最前列的全球性国际组织。正如有的学者所指出的那样，“乌拉圭回合的结果使一个主要以权力为基础、以外交为导向的世界贸易体制转向一个以规则为基础、以原则为导向的贸易体制。自然的，一个以规则为基础的机制需要法律统治，而不是权力统治。尽管在 GATT 下已经存在法治的某些要素，但 WTO 的建立已经使法治成为世界贸易体制中不可缺少的规范。”[1] 本节将以 WTO 为例来分析全球层次的国际法治。

WTO 既是一个全球性的国际经济组织，同时也代表着一个全球性的国际贸易规则体系。WTO 规则体系是由各成员通过多个回合的谈判所签订的国际协定所构成的，具体来说，是由《马拉喀什建立世界贸易组织的协定》及其四个附件组成。其中，附件 1 包括《货物贸易多边协定》、《服务贸易多边协定》、《与贸易有关的知识产权协议》；附件 2 是《关于争端解决规则与程序的谅解》；附件 3 是《贸易政策审议机制》、《民用航空器贸易协议》等。所有加入 WTO 的成员都必须遵守这个规则体系。WTO 作为国际组织的主要职能是，组织实施各项国际贸易协定，为成员提供多边贸易谈判场所，解决成员间发生的国际争端，审议成员的贸易政策和法规。与同类的全球性国际组织及规则体系相比，WTO 体制确实包含着更多的，而且更显著的法治要素。这主要体现在以下几个方面：

第一，WTO 决策机制为国际贸易立法常规化提供了可能。WTO 确立了以部长会议和部理事会为中心的较为稳定的决策机制。这一决策机制奉行由一致意见作出决定的原则。若某一决定无法取得一致意见时，则由投票决定。在部长会议和总理事会会上，WTO 每一成员拥有一票投票权，部长会议和总理事会决定应以多数表决通过。从法律的角度来看，WTO 决策机制具有立法和法律解释的职

---

〔1〕 Julia Ya Qin, “‘WTO - Plus’ Obligations and Their Implications for the WTO Legal System”, *Journal of World Trade*, 2003, pp. 514 ~ 515.

能。例如，根据《马拉喀什建立世界贸易组织的协定》的规定，部长会议可以应成员的动议修正 WTO 有关协议，部长会议和总理事会对 WTO 各项协议具有专门的解释权。这样，WTO 决策机制实际上就为国际贸易领域提供了一个常规性的立法机制。

第二，WTO 贸易政策审议机制为各国遵守 WTO 规则提供了制度保障。根据《贸易政策审议机制》的规定，WTO 下设贸易政策审议机构（TPRB），负责对各成员的全部贸易政策和做法及其对多边贸易体制运行的影响进行定期的审查和评价。每一成员应定期向 TPRB 提交报告，描述其实施的贸易政策和做法。TPRB 的审议工作主要以成员提交的报告和秘书处起草的报告为基础。贸易政策审议机制的建立，有助于促进各成员严格遵守 WTO 的各项多边贸易协定及其接受的诸边贸易协定的规则、义务和承诺，有助于统一各成员的贸易规则和政策。

第三，WTO 争端解决机制为解决国际贸易争端提供了可信赖的渠道。WTO 不仅设立有专门的争端解决机构（DSB），而且还有一套比较完备的争端解决规则和程序。根据《关于争端解决规则与程序的谅解》的规定，WTO 的争端解决程序主要包括：①磋商。争端当事人应先通过磋商达成满意的解决办法。②斡旋、调解和调停。在各方的同意下，总干事可随时进行斡旋、调解和调停。③专家组审理。如果磋商未能解决争端，起诉方可以请求 DSB 设立专家组。由专家组审查争议的事项，做出裁决。④上诉机构复审。争端一方可向 DSB 的上诉机构上诉，上诉机构可维持、修改或推翻专家组的法律认定和结果。⑤对执行建议或裁决的监督。各方应执行 DSB 的建议和裁决，DSB 应监督已通过的建议或裁决的执行情况。WTO 的争端解决机制由于有严密的运行程序、明确的时间限制和严格的交叉报复制度，成为国际贸易领域相当有效的国际司法机制。[1]

第四，WTO 的诸多基本原则体现了法治的要求，特别是非歧视原则和透明度原则。非歧视原则是指各成员在实施某种优惠或限制措施时，不得对任何成员实施歧视性待遇，具体又包括最惠国待遇原则和国民待遇原则。所谓最惠国待遇原则，是指各成员给予另一方的优惠、特权和豁免，不应低于其给予任何第三方的优惠、特权和豁免。所谓国民待遇原则，是指一成员的国民和产品进入到另一成员的市场时，应享受不低于另一成员的国民和产品的待遇。非歧视性原则保证 WTO 成员在形式上的平等。透明度原则既要求 WTO 的决定、专家组报告、上诉机构报告和其他主要文件必须公开，也要求所有成员所制定的影响贸易活动的法

〔1〕 参见［美］约翰·杰克逊：《世界贸易体制——国际经济关系的法律与政策》，复旦大学出版社 2001 年版。

规和政策必须公开。透明度原则是法律公开性原则在 WTO 体制内的具体体现。

应当看到，WTO 不仅推动了世界贸易的法治化进程，而且也推动了各成员内部的法治化进程。关于 WTO 对中国法治的推动作用，一直是中国的学者热烈讨论的话题。张文显教授认为，中国加入 WTO 标志着中国的第三次法制变革的开始。[1]

四、区域层次的国际法治：以欧盟为例

区域化运动的迅猛推进无疑是全球化时代最为壮观的历史画卷。这种区域化运动主要表现为位于特定地区内的若干国家为了追求共同的经济、政治、军事利益而建立起或松散或紧密的区域合作机制或组织的国际努力。最为松散的区域合作形式是以对话或讨论为主要形式、没有固定组织的地区性会议或论坛机制，如亚欧会议、博鳌论坛。较为紧密的区域合作形式是以双边或多边国际条约为基础、有固定的组织机构的区域共同体，如欧洲联盟、东南亚国家联盟、阿拉伯国家联盟等。虽然区域共同体也属于国际组织，但它不同于一般的国际组织。区域共同体的成员国“往往在民族、历史、语言、文化或精神上具有密切联系，培育了某种共同意识；或者在现实的国际生活中具有彼此关心的政治、军事、经济或社会问题，形成了某种相互依赖关系”，[2] 因而更容易在经济、政治、军事等各方面形成紧密合作的关系，甚至形成像欧盟那种类似邦联的区域共同体。所以，与一般的国际组织相比，区域共同体更容易实质性地采用法治这种治理方式，建立起真正意义上的区域层次的国际法治。目前，欧盟的法治可称得上是典范意义上的区域法治，并且向世界展示了区域共同体鼓舞人心的法治远景。

正如许多学者所观察到的那样，欧盟不仅明确宣布法治是欧盟建立的基础性原则，而且事实上形成了一套比较定型的法治的制度。《马斯特里赫特条约》（1992 年）明确规定，欧洲共同体在发展合作领域的政策，“应有助于发展和巩固民主与法治、尊重人权和基本自由等普遍目标”。《阿姆斯特丹条约》（1997 年）明确宣布，“联盟是以各成员国所共有的自由、民主、尊重人权和基本自由、法治等原则为基础的”。早在这些条约出台之前，欧洲法院就在 Les Verts 案中宣称，欧洲经济共同体是一个建立在法治基础之上的共同体。[3] 从实践来看，与其他区域共同体相比，欧盟不仅实质性地走向了法治，而且形成了独具特色的

---

〔1〕 参见张文显：“WTO 与中国法律发展”，载《法制与社会发展》2002 年第 1 期；张文显：“全球化时代的中国法治”，载《吉林大学社会科学学报》2005 年第 4 期。

〔2〕 梁西：《国际组织法》（第 4 版），武汉大学出版社 1998 年版，第 278 页。

〔3〕 Case 294/83, Partie Ecologiste “Les VertsVerts” v. European Parliament [1986] ECR 1339.

法治模式。

第一，欧盟建立了准政府性的政治机构体系。欧盟的主要机构有四个：①欧洲议会。作为欧盟的议事机构，与欧盟理事会分享立法权和预算批准权，批准欧盟委员会委员的提名，监督和弹劾欧盟委员会。②欧盟理事会。作为欧盟的重要决策机构，与欧洲议会分享立法权和预算批准权，根据欧盟委员会的建议就欧盟重大问题作出决策，负责欧盟共同外交、安全政策、司法、内政等方面的政府间合作事宜。③欧盟委员会。作为欧盟的常设执行机构，欧盟委员会负责实施欧盟条约和欧盟理事会作出的决定，向欧盟理事会和欧洲议会提出报告和立法动议，代表欧盟负责对外联系和贸易谈判。④欧洲法院，作为欧盟的司法机构，负责审查欧盟其他机构制定的法令的合法性，审理和裁决在执行各项条约和规定时所发生的各种争议，以及对各项条约进行解释。这一整套体系较为完备的政治机构，使得欧盟事实上拥有了独立于其成员国的立法、行政和司法机构，为欧盟法治的有效运转提供了坚实的体制保障。

第二，欧盟确立了欧盟法至上原则。这一原则主要体现以下三个方面：①欧盟所有机构必须根据欧盟法的规定行使其权力。《欧洲联盟条约》第5条规定，欧洲议会、理事会、委员会、法院和审计院必须根据欧盟的各项条约以及修改、补充这些条约的法令的规定行使其权力。②欧盟成员国必须履行欧盟法规定的义务。《欧洲共同体条约》第10条规定，成员国应采取各种适当的措施，包括一般的或特别的措施，确保履行本条约规定的或共同体机构立法规定的义务。③欧盟法在成员国国内具有直接的效力，并且优先于成员国国内法。这就是通常所说的欧盟法的"直接效力原则"和"优先效力原则"。这两项原则并不是由条约所规定的，而是欧洲法院在司法判例中确立起来的。这两项原则有力地保证了欧盟法和法治的有效性。

第三，欧盟建立了严格意义上的司法审查制度。司法审查制度是由《欧洲经济共同体条约》以及后来的《欧洲共同体条约》所明确规定。《欧洲共同体条约》第230条规定，法院应当审查欧洲议会和欧盟理事会联合通过的法令、欧盟理事会的法令、欧盟委员会的法令、欧洲中央银行的法令以及欧洲议会旨在对第三方产生法律效力的法令的合法性。欧洲法院在其判例中重申了这一制度。在Les Verts案中宣称，欧洲经济共同体是一个建立在法治基础之上的共同体，不论是其成员国，还是其机构，就其通过的措施是否与条约的基本宪章一致问题，都不能免于司法审查。[1] 毋庸置疑，司法审查制度构成了欧盟法治的核心基石和

---

〔1〕 Case 294/83, Partie Ecologiste "Les VertsVerts" v. European Parliament [1986] ECR 1339.

根本保障。

值得认真对待的是，由于欧盟法不同于一般意义上的国际法，欧盟的法治也不同于一般意义上的国际法治。欧盟法可以分为两大部分：主体部分和主要渊源是各成员国通过多边谈判、协商而签订的各项基础条约，如《欧洲煤钢共同体条约》、《欧洲经济共同体条约》、《欧洲原子能共同体条约》、《马斯特里赫特条约》、《阿姆斯特丹条约》等。就这部分法而言，欧盟法治属于契约型法治。另一组成部分和渊源是欧盟的主要机构根据基础条约所赋予的权限所发布的各种规范性或非规范性的法律文件，主要包括规则（Regulation）、指令（Directive）、决定（Decision）、建议与意见（Recommendation and opinion）。就这部分法而言，欧盟法治又接近于国内法治意义上的强制型法治。

中西文化权比较研究

——中国语境下的基本文化权益解析

柴　荣[*]　王小芳[**]

在国际社会，公民的文化权已经被确认为一项不可或缺的权利。1948 年颁布的《世界人权宣言》和 1966 年颁布的《经济、社会与文化权利国际公约》都对文化权利予以确认。我国加入《世界人权宣言》和《经济、社会与文化权利国际公约》，并在宪法中确认了文化权为公民的一项基本文化权利。在通用的国际文件中，公民的文化权一般表述为 culture right，我国宪法对公民文化权的确认也是放在公民的基本权利和义务（The Fundamental Rights and Duties of Citizens）一章中。可以说，在国外及国际表述中，文化权都以权利的形式出现，翻阅国际条约和国外相关文件，根本没有“文化权益”这一表述。然而，我国许多政策性文件中公民的文化权多以“文化权益”的表述形式出现。在我国，第一次独立提出“文化权益”概念的文件是胡锦涛在党的十七大上所作的报告：“要坚持社会主义先进文化前进方向，兴起社会主义文化建设新高潮，激发全民族文化创造活力，提高国家文化软实力，使人民基本文化权益得到更好保障，

---

* 北京师范大学教授，博士生导师。

** 北京师范大学博士研究生。此论文为质检公益项目《基层公共文化服务场所重要技术标准研究》（项目编号：201210280）阶段性成果之一。

使社会文化生活更加丰富多彩，使人民精神风貌更加昂扬向上。”[1] 十七届六中全会继而通过《中共中央关于深化文化体制改革推动社会主义文化大发展大繁荣若干重大问题的决定》，进一步提出“大力发展公益性文化事业，保障人民基本文化权益”。[2]

文化权利是人类历史发展的产物，是人类社会文明发展的标志。我国“基本文化权益”的表述同国际上“文化权利”的使用意义差别不大，却包含了我国特色的文化、历史和法律基础。目前，我国很多场合下“基本文化权益”和“基本文化权利”的表述一般混用，甚少作细分。也有学者认为基本文化权益是文化权利的下位概念，其涵盖的范围小于文化权利。[3] 基本文化权益的意义指向何处，其基本内涵如何，只有在我国语境下做进一步的解析方可界定。

一、“基本”之意义体现了与西方文化权利相应的价值地位

在研究中，基本文化权益之“基本”常常会被解释作“最重要的”或“最起码的”意义。普遍认为所谓“基本文化权益”即公民所享有的对于公民而言最重要的那些文化方面的权益，或者是保障公民能够享有的最低限度的文化方面的权益。然而，通过结合国际、国内关于文化方面的权利探究，事实绝非如此。笔者赞同学者王列生等对此问题的论述：

首先，如果认为基本文化权益是一种“最重要的文化权益”，那么也就是说，我们可以将文化权益进行一次分层解构。在这样的层级结构中，文化权益可以被划分为最重要的文化权益、一般重要的文化权益以及不重要的文化权益等等这样的不同级别。[4] 而根据这种层级结构的划分，基本文化权益在文化权益结构中只是占据了一个最高的位置而已。可是，如果从文化权益的主体角度进行分析，我们就会发现这样的阐释如此不尽合理。其一，不同的主体对文化权益内容的需求不同，从其自身角度的认识而言，自然对文化权益的重要程度的评价会有

---

〔1〕 胡锦涛：《高举中国特色社会主义伟大旗帜 为夺取全面建设小康社会新胜利而奋斗——在中国共产党第十七次全国代表大会上的报告》，人民出版社 2007 年版，第 33 页。

〔2〕 胡锦涛：《中共中央关于深化文化体制改革 推动社会主义文化大发展大繁荣若干重大问题的决定》，人民出版社 2011 年版，第 19 页。

〔3〕 张晋生：“‘基本文化权益’的内涵与意义”，载《党史博采》2012 年第 1 刊，第 42 页。他以十一届六中全会决议关于“基本文化权益是以‘看’、‘听’、‘读’、‘赏’、‘参’为主要内容和《世界人权宣言》中文化权利的四项内容（享受文化成果的权利、参与文化成果的权利、进行文化创造的权利、文化成果受保护的权利）相比较，认为基本文化权益不包含后两项，由此界定基本文化权益是文化权利的下位概念”。

〔4〕 参见王列生、郭全中、肖庆：《国家公共文化服务体系论》，文化艺术出版社 2009 年版，第 98 页。

差异。例如，城市白领阶层在读书、看报之余，想要通过音乐会、剧院等途径更高水平的文化艺术享受来满足其文化需求；相对于此，地处偏远的农村居民，看场电影或者参加秧歌队等文娱活动即可满足其文化需求。因此，不同主体的文化需要决定了文化权益内容的重要程度。根据不同文化主体对文化内容的需求程度，很难确定哪一项文化内容可以称之为最重要或次重要。其二，文化作为一种社会意义的存在，是否可以在如此结构严密的层级框架中限定并实现，也确实是一个值得深思的问题。层级结构之划分是一个严谨的科学结构模式，有比较明确的界限划分。文化这一伴随人类发展而不断演进的历史概念，其内容相互包容、相互契合。在一个层级严密的框架中划分文化这一不断进步的义项，即使在实践层面也是很难做到的。因此，将基本文化权益理解为最重要的文化权益，不管是从理论上还是在实践中，都是不尽合理的。

其次，如果认为基本文化权益是一种“最起码的文化权益”，也就是说基本文化权益是公民的最低文化需求线，是人之所以称之为人所应当享有的文化权益，是人区别于动物的文化性标志，是政府文化责任的底线甚至是个人文化诉求的社会道德底线。但是，按照马克思主义的理解，只要人活动就一定意味着某种程度的文化活动，甚至只要人劳动就会烙印着文化的意义……这也就意味着，只有在人的存在临界位置才能找到最低文化需求线。[1] 那么在人类的社会生活过程中，要确定一个最低的文化需求是不可能的。而在现代社会条件下，将保障公民的基本文化权益理解为实现人最起码的文化权益，满足人的最低文化需求，这不仅在学理上失去了支撑，在实践层面也缺乏保障的实际意义。

因此，可以说，基本文化权益既不是“最重要的”也不是“最起码的”，而是介乎二者之间的。根据学者王列生的理解，我们可以将基本文化权益之“基本”的意义界定为“均量的”。即强调文化与经济、政治、社会的“平衡性”和“适应性”，以及时空定位下平衡对应关系中的文化生活的“充分性”，从而保证民众的文化生活能适应其他的生活。“基本”应当反映公民拥有平等文化身份的平均水平，是度量社会文明程度的重要指标。基本文化权益之“基本”给政府在保障公民基本文化权益时提出了明确的要求。政府要保证人人享有平等、充分的文化权，在提高个人文化参与能力和文化接受素质方面有不可避免的责任；政府在进行公共文化服务供给的时候，要注意文化与政治、经济和社会发展的适应性，保证不同主体文化供给的平衡性。

在西方社会的意识中，文化权利是更高层次的权利，是以经济权利为基础、

---

〔1〕 王列生、郭全中、肖庆：《国家公共文化服务体系论》，文化艺术出版社 2009 年版，第 100 页。

政治权利为保证的权利，具有其他权利所不可替代的价值。葛兰西在其著作《社会主义和文化》中写道："它（文化）是一个人内心的组织和陶冶，一种同人们自身的个性的妥协；文化是达到一种更高的自觉境界，人们借助于它懂得自己的历史价值，懂得自己在生活中的作用，以及自己的权利和义务。"[1] 可见，在西方国家的意识中，文化之于人的意义是至高的，文化对个人权利的意识觉醒及实现具有现实的重要意义；文化权的保护必须实现人的全面发展。而中国"基本文化权益"之"基本"所反映的与经济、政治、社会发展相适应的文化平衡与适应，恰恰体现了在我国文化领域的权利作为公民的一项必不可少的重要权利之意义。这与西方法治语境下文化权利之于公民的意义具有同样的内容。

二、文化权益更体现中国特色的法治建设目标

改革开放以来，我国十分重视借鉴和吸收西方国家的现代法治文明成果，初步建立了与我国社会发展相适应的法律体系。但必须明白的是，没有放之四海而皆准的法治模式。我们必须坚信，只有在中国共产党领导下，坚持自上而下积极推动与自下而上全民参与结合，才能探索出一条适合中国国情的社会主义法治道路。[2] 马克思曾经指出："人类自己创造自己的历史，但不是随心所欲的创造，而是在直接碰到的、既定的条件下创造。"[3] 不同的文化和历史背景，必然决定了我国法治观念和法治建设目标的特殊性。这也就决定了法治建设各个环节的特殊性。

（一）中西法治观下权利与权益辨析

西方国家的法治思想着重强调个人权利的保护。西方自由主义和法治主义的奠基人洛克在其法治理论中认为法律保护个人自由不受绝对的、任意的政治权力约束，国家和政府本身不是目的，而是保护个人自由权力的工具，其法治价值目标侧重于个人自由和权利的实现；而"个人自由和权利的确构成了戴雪的法治观的价值基础"[4]。在西方国家的法治观念中，特别强调法律面前个人的自由、平等、主权等内容，个人主义是其法治观的价值根基。西方法治观念中的人文精神源起于欧洲的文艺复兴运动，也是以人为核心，但更强调人的主观能动性和主宰作用，强调个人的价值和人生的意义。

据西方学者考证，"直至中世纪结束前夕，任何古代或中世纪的语言里都曾

---

〔1〕［意］《葛兰西文选》，中央编译局译，人民出版社1992年版，第5页。

〔2〕袁曙宏："奋力建设法治中国"，载《求是》2013年第6期。

〔3〕转引自张岩：《转型时期中国法治特点研究》，中共中央党校2013年博士学位论文。

〔4〕王人博、陈燎原：《法治论》，山东人民出版社1998年版，第93页。

有过可以准确地译成我们所谓‘权利’的概念”。[1] 14～16世纪的文艺复兴运动，使人们把目光从神转向人，思想家们宣扬人的自然本性，强调人的尊严和价值，提倡个性的解放和发展。到了17、18世纪，随着资产阶级提出“自然权利”、“天赋人权”的概念与封建统治展开斗争，“人权”、“权利”的概念得到了广泛的传播与认同，是上帝或造物主赐予人的一种资格。通过此资格，人人生而平等，不受他人之侵犯，从而维护人民的利益不受封建统治集团之损害。而自然权利的个体化，更是促进了自然权利（人权）从“人民的权利”的古代观念向“个人的权利”的近代观念转化。[2] “权利是基于人的不可剥夺的天赋性质而言”，[3] 个人权利的观念开始越来越受到重视。在个人权利受到极大重视的制度背景下，西方法治语境下的“权利”不仅意味着主体可为一定行为，同时含有主体利益之满足的意义。

在中国历史上，法治多具有工具价值而无内在的道德基础价值。19世纪中叶以后，西方的法文化通过各种渠道输入中国并为开明官僚和知识界所选择和接受。同时，受儒家思想的深刻影响，中国传统“公天下”的大同思想对法治建设的目标具有深刻的意义。历代志士仁人始终在继承着“天下为公”的大同思想，并将“先天下之忧而忧，后天下之乐而乐”作为政治美德加以发扬。孙中山先生的理想、目标、思想体系的基本精神，都是以“天下为公”为出发点和最终目标的。中国传统的人文模式是以“人”为认知对象，为根本的出发点和核心，然后“推己及人”的向外放大，最终实现社会整体效果的提升。“中国传统人文主义情怀的理性追求与奠定了近代法治主义思想基础的近代人文主义在精神实质上是完全可以沟通的”[4]，因此中国人文主义情怀又是与西方法治观念的理性基础相契合的。

中国古代虽然没有“权利”这一明确提法，但是“定分止争”[5]、“天下害生纵欲，欲物同物，欲多而物寡，寡则必争矣。……离居不相待则穷，群而无分则争。穷者患也，争者祸也，救患除祸，则莫若明分使群矣”[6]，实则是通过确

---

〔1〕 转引自［英］米尔恩：《人的权利与人的多样性——人权哲学》，夏勇、张志铭译，中国大百科全书出版社1995年版，第5页。

〔2〕 转引自徐大同：《西方政治思想史》（第3卷），天津人民出版社2005年版，第70页。

〔3〕 周尉、徐克谦：《人类文化启示录——20世纪文化人类学的理论与成果》，学林出版社1999年版，第4页。

〔4〕 滕召旭：《论中国传统法律文化对法治的积极影响》，沈阳师范大学2011年硕士学位论文。

〔5〕《管子·七臣七主》。

〔6〕《荀子·富国》。

定权利义务的界限从而调整当事人之间的利益关系，消除纷争。对权利的解释我国学界有各种争论。学者夏勇认为不论从微观还是宏观上看，权利无非是“利益”、“主张”、“资格”、“权能”、“自由”这五个要素逐渐形成的历史。[1] 张文显教授指出可以从“资格说”、“主张说”、“自由说”、“利益说”、“法力说”、“可能说”、“规范说”、“选择说”8个要素或层面上去理解权利，[2] 并从法律的角度界定权利。他认为“权利”一般是指规定或隐含在法律规范中、实现于法律关系中的，是主体以相对自由的作为或不作为的方式获得利益的一种手段。[3]

在罗马法中，所谓权利就是给每个人以其应得之物。[4] 而且事实上，利益论也并不能完全解释权利现象，有许多权利不一定获得利益甚至可以是放弃一定利益的。由此可见，“权利”一词包含着“可以获得利益”之内涵，但并不全部表征利益。而纵观中国具体法律制度，与权利相关的法律条款也更多地表征了主体可为一定行为的意义，而很少包含获得一定利益之内涵。而且，从传统角度看，中国古代权利观念的淡薄导致了民众对权利之下利益满足之追求的无意识。

按照《辞海》的解释，“权利”是一个法律意义上的概念，是“自然人或法人依法行使的权能与享受的利益，是社会经济关系的一种法律形式，与义务不可分离”。“权益”是“公民依法享有并受到法律保护的权利与利益”。而“利益”反映需求层面，“人的需求是人民进行历史活动的内在动因，是社会生产发展的原始推动力。”[5] 可见，“权益”是“权利”和“利益”的合成词，其含义不仅包含权利，而且包含利益，也就是权利主体在享有权利的同时可以获得一定的利益。权益之“益”同时有善和好处的意思，是一个社会意义上的词语，更强调社会效果。可见，权益不仅包含个体的利益诉求，还应有社会对利益的承认与分配。“权益”一词不仅包含了政治意义上的公民个人权利，而且包含了通过权利获得一定经济效益以及该效益能够得以保障的社会意义。可以说，在中国语境下“权益”一词较之“权利”而言，更具有丰富的政治、经济和社会效果。符合中国传统文化影响下法治观念的要求；而与西方语境下“right”所指称之“权利”所包含的内容比较而言，在中国，“权益”一词也比权利更具有全面的覆盖性。

（二）文化权益释义

在国外法律和国际性的文件中通用“文化权利”这一表述，我国法律中多

---

〔1〕 夏勇：《人权概念的起源——权利的历史哲学》，中国政法大学出版社2001年版，第47~48页。

〔2〕 张文显：《法理学》，高等教育出版社、北京大学出版社2011年版，第93页。

〔3〕 张文显：《法理学》，高等教育出版社、北京大学出版社2011年版，第94页。

〔4〕 艺衡、任珺、杨立青：《文化权利：回溯与解读》，社会科学文献出版社2005年版，第213页。

〔5〕 朱鸣雄：《整体利益论》，复旦大学出版社2006年版，第25页。

是直接借鉴和引用了这一术语。[1] 我国党的纲领性文件使用“文化权益”这样的表述，与我国传统文化影响下的中国法治观念和法治目标相契合。“（国外）其所讨论的关键词都是文化权利，而不是（国内常用的）文化权益，所以我们可以毫不犹豫地断定，文化权益这个专属概念乃是中国当代语境中的又一次语词创建”[2]。在中国语境下，文化权益在内容上等同于国外所谓文化权利之表述，但是也同时包含着中国特色的意义，它是文化权利与文化利益之集合。

从国际法角度，作为人权内容的一部分，文化权利具有与经济、政治权利共通的属性，即道德性和普遍性。首先，文化权利是一种道德权利，它存在于社会道德的支持，随着人类的全面发展而发展，随着社会文明进步的进程而不断完善。即使现代法律不予规定，文化权利也必然存在。其次，文化权利不是一种特权，而是一种普遍的权利。追溯文化权利之历史，不管是古希腊的阿戈拉市场还是古罗马的公共浴室，以及中国古代盛极一时的民间说书文化，都不能称之为现代意义上的文化权利。在古代，文化权利是一种特权，文字的使用、文化活动的参与都只是贵族和有钱人士的专属。随着西方文艺复兴和启蒙运动，文化权利开始逐步走向一项基本的人权并得以在国际社会中确立。因此，从理论上讲，作为人权的文化权利不因种族、性别、年龄、阶级、国籍、肤色、职位、身份等的不同而有差异。任何人都平等地享有文化权利。由于一定的历史文化原因，以往文化权利常常被忽视，没有看到其独立性，往往作为其他权利的派生物。基于马克思主义对经济、政治和文化的理解以及当今世界对三者关系的重新认识，在现代，文化权利已经成为与经济权利、政治权利的并列存在。毛泽东在《新民主主义论》中对三者间关系进行了论述：“一定的文化（当作观念形态的文化）是一定社会的政治和经济的反映，又给予伟大影响和作用于一定社会的政治和经济；而经济是基础，政治则是经济的集中的表现。这是我们对于文化和政治、经济的关系及政治和经济的关系的基本观点。”“一定的文化是一定的社会的政治和经济在观念形态上的反映”[3]，将文化权利与政治、经济权利并列是社会进步的表现。马克思主义的理解，决定了在公民权利问题上，经济权利是基础，政治权利是保证，文化权利是目标。[4] 可见，文化权利的实现，才是公民权利的最终

〔1〕 当然不能排除在翻译过程中词语使用的限制以及妥协。

〔2〕 王列生、郭全中、肖庆：《国家公共文化服务体系论》，文化艺术出版社2009年版，第79~102页。

〔3〕《毛泽东选集》第2卷，人民出版社1992年版，第664、694页。

〔4〕 参见艺衡、任珺、杨立青：《文化权利：回溯与解读——序言》，社会科学文献出版社2005年版，第1页。

实现。

在我国文化利益虽早有表述，但是当前国内外对其的研究和使用都比较少。江泽民同志在我国首次明确提出“文化利益”一词：“我们党要始终代表中国最广大人民的根本利益，就是党的理论、路线、纲领、方针、政策和各项工作，必须坚持把人民的根本利益作为出发点和归宿，充分发挥人民群众的积极性主动性创造性，在社会不断发展进步的基础上，使人民群众不断获得切实的经济、政治、文化利益。”[1] 利益建立在需求的基础之上，在马克思、列宁主义看来，文化也是一种生产力，能够带来利益，满足人们需要的丰富性。文化利益是人类精神需要的满足。文化利益是多方面的，可包括：语言、文学、艺术、教育、科学等等精神领域的利益。[2] 它既是主体为获得经济利益而追求的精神性需要的满足，又是主体对自身精神文化领域（如思想观念、文学艺术、教育科学等领域）需要的直接满足。文化利益的主体包括微观主体（公民个人和企业）和宏观主体（地区和国家），本文所述文化利益限于公民个体的文化需求，亦可称为文化诉求。公民获得文化利益主要体现为社会对文化这一福利的分配。从公民个体的角度，文化利益包括获得文化愉悦，文化享受，文艺能力，审美能力，文化创造能力、追求理想和信仰等。从社会的角度，文化利益之分配主要在于政府对公共文化服务的供给、对个人文化能力的培养。个体文化利益的实现，建立在社会对文化利益有效分配的基础之上，同时受国家财富总量及其文化福利支出的比例、区域财富均量及其文化利益落差以及个体财富支配量和拥有的现实分配条件三个因素的影响。可见，文化利益之实现，与经济利益或经济基础有着密切的联系，正如奥塔·锡克所言，只要基本生活需要得到满足，“利益便转到其他需要的满足，不仅是物质需要的满足，而且包括非物质需要的满足。某些利益，首先是各种高度发展的文化利益，只有在物质保证达到相当高的水平时才能产生”。[3] 经济基础是文化利益得以实现的物质保证。

因此，在中国语境下的文化权益一词，既包含了西方法律中文化权利所包含之内容，又契合了中国传统文化影响下的中国特色社会主义法治观的建设目标，更好地体现了具有中国特色的公民文化权之内涵。

三、基本文化权益与中国社会体系建设相对接

与中国法治建设目标相适应的公民基本文化权益之保障，不仅契合我国法治

---

〔1〕《江泽民文选》第3卷，人民出版社2006年版，第279页。

〔2〕洪远朋：《经济利益关系通论》，复旦大学出版社1999年版，第62页。

〔3〕［捷］奥塔·锡克：《经济—利益—政治》，中国社会科学出版社1984年版，第266页。

建设，而且与我国社会体系构建紧密对接。

（一）基本文化权益与意识形态的对接

意识形态是观念的集合，是由各种具体的意识形成的有机的思想体系。一个社会的主流意识形态是在文化竞争中形成的，赢得竞争的文化形式和内容从而在整个社会产生高度的融合力、较强的传播力和广泛的认同。一个国家的意识形态往往通过其社会主流的价值观反映，是社会道德的基本取向，表现了一个国家主流社会的基本意愿，包含一个国家的政治思想体系和道德信仰体系。

改革开放以来，我国传统的思想观念得到了极大的解放，社会意识形态和主流的价值观在经济、政治文明快速发展的环境中不断地调整与适应。现代高新科技革命正在对人类当代文化的发展产生着以往所无可比拟的巨大影响。市场经济的发展，商品文化借助资本的力量，对中国人的精神生活产生了巨大的冲击。市场文化、商品文化所反映出的价值观更多的诉求于"竞争"的理念和"消费"的内涵，这是人类社会在资本扩张时期所形成的多元价值观中的一部分。[1] 在这种文化环境中，"如果中国人不能继往开来，建立上承旧统而下启新运的道德秩序，我们就将既不能实现现代化，也没有资格在全球化的未来世界上占有一个有尊严的位置。"[2] 我国公共文化服务体系的构建，为形成以新的价值观为核心的意识形态奠定了基础。国家通过公共文化服务的方式维护主流价值观，对体现现代社会"主旋律"[3] 的作品予以鼓励和扶持，《任青霞》、《孔繁森》等颂扬领袖和英雄的作品受到极力地推广。这些作品通过艺术的形式，为引导国家主流意识形态产生了重要的影响，同时诠释了国家的文化意志。文化作为意识形态的一个重要部分，公共文化服务必然能够为确保国家文化安全，引导国家主流价值观产生重要的作用。

国家向社会和公众提供公共文化服务和文化产品，一方面实现了对社会主流意识形态的引导，更重要的是在引导主流意识形态的同时为广大群众提供健康、有益的文化内容，有利于确保公民基本文化权益实现的质量。

（二）基本文化权益与社会治理的对接

韩非子在阐述国家治理之道时认为国家治理不要求效法古代，而应该研究当前的社会情况，制定符合实际的措施。纵观古今中外，社会治理在纵向上体现出

---

〔1〕 曹爱军、杨平：《公共文化服务的理论与实践》，科学出版社2011年版，第52页。

〔2〕 李慎之："全球化与中国文化"，载《美国研究》1994年第4期。

〔3〕 孟繁华：《传媒与文化领导权——当代中国文化生产与文化认同》，山东教育出版社2003年版，第146页。

"自上而下"的社会管理和"自下而上"的社会自治的取舍，不同国家在不同的社会发展阶段有不同的取舍，最好的治理方式即达到社会管理与社会自治的最佳结合。马克思认为，社会治理的最终状态应该是"以各个人自由发展为一切人自由发展的条件的联合体"。社会的发展和群众的诉求为现代社会治理提出了要求，现代社会一般选择政府与公民对公共生活进行合作管理，尽可能实现善治。所谓善治就是使公共利益最大化的过程，善治的实现依赖于政府与公民之间积极而有效的合作。因此，公民必须有足够的权利参与、决策、管理和监督。

文化本身是一种权力的存在方式，它赋予人类操纵社会行为的新的政治手段，文化体制与政治体制天然地联系在一起。[1] 文化领域的治理必须符合社会治理模式。现代西方国家民间文化公共行政系统快速成长，公民、文化从业者、文化企业业主依据国家的授权逐渐进入了公共文化空间。当代文化政策发展的一大趋势就是以各种灵活的制度安排，建立民主决策机制，逐步提高专家、非政府组织及公民在公共文化服务决策中的参与程度，从而不断提升公共文化决策的专业化与民主化水平。[2] 可以说，现代社会文化治理模式要实现社会管理与社会自治的结合，这不仅是社会发展的需求，更是实现公民文化自主权、保障公民基本文化权益的要求。公民基本文化权益包含了公民文化活动的参与权，该项权利不仅是公民可以参与到文化活动中的权利，更是赋予公民参与文化决策、文化政策制定、文化事业管理和监督的权利。公民文化活动参与权的实现，正是公民积极参与社会治理、实现社会管理与社会自治有效结合的现实表现。

（三）基本文化权益与社会保障的对接

世界上任何国家社会保障制度的建立于完善，除了深受政治与经济因素影响之外，背后都有一种人文力量为其巨大的精神支撑，这种人文力量的核心要素就是文化。人类社会保障发展演变的历史已经证明，除了政治与经济因素之外，文化也是积极推动社会保障发展演变的直接动力与核心因素，不仅为社会保障的建立与完善提供了重要的思想源泉，而且还提供了强大的社会价值与伦理支持。我国社会保障制度的内容，与我国传统的人本精神、慈善理念、尊老敬老美德息息相关。在此基础上，经过不断改革和发展，我国初步确立了以社会保险、社会救助、社会福利为基础，以基本养老、基本医疗、最低生活保障制度为重点，以慈善事业、商业保险为补充的社会保障制度框架。其中，社会福利是指国家依法为所有公民普遍提供旨在保证一定生活水平和尽可能提高生活质量的资金和服务的

---

〔1〕 曹爱军、杨平：《公共文化服务的理论与实践》，科学出版社 2011 年版，第 115 页。

〔2〕 曹爱军、杨平：《公共文化服务的理论与实践》，科学出版社 2011 年版，第 39 页。

社会保障制度。社会福利是社会保障体系中的最高纲领。

社会福利制度保证一定生活水平和尽可能提高生活质量，这种保障不应，而且也不应仅指物质生活水平的基本维持，同时还应包含对基本的精神生活的保障。因此，文化教育服务也是社会保障的主要内容之一。一个国家的社会保障制度要注意保证公民有机会享有基本的文化生活，享受政府提供的基本文化服务，接受基本教育。这就要求政府向公众提供公共文化服务，建设和完善基础文化设施，开放图书馆、文化馆等，为群众提供多样的公共文化空间和丰富的文化活动。社会保障制度的建立，为保障公民一定的文化生活水平和文化生活质量提供了基本的条件，更为公民基本文化权益的实现提供了最低限度的保证。

（四）基本文化权益与社会教育的对接

广义上讲社会教育是旨在有意识地培养人，提供有益于人的身心发展的各种社会活动的总称。事实上，教育史上最早的教育职能就是通过社会教育的形式实现的。在原始社会时期，氏族成员在日常生活中通过言传身教的方式获得生活经验和生产技能。随着社会的发展，家庭和学校的产生，使得原有的教育方式逐渐分化为家庭教育、学校教育和现代意义上狭义的社会教育。在我国，社会教育机构主要有文化馆（站）、少年宫、图书馆、博物馆、纪念馆、广播电台与电视台等。这些机构通过提供文化活动场馆、举办文化活动、开设技术培训班、开展讲座报告会等方式，向广大人民群众提供丰富多样的文化服务。在现阶段，社会教育是家庭教育和学校教育的重要补充，并且将承担越来越重要的作用。

随着知识的激增和科技的迅猛发展，家庭和学校教育已经不足以满足广大人民群众在社会生活中的需求。同时，社会教育的广泛性和多样性一方面有利于补充青少年学校教育和家庭教育之不足，配合学校培养青少年和儿童的优良道德品质，帮助他们巩固课堂知识，丰富文化生活，发展多方面的兴趣和才能，促进其全面发展；另一方面，社会教育为成年人提供了丰富的文化生活环境和再教育机会，通过社会教育的形式，他们可以充实精神生活，掌握新的社会知识和技能，从而更好地适应社会发展的需要。同时社会教育还具有终身性的特点，这使得“活到老学到老”成为可能，公民通过积极参与社会教育实现自身的不断发展和完善。公民基本文化权益的实现在社会教育的诸多形式中找到了现实的条件。社会教育为保障公民基本文化权益之实现提供了便捷、有效的途径。

总之，基本文化权益的含义包含了我国社会体系构建的需要以及思维模式，本质上反映了“权利”和“利益”的双重内涵。“基本文化权利”是国家力量推动社会文明进步下对公民权利在文化领域的保障；“基本文化利益”是公民权利下作为民生的基本文化需求，国家通过利益分配的方式满足与实现个体的文化利益。公民基本文化权益的实现程度，是一个国家文明进步的重要标志。

四、中国基本文化权益之内涵

通过上述辨析以及我国关于“基本文化权益”这一表述的使用分析，我们可以将“基本文化权益”定义为与国家政治、经济发展相适应的公民的基本文化权利和基本文化利益的集合，是符合一国国情的社会基本文化权利和个人基本文化需求的总称。

基本文化权益应体现基本性、平等性、福利性和时代性四个特点。首先，基本文化权益之基本，体现了其是与教育、医疗、卫生等处于同等基础性地位的属于民生范畴的权利，是公民生存权和发展权所必须涵盖的范围。其次，基本文化权益之人权性质，决定了公民平等的文化身份，任何人应无差别地享有该权益。这就要求国家应保证任何人在文化领域的相关权利不论其年龄、性别、职业、民族等的不同而有差异。对于残疾人、老年人、妇女、儿童等弱势群体，必须采取相应措施保障其享有同等的文化权益。再次，个人基本文化利益之实现是国家必须承担的文化责任。一国应构建以政府为主体，以公共财政支出为保障，覆盖城乡、结构合理、功能健全的公共文化服务体系，应购买、补贴、配送、组织相关文化活动，让广大群众享受免费、优质的基本公共文化服务。最后，基本文化权益与一国国情相适应，这就决定了其内容必然具有时代的特征。随着一国经济、政治等的发展，必将有越来越多的内容纳入基本文化权益中。公民也将随着一国经济水平的上升，享受更多的文化福利。

关于基本文化权益的具体内容国际和国内有不同的表述。联合国教科文组织认定的文化权利包括受教育和获取信息、文化认同、参与文化生活、保护文化财产和文化财产继承、创造权、受益于科技进步、受益于保护文化和艺术产品中的道德和物质财富、国际文化合作。1968 年 8 月 8 日至 13 日，联合国教科文组织在巴黎组织的一次专家会议对作为人权的文化权利问题进行讨论，认为“基本文化权利包括每个人在客观上都能够拥有发展自己个性的途径；通过其自身对于创造人类价值的活动的参与；对自身所处环境能够负责——无论是在地方还是在全球意义上。”[1] 根据《世界人权宣言》第 27 条和《经济、社会、文化权利国际公约》第 15 条，文化权利包括下列内容：参与文化生活的权利，享受科学进步及其应用产生的福利的权利，作者对其本人的任何科学、文学或艺术作品所产生的精神上和物质上的利益有享受保护的权利，科学研究和创造性活动所不可缺少

---

〔1〕［新］阿努拉·古纳希克拉、［荷］塞斯·汉弥林克、［英］文卡特·耶尔：《全球化背景下的文化权利》，张毓强等译，中国传媒大学出版社 2006 年版，第 14 页。

的自由。

我国很多学者从《世界人权宣言》和《经济、社会、文化权利国际公约》的角度阐释基本文化权益的内容；也有学者归纳基本文化权益应包括以下内容：一是参与文化生活的权益；二是分享文化发展成果的权益；三是参与文化事务管理的权益；四是文化创造自由的权益；五是文化成果得到保障的权益。[1] 笔者认为，在中国语境下研究基本文化权益，其应该包含文化作品拥有权、文化生活参与权、文化方式选择权和文化利益分配权四项内容。前三项体现了公民的社会文化权利，文化利益分配权则保障公民个人文化需求之满足。用公式可表示如下：

基本文化权益 = 基本文化权利 + 基本文化利益 = 文化作品拥有权 + 文化生活参与权 + 文化方式选择权 + 文化利益分配权

文化作品拥有权是指个体原创意义的文化成果，不管其成果的社会价值状况如何，个体对其都具有主体身份并获得完全拥有的权利，其他公民乃至社会在使用其成果并涉及原创性、独创性、名誉性、利益性和成果完整性等一系列相关权利义项时，应充分尊重其成果拥有，并通过卓有成效的法律和道德约束对这种拥有进行保护。[2] 文化作品拥有权从人权角度确认了创作者对其作品享有的精神和物质利益。现代知识产权法律制度的存在，使得该项人权的保护更具操作性。同时，相应的制度设计也为其他人享有科学进步及社会文化成果提供了可能，使得《经济、社会和文化权利国际公约》规定的文化权利的实现路径更加顺畅。

文化生活参与权是公民基本文化权益的重要组成部分，它蕴含着丰富的内容。现代人类学家一致认为"人创造了文化，文化创造了人，人与文化同在"。这就决定了人参与文化活动的必然性。而且人也只有在参与文化生活的过程中才能得到认同，确认其作为人的意义和价值。同时，参与文化生活作为人权内容的一部分已经得到国际社会的一致认可。人们以不同的形式、接受不同的文化内容、融入不同的文化生活，从而在参与文化生活的过程中焕发其作为人的勃勃生机，实现公民个人的文化身份认同。

作为人权的基本文化权益，必然与民主、自由等公民权利息息相关。在文化领域，公民的自由权就体现在文化方式的选择权上。文化方式选择权是人类自由权利的文化延伸，至少包括个人的文化活动自愿参与原则、文化意识自律主体

---

[1] 肖荣莲："改革开放三十年：公民文化权益的保障与提升"，载《北方经贸》2008年第12期。

[2] 参见王列生、郭全中、肖庆：《国家公共文化服务体系论》，文化艺术出版社2009年版，第95～96页。

性、文化风格与文化多样性、自我价值指向等。[1] 文化方式选择权的确立，是对文化多样性和个人自主性的尊重与保护。个体在进入社会的过程中，必然受到一定社会文化环境的控制。然而，人的能动性决定了他可以根据自己的文化能力、文化条件和文化需要对社会文化环境和文化内容进行一定的选择。

文化利益是公民个人的文化需求。文化利益分配权即为保障公民个人文化需求得以满足的权利。公民文化需求之满足在于能够享受到科学技术进步之成果，在于社会对公共文化服务之供给。为保障公民个人文化利益之权利，政府有责任通过有效的文化治理和文化服务对文化这一福利进行社会分配。文化利益分配权主要表现为对社会文化成果的享受。对此，《世界人权宣言》和《经济、社会与文化权利国际公约》都有详尽的规定，为最广泛地普及社会文化成果及应用、促使每一个人都能从中获益提供了可能。

结　语

西方文化强调个人主义，而中国深厚的文化传统体现在语言、民族传统习俗的多样性上。基本文化权益既是中国语言体系下的重构，更是中国传统观念与现代西方权利观念相结合的产物。在中国语境下，公民基本文化权益本质上反映"权利"和"利益"的双重内涵。"基本文化权利"是国家力量推动社会文明进步下对公民权利在文化领域的保障；"基本文化利益"是公民权利下作为民生的基本文化需求，国家通过利益分配的方式满足与实现个体的文化利益，最终实现社会整体文化效益。基本文化权益之表述，是与西方文化权利相应，并契合我国传统法律文化的新创设，更好地体现和反映了我国特色法治建设的目标与追求。

---

〔1〕 王列生、郭全中、肖庆：《国家公共文化服务体系论》，文化艺术出版社 2009 年版，第 97 页。

国际法律规范在国内法律制度应用中的理论和法律方法

维切斯拉夫·嘉夫里洛夫（Viatcheslav Gavrilov）*
王军梅**译

在20世纪末21世纪初，整个世界社会发展的新趋势给科学和实践提出了众多需要应对的复杂挑战。其中的主要问题是，界定未来世界秩序的实质特征并建立必要的结构机制和运行程序。在新的历史条件下，迅速认识全球化的根源与背景及确定世界发展的基本方向在今天已经提上日程。

在这种背景下，国际法作为国际社会主要价值观之一和维护国际关系复杂体制秩序的必要工具，开始在国际社会体制重组过程中扮演更为重要的角色。

现代国际法已经从仅仅所谓的“文明”国家的法律发展成了具有不同社会制度和背景的所有国家之间交流的法律，这些国家包括发达国家、发展中国家和新兴国家。为了履行其职能，国际法在不同的宗教、意识形态、法律制度、价值观的斗争中体现出合作与妥协，并努力促成这些因素的融合。

从实践角度看，整个地球和所有类型的空间，包括宇宙

---

* 俄罗斯远东联邦大学法学院国际私法和公法主席、教授。

** 中国政法大学比较法学研究院2011级硕士研究生。

空间，在当代都已被纳入国际法的范围中。由于众多国际组织、国际机构和非政府机构数量史无前例的增长，国际法主体的范围和类型得到了扩展。前殖民国家、土著和部落民族、法律实体、自然人和非政府机构，也被卷入国际法律规制的领域。因此，涌现出了很多新的国际法分支。

今天，从新千年开始国际法在发展上依然经历着一些变化和期许。这种动力来源于国际社会和政治蓝图的巨大变革，以及明显不可逆转的全球化过程中国家共存和依赖不断加深。许多具有国内性或区域性特点的问题已经很普遍。整合、边界“消失”和建立共同的政治、经济、金融和法律共同体的趋势是显而易见的，例如欧盟。

所有这些都不可避免地影响了国际法的性质与发展，并在国际和国家层面上影响了其特征和意义。这就是为什么说了解不同的国家如何决定国际法的地位和在其领域内适用是非常重要的。

在关于国际法和国内法关联性方面已经形成了两种基本理论：一元论和二元论。两者都不能认为是绝对正确的，但是每一种都有各自的优缺点。

一元论认为，国际法和国内法可以合并为单一的法律体系（相对应地，作为该理论的名称）。从该角度看，法律的性质在于它是单一的，最终强调个人及调节人与人之间的关系。然而，这种理论有变化：国际法或国内法的首要性（或优先性）。

根据第一种理论，Hersch Lauterpacht 先生（1897 ~ 1960）、Hans Kelsen（1881 ~ 1973）和其他人，国际法优先于国内法，在两者出现分歧的情况下仅能适用国际法。各国在其领土范围内依据国内法保留有权监管的事项目前仅限于国内各自的问题，而这些问题并不受国际法规范。

一元论的该种说法的积极功能在以下事实中得到了证实，即它的支持者允许在国内管辖的制裁领域内实施和适用国际法。除此之外，注意强调加强国际法的作用，特别是在维护人权方面。该理论的支持者认为，个人直接受国际法的保护，确保人权与自由和主权、国内管辖绝对化是不相容的（J. Humphrey, M. Gandji, and Richard Falk）。它的缺陷在于过度强调国际法的作用，主张国际法是最高的法律秩序，过度削减国家主权的角色。

与此相反，一元论的第二种版本主张国内法优先于国际法，Georg Hegel（1770 ~ 1831）一开始就认为国内法是地球上的绝对权力，它的意志赋予其改变自己和国际法规则的权力（或一元论者把它称为：“外部状态法”）。最后一种代表了各个国家外部法律的整体性，在一定程度上形成了一个不可分割的国内法的一部分。根据自身利益需要，国家可以自由决定是否适用国际法。

其积极意义在于，在国际法的发展中强调这种意志和国家利益的最初作用。然而，危险在于，用相似的观点去证明国际关系中的独断性，因为根据该理论，当两种法律体系的规范出现分歧时，国内法而非国际法有优先使用权和执行权。在本质上，这会导致否定国际法和国际法律虚无主义。

二元论认为国际法和国内法属于各自自治的彼此独立的法律体系，并拥有自己特定的规范客体、主体和法律渊源。二者在各自的领域中是至高无上的。根据这种理论的最著名的创立者和支持者之一的 Heinrich Triepel（1868~1946），国际法和国内法不仅是法律的不同分支，而且是不同的法律秩序，两个相邻但不相交的领域。

一些法学家坚持国际法律体系和国内法律体系几乎完全封闭的性质，每一个都不能建立或改变另一个的规则，每一个都自成一种封闭的规范体系，在两者之间并没有法律联系。即使相对于一个对象规范的两个体系同时操作时，它们之间也不会出现冲突，国际法庭适用国际法，国内法庭适用国内法。

然而，二元论主义的代表们并不否认，甚至探究国际法和国内法的关联性和两者的互为参考性。他们认为国际法应不断向国内法寻求援助，否则它可能被证明是无能为力的。

很明显，二元论与法律现实相关，比一元论更注重国家实践，这也是其主要的积极特征所在之处。它不仅强调两种法律体系的自治和独立，而且也强调两者互相影响的客观必然性，强调国家在选择国内实施的国际法准则的手段和方法方面与在适用国际法时需要解决两种法律体系的冲突争议方面所扮演的主要角色和义务。二元论的主要缺陷在于过度强调国际法和国内法范围的差异和界限，这可能会适用于国家不遵守国际义务的情形中。

尽管一元论和二元论具有重大的理论和实践意义，但是他们只是告诉我们关于国际法和国内法关联性的一般看法，并未给出相互之间的影响性。同时，最后一个争议在国家日常活动中就适用国际法方面扮演着极其重要的角色。在俄罗斯的法律学说中有两种方法描述这种相互影响性：“转化理论”和“实施理论”。每一种理论均基于二元理论，但是它们都有对国际法在国内实施的非常不同的理解。

转化理论的主要观点如下：

国际法和国内法是两种不同的法律体系。因此，国际法不能在国内法活动领域内直接实施。

在国家内实施时，国际法律规范应该被“转化”为国内法律规范或者获得国内法的权力。

转化在国内适用国际法的所有案例和方法中是典型的。转化行为要求采用特殊的转化国内法律行为，例如批准国际条约行为。

这种理论的支持者认为，作为转化过程的结果，与在内容上和原始国际法律规范相似，但在性质上不同的特殊国内法得以建立。

然而，国家拥有主权并不意味着国内法只能在其领域内实施。任何其他法律监管机构在某一国家许可的情况下都可以实施。在一国内实施时，国际法律规范保留其性质而并不转化为国内法律规范。因此，我们可以谈论国际规范和国内规范的互动和调整，但是不能对其进行彼此转化和融合。

国际条约或惯例绝不会成为国内法的一部分。我们只能说国际法律规范在俄罗斯内实施，或者例如，经日本批准作为他们法律体系的一部分，但不是他们立法的一部分。在这方面过年最具阐释性的主张是中国的李兆杰教授提出的“正如不存在中国数学一样，也不存在中国国际法，只能存在国际法的中国理论和实践。”[1]

与上述相关的是，非常有必要将以下两个概念分开：作为特定国家的国内法律体系（法律规则）的“国家法”和作为在某一国家内实施的所有行为和规范结合的“在国家实施的法律”。

关于将国际法律规范转化为国内法律规范的可能性，提到的基本错误是伴随着转化理论的一些其他缺陷的。例如，这一理论的捍卫者坚持认为国家的所有国际条约通过批准行为后成为本国法律制度的一部分。这种主张没有考虑不同的国际条约的存在，这些国际条约可以调控不同种类的公共关系（例如，包括空间探索领域）。此外，各种国际条约中含有不同程度的详细规则。这就是为什么一些国际条约为了实施需要采纳额外的国内法律，而另一些法庭可以直接适用。最后，并非所有的国际条约都需要通过国内批准的行为使其生效。

因此，就我看来，转化理论关于国际法律规范在国内法律体系中的地位和角色给出了错误的观点。实施理论在这一方面更接近于国际和国内之间关系的法律规制的真正实践。该理论的支持者证实了存在国际法律和国内法律之间互相需要的法律因素，该存在是基于这些体系中决定它们作为法律体系的一般依据的存在。另外，在许多案件中，国际法和国内法作为独立的法律实体之间的联系在司法上是必要的，特别是实施国际法律规范的时候。

该理论的主要观点可以简短地描述如下：

---

〔1〕 李兆杰：“中国近现代史遗产：从中国视角看其与当代国际法律秩序的关联”，载《新加坡国际法与比较法杂志》2001年第5期，第326页。

·国际法和国内法是两种不同的法律体系。因此，在得到国内法许可后，在国内法领域可以适用国际法。

·在国际法律规范适用过程中他们并不会成为国内法的一部分，但是要与国内法一起履行规制功能。国际规范并没有改变性质或形式，在此意义上保留了其国际地位。

国际法律规范在国内的适用机制的内容取决于这种规范的类型、详细程度和国际规范的最终目标。

与最后一条观点相关的是，理论者和实践者决定了国际法给国内法的两种主要的帮助形式。第一种主要形式产生于当国际规范的主要目的在于规范国家边界之外的关系时（例如，当规制政治、军事或者技术间合作时）。当国际条约和惯例总是适用于整个国家而非其主要部门时，国内法的主要任务是决定某些国家机关负责实施其国际法律义务的标准。换句话说，在这种情形下国内立法赋予了某些国家机关各自的法律权利和法律义务。

另一种情况产生于当国际条约的最终目标体现在规制一个国家或几个国家的国内法律主体时（例如，当规范关于人权、国际贸易或者投资合同履行，或者著作权保护时）。此时国内法的任务在于，为国际法律规范在国内实施决定时机和条件，还有其他国家法律制度的内容。

因此，国内法在决定它和国际法的关联和影响时的角色，原则上不同于国际法的角色。然而，国际法仅仅包含一般原则和出发点，每一个国家国内法的任务是决定国际法在其管辖框架下的地位，国家机构负责其履行、执行的形式和方式，和整体上的实施机制。

在当今世界，一个国家内并没有统一的国际法律规范实施机制。每一个国家独立解决该问题。各国在该问题上的立场变化多端：从所有国际法律规范优先于所有国内法律规范，甚至宪法对国际法律规范单独的种类在特殊的案件和特定的条件下实施可能性的承认。

从国内最高级别的法律规范来看，这些问题由各国的宪法所规制。宪法在不同细节的程度上规范一个国家的外部关系和各自国家机构之间的权力分配。它们以不同的形式规定了国际法和国内法的相互作用，并且关于国际条约和惯例在这种相互影响上有不同的观点。

例如，1787 年《美国宪法》声明国际条约是“国家的最高法”［（Art. VI［2］)］，1958 年法国宪法指出在条约公布和其他参加国适用后“国际条约或协议…有超越法律的效力”（ Art. 55)。类似的情况也可以在 1946 年《日本宪法》中发现，其规定日本参加的国际条约只要未被国会批准和公布，他们就没有法律效力［Art. 73（3），7 and 98］。

一些国家的宪法坚持另一种方法引进国际条约，在符合确定的条件下，直接进入其国内立法机关。因此，根据1996年乌克兰宪法（Article 9）“国际条约……是乌克兰国家立法的一部分”。然而，并不是每一个国际条约，而是那些被批准或经过最高立法机构批准的，在乌克兰的法律等级中与国内法律地位平等。

然而，正如我已经辩驳过的，它并不是在某一国领域内决定国际法律渊源身份和地位的合理方式。我们都记得，国际法和国内法是相互影响的制度。同时，这并不意味着它们可以成为彼此的另一部分，因为它们有不同的目标、渊源、主体和适用形式。

正如引用的宪法例子所表明的那样，术语“国际条约”一词得以阐释往往是通过一种迹象，即不是所有的国际条约优先于一个国家的法律来表明的。在这方面，决定国际条约的一般规范在国内法律体系中的地位时有更大的困难。

在一些宪法中（德国、奥地利、希腊、葡萄牙），这些国际法律规范被认为成国家法律的组成部分，并且优先于国内法律。事实上，某些宪法规定了获得这种优先性的条件。例如，根据德国和希腊宪法，法律问题的规范或原则内容确立后即获得，其隶属关系分别由联邦宪法法院或最高法院特别法庭决议。

其他宪法对国际法的一般准则渗透到国内法律制度中则没有那么开放。所以，1994年《白俄罗斯宪法》第8条规定：“白俄罗斯共和国将认可普遍公认的国际法原则并确保使之符合立法。”1995年《格鲁吉亚宪法》第6条规定“格鲁吉亚立法应符合普遍公认的国际法原则和规范。”1947年《意大利宪法》第10条规定：“意大利法律秩序应与普遍公认的国际法准则一致。”上述所引用的形式有的是陈述性的。总体来说，它们赋予国家更大的机会去决定如何以及在什么程度上确保立法与国际法传统规范一致。

在俄罗斯现代立法中，我们也可以发现许多国际法和国内法的关联性。然而，最重要的是1993年《俄罗斯宪法》中的条款。该文件第15条第4部分规定：“俄罗斯联邦普遍公认的国际法和国际条约是国家法律制度的组成部分。如果俄罗斯联邦的国际条约确立了其他并非法律所设想的规则，适用国际条约的规则。”

俄罗斯宪法所确立的这条规则至少有两种实际意义。第一种是规范俄罗斯本身关系的法律工具或者参与主体不仅包括俄罗斯立法而且包括国际法规范。第二种存在于俄罗斯政府机构和组织的法律实践中，在关于俄罗斯立法规范中有必要考虑适用国际条约条款时的优先性。

更详细地审查国内立法以及司法实践中的不同状态，清楚地表明为确保国际法律规范在国内的实施，以下主要问题应该得到最大限度的阐释：

· 决定国际条约和习惯法在国内法律体系中的地位；

· 决定适用它们的条件（包括临时适用和官方公布的条件）；

· 决定国际法和国内法在司法管辖内部关联的法律效力；

· 确立规则的定义和自我执行与非自我执行的国际法规范的实际适用。

所有案件的实践表明选择国际法和国内法调整计划取决于特定国家发展的特殊性、历史传统、公民法律意识水平、国家立法的工作和存在一个当局能够提供实施国际法规范的广泛的机制。因此，一方面，合作学习某一国家的宪法和法律规范；另一方面，国家机关和法庭适用国际法的实践将会给出国际法在国内法律体系中真正清晰的地位和角色图景。

适当性：似是而非的标准

朱伟一 *

资本市场金融创新层出不穷，金融监管部门也不时制定新的部门规章。近年来，适当性规则成为我国资本市场监管规则的一个主要组成部分。适当性仅出现在监管机构发布的部门规章内，也出现在证券自我监管组织发布的规则中。但推出适当性规则究竟有什么好处？或者更确切地说，适当性规则究竟对谁有好处？相关回答仍然有待于适当性规则在我国的监管实践中的适用。

适当性规则起源于美国，由中国监管机构引入中国。监管适当性规则在美国的历史也相对较短，但也已经有了十多年的经验，并且已经有了法院判例。了解和分析美国的适当性规则，有助于我们更好地了解中国的适当性规则，也有助于我们更好地预测中国式适当性规则的未来走向。

一、中国适当性规则的实质

2013 年 3 月 26 日，上海证券交易所发布了《上海证券交易所投资者适当性管理暂行办法》。其他类似规则包括：《上海证券交易所债券市场投资者适当性管理工作指引》[1]、

* 中国政法大学比较法学研究院教授。

〔1〕 http：//www. sse. com. cn/lawandrules/sserules/10 －04 －2014.

《深圳证券交易所创业板市场投资者适当性管理实施办法》[1]，以及由中国证券业协会发布的《证券公司投资者适当性制度指引》[2]。此外，中国证券监督管理委员会（下称“证监会”）制定的部门规章中，关于适当性的规定还散见各处。这些规章包括：《证券公司客户资产管理办法》、《基金管理公司特定客户资产管理业务试点办法》以及《期货公司资产管理业务试点办法》。2013 年，证监会又专门制定了《关于建立金融期货投资者适当性制度的规定》（下称“《适当性规定》”）。[3] 另外，还有银监会制定的《商业银行理财产品销售管理办法》。[4] 适当性到底指什么？这些规则的实质是什么？现以《适当性规定》为例，分析回答上面的两个问题。

按照《适当性规定》的定义，“投资者适当性制度，是指根据金融期货产品的特征和风险特征，区别投资的产品认知水平和风险承受能力，选择适当的投资者审慎参与金融期货交易，并建立与之相适应的监管制度安排”。核心是“将适当的产品销售给适当投资者”。[5]《适当性规定》第 5 条又明确提到，“中金所应当根据‘将适当的产品销售给适当投资者’的核心原则，从投资者的经济实力、金融期货产品认知能力、投资经历等方面，制定投资者适当性制度的具体标准和实施指引，并报中国证监会备案。”可见，适当性规则的核心目的是“将适当的产品销售给适当投资者”。

为了实现上述目标，按照《适当性规定》又规定了两种具体做法：其一，金融机构必须制定的内部规章，并遵循一定的程序；其二，主要责任在投资者。合格要求不过是虚晃一枪，投资者买卖自负的内容才是要害所在。第一部分是虚，第二部分是实。《适当性规定》的相关具体内容为：“自然投资者应当全面评估自身的经济实力、产品认知能力、风险控制能力、生理及心理承受能力，审慎决定是否参加金融期货交易”。[6] 对于法人的要求是：“对自身的内部控制和风险管理能力进行客观评估，审慎决定是否参与金融期货交易。”[7] 显然，重点是在自然人投资者，要求“投资者应当遵循‘买卖自负’的原则，承担金融期货交易的履约责任，不得以不符合投资者适当性标准作为由拒绝承担金融期货交

---

〔1〕 http：//www. szse. cn/main/disclosure/bsgg/10 - 04 - 2014.

〔2〕 http：//www. sac. net. cn/10 - 04 - 2014.

〔3〕 证监会公告［2013］32 号。

〔4〕 银监会令（2011 年第 5 号）。

〔5〕《适当性规定》第 2 条。

〔6〕《适当性规定》第 8 条。

〔7〕《适当性规定》第 8 条。

易履约责任。"[1] 投资者"买卖自负"是适当性规定的实质。

综合来看，《适当性规定》主要规定了三项内容：①向其客户出售证券产品的金融机构必须了解客户；②并为此设立相应的程序；③客户也必须防范风险。只要金融机构做到了前两点，遇到投资人诉讼索赔时，就能够逢凶化吉，遇险成祥。第三点又为金融机构增加了安全系数：即便金融机构遵守前两点方面差强人意，如果客户自己掉以轻心，没有谨慎投资，客户索赔也比较困难。说到底，适当性规则还是有益于出售金融产品的金融机构。

《适当性规定》为部门规章，难以成为中国法院判决的依据，但可以自律机关机构和自律组织处罚决定的依据。《适当性规定》第 12 条规定："期货公司违反投资者适当性制度要求，未能执行相关内控、合规制度的，中国证监会及其派出机构依据相关法律法规的规定，采取监管措施；情节严重的，根据《期货交易管理条例》第 67 条进行处罚。期货公司违反投资者适当性制度要求的，中金所、中期所以当根据业务规则和自律规则对其进行纪律处分。"但从上文的分析看，《适当性规定》并没有在实质上提高对金融机构的要求。截至 2014 年 4 月 17 日，上交所、深交所和中证协的网站上并没有查到依据适当性规则处罚金融机构的决定。2014 年 4 月 14 日，中信证券受到行政处罚，因为该机构违反适当性管理，为多名不符合开户条件的客户开立信用账户。[2]

二、证券经纪人的另类标准

美国适当性规则由"了解你的证券"规则发展而来。所谓"了解你的证券"，是指金融机构必须了解有关发行人的可靠最新信息，了解相关证券的特点，否则向客户推荐相关证券或为客户交易相关证券，就缺乏依据，证交会有权追究其责任。[3] 美国最高法院以及若干联邦巡回法院支持了证交会的做法。[4] 在"了解你的证券"义务的基础上，美国证券自我监管组织推出了适当性规则，其主要内容为：①"了解自己的客户"，即了解客户的成熟性、投资目的和风险承受能力；②经纪人向客户推荐证券的前提是，如果客户披露了任何有关其经济状

〔1〕《适当性规定》第 9 条。

〔2〕 http：//finance. sina. com. cn/stock/quanshang/qsyi/2014－04－16.

〔3〕 Thomas Lee Hazen, *Securities Regulation——Cases and Materials*, 8th ed., West 2009, p. 1089; Merrill Lynch, Pierce, Fenner & Smith, Inc. and Ex. Act Rel. No. 14149 (Nov. 9, 1977).

〔4〕 Dirks v. SEC, 463 U. S. 646 (1983). Hanly v. SEC, 415 F. 2d 589 (2d Cir. 1969).

况和需求的任何事实，则经纪人“应当有理由相信，有关推荐适合此类客户。”[1]

从某种意义上说，美国的适当性规则是一种折衷。证券交易中，金融机构作为投资顾问向投资者推荐证券或为投资者买卖证券，金融机构就向投资者负有受信责任，必须以投资者的最大利益为重。但如果金融机构作为经纪人向投资者推荐证券，通常只适用注意责任，对金融机构的约束力较小，投资者据此索赔也比较困难。在受信责任与注意责任之间，又出现了适当性责任，在美国由自我监管组织制定，在中国则由监管机构以及自我监管组织分别制定或共同制定。

美国《投资公司法》规定，投资顾问对投资者承担受信责任。[2] 美国最高法院在其判例又认定，《投资顾问法》[3] 要求投资顾问对投资者负有受信责任。[4] 按照美国《布莱克法律辞典》的解释，受信责任[5]指“为他人利益而行事的责任，自己的利益必须服从他人的利益。受信责任是法律所要求的责任中最高的，适用于受托人和监护人等。”[6] 受信责任已经被引入中国的法律，《中华人民共和国信托法》[7]（下称“《信托法》”）将“受信责任”定义为，受托人应当“为受益人的最大利益处理信托事务”。[8] 中国全国人民代表大会并没有制定有关投资顾问的专门法律，只有证监会制定的一部部门规章《证券投资顾问业务暂行规定》[9]（下称“《投资顾问规定》”），仅针对证券公司证券的投资咨询业务，适用范围非常窄。《证券投资顾问规定》对提供投资金融机构也有严格要求，比如，《证券投资顾问规定》第16条规定：“证券投资顾问向客户提供投资建议，应当具有合理的依据。投资建议的依据包括证券研究报告或者基于证券研究报告、理论模型以及分析方法形成的投资分析意见等。”

相反，法律对经纪人的要求较为宽松。以美国判例法为例，在琼斯诉哈里斯

---

〔1〕［美］全国证券交易商协会2090规则。NASD Rule 2310. 全国证券交易商协会2090规则适用于股权证券和某些债务证券，但并不适用于市政证券。市政债券适用市政证券规则制定委员会（Municipal Securities Rulemaking Board）G－19规则。美国适当性规则也是令出多门，分别由不同的自我监管组织制定。

〔2〕The Investment Act, § 36 (b), 15 U. S. C. §80a－35 (b).

〔3〕The Investment Advisers Act, 15 U. S. C. §80－1 et seq.

〔4〕Lowe v. SEC, 472 U. S. 181.

〔5〕英文“fiduciary duty”.

〔6〕Henry Campbell Black, *Black's Law Dictionary*, St. Paul: West Publishing Co. 1990, p. 625.

〔7〕中华人民共和国主席令第50号。

〔8〕《信托法》第25条。

〔9〕证监会公告［2010］27号。

有限责任合伙企业案中，第七巡回法院的立场是，就共同基金（相当于我国的“投资证券基金”）只要基金管理公司做出相关披露，证券监管机构和法院就不应当审查相关情况。[1] 但在克雷米银行诉亚力克斯大 - 布朗和儿子案（下称“克雷米银行案”）中，美国第四巡回法院设立的标准似乎更加宽泛：只有隐性收费过高时，经纪人才需要向投资人披露有关收费金额的信息。[2] 在前案中，基金管理公司为法定投资顾问，而后案中的金融机构所发挥的作用则为经纪人。可见，对于投资顾问的要求高于对经纪人的要求。

通常情况下，经纪人并不对投资者负有受信责任。经纪人与投资者之间是“主体与主体”的关系，[3] 而只有存在主体与代理或投资顾问关系时，经纪人或投资顾问才对投资者负有受信责任。但在某些情况下，难以区分投资人与经纪人之间的差别。在克雷米银行案中，经纪公司的雇员埃普利斯与其客户之间的业务持续了两年多的时间，并且向客户推荐了复杂的金融产品衍生产品。但法官特别说明，与业务时间而言，该雇员与客户有两年的业务关系，但其间先后为两家金融机构工作，但就该案诉讼而言，时间应当只限于为被告工作的时间——不足两年时间。在界定金融机构是投资顾问还是经纪人时，法院会考虑金融机构与投资者之间关系的时间长短以及关系的密切程度。

受信责任与注意责任之间，又出现了适当性规则，是一种混合性产物。在改造自然的过程中，人类嫁接植物并杂交水稻，同时又杂交动物，让马与驴交配出骡。资本市场也有杂交创新，公司股票与公司债券混合，便生产了可转换债券。就其内容而言，适当性规则似乎接近对投资顾问的要求，近似受信责任的要求。比如，美国证券交易委员会（下称“证交会”）就要求，“投资顾问的客户通常得到个性化的意见，基于客户的经济情况和投资目标”。[4] 而美国的适当性规则则要求，“经纪人必须了解自己的客户”，即了解客户的成熟性、投资目的和风险承受能力，而且经纪人向客户推荐证券的前提是，如果客户披露了任何有关其

---

〔1〕 Jones v. Harris, 527 F. 3d 627 (208).

〔2〕 Banca Cremi v. Alex. Brown & Sons, 132 F. 3d 1017 (4th Cir. 1997).

〔3〕 Banca Cremi v. Alex. Brown & Sons, 132 F. 3d 1017 (4th Cir. 1997).

〔4〕 Status of Investment Advisor Programs Under the Investment Company Act of 1940, 62 Fed. Reg. 15, 098, 15, 102 (Mar. 31, 1997).

经济状况和需求的任何事实，则经纪人“应当有理由相信，推荐适合此类客户。”[1] 中国的《适当性规定》也规定，“……应当根据‘将适当的产品销售给适当投资者’的核心原则，从投资者的经济实力、金融期货产品认知能力、投资经历等方面，制定投资者适当性制度的具体标准和实施指引……”[2]

但如同本文第一部分和第三部分所述，适当性规则加强了对金融机构合规的要求，增加了金融机构的合规成本，但是并不能作为法律依据，真正帮助投资者通过诉讼索赔。既然如此，监管机构和自我监管组织为什么要多此一举，花费人力、物力制定这些规则呢？监管机构和自我监管组织究竟意在何谓？

从善意的角度揣摩，监管机构和自我监管组织是为了纯洁市场，保护投资者利益。《适当性规定》开宗明义，在第1条中便明确说明，建立金融期货投资者适当性制度的目的是，“保护投资者的合法权益，保障金融期货市场平稳、规范和健康运行……”从中性的角度说，监管机构和自我监管组织也需要“业绩”或“政绩”，即需要证明自己是在有所作为，证明自己有存在的理由。但从负面角度分析，监管机构与自我监管组织被利益集团所控制和操纵，[3] 制定了有利于金融机构的适当性规则。适当性规则对很多投资者有误导作用：投资者以为，有了金融机构制定的适当性规则所要求的程序，投资者就可以获得更好的保护，尽管这些程序形同虚设，实质上只不过是一种表面的文字游戏，如同伊人描眉画眼后的仪态万方。但盛妆或淡妆并不能够改变伊人的本来面目，更不能够改变伊人的本性：蛇蝎心肠就是蛇蝎心肠，化成美女之后仍然是蛇蝎心肠。很可惜，大部分投资者没有受过良好的法律训练，无法读出文字背后所深藏的玄机。

三、似是而非的标准

目前中国法院尚没有涉及适当性规则做出决定的判决，但美国方面已经有了判例，分析美国的相关判例，有助于我们了解适当性规则的实际作用。

1997年，美国第四巡回法院做出克雷米银行诉亚历克斯－布朗和儿子案[4]

---

〔1〕［美］全国证券交易商协会2090规则。NASD Rule 2310. 全国证券交易商协会2090规则适用于股权证券和某些债务证券，但并不适用于市政证券。市政债券适用市政证券规则制定委员会（Municipal Securities Rulemaking Board）G－19规则。美国适当性规则也是令出多门，分别由不同的自我监管组织制定。

〔2〕《适当性规定》第5条。

〔3〕参见朱伟一：《高盛时代——资本劫持法律》，法律出版社2010年版，第38～42页。

〔4〕Banca Cremi v. Alex. Brown & Sons, 132 F. 3d 1017 (4th Cir. 1997).

（下称“克雷米银行案”）的判决，该判决成为适用适当性规则的重要判例。[1] 该案的事由为，经纪公司向克雷米银行出售复杂的金融衍生产品。投资者指称，经纪公司出售产品时有虚假陈述，要求获得赔偿。法官在克雷米银行案中认定，就证明要件而言，适当性规则等同于《证券交易法》第10（b）节，原告必须证明自己合理依赖了被告的虚假陈述。投资人是否能够合理依赖被告，取决于投资人的成熟性。克雷米银行是成熟投资者，不能合理依赖被告的陈述。

在克雷米银行案判例中法官认定，适当性属于反欺诈范畴，适用反欺诈条款《证券交易法》第10（b）节。为支持这一立场，法官援引了其他巡回法院的判例。第二巡回法院的立场是，依据第10（b）节提出的适当性欺诈主张“是第10（b）节欺诈主张的从属内容”。第十巡回法院将适当性等同于“误导或未能披露重大事实”。[2]

在美国证券法中，第10（b）节适用于所有欺诈行为。第10（b）节是美国证券法中反欺诈的利器，可以“一网打尽”各种欺诈行为。[3] 内幕交易和操纵等行为均被视为违反第10（b）节的欺诈行为。第10（b）节的具体规定是：任何人直接或间接地使用州际商务或邮件的方式方法，或直接或间接地使用任何全国证券交易所的设施……在购买或出售任何证券方面……有任何操纵或欺骗做法，违反证交会为保护公共利益或保护投资者而必须或适宜制定的规则或规定，属于违法。证交会所制定的“必要或适宜”的规则为10（b）－5规则，将以下行为定为非法：“在购买或出售任何证券方面，（a）为欺诈而使用任何手段、计划或伎俩，（b）就重大事实做出不实陈述或在该陈述中遗漏鉴于陈述的具体情况为避免误导而必须陈述的重大事实或（c）从事任何行为、做法或商业活动，对任何人构成或将会构成欺诈或欺骗。”[4]

按照第四巡回法院的标准，第10（b）节所指的欺诈成立的前提是，原告必须证明四个要件：①被告做出虚假陈述或遗漏了重大事实；②被告有意图；③原告合理依赖了重大虚假陈述或遗漏了的重大事实；④原告因此而有损失。该标准遵循了美国最高法院的相关判例。在杜拉制药有限责任公司诉布罗多案中，美国最高法院要求原告证明的六项要件为：①被告做出虚假陈述或遗漏了重大事实；

---

〔1〕 托马斯·哈增教授所编的《判例与文献判例集中》，论述适当性规则部分，仅收入克雷米银行案。Thomas Lee Hazen, *Securities Regulation—Cases and Materials*, 8th ed., West 2009, pp. 1119～1127.

〔2〕 O' Connor v. R. F. Lafferty & Co., 965 F. 2d 893, 898 (10th Cir. 1992).

〔3〕 David L. Ratner and Thomas Lee Hazen, *Securities Regulation – Cases and Materials*, 5th ed., West Group, 1991, p. 471.

〔4〕 17 CFR § 240. 10b.

②被告有意图；③虚假陈述或遗漏与购买或销售证券之间有关系；④对虚假陈述或遗漏有依赖；⑤有经济损失；而且⑥损失方面的因果关系成立。[1] 其中难以证明的要件为是否“合理依赖”重大虚假陈述或遗漏了重大事实，而第四巡回法院又将此要件细分为八个要件：①原告在金融和证券方面的成熟性和专业知识；②存在长期业务关系或个人关系；③是否获得相关信息；④是否存在受信关系；⑤隐瞒欺诈；⑥发现欺诈的机会；⑦由原告发起股票交易或是原告试图加快交易；以及⑧误导的一般性或具体性。

如果一个判例标准中的要件较少，则通常对作为被告的金融机构不利。比如，证交会诉豪威公司[2] 只有 4 项要件，美国法院审理相关案件时，通常判决金融机构败诉。相反，标准的要件一多，法官的回旋余地便大大增加，通常对作为被告的金融机构有利。克雷米银行案标准的要件多达 8 项，可以说是求全责备，而且是对原告的求全责备。结合克雷米银行案的具体情况，第四巡回法院逐一分析八项要件，认定原告未能达到证明标准。

克雷米银行案中的原告也以适当性规则作为其索赔的依据。第四巡回法院效仿其他巡回上诉法院的做法，将适当性规则作为第 10（b）节项下的具体内容，原告必须证明五项要件：①所购证券不适合购买者的需要；②被告知道或有理由知道该证券不适合证券购买者的需要；③被告仍然向购买者推荐或购买了不适当的证券；④被告就证券的适当性故意做了虚假陈述（或有披露责任，但却并没有披露重大信息）；⑤购买者合理依赖了被告的虚假行为，并因此而受到损失。与直接适用第 10（b）规则时的 8 项要素相比，适当性规则的要件中省去了三项要件中的②、③和④，即存在长期业务关系或个人关系，是否获得相关信息，是否存在受信关系。但“合理依赖”要件仍然存在。合理依赖是投资者通过诉讼索赔的拦路虎，但凡美国法官提到合理依赖，投资者胜诉的可能性就非常渺茫。克雷米银行案中法官就认定：“鉴于克雷米银行的成熟性，必须假定克雷米银行知道，如果利率上升，就会出现很大的‘资本风险’，其不符合克雷米银行所提出的［投资］目的。”换言之，克雷米银行不能合理依赖经纪人对金融产品的陈述。

根据克雷米银行案判例，投资者依据适当性规则起诉，必须证明第 10（b）节项下的五项要件，其中第一项要件是“所购证券不适合购买者的需要”。但克雷米银行案中，投资者对投资产品同时有若干相互矛盾的需要：“①产品对资本

〔1〕 Dura Pharmaceuticals, Inc. v. Broudo, 544 U. S. 336.

〔2〕 SEC v. W. J. Howey Co. , 328 U. S. 293.

的风险低；②流动性高；③持有时间短（通常为 90 ~ 180 天）；以及④可以合理期待好收益。”这就如同择偶标准，既要对方才貌双全，又要对方忠贞不渝。这就比较矛盾：才貌双全，就很难做到忠贞不渝。如果是单一需求，就比较容易把握。克雷米银行案中法官最后认定，监管投资者提出了多种需求，但追求“好收益”是其真实需求。

四、诉讼审判中的变数

克雷米银行案中法官推理的基本逻辑是，克雷米银行是成熟投资者，了解所购金融产品的相关情况，因此不能被视为合理依赖了经纪人的推荐该产品时所做的陈述，经纪人没有违反适当性规则。当然，机构投资者并不等同于成熟投资者。对于机构投资者是否可以被界定为成熟投资者，克雷米银行案判例并没有提出明确标准，但克雷米银行是在离岸地设立的公司，很难主张自己不是成熟投资者：在离岸地设立公司，就是为了隐瞒重要信息，[1] 是一种成熟的表现。克雷米银行案中法官并没有明确这点，但在判决意见的事实部分中专门提及这点，应当反映出法官的一种意向。

克雷米银行案中的原告是机构投资者，而且是一家投资经验丰富的银行，法官容易认定其为机构投资者。但倘若投资者是普通中、小投资者，法官将如何裁决？但遗憾的是，普通投资很少有机构会通过诉讼索赔。1953 年至 1987 年期间，美国最高法院不支持证券纠纷发生前约定的仲裁条款。但 1987 年之后，美国最高法院明确支持此类仲裁条款。在 1987 年的希尔森/美国运通诉麦克马洪案[2] 判决中，美国最高法院认定，证券纠纷发生之前所签订的仲裁条款有效。按照该仲裁条款，当事方之间如果发生涉及《证券交易法》和《反勒索与受贿组织法》[3] 的纠纷，都可以通过仲裁解决。按照美国的法律，仲裁裁决书无需特殊形式，只要书面说明裁决结果并由仲裁员签字即可。仲裁裁决书并不需要说明裁决理由，甚至无需说明如何得出赔偿结果的。金融机构通常通过格式合同约定，双方必须通过仲裁解决其争端。中、小投资者的谈判实力较小，通常都会接受合同中的此类仲裁条款。因此，中、小投资者起诉金融机构的案件数量便大大减少。

克雷米银行案中的投资者是一家外国公司，如果是美国本国的金融机构，法官是否会另一种判法？研究美国判例难以找到答案。美国金融机构很少通过诉讼

---

〔1〕 Special Report, Off Shore Finance, *The Economist*, February 16, 2013, p. 5.

〔2〕 Shearon/American Express v. McMahon, 482 U. S. 220 (1987).

〔3〕 英文“Racketeer Influenced and Corrupt Organization”.

解决其争端，至少华尔街金融机构之间几乎从不通过诉讼解决他们之间的争端。这些金融机构甚至不通过仲裁解决其争端，主要私下解决其争端。

从克雷米银行案判例看，适当性规则大多是幌子，对投资者帮助很少。当然，这样做也不无道理。资本市场是个讲大局的地方，小我必须服从大我——大我就是维持资本市场的现有秩序。诉讼冲击出售证券产品的金融机构，扰乱了人心，打破了资本市场的表面平静。美国审判是对抗制，审判中律师穷追猛打，会曝光很多问题。资本市场有太多的秘密，审判很可能使得真相大白于天下，金融业务自然也就很难继续开展。但这样做也有负面结果。诉讼是一种特殊形式的公开对话或讨论，危机之后的重大诉讼尤其如此。美国法官扼杀诉讼，这场公开讨论或对话也就无法开展。

中国最高人民法院还别出心裁地设计出所谓的“前置程序”，即在受理因虚假陈述引发的民事侵权纠纷案件之前，该虚假陈述行为须①经中国证券监督管理委员会及其派出机构调查并做出处罚决定；或者②依据人民法院的刑事裁判书。最高人民法院就以上两个条件，分别发布了《最高人民法院关于受理因虚假陈述引发的民事侵权纠纷案件有关问题的通知》[1] 和《最高人民法院关于受理因虚假陈述引发的民事侵权纠纷案件有关问题的若干规定》。[2]

从表面上看，证券法的规定大多正大光明，法院判决意见书中，法官的说理大多冠冕堂皇，但背后却有太多的隐情，法官只字不提。

五、结　论

适当性规则似是而非，表面上似乎对投资者有利，但实际上并无有效帮助。中国的适当性规则的内容本身就已经将责任转移给了投资者，而美国的判例显示，适当性规则并没有降低适用反欺诈条款的门槛。简单说，适当性规则只不过是文字游戏，实际意义非常有限。

---

〔1〕 法明传［2002］43 号。

〔2〕 法释［2003］2 号。

网络争端解决：在司法管辖权领域寻求跨国界解决方案

E. 尤金·克拉克（E. Eugene Clark）*
阿瑟·霍伊尔（ Arthur Hoyle）**
杨　闻***　王　丹****　译

一、介　绍

由于互联网的扩张，电子商务迅速发展。随着移动技术更加快速增长，移动商务将进一步扩展网上业务的模式，其将随着全球信息和通信技术不断扩展，转化商品买卖的方式。在相关的在线和移动业务的活动过程中，随之增加的是不可避免的纠纷和问题。为了能让人们在网络交易中感到舒心，并对网络交易保持足够的信任，必须针对虚拟世界中可能发生的不可避免的纠纷，寻找切实可行的有效解决方法。〔1〕

本文提供的纠纷解决过程中使用最新技术的概述，称为网络争端解决机制或ODR。本文在于讨论这些新技术的本

---

* 中国政法大学高级外国法律专家特聘教授、澳大利亚堪培拉大学名誉教授、夏洛特法学院基金会院长、格里菲斯大学兼职教授。

** 堪培拉大学法学院高级讲师。

*** 中国政法大学硕士研究生。

**** 中国政法大学硕士研究生。

〔1〕 吉姆·阿特金斯的网络争端解决文集，阿特金斯调解服务，http：//www. mediate. com/atkins/pg206. cfm.

质，涉及这些技术的优势、劣势，以及在这些过程中所产生的监管问题和政策。不幸的是，尽管一些非政府组织建立了区域系统，欧洲也已在最近颁布了网络争端解决规则，且其非诉讼解决机制的指令也取得了进展，但还没有出现一个全球性制度来处理互联网和移动商务上的纠纷。如下文所述，联合国国际贸易法委员会也已将网络争端解决列入其议程，并取得显著成效，未来也会加速发展。如果电子商务和移动商务的持续增长成为现实，这也将导致在可接受的世界范围内争端解决机制的建立。一部分结论认为，ODR 既是一种工具，也是一个过程，并且它还处于初级发展阶段。各级政府和行业组织一直在努力寻求制定相关政策和实践框架来管理网络争端解决。但是，很显然这需要更多的研究，特别是从跨学科的角度，才可以确信这种做法和以此为指导方针利用了新技术的优势，同时避免潜在的缺点。

最后，反思《21 世纪亚洲》这本书的主题，其中提到技术的快速吸收，尤其是移动通信领域，亚洲国家，如中国、新加坡和韩国，普遍正准备在未来有关网络争端解决机制方面的发展上发挥主导作用。

二、网络争端解决机制（ODR）的定义

对于网络争端解决机制的定义至今并没有形成一致的看法。大多数定义是模糊的、总结性的。〔1〕因此，网络争端解决机制可能在不同的背景下表现为不同形式，从两方的谈判，到第三方促成调解或是仲裁，甚至是向法院提起诉讼。同样，这种技术可以使其从电子邮件或短信的简单使用到虚拟现实，比如“第二人生”游戏。结合本文的目的，概括地说，网上争议解决机制包括以下内容：

· 互联网争端解决（iDR）

· 电子争端解决（eDR）

· 电子非诉讼纠纷解决机制（eADR）

· 网络非诉讼纠纷解决机制（oADR）

· 人工智能系统

· 利用技术创建和加强信息系统

网络争端解决网站还根据纠纷性质而异，从很多企业与消费者纠纷、企业与企业纠纷、远程医疗纠纷到域名争端，甚至是公共领域纠纷，〔2〕如环境上的争

〔1〕 总体参见 B. L. 曼：“抚平网络争端解决机制的‘皱纹’”，载《法律与信息技术国际期刊》2009 年春，第 83～86 页。

〔2〕 参见安德鲁·M. 布拉库提干：“在非商业背景下对合适网络调解的担忧”，载《阿巴拉契亚法律杂志》2006 年第 4 卷，第 275 页。

端，关于政府与公民之间或公民与公民[1]之间的纠纷。在某些情况下，该技术通常是某个服务商对所发生的纠纷面对面进行。也有情况是，技术本身在这个过程中承担一个积极的角色，比如各种人工智能专家系统。[2] 不同的方法对于不同的用户而言既有优点也有缺点。

人们也可以区分网络争端解决网站的发展阶段。例如，泰勒和布雷斯顿描述了电子商务环境下的争端解决网络发展的四个阶段：业余爱好阶段，实验阶段，创业阶段和制度构建阶段。[3] 泰勒和布雷斯顿形容业余爱好阶段为个别热衷者建立试验性网站，这一直持续到 1996 年。在“实验”阶段（1996～1998 年），公共机构开始奠定了按比例设计试点方案的基础。在“创业阶段”（2000 年起），更多的是一些非营利组织和学术机构建立这些网站。[4]

显然，现实中的法院常常难以诉至（如成本和地域的限制），法律上不同司法管辖区经常变动，受到确定管辖权、救济不太确定且前后容易不一致的挑战。[5] 虽然 ODR 还处于早期发展阶段，但很显然，这种有效、公平和方便的纠纷解决系统的建立，既体现在有效电子政务网站的发展，也体现在网络贸易的简化上，特别是当企业对消费者（B2C）的电子商务成为在全球经济中的一个强大经济力量时。如果不建立在线商品和服务交易的争端解决机制，相比于其他小额交易形式，互联网商务将会被许多贸易商和消费者视为风险极大的交易。[6]

三、网络争端解决机制的背景

如上所述，也应认识到网络争端解决发生在许多不同的背景中，且它的适用性将取决于其内在的背景条件。这些背景包括：

· 企业对消费者：B2C，如易趣网（贸易商和消费者的纠纷）。

· 企业对企业：B2B，如线上纠纷仲裁的提供方。

---

〔1〕 参见萨拉·罗杰斯：“网络争端解决：在性别暴力中的关于选举权的调解机制”，载《俄亥俄州州立杂志关于争端解决》2009 年版，第 349 页。

〔2〕 参见亚诺·罗德、约翰·茨勒尼蔻：“网络纠纷解决环境的发展：对话工具及三阶段式的协商支持机制”，载《哈佛谈判法律评》2005 年第 10 卷，第 287 页。

〔3〕 梅丽莎·康莉·泰勒、迪·布雷斯顿：“电子商务争端解决领域网络非诉讼解决机制”，载《多伯纳国际法律期刊》2003 年第 7 卷，第 199、201 页。http://www.odr.info/unece2003/pdf/Tyler.pdf.

〔4〕 梅丽莎·康莉·泰勒、迪·布雷斯顿：“电子商务争端解决领域网络非诉讼解决机制”，载《多伯纳国际法律期刊》2003 年第 7 卷，第 199、201 页。http://www.odr.info/unece2003/pdf/Tyler.pdf.

〔5〕 总体参见 F. 格瓦斯：“作为现实的虚拟司法：电子商务纠纷过程中建立更为方便、合法、有效、安全的解决机制”，载《伊利诺伊大学法律、科技、政策杂志》2009 年第 1 卷。

〔6〕 参见 H. 佩利托：“网络空间纠纷解决：对非诉讼纠纷解决新形式的需求”，载《俄亥俄州州立杂志关于争端解决》第 15 卷，第 675～676 页。

· 公民对政府，反之亦然：C2G；G2C，如就政府服务的争端。

· 特殊行业，例如保险、银行有自己的准则和程序。

· 特定类型的争端，如 WTO 域名争端解决程序。

· 法院附属的网络争端解决。

· 市场提供的各种各样的网络争端解决，有时也专门从事于特殊纠纷事务。

· 不同技术及其组合：电话会议、网络、电话、网络电话；邮件；聊天室；发短信；人工智能。

· 贸易争端解决的国家和地区之间的竞争，如新加坡、上海、悉尼、香港、纽约。

· 政治事务，如保护和平；环境争端。

· 国内争端，如跨国企业跨司法管辖地使用网络争端解决机制解决争端。

四、网络争端解决的程序

许多网络争端解决有不同的背景，且这些背景可能涉及许多不同的程序和这些不同程序的组合，包括：

· 自动化协商

· 人工智能

· 机器人技术；人工智能

· 辅助的协商

· 在线调解

· 在线仲裁

· 在线法院

· 使用混合的技术：聊天、线上沟通、邮件、视频、地理信息系统等

· 许多系统用来预防纠纷和先前跨越国家和地区的纠纷解决

不同程序都有其潜在原因，不管是商业模式，或是有效的政府管理模式，抑或客户服务模式等。

考虑到各种不同背景条件，且广泛的技术发展和这一领域内的快速变化，导致没有统一的网络争端解决程序。网络争端解决程序以最小活动单位为标准，类似于非虚拟调解的程序，大致包括：

· 初步接触

· 争端解决程序的开始，服务条款，系统的介绍

· 评估和审核来确定网络争端解决的适用性

· 交换各方可交换的数据和信息

· 正式递交各方可以提出正式的文件，如诉状、记录和其他材料

· 各方当事人询问或回答些问题

· 通过第三方进行简化（通常各方穿梭谈判）

· 如果有第三方决议，这个决议应该宣布出来

在复杂、多方背景下，网络争端解决可能涉及任何电视、互联网、广播或其他技术的混合，利用各种投票和一致同意的措施或构建技术

五、网络争端解决（ODR）的实质

网络调解及其他形式的网络争端解决工作，必须要有一个传递机制与一个讨论和信息共享的媒介。在网络争端解决的背景下，这意味着使用互联网或其他通信技术，以及一个电子邮箱可用来发送和接收邮件、文件。根据不同的背景，这种技术可涉及因特网、企业内部网，以及各种混合技术，如电子邮件、即时消息、聊天会议室、移动电话、视频会议、网路电话和卫星等。[1] 整个过程可以在线上或者是部分在线上。这项技术可以是独立的或与官方机构，如法院相连。[2] 此外，该特定的技术可以通过声音、视频或文本被记录下来。最后，一个虚拟环境还通过 3D、气味、声音和触觉表现出来。

鉴于该技术的成本不断下降和分配形式不断更新，如租金方案不断涌现；这意味着网络争端解决将越来越可行。[3] 反过来，其又催生网上交付的新模式或电子争端解决服务。目前，我们已经看到了各种形式的群体决策工具，协商软件、盲目投标、游戏或其他形式的调解协商软件的开发。例如，盲目投标当事人提出各种要求，该软件记录这些要求，整理重叠部分和建议解决的方案。例如，"Online Disputes. org" 网站，使用一个完全自动化的系统，让企业成员指定自动处理纠纷规则，从而使消费者能够从量身定做的具体投诉业务中获得立即回应。最后，人工智能系统可能产生网上法官。[4]

这些数字通信媒体和以互联网为基础的系统扩展了其适用范围，创新了程序和争端解决程序的工具。现在可能很少或是根本不需要在保密环境下进行面对面会议。这个新媒介孕育了解决纠纷的虚拟会议，并在网络空间中创建一个虚拟法

---

〔1〕 参见朱塞佩·利昂：《在网上全球范围内调解技术的发展 》(7/09/12)，来自 http：//www. mediate. com/articles/LeoneG2. cfm.

〔2〕 参见国家非诉讼解决机制咨询委员会（Nadrac）：《争端解决和信息技术：最佳实践规则》，来自 http：//www. nardrac. gov. au/aghome/advisory/nadrac/madrac. htm.

〔3〕 参见国家非诉讼解决机制咨询委员会（Nadrac）：《争端解决和信息技术：最佳实践规则》，来自 http：//www. nardrac. gov. au/aghome/advisory/nadrac/madrac. htm，第 3 页。

〔4〕 参见 E. 喀什、J. 里夫金：《网络争端解决：网络空间冲突解决》，巴斯出版社 2001 年版；又参见，M. 谢莱肯斯、L. 韦杰理：《非诉纠纷解决程序和网络争端解决在电子商务中的应用》，普林斯出版社 2002 年版；以及《其他人：电子商务中的信任》，国际法律出版社，第 10 章，第 271 ~300 页。

庭与争端解决空间，这些调解员或裁判员的行为等同于他们在现实世界中的裁判或执行。[1] 事实上，这样突出了信息通信技术在解决纠纷过程中的作用，并使其成为“第四方”的争端解决程序。[2]

六、网络争端解决（ODR）的优势

一个概括不同形式网络争端解决的优缺点的类型学或评估工具尚未出现。网络争端解决的支持者认为，使用ODR有许多潜在优势，尽管我们需要学习如何最大限度地发挥信息通信技术优点，并尽量减少任何可能产生的弊端。[3] 这些可能的优势包括：快捷，方便，四通八达的交通网络，效率，节约成本，便于存储数字数据，并能轻松跨越国界。任何一方都可以随时随地来对网络争端解决程序作出回应。[4]

网络争端解决的另一个优点是前期沟通和重新构造，服务商可以通过它协助各方制定争端解决方式，增强了各方互相理解。这种再构造，同时在双方面前是难以实现的。在网络争端解决上这个时间差也允许参与者了解材料和文件内容并进行反思。一个空间和时间的分离也使得“远程调解”变成现实，这时当事人可能敌意和愤怒减少，使其能专注于眼前实质性问题。[5] 数字通信存档非常适合用于文件的起草工作，并用于不同时间段的反思。因为争端解决是“存储”的，也有可能将少许知识管理、培训或辅导引入到一个在线设备中，使得这个过程不断改善。例如，因为一切都被记录下来，它可能有助于回顾和完善调解行为。语言是特别有效的，并能被有经验的调解员复制、还可以再次使用相同或其他类似的调解手段。同样地，这将让裁判者以不显著的方式来审查其解决纠纷的程序，并反馈给所涉及的各方。多方争议（典型是在环境背景下）可能受益于归档的和不同期的媒介，在这种情况下达成持续的共识是复杂的、不间断的，且当事人众多。

ODR在程序上给予一方当事人面对面的情况是较少的，这种方式增加反思或考虑时间，使其要顾及他人想法和感受且真诚沟通。调解员或调解纠纷的服务

---

〔1〕 R. 韦迪生：“电子法律实践：合法的未来学实践”，载《现代法律评论》1997年第60卷，第144页。

〔2〕 当事人为：原告、被告、法官/调停/仲裁员，最后是技术。

〔3〕 参见J. W. 古德曼：“网络争端解决的优缺点：评估在线调解网站”，载《互联网法律》2006年5月，第10～15页。

〔4〕 参见L. J. 吉本斯、R. M. 肯尼迪 and JM 吉布斯：“法律、互联网、网络空间的边界：线上调解媒介传递信息”，载《新墨西哥法律评论》2002年第32卷。

〔5〕 A. 库尔：“在线亲属法：互联网的影响”，载《美国家庭律师学术期刊》2008年第21卷，第225页。

商有机会矫正权力失衡并控制情绪升温。例如，在环境冲突中，个人参与可能会受到的伤害将大大减少。人工智能（AI）的研究也支持了这个观点，即使因为教育和语言复杂性的差异性使得其他权力失衡，也可以通过建立一个网络争端解决机制和人工智能结构论证规则，得出潜在技术解决方案。〔1〕

假定程序上的大部分记录是有效的，传播媒体也将有助于保持记录。总的来说，它使得时间、空间和资源的利用更为有效，〔2〕也更为透明。

盲目谈判工具（当事人的立场和电脑信息是一致的）对于单方面争端和只有一种可能的分散式结果是有用的。这可能是针对环境纠纷案例，也可能是有助于在一致范围内衡量特殊事务。

对于多方、规模大、复杂的策略类型的讨论和争端解决设置，ODR 展现了以下可能的优势：

· 有效分配和共享信息
· 更多地储存信息和知识，可合并适用于多方或多种目的
· 合并资源
· 虚拟合作伙伴的发展
· 有效的网络便利
· 建立信任和社会资本
· 减少交易成本
· 改进决策程序
· 增强透明度、包容性和开放性
· 增强责任制
· 更多地由公民、非政府组织和其他利益相关者参与进来

在宏观层面上，ODR 的另一个重要优点是，它可能有助于促进从事国际在线贸易的小企业成长，从而引入更大的竞争，促进电子商务的进一步发展。直到几年前，当电子商务向海外发展时，它通常涉及庞大的跨国公司技术许可或进出口货物或原材料。这些公司处置着巨大的资源物力并聘请具有专业法律背景的国际律师。对于这样的公司，它是相对容易地（但非常昂贵的）将他们的律师送出国来解决争端。如今，电子商务已经揭开了这些穿越国界行动的神秘面纱。但今

---

〔1〕 参见 B. L. 曼：“抚平网络争端解决机制的‘皱纹’”，载《法律与信息技术国际期刊》2009 年春第 17 卷。

〔2〕 I. Q. 韩：“网络争端解决机制；网络空间法的未来”，载《萨拉·克拉拉法律评论》2001 年第 41 卷，第 837 页。

天的小规模企业如何才能处理法律冲突？一个在互联网上销售的商品的小规模企业，能够支付同时熟悉电子商务法律适用和世界各地不同的司法管辖权的律师？如果没有适当的且他们可以负担得起的争端解决机制，小规模企业最终会被世界市场隔绝出来。因此，许多以前发现线下非诉纠纷解决程序优势的小企业都开始转向发掘网络世界 ODR 所带来的好处。他们希望有一个解决纠纷的程序，可以节省使用法律所需的时间和成本，且能在旅行时处理国际和电子商务纠纷。[1]

此外，在宏观层面上，一个全球性 ODR 制度的存在会增强消费者对在线商务的信任，包括从国外提供服务和商品的网站。这使其在日益增加的电子商务活动中扮演主要角色。

最后，随着技术的提高和价格的降低，越来越多的人开始使用互联网买卖服务，我们将看到在线服务部门更为迅速地增长。

七、网络争端解决（ODR）的劣势

尽管利用人工智能来作为解决纠纷的辅助工具或系统已经取得一些进展，争端解决本质上是一个以“人”为本的活动。ODR 会忽视了用户的非语言线索，例如那些由肢体语言、触觉、嗅觉所传达的东西。在线沟通不如面对面的沟通更为完整或互动程度更高。[2] 表达的细微差别、时间设置、沟通、制定的计划和说服力往往决定谈判或调解成功与否。[3] 上述的一些缺点可能可以通过高带宽加以克服，使得各方能够听到、看到彼此，但是如果高带宽还没普及，特别是当事人在偏远地区或较贫穷国家则另当别论。此外，双方撤出可以说是太容易了，从而缺乏创造性的张力，往往会导致决心不强。

缺乏现实有形的线索，包括种族和性别，会对 ODR 产生巨大挑战。在网络背景下当事人如果缺乏人际关系就更难找到合作问题的答案，其中调解员或服务商通过传统的议程设置或讨论建立信任、执行规则并通过观察肢体语言和语气和音调变化来回应。

面对面接触在争端解决过程中尤为重要，因为这些纠纷多是复杂的、个人的，其解决也需要远远超过一定数量人的一致同意。人际关系更为简单就会削弱合作问题解决的可能性，其中调解员或服务商通过传统的议程设置或讨论建立信

〔1〕 J. M. 阿瑞斯特：“针对律师网络争端解决的网络或非诉纠纷解决程序的教育”，载《惯例、小公司视角杂志》2006 年 1、2 月刊，www. americanbar. org/newsletter/publications/gp. . . /internetadr. html?

〔2〕 参见 L. J. 古本斯等：“网络空间调解：网上调解员通过信息沟通”，载《网络管理层法律评论》2000 年第 32 卷，第 27、28 页。

〔3〕 参见 H. H. 皮尔特，“电子争端解决”，北加利福尼亚学术研究联盟会议 1996 年，http：//www. law. vill. edu/ncair/disres/perritt. htm.

任，执行规则并通过观察肢体语言和语气和音调变化来回应。

当互联网和其他网上技术能够支持高度便捷的交付时，在程序上就会产生实践问题。例如，输入的合法性，在整个调解过程中或其他 ODR 程序中将很难建立。在保密性和隐私方面不能保证相关材料不会被转发到其他对此感兴趣的人那里，且别人可能在没有授权的情况下擅自复制。这些问题涉及政策和监管问题，详述如下。

八、网络争端解决的实践

提供各种形式的网络争端解决的网站数量庞大且不断增长。[1] 一些争端解决机制是众所周知的，如由“互联网公司分配的名称和编号”（ ICANN ）或“统一域名争议解决政策” （UDRP ）委托管理。不幸的是，统计证据表明，UDRP 程序有利于商标持有人，发生侵犯商标权时却没能为无辜使用该域名的人充分考虑。[2] 其中，这样的纠纷主要仲裁者是世界知识产权组织（ WIPO ）。[3] 这些纠纷在网上面临挑战，并被公布于众。目前，成千上万的投诉一直在用这个程序来处理。为了进一步使 WIPO 调解模式适用于技术基础设施，以提供实时通信，音频和远程视频功能，并将法律架构落实到位。[4] WIPO 还通过其仲裁与调解中心在线解决纠纷。[5] 其他团体，如国际商会也已开始推动和促进网上仲裁。[6]

许多私营部门也想方设法利用新技术来解决争端，特别是那些发生在电子商

---

〔1〕 古德曼预计2006 年世界范围内有115 个网络争端解决网站。参见 J. W. 古德曼：“网络争端解决的优缺点：评估在线调解网站”，载《互联网法律》2006 年5 月，第10 ~15 页；F. 格瓦斯：“作为现实的虚拟司法：电子商务纠纷过程中建立更为方便、合法、有效、安全的解决机制”，载《伊利诺伊大学法律、科技、政策杂志》2009 年第1 卷。

〔2〕 H. 哈率斯、B. H. 玛卡翁：“参与在线替代性纠纷解决机制的自由”，载《美国南方卫理公会大学科技法律评论》2007 年第11 卷，第119 页。

〔3〕 http：//www. wipo. int.

〔4〕 世界知识产权组织：“21 世纪纠纷解决”，第779 号出版物，http：//www. wipo. int/amc/en/publications/.

〔5〕 http：//www. wipo. int/amc/en/ .

〔6〕 G. 考夫曼·科勒：“ 网络争端解决和他对国际商务仲裁的重要性”，载“国际法律商业争端解决的全球思考”，为纪念罗伯特·布勒特国际商会出版系列第693 号出版物，www. iccbooks. com；http：//www. google. com. au/url? sa = t&rct = j&q = &esrc = s&source = web&cd = 20&ved = 0CHcQFjAJOAo&url = http%3A%2F%2Fwww. lk - k. com%2Fdata%2Fdocument%2Fonline - dispute - resolution - and - its - significance - for - international - commercial - arbitration - global. pdf&ei = g - rwUYS9EYy4iAed14DACQ&usg = AFQjC-NEP654zM1T7u8Q - SGvzmwhGaft3pQ&sig2 = fLtFZDTJOjTqOv_ 5hwzDoQ&bvm = bv. 49784469, d. aGc&cad = rjt.

务领域内。下面介绍三个澳洲的例子：

· NotGoodEnough[1] 是澳大利亚一个服务于消费者的网站，其邀请消费者说出他们对各企业的投诉，且允许企业作出回应。因此，主办方针对最坏企业和消费者感兴趣的问题进行排名。

· 零售租赁下的网上中介单元[2] 是政府部门利用网络形式的一个例子，且涉及争端解决程序的某些方面。

· 澳大利亚的金融机构和保险业还设计和部署了非诉讼纠纷解决程序和网络争端解决程序。[3]

网络争端解决（ODR）的其他例子：

· cybersettle[4] 是押有专利的自动系统，其使用计算机的 ODR 定位评估如何使当事人达成协议和并提供多种建议。网站声称保险公司、第三方管理和市民都是 cybersettle 主要用户，超过 150 000 名律师、超过 2000 个办事机构和 10 000 专业人士宣称在他们的网站上注册。

· WEBdispute[5] 主要适用于企业间的争议。[6]

· 费用从 100 美元到 900 美元不等。

· Mediate. com 在线调解和信息资源中心。调解员专注于 B2B 纠纷，每小时 50 美元到 100 美元，并取决于所涉及的金额。[7]

· eResolution 是一家加拿大公司，其提供各种 ODR 服务，包括在线仲裁。各方当事人的论据和证据是通过一个安全网站在线存储到 http://www.webdispute.com/，确保当事人的隐私和机密性。[8]

· 解决投诉。在电子商务和电子政务上使用网络争端解决的另一种常见的形

---

〔1〕 http://www.notgoodenough.com.au.

〔2〕 http://www.retailtenancy.nsw.gov.au.

〔3〕 参见澳大利亚财政监察服务 http://www.fos.org.au/. 参见住房保险争端解决程序 http://www.allianz.com.au/.

〔4〕 http://www.cybersettle.com/pub/home/about.aspx.

〔5〕 http://www.webdispute.com.

〔6〕 http://www.webdispute.com.

〔7〕 http://www.onlinemediators.com.

〔8〕 http://www.eresolution.com.

式是在线解决客户或市民的投诉。[1] 一个例子是使用 Facebook 来解决投诉。[2]

·欧洲消费者中心网络（ECC－NET）由欧洲联盟、挪威和冰岛等 29 个中心组成。由欧盟委员会和成员国成立并提供资金，培训网络法律工作人员，旨在提高消费者在其内部市场的信心。克努森先生解释说，40 000～60 000 个投诉和信息请求通常会在该平台被解决，每年电子商务的投诉超过非预置或非电子商务远程销售大约两倍。大约有一半的投诉由 ECC－NET 监督下调解解决。多数那些没有被解决的投诉是由于缺乏商户协议。虽然它不具有任何法律效力，该网站倾向于站在消费者角度通过国家中心给消费者提供实际的法律建议。[3]

·私人提供网络争端解决服务。考虑到在网络空间个人便于存在，一些人在网上提供他们的服务。比如：共识调解（Consensus Mediation）、争议博士（Dispute Doctor）、帮助支持服务（Helplink Support Services）和调解室（The Mediation Room）。

网站类似 CyberSettle 允许在没有透露给对方报价前提下参加者自愿提交结算资金，由软件计算要价是否在一个指定范围内。当要价相距甚远时，该要价是保密的，且在没有公开报价的情况下继续谈判。这样的系统很简单，完全在各方控制下。然而，他们没有现实调解员提供纠纷解决服务那么灵活。它们最合适于金钱是唯一利害攸关的单个冲突。

如在线调解员使用案例开发和电子邮件程序等系统，来处理更复杂的纠纷。音频和视频在网上流动加快，无疑会使服务类型增加。

许多网站在网上谈判方面都使用相当机械的形式，各方提交反驳对方观点的回应，在一致同意的范围内达成一定的解决办法。线上调解往往采用“穿梭外交”，通过电子邮件系统转述要约和反要约。

尽管从 ODR 的早期发展看，参与（网络背景外，如易趣）实在有限。然而，随着带宽的提高以及音频和视频流动成为常态，人们可以预测，ODR 的使用将会大幅增加。目前我们所看到的，在至少有一部分的程序（如取得信息或交换通信）下网络争端解决的“混杂”模式显著增长。在其他情况下，政府、行业机构和其他人让全部或部分争端解决或投诉流程在网络环境中进行。

---

〔1〕 例如 Gripevine. com – Customer *Complaint Resolution Goes Social* ...；*www. youngupstarts. com/.../gripevine – com – customer – complaint – resolutio...*；Scambook Guides Consumers to *Resolve Complaints* Faster Than ...；*Complaints Resolution* Supervisors（via Social Media）| Lucknow Jobs.

〔2〕 Using Facebook for complaint resolution – Milwaukee Social Media ...

〔3〕 European Consumer Centres Network：http：//europa. eu/legislation_ summaries/consumers/consumer_ information/l32048_ en. htm.

九、法院适用网络争端解决（ODR）

向传统的法院提起诉讼来解决网上引起的争议被认为是最后手段，也就是，当一切都失败了的时候。即使在此时，信息技术的案件开始进入法庭，我们没有理由不将法院作为调解程序一个额外的扩展。

在美国，许多法院在网上设定程序。法庭也越来越多地被技术充满，也有助于律师将技术用于对文档和简报的归档、电子证据的出示，视频会议等其他用途。法院也开始走向移动。[1] 例如，纽约州法律援助处利用 LDV 汽车建立了一个移动法庭，以协助难以到达或处于困难中的客户。其设计以便在远程位置的法官能进行法律听证会。汽车有两个咨询室、接待大厅和客户休息区，还有能进行现场视频会议的会议室。[2]

在澳大利亚，近一段时间法院也一直活跃于技术的使用。视频链接和视频作证证人在大多数澳大利亚法庭上也是常见的。数字录音系统已经取代了磁带，高灵敏度麦克风现在也可以自动追踪说话者。这些技术的使用也带来了对证据和程序的新规则。[3]

此外，在澳大利亚维多利亚州进行的一项未来法院的大型研究，该报告关于科技与法律，[4] 在 1999 年 5 月前提交给维多利亚州政府，其中建议：

· 一个中央集权政府实体的建立，去协调和执行一个集中式方法以跨越政府引进技术。

· 所有的维多利亚法院和法庭的行政和登记职能的合并。

· 加强法律和技术信息交流中心的国际合作，促进新技术最佳方法应用。

· 加强法官和法院行政人员在使用技术方面综合培训。

· 协议的发展和司法信息系统开发的标准采用全球最佳做法。[5]

该报告建议，法院积极主动地利用技术提供多语种服务，使当事人诉诸司法的服务延伸至偏远地区以及增强对残疾人的服务。[6] 该报告还呼吁法律界人士

---

〔1〕 总体参见国家中心的州法院，技术在法院的技术指南，http：//www. ncsc. org/Topics/Technology/Technology – in – the – Courts/Resource – Guide. aspx.

〔2〕 纽约移动法律援助中心：https：//www. ldvusa. com/vehicles/specialty – vehicles/general – specialty – vehicles/422 – ny – legal – mobile – legal – help – center.

〔3〕 参见 A. 华莱士："科技与司法"，http：//www. aic. gov. au/media_ library/conferences/outlook4/wallace. pdf.

〔4〕 参见 http：//www. lawreform. org. au/tech.

〔5〕 P. 拉曼："迈向 21 世纪法律系统"，载《改革，发行》2000 年秋第 76 卷，第 19 ~ 20 页。

〔6〕 P. 拉曼："迈向 21 世纪法律系统"，载《改革，发行》2000 年秋第 76 卷，第 20 ~ 23 页。

更加积极使用技术来提高效率，使得其在国际范围内更具竞争力。[1]

州和联邦法院在澳大利亚都已经接受了使用技术来提高其争议解决的服务范围和效率。一个例子是由澳大利亚联邦法院建立的 eCourtroom。eCourtroom 是一个虚拟法庭，有利于预审事项的在线管理。通过 eCourtroom，法院可能会收到意见书及誓证，并作出指令，犹如各方在现实的法庭一样。[2]

在州一级，以昆士兰州为例，在其日后的法院计划中“旨在建立现代、创新和有效的昆士兰法院系统。”这将涉及为诉讼当事人、律师和一般团体提供便捷的在线服务及其发展。[3]

新加坡一直是法院采用技术的领导者。[4] 这包括一切从在线归档，到各级的视频会议，完全的在线交通法庭，再到提交电子证据等。新加坡司法机构于2000年年底声称自己将在世界上第一个推出在线调解机构，使商业和与互联网相关的纠纷可在线解决，无需当事人去法院。这种发展是由于新加坡意图成为电子商务中心又称 e@ dr.[5] 其系统这样运作的：

· 原告进入该网站；

· 填充细节，包括与被告的接触细节和提出一个解决问题的办法，提交表单；

· 原告获得回执和案件编号；

· 仲裁员接到请求并给被告发邮件；

· 被告可接受或拒绝 ODR 的使用；

· 仲裁员获得被告回复后决定适当的法庭，如小额诉讼；

· 仲裁员参考相关案件并通知调解员；

· 仲裁员通知原被告安排；

· 仲裁员联系各方；

· 在线调解过程开始；

· 各方不需要与新加坡有关才能使用这个程序，他们只需要提交新加坡的司法管辖权。[6]

---

〔1〕 Ibid at 21 ~22.

〔2〕 http：//www. fedcourt. gov. au/ecourt/ecourt_ forum_ slide. html.

〔3〕 http：//www. courts . gld. gov. au/4516. htm，last accessed on March 26，2010.

〔4〕 R. 马格内斯：“扩充技术在法律和政策中的作用：新加坡司法经验”，载《威廉和玛丽比尔法学期刊》2004 年第 12 卷，第 661 页。

〔5〕 http//：www. e – DR. org. sg.

〔6〕 K. 王：“司法机构推出在线调解”，载《周日时报》2009 年 9 月 17 日，第 3 版。

最后，ODR 尤其适用于小额诉讼纠纷。正如政府所作出的回应，目前需要提供一种机制，通过建立小额诉讼法庭和法院来解决纠纷。这似乎是自然发展的趋势，以扩大包括数量越来越多的在网络背景下的纠纷，并利用这个在线程序解决纠纷的机制。〔1〕 例如，肯尼亚和尼日利亚已经使用 ODR 来调解小额贷款协议纠纷。同样，在英国也开始使用网上调解的方式。〔2〕 还有一些人已经讨论适用 ODR 的具体背景，比如强奸受害者〔3〕和国际儿童诱拐案件。〔4〕

十、使用 ODR 的紧迫问题

（一）规范机制〔5〕

有许多对 ODR 可能的管理形式。就像易趣网 ODR 制度，监管是自愿的，并依赖于“标准”。同样，在美国由机构（如联邦贸易委员会机构）发行的以最佳实践指南为形式，并使用 softlaw 作为一种机制来“说服”，而不是强制遵守。〔6〕 政府还可以使用正式法律法规，如中国广泛地对互联网内容进行监管。政府还可以通过发给许可证的方式规定各种取得和维持许可证的标准。另一种方法是简单地让市场来决定。这是最广泛采用的机制，并很可能赢得消费者的信任和信心。这种方法鼓励创新，并有助于专为某一特定经济行业或其他活动领域而设计的 ODR 系统开发。最后，使用拉里·莱斯格在“网络空间中的法典和其他法律”中的一些的分析方法，技术本身可以规定谁可以参与，以及在什么规则下进行。〔7〕 人工智能系统的设计目前正处于初期发展阶段，但随着机器人技术和其他技术的进步，这种方法可能具有非常大的潜力。

（二）不同于规范理念

我们会发现，欧盟和北美之间关于 ODR 存在就网络监管争论表述的哲学分

---

〔1〕 参见 B. 帕帕斯·B：“网络争端解决与小额诉讼的未来”，载《加州大学洛杉矶分校法律与技术期刊》2008 年秋，第 2 页。

〔2〕 参见 J. 克劳斯：“在网上解决争端：新技术，降低成本能促进网络争端解决发展”，载《美国律师协会期刊》2007 年第 93 期，第 42 页。

〔3〕 参见萨拉·罗杰斯：“网络争端解决：在性别暴力中的关于选举权的调解机制”，载《俄亥俄州州立杂志关于争端解决》2009 年，第 349 页。

〔4〕 E. 库尼亚：“结合网络争端解决作为国际诱拐儿童案件一般调解模式的潜在重要性”，载《康涅狄格国际法律和商务杂志》2008 年第 24 期，第 117 页。

〔5〕 参见法拉尔·默尔克：“在线争端解决规范：在法律与科技之间”，www. odr. info/.../Regulation%20of%20ODR_ Rafal%20Morek. doc，2005 年；另参见 ODR 工作录，http：//odr. info/workingpapers.

〔6〕 联邦贸易委员会 FTC：“合作伙伴提供消费者赔偿和争议解决的框架”，2007 年 7 月 16 日：http：//www. ftc. gov/opa/2007/07/redress. shtm.

〔7〕 参见拉里·莱斯格：“网络空间中的法典和其他法律”，基本图书公司 2000 年 7 月 13 日。

歧。美国往往倾向于熟能生巧、自我监管、极简哲学。在美国和澳大利亚有许多人奉行应依赖行业自我领导和自我管理。[1] 举个行业自我管理的例子，主要信用卡（如维萨卡、万事达卡和美国运通卡）都提供拒绝付款或撤销交易的设施和支付机制，如贝宝在线支付可以调整消费者与销售者间的力量失衡状态，即当发生欺诈或不履行合同时消费者能取消交易。其缺点是，拒绝付款的法律条款，金额及条件在不同国家之间或是在借记卡和信用卡持有人之间差异很大。

相对于北美，欧洲人普遍不太信任私人监管。他们更多习惯于政府干预和监管制度的规定。欧盟电子商务指令（2000/31/EC）第17条规定，例如，各国应该为各方当事人庭外解决纠纷提供足够程序负责并保障当事人权益，尤其是在消费纠纷领域。例如，国际商会（ICC），制定了有关B2C广告争端解决的一些规范。这些措施包括广告争端的国际规范，产品促销的国际规范和直销的国际准则。许多国家在没有自身监管系统的前提下将目光转向国际商会制定的规范指南和标准。自我监管通常基于三个原则：①消费者可自由访问；②广告商有权质疑投诉；③在国内法律规范和本国法律框架的基础上建立执行机制。[2]

欧盟的主要优势在于它能够建立一个跨国界的系统。在ODR的领域，其最近取得重大进展：欧盟委员会于2013年3月12日（在下文将详细讨论）宣布，欧洲议会投票通过法案，用于规范在货品或服务网上交易过程中产生的法庭外的合同纠纷解决，简称为网络争端解决（ODR）。ODR法案的通过，意味着将建立一个欧盟范围内的平台来处理跨境的贸易商和消费者之间网上交易而产生的纠纷。该平台不适用于离线交易，但将产生如下效果：①让消费者和贸易商可以以电子的方式投诉网上交易，并相关文件提交给非诉解决机构；②允许非诉解决机构以电子方式接收和发送信息；③允许当事人通过该平台适用争端解决程序并解决纠纷。该平台拟于2015年投入运营。[3]

在澳大利亚，国家非诉讼纠纷解决咨询理事会（NADRAC）正将其注意力转向日益普及的ODR。[4] 这包括利用资讯科技（IT）来解决争端，包括视频会议，电子邮件，人工智能系统和互联网。它还包括利用IT来解决诸如域名争议、知识产权、电子商务和互联网服务等纠纷。ODR引发的争论包括：

---

〔1〕 参见保罗·塞浦路斯："网络争端解决：美国和欧盟在跨国解决电子商务纠纷方面条约的案例"，载《锡拉库扎国际法律商务期刊》2008年第36期，第117页。

〔2〕 参见A. 维纳："网络争端解决的规则和标准：初级决策者和利益相关人"，2002年：http：//www. alanwiener. mediate. com/alanwiener/Wiener – ODRStardards – Primer2a. PDF.

〔3〕 欧盟关于ODR的新规定和关于非诉纠纷解决程序将在下文详细讨论。

〔4〕 http：//www. nadrac. gov. au.

·保密性、隐私性、安全性、记录的保存、信息的存储。

·使用权问题，如有关 IT 富国和 IT 穷国之间日益扩大的数字鸿沟。ODR 的发展大多出现在北美地区就不足为奇了，尽管亚洲对 ODR 的兴趣和其相关活动正迅速增长。

·ODR 适用于特定类型的纠纷。

·ODR 的正常工作，需要培训人员和对其 IT 技术的要求，也就是标准的制定。

·伦理性行为准则的发展。[1]

消费者和企业之间也存在哲学上的差异。商业团体普遍对 ODR 抱有很大的期望，以此来克服各国不同且繁多的网络交易法律制度所产生的问题。消费者当然也不愿放弃一个世纪改革所争取来的很多权利。例如，企业往往倾向于特定行业制定的自身行为准则，如投诉机制或客户服务中心或行业准则，但其不会像公正的公共机构如法院那样给予同样水平的保障。

ODR 在国际上合作前景广阔。例如，欧盟和加拿大已通过关于一系列电子商务问题最低需求的合作，并建立相互承认对方认证书和认证机构的程序，这些程序是为了电子签名能跨国界使用和保护消费者使用非诉纠纷解决机制。[2]

（三）零散的法律框架

非诉纠纷解决体系运行是“法律的影子”中。换句话说，ODR 程序的影响和效果将取决于他们更正式的争端解决方法，如与法院的关系。但不幸的是，电子商务和网络争端解决的法律框架是高度零散的。在国际上，其多是国际公约，法律文书和管理着两地或两种程序的本地法律的混合。即使在欧盟，法律制度也是多种多样。例如，在涉及消费者方面，一些欧盟国家禁止任何妨碍消费者向法院起诉的行为。另外一些国家则限制非诉纠纷解决程序（ADR）的使用且只有争议发生后才能通知 ADR 机制，在 ADR 程序中消费者能被充分通知，并能获得像在法院获得的同样基本程序权利。

在欧盟，库莫指出，采用非诉纠纷解决企业对消费者的纠纷技术上还有许多法律障碍。[3] 首先，许多参考和指令都有应用，例如经济合作和发展组织指导方针，包括有关争端解决的规定。[4] 1968 年的《布鲁塞尔公约》提供了涉及消

---

〔1〕 参见 the NADRAC “On - line ADR Background Paper”, January 2001.

〔2〕 世界经合组织：http//www. oeed. org.

〔3〕 C. 库莫：“在欧洲对企业对个人电子商务纠纷非诉解决的法律障碍”，载《电子商务和法律报道》，国际标准期刊编号：1098 ~ 5190，2002 年 7 月 19 日第 5 卷第 28 号，第 773 页。

〔4〕 参见 http：//www. oecd. org//dsti/sti/it/consumer/prof/guidelines. htm.

费者的民商事执行过程中的各种管辖权规则。例如，第13条赋予消费者在定居在缔约国起诉的权利。同样，公约的法律适用合同义务（《罗马公约》）提供法律选择的默认规则为消费合同。《罗马公约》第4条规定了消费者经常居住地的国家法律的适用，以及第5条指出，当事人不得违背该国法律的强制性规则。1993年4月5日，该理事会指令（93/13/EEC）对消费合同中适用ADR的不公平条款进一步限制。远程销售指令也给消费者不可违背的权利，可能限制了许多标准ADR条款的适用。[1]

在积极的方面，新的电子商务指令[2]包含第17条，其目的是排除ODR障碍。其要求成员国"鼓励负责庭外纠纷解决的机构，特别是消费者纠纷，其提供了充分的程序保障各方当事人，并鼓励庭外纠纷解决，通知委员会他们采用信息社会服务的决定，并传送涉及电子商务的实践，惯例或习俗等其他信息"。

同样令人鼓舞的是欧洲司法外网（EEJ－NET）的建立，其汇集了欧盟各种庭外争端解决机构就如何改善跨境纠纷处理的实践。[3] 这也归因于欧洲小额诉讼程序[4]在印度的执行。像其他国家一样，中国政府已批准用于鼓励和促进电子商务的立法框架。在这个法律基础上，人们可以期望ODR未来发展的显著收益。[5]

（四）ODR标准的演变

尽管在哲学和法律上存在巨大差异，但人们还是试图制定ODR发展标准。[6] 互联网名称和数字地址分配机构（ICANN）在2010年已经开发出了一套ODR标准，[7] 该标准是根据目前的文献和网络争端解决领域的研究，并参考超越ODR范围的实践提出的。

还有很多其他机构也讨论过ODR实践标准的问题，包括：美国联邦贸易委员会、加拿大电子商务和消费者事务委员会、澳大利亚国家非诉纠纷解决顾问委

---

〔1〕 欧洲议会和理事会1997年5月20日7号指令（远程销售指令）。

〔2〕 参见 http：//europa. eu. int/eur－lex/en/dat/2000/c_ 12820000508en00320050. pdf.

〔3〕 欧洲司法外网创立的委员会工作文件，http：//europa. eu. int/comm/consumers/policy/developments/acce_ just/acce/just06_ en. pdf.

〔4〕 P．科斯："欧洲的程序真的能有助于小额诉讼纠纷的解决？"，载《民事审判季刊》2008年第27期，第94～95页。

〔5〕 2000年的《中华人民共和国信息技术法》。

〔6〕 对比美国律师协会（ABA）电子商务和非诉纠纷解决程序，特别小组正学习由电子商务引发的纠纷解决的标准。

〔7〕 Online Dispute Resolution and Consumer Issues 2010 Communiqué [PDF, 228 KB]. 委员会鉴于网络争端解决实践标准得出：http：//www. icann. org/ombudsman/odr－standards－of－practice－en. pdf.

员会、全球商业联盟、全球商业电子商务对话、跨大西洋消费者对话、国际消费者协会、欧洲消费者组织、国际商会和美国律师协会、联合国国际贸易法委员会（下面讨论）。除了将相当丰富的ODR实践经验和观点带给国家技术和争议解决中心的研究员外，这些实践标准还尝试考虑收集上述机构所有的智慧。[1]

在澳大利亚，一系列的网络争端解决（ODR），有时也被称为e－DR计划和举措已被采纳。这是一个显著的发展，因为它表明人们正在寻找一种最佳途径，无论是在企业与消费者的关系或政府与消费者的关系中，都能利用信息技术找到最适合特定群体的纠纷解决机制。如非诉纠纷解决程序（ADR）的发展也符合了那些担心费用、交通不便或语言和文化的障碍、从事电子商务却面临司法管辖权风险的群体的需求。在线非诉纠纷解决程序似乎特别适合于全球消费纠纷，其争议金额小，法律管辖权冲突问题很普遍。这样的系统为电子商务发展增强了信心，并在其中发挥至关重要的作用。所有这一切还有一个重要组成部分，就是需要加强对消费者和企业有关程序、规则以及ADR优劣势的教育。

虽然人们认识到一些政府监管似乎是必要的、合适的，但这也不应该成为阻碍创新的代价。在适当的程度上，政府有责任确保公平，低成本透明度，效率和各种非诉纠纷解决程序制度（ADR）的公正。在某一个领域可能会出现极少数的情况，即ADR应具有约束力和强制力。这也考虑到这一背景下纠纷的增多。因此有必要对法律进行改革，这检验的不仅是技术问题，还包括其他相关立法，如通信、隐私、合同法和有关涉及保密、优先权、强行性事务的法律，还有消费者保护的法律、数字签名的合法性、告知后同意、保险和风险管理。我们必须意识到，与其他辖区一样，澳大利亚在这些事务解决前还有很多需要努力的地方。澳大利亚也认识到互联网国际合作的必要性。

在美国，美国律师协会电子商务与非诉纠纷解决程序特别小组，为解决电子商务引发的争端而起草标准。[2] 在消费者方面，世界经合组织为保护消费者制定的指导方针也有一定影响力，[3] 这其中，例如需要：

·透明而有效地保护消费者，并不应低于给予其他商业形式所提供的保护水平。

·公平交易，广告和营销事务，企业应“适当注意”消费者利益并以此

---

〔1〕 互联网名称与数字地址分配机构：网络争端解决的实践标准，http：//www. icann. org/en/help/ombudsman/odr－standards－of－practice.

〔2〕 参见美国律师协会“在电子商务和非诉纠纷解决程序方面美国律师协会特别小组：起草初步报告和设想”（2001），http：//www. law. washington. edu/aba－eadr.

〔3〕 http：//www. oecd. org/dsti/sti/it/index. htm.

行动。

· 在线披露或是提供足够的信息，应让消费者知情后作出选择，包括在线交易信息，其购买产品和服务的信息，及销售条款和条件。

· 清除确认交易流程。

· 安全支付机制。

· 及时且价格合理的争端解决和 ODR 程序，应考虑到在现有争端解决框架下所适用的法律和管辖权是否应有所调整，以确保有效透明地在电子商务持续增长的背景下保护消费者权益。

· 根据已有的隐私权保护规则，适当有效地保护消费者隐私。

· 消费者和企业的教育应有助于消费者在知情后作出决策，并增强企业和消费者保护框架适用于网络活动的意识。

欧盟委员会[1]还制定了庭外和解方式应该遵循的七项原则。这些原则包括：

（1）公平：目前还不清楚在特殊情况下这可能意味着什么。比如，它是否需要一个完全中立的一方，或者双方都能接受的一方，即使这个人可能不符合"中立"一词的严格意义上的含义。

（2）透明度：这需要 ODR 过程的所有细节都是明确的，包括范围，成本，语言，适用的法律，以此作出的决定的性质，以至哪些决定有约束力，上诉的权利等；

（3）对抗程序：实质上，这一原则要求当事人有陈述案情的权利；

（4）代理：被第三方代表或支持的权利；

（5）消费者意志和自由：消费者有权出席法庭，并且在未提前征得消费者同意情况下，中立方针对 ODR 过程做出的任何决定均无约束力；

（6）有效性和可及性：ODR 服务应该在没有成本或较低成本情况下即可享受；

（7）合法性：消费者不能协议去除法律强制规定的保护。

在企业对企业环境下，美国仲裁协会（AAA），作为世界上最大的这类组织之一，在 2001 年公布了一项争议解决协议，用于处理电子商务中的 B2B 纠纷。根据这项新协议，公司应该在开发技术上遵循以下原则，来处理 B2B 环境下的纠纷：

· 公平性，它使得有权接触中立的争议解决的提供者。

---

〔1〕 委员会 1998 年 3 月 30 日的建议，负责消费者纠纷的庭外和解的机构应适用的原则：98/257/CE（OJ L 115，17.4.198，第 31 页）。

·业务的连续性，从而使纠纷在商业活动受到最小破坏的情况下得到解决。

·多项选择性，包括各种纠纷解决方法以使纠纷得到尽快解决。

·依托技术，有助于纠纷得到迅速和经济的解决。

AAA 模型提供了一个技术平台，这个平台将会提出各个原则，提供旨在解决纠纷的工具，提供在线的以及通过传统手段的调解和仲裁。AAA 模型及其支持性原则是经由业界人士的磋商而提出的，目前已有一大批大型企业签署，包括微软公司、AT&T 和其他公司。

尽管这种行为准则和标准是值得称道的，但因为网络环境的无秩序的文化，标准可能很难在其内部得到切实执行。似乎没有人可以控制互联网，使其在解决争议中完全在中间作为一个中立的工具。目前网上有各种各样的 ODR 服务，监管部门的担忧是，如果需要，是否可以创设一项有序的管理制度。[1]

(五) 管辖权

支离破碎的法律体制以及技术的跨国性质（如 Internet）带来了一个后果，那就是管辖权的问题比比皆是。[2] ODR 似乎是一个可行的建议，因为其中争议双方在地理上是分离的。这些管辖权问题的解决可能最终能在《海牙公约》草案中找到希望，[3] 因为它旨在在网络空间的管辖权问题上探索法律协议。国际私法海牙会议（HCPIL）建议在世界范围内推广这种争端解决机制。这种机制要求创制一个系统，这个系统可以在政府部门设置的独立的控制权下直接运行，也可以通过行业、消费者和政府部门的代表的授权来运行。它还建议创制另一个系统，该系统通过授权制定不同的制度来贯彻全部的指导方针和原则。透明度、独立性、可靠性和合法性的原则应该在最低限度内适用。该提议是为创建一个包括以下三种方法的系统：

(1) 预防性方法，即网站会通过密封或信任标记的系统对争议进行标记；

(2) 替代性纠纷解决机制（ADR），网站通过标记给予事先同意，从而以更低的成本快速解决产生的争议以及那些无法用预防性方法解决的争议；

(3) 一项默认的管辖权能规则，适用于由此体制下的前两种方式不能圆满

---

〔1〕 参见电子商务中的争端解决：讨论文件，消费者事务部，财政部，堪培拉，AGPS，2001 年；另见 http：//www. treasury. gov. au.

〔2〕 M. S. 多纳希："网络空间中的争端解决"，载《国际仲裁期刊》1998 年第 4 期第 15 卷，第 127 页。

〔3〕 参见 1999 年 10 月 30 日国际私法公约草案初稿（国际私法海牙会议），http：//www. hcch. net/e/conventions /draft36e. html.

解决争议的案例或者用前两种方式不能解决的其他案例。[1]

（六）判决的执行

虽然仲裁明显受益于涉及仲裁裁决的可执行性的纽约公约，但在处理跨境执法问题时，适用于小额索赔的最显著的发展是欧盟小额诉讼程序（ESCP）的设立，它在2009年生效[2]。这种程序在很大程度上只是一种简单的文件，它适用于标的在2000欧元以下的小额民事纠纷，其中这2000欧元不包括利息、费用及支出。根据本程序作出的判决在欧盟所有成员国内均可强制执行，而不需要经过正式的相互承认判决。

欧盟小额诉讼程序（ESCP）不适用于税收、海关或行政事宜；例如国家责任、就业问题、有关自然人的身份和民事行为能力的确认的问题、婚姻或抚养权问题、遗嘱或继承、破产、和解或相关程序、社会保障、租赁或者不动产纠纷，而不包括金钱赔偿、隐私权侵犯。

法院可以通过其认为合适的任何媒介收集证据，包括视频会议或其他通信技术。据预测，大多数事务将可由法官和当事人通过在互联网上沟通进行处理。

欧盟小额诉讼程序（ESCP）适用于跨境案件，但该案件的诉讼应在至少一方当事人的住所地或经常居住地提起，且该住所地或经常居住地在欧盟成员国内部。住所地根据第44/2001号欧共体条例的第59条和第60条确定，此两条是关于管辖权的确认和民商事判决的承认和执行。公司的住所地可以是其注册地，公司总部所在地或其主要办事机构所在地（第60条）。

（七）隐私和保密

目前，各种保护隐私权的法律正在成为网络环境的一个特征，在线ODR的供应商也必须对此慎重考量。仅在美国就有四十多种不同的法律保护隐私权。澳大利亚也有许多关于隐私权的法律，并且出现一种新的管理隐私权的体制，这种体制现在已应用到许多私营部门。但是，尽管有这些法律作保障，但网络隐私权保护的效果并不理想。大多数网站还未达到基本的隐私权保护的标准。

在线解决争议方式的另一个问题是身份问题。问题是：你怎样证明虚拟身份？这是一个棘手的问题，因为人们在网络环境下和面对面交流时的表现并不总是一样的。举个极端的例子，在虚拟聊天室里，男人可以假装成女人，老人可以假装成年轻人等。发展起来的整个的网络文化就是，人们假装成他们在现实生活

---

〔1〕参见萨比·邵世瑞："绘制网络争端解决的未来：分析宪法和司法的窘境"，载《托莱多大学法学评论》2006年第38期，第317页。

〔2〕2007年7月11日欧洲议会和理事会第861/2007号欧盟条例，建立欧洲小额诉讼程序。

中所不具有的身份。

（八）安全性和记录保存

作为 ODR 的内在要求，其安全性和记录保存也引发了法律和技术问题。网络数据可以被篡改并且难以核实。记录会自动保存并且人们不知道它的存储空间。网络数据的传输速度很快，往往在人们意识到发生了什么之前即已遭受了大范围的破坏（例如，诈骗）。电子记录很容易恢复，即使文件已被删除。我们怎样才能确保网络环境足够安全，以使人们有足够的信任进而大范围地使用此系统？其他实际的问题包括对同意的证明、个人数据的使用以及隐私权和先悉权。在涉及例如健康和财务问题的领域，可能存在明确的法律法规，其要求对记录进行保护，以防止记录的丢失、非法访问、使用或披露。[1]

（九）知识产权与电信法

ODR 系统往往涉及软件开发。这就产生了很多知识产权的问题。例如，如果一个 ODR 的供应商发明了一种新的在线解决争议的方法，那么它就有可能被商业方法专利所保护。其他问题还包括域名和网络环境下的商标使用。此外还涉及著作权和网站运行的所有问题，包括链接到其他网站。还包括对数据的知识产权的所有权的问题。在线提供争议解决服务也可能涉及电信法的问题，如互联网服务供应商可能产生的责任问题以及其他有关安全、隐私、损害名誉、知识产权及其相关的问题。

十一、ODR 系统的问题

除了政策、哲学和上文提到的法律问题，在 ODR 系统成功前还有很多其他问题必须予以考虑。下文将简述一二。

（一）建立信任

ODR 想要获得成功，这种系统的用户必须信任这个新的网络环境。需要做大量的调查研究来寻求新环境建立信任的最佳方式。[2] 也许建立一个信任标志或封识的系统是一种方法，在这个系统中由政府或其他独立组织“制裁”或称许特定网站。[3]

---

〔1〕 参见例如健康记录（隐私和访问）法案，堪培拉，1997 年。另参见澳大利亚联邦隐私事务专员，澳大利亚联邦和堪培拉政府万维网指南。2001 年 8 月 21 日，http：//www. privacy. au/.

〔2〕 参见 J. E. 普林斯、PMA. 瑞波、HCA. 范·蒂尔堡、AFL. 费特、JGL. 范·德韦斯：《电子商务中的信任》，海牙国际出版社 2002 年版。

〔3〕 参见 M. 保恩·露西尔：“增强消费者对电子商务的信心：建立公平有效的 B2C 网上交易的解决方案的建议”，载《阿拉巴马州法律科学和技术杂志》2002 年第 12 期，第 441 页。

（二）真实性、隐私性、保密性

信任的一个重要组成部分是消费者担心他们的信息不被保护和保密。任何系统的开发必须有高水平的安全保护，包括真实性、隐私性和保密性的标准。政府许可要求并且审核那些强大的安全保护协议的存在，但毫无疑问它若想赢得消费者和 ODR 的其他用户的信任，还有很长一段路要走。

（三）跨管辖边界的执行

为实现目的，各个独立的 ODR 服务系统必须在一个协调的框架内共同努力来开发执行机制。例如，每个国家可以提供一个监管 ODR 的服务，让它与其他国家的服务一起工作，或者与不同的操作领域的单一的专业服务一起工作。

（四）专业实践问题

当 ODR 提供与专业实践相关的服务时（如法律和其他法规，包括专业实践和道德要求也与此有关），立法机关可能会授权制定特定的实体和程序规则。那么什么样的道德应该约束这个新的环境？答案是自我约束还是应由政府作为？怎样处理国际合作，以及满足 ODR 环境的多样性的要求？[1] 最后，管理国内/国际电子会议/论坛所需要的适度，战术和战略管理以及技术能力发挥着重要作用。

（五）ODR 适用的确定

一个需要更深入研究的基本问题是，如何确定某一特定事项是否适合由 ODR 处理。例如，ODR 在涉及暴力、欺诈或涉嫌违法的案件，或者在需要法律先例的案件中，可能是不适用的。当双方当事人之间的议价能力严重不平等时，ODR 完全不适用。然而，调解的关键是抽离出相关方的需求和关注。[2]

（六）访　问

一方面，ODR 可以提高偏远地区和那些不能离家的人的访问率；但同时，在能够访问 ODR 的人和不能够访问 ODR 的人之间存在着一个新兴的数字鸿沟问题。障碍可能是经济、教育、语言、文化、年龄、身体残疾或者只是一种使用信息技术的恐惧症。

（七）公平性

这种网络媒介可能需要进一步考虑输入过程、适宜性评估、纠纷解决程序的咨询需求，以及信息技术知识的不熟悉和不平衡。为确保在线争议解决程序的公

---

〔1〕 参见例如国家替代性纠纷解决咨询委员会，ADR 标准的框架，总检察署，澳大利亚联邦，2001 年。

〔2〕 参见露西尔·M. 庞特：“赔了夫人未折兵：网上争议解决（ODR）能否真正为不幸的购物者解决难题?”，载《技术和知识产权杜兰杂志》2001 年第 3 期，第 55 页。

平和公正，组织与利益相关者的共同努力是非常重要的。尽管法院通常认为公司（例如 eBay）提供在线争议解决服务是公正的，但它也很可能被认为是不公正的。公平性的另一个因素是透明度。应当向当事人解释操作规则和 ODR 程序的本质，这样他们就可以知道什么是可期待的，以及他们的期望得到了满足。一些人认为，透明度还需要预先和公开披露 ADR 提供者的业绩记录。

（八）在线交流作为一个男性域名

还需要进一步研究的另一领域是在线交流自身的性质。很显然，网络交流和人际沟通存在不同，后者由当事各方亲身呈现。一些新证据显示，网络交流可能更具对抗性，并且那种更加阳刚的沟通风格占主导地位。这似乎是一个男性主导的媒介。同时，与远距离的人相处（例如通过文本），可能会比与身处同一房间的人相处的胁迫感小很多。网络环境下还存在一些年龄偏见，也就是说，伴随技术发展长大的年轻人更愿意使用网络方式。

（九）文化和语言差异

跨国界的在线系统可能会遇到显著的文化差异，对这种文化差异必须设法进行协商和考虑。另一个主要问题是可能用到的不同的语言。随着技术的迅速发展，实时的在线翻译虽然现在还未实现，但很快将会实现。

（十）数字鸿沟

为获得特别是贫穷国家的广泛参与，需要对基础设施和贫穷国家的信息通信技术授权（技术、培训等）进行投资。

（十一）真实一致

为获得特别是缺乏议价能力的消费者的广泛参与，并为确保协议的强制执行力，真实一致的问题应受重视。[1] 强制性 ODR 的系统也提出了真实一致的问题，真实一致被国际互联网域名体系最高管理机构（ICANN）在处理顶级域名争议时提出。[2]

（十二）教育/培训问题

全面实现 ODR 益处的一个主要障碍是缺乏培训。尤其迫切需要对调解人、谈判代表、律师、法官、顾问以及所有使用网上争议解决的参与者进行培训。尽管 ODR 有其提供者的支持，但若人们不接受它，它将没有任何意义。所以，企业、消费者、社会团体增加和强化对替代性纠纷解决程序，尤其是 ODR 程序的

---

〔1〕 参见 H. 哈娄士和 BH. 马拉卡维：“参与在线替代性纠纷解决机制的自由”，载《南方卫理公会大学科技法律评论》2007 年第 3 期，第 119 页。

〔2〕 参见上文讨论。

知识和认识，就变得非常重要了。最后，各机构组织需要加强在地方、国内和国际层面的相互合作，共同解决这些问题。互联网很容易跨越管辖边界，只有通过合作和最终协议才能使这一新技术在提供解决纠纷的新方法上发挥最大潜能。

十二、ODR 在中国

（一）调　解

中国在调解和其他通过法院以外的途径解决争议的技术上有着悠久传统。相比之下，ODR 在中国的发展还处于初级阶段，但随着电子商务的快速发展，ODR 的迅速成长自然不在话下。

虽然调解和仲裁有其基本模式，调解及其他形式的 ADR 在中国的运作也类似，但仍然要重视文化差异。其中最大的差异表现在隐私权上。近来由于西方调解制度的影响，一些专业的调解组织才开始采取措施，来确保调解过程的保密性。然而在中国，调解过程中的隐私权几乎从未受到过重视。与西方国家相反，中国的调解传统上往往是“公开”的：不仅表现在调解程序由调解员记录，调解书应当事人要求制作，还表现在调解过程可能会向公众开放，以此教育他人以及当事人遵守法律和纪律，尊重社会公德。公开纠纷事由和处理结果一直被用来作为“社会制裁”的一种有效方法，以防止日后纠纷的发生。[1]

在商业应用方面，随着经济合同领域的经济纠纷以及私有财产的成倍增加，调解也在发挥越来越大的作用。为解决经济纠纷，涌现出大批专业调解机构，包括中国国际贸易促进委员会（CCPIT）调解中心/中国国际商会（CCOIC）（中国贸促会调解中心）及其分会。这些专业组织构成了在线调解发展的基础。[2]

（二）域名争议的在线解决

ODR 在中国的最早应用是2000 年 11 月根据《中国互联网络信息中心（CNNIC）域名争议解决办法》（CNDRP）对域名争议的处理，CNNIC 作为中国域名系统的管理机构，授权中国国际经济贸易仲裁委员会（CIETAC）域名争议解决中心（CIETAC 中心）根据 CNNIC 的政策提供域名争议解决服务。2000 年 11 月 1 日，CNNIC 颁布《中文域名争议解决办法（试行）》。2001 年 1 月 1 日，贸仲委中心开始提供争议解决服务。根据该办法，争议解决程序只适用于此类纠纷的解决，即 CNNIC 管理的中文域名和中国法律保护的商标之间的冲突的纠纷。截至 2002

---

〔1〕 这些专业组织构成了在线调解发展的基础。参见希尔默：《中华人民共和国和香港（特别行政区）的调解制度》，十一国际出版社 2009 年版。

〔2〕 参见希尔默：《中华人民共和国和香港（特别行政区）的调解制度》，十一国际出版社 2009 年版。

年年底，已有22起案件依次裁决并被公布在贸仲委的网站上。在这些案件中，有几个外国原告，包括贝塔斯曼集团（德国）、A. 拉松德公司（加拿大）、百事可乐有限公司（美国）、怡和（百慕达）有限公司和帝国化学工业有限公司（英国）。这些外国企业诉称，他们的中文商标被一些中国人或企业抢注为域名。[1]

（三）内部投诉机制

内部投诉机制，是一种由网络交易平台的提供者建立，用于接受消费者的投诉，与消费者沟通并通过提供咨询解决消费纠纷的制度。例如，淘宝2009年共产生180万宗交易，解决900 000余例消费者权益纠纷。这种机制的主要限制是当事双方必须达成一致协议，并且它没有真正的执行机制。[2]

（四）在线诉状

使用在线诉状，是许多非营利组织（例如协会、消费者保护团体）采取的一种在线争议解决办法。例如，中国电子商会（http：//www. 315ts. net/）投诉中心每天就接到很多投诉。它将这些投诉传达给各有关方，然后通过在网上公开被投诉者名单进而监督并敦促各有关方处理投诉。这种ODR方法是基于“道德管理商业”。它扮演了一个惩罚卖家、救济消费者的角色。这种解决办法十分有效，因为所有卖家都害怕自己被市场抛弃。

（五）在线仲裁

在线仲裁与离线仲裁一样，是一种纠纷解决机制。它通过中立的，第三方的仲裁员或仲裁庭达成一个具有约束力的解决纠纷的决议。在仲裁中，当事人约定将争议提交仲裁，然后任命一个中立方达成一个最终的、具有约束力的决议。在线仲裁在中国也是处于初级阶段。《纽约公约》（中国已签署）规定，当事人若想通过仲裁解决纠纷，必须有一个“书面协议”，此“书面协议”约定了仲裁条款。虽然电子邮件的交换在所有国家都不构成纽约公约要求的“书面”，但中国承认通过电子邮件签订的合同中的仲裁条款为“书面”方式。在中国，如果一个人想要从事线上仲裁工作，他必须确保遵守常规仲裁法（AL），认真选择仲委会的总部，获得当地政府的批准，并加入中国仲裁协会。此外，CNDRP引导在线仲裁，并且是在线用户参与网上仲裁的工具之一。

目前中国有很多在线仲裁系统。例如FINRA的索赔申请在线仲裁，在这个

〔1〕 Hue Hong：“中国的在线争议解决：现行实践和未来发展”，UNCEC论坛关于ODR的论文集，2003年，http：//www. docstoc. com/docs/46731555/Online - Dispute - Resolution - In - China.

〔2〕 贺奇声：“全球在线争端解决系统”，www. uncitral. org/pdf/english/whats.../11.../1124_ 8_ HE_ powerpoint. pdf.

系统中，不满的一方（尽管涉及证券，但商业交易程序具有相似性）可以在线申请索赔，他只需提交一份已签署的协议及其他必要文件，就可以获得一份标有查询号的打印的收据。

（六）中国法院和 ODR

渐渐地，中国法院也开始利用技术来协助解决纠纷。尤其是在特定领域，如知识产权纠纷。例如，中国互联网协会调解中心在北京市高级人民法院和其他人民法院的协助下编写了《互联网知识产权纠纷调解手册》。该手册于 2012 年 2 月 1 日生效，它主要侧重于知识产权纠纷的在线调解、法院转介的个案的调解，以及其他领域的调解。[1]

（七）各大电子商务玩家使用的私人系统

中国已经试验了在线调解程序。易趣网，作为中国的易贝网（eBay），由 eBay 控股，中国的在线拍卖网站的评分系统与 eBay 的争议处理中心极其相似。通过此系统，网上交易中不满的消费者或卖家可以在网上申请索赔。一经发现申请人确实遭受了损害，那么他可以得到高达 1000 元的赔偿。[2]

（八）政府鼓励纠纷解决

ODR 的发展必须放在政府总体战略的更广阔的背景下来考察，此战略鼓励中国电子商务的成长和发展。所以，中国政府在 2007 年制定了一个五年计划——“十一五期间电子商务发展规划纲要”——来加速中国电子商务的发展。政府意图在该五年计划期间，在中国建立一个支持电子商务市场发展的技术体系，并以此促进中国经济和社会的发展。中国的信用体系也有提升，因为中国的银行业一直在为信用卡网上交易的发展做努力，特别是针对占中国网购者多数比例的年轻网民。中国的信用体系的另一个发展机遇，随着全球性银行（如花旗银行和汇丰银行）开始投资中国银行而到来。[3]

（九）建立一个清晰的监管架构

中国对 ODR 的监管框架是复杂的、多层次的，且经常有着国家、省和地方不同层级的模糊和重叠的规则和机构。例如，我们可以看到，政府严格控制着许可以及第三方中介和互联网的内容。在中国，ODR 是否能够在企业对企业或者

---

〔1〕 基思·西亚特:“互联网 IP 调解手册在中国的发展”，2012 年 4 月 24 日，http：//eng. hi138. com/? i375633_ Internet – Intellectual – Property – Dispute – Resolution – Manual – published.

〔2〕 萨金·J:《在线争端解决于中国：有利但代价是什么?》，2011 年 1 月 26 日：cardozojcr. com/vol12no1/245 – 280. pdf.

〔3〕 萨金·J:《在线争端解决于中国：有利但代价是什么?》，2011 年 1 月 26 日：cardozojcr. com/vol12no1/245 – 280. pdf.

企业对消费者的环境中取得成功，取决于中国政府怎样平衡其严格控制的目标以及其对实现更大的全球范围内的经济成功的目标的审查。眼看联合国国际贸易法委员会（UNCITRAL）的发展以及欧盟针对ODR的新条例和新指令的出台，似乎中国也要跟进并且加入这个由主要经济体构成的共同体。尤其是考虑到中国想要在全球电子商务市场竞争的情况。中国能否坚持并维护一个二元体系是值得怀疑的，这个二元体系要求对国际电子商务实行一套规则，对国内电子商务实行另一套规则。在这方面，中国的最好做法是，把对互联网的控制从分散利益相关者的模式转变为更为集中的国家控制的治理模式。最后，中国可能不得不放松一些控制，以便更好地加入更广泛的电子商务领域。[1]

中国未来面临的其他问题将会是，需要开发一个有效的信用系统，它会将B2B供应链的能力扩展至可向消费者交付货物；进一步推进移动电子商务的发展，因为中国拥有世界上最多的手机用户；加强教育和培训；政府继续支持以及严格执行道德标准，从而让消费者增加其对网络环境的信任。[2]

十三、针对小型消费争议的全球ODR系统[3]

鉴于许多发展已经使国际贸易和其他活动成为可能，我们当然可以合作，来共同建立一个可行的、公平的、高效的、廉价的和值得信赖的跨境机制来解决争端。在设计这样的系统时，我们也应该想方设法使其满足区域需求，既要关注亚洲模式也不能忽略西方模式。我们没有必要对此麻木，进而在这样的一个系统设计中坚持将英语当作通用语的模式。[4]

（一）争议系统设计的总则

在设计解决争端的合意过程方面，文献[5]建议重视以下6个关键的设计因素：

1. 参与度：是指关键的利益相关者参与设计过程的程度。这有助于确保系统正常运行以及让利益相关者感受到其对此过程的所有权和对此过程的义务。

2. 适用性：是指当事人具体适用什么程序以及选择什么争端解决方式解决

---

〔1〕 萨金·J："在线争端解决于中国：有利但代价是什么?"，2011年1月26日：cardozojcr.com/vol12no1/245－280.pdf.

〔2〕 萨金·J："在线争端解决于中国：有利但代价是什么?"，2011年1月26日：cardozojcr.com/vol12no1/245－280.pdf.

〔3〕 http://adrresources.com/adr－news/875/uncitral－discusses－global－odr－system.

〔4〕 M.希斯科克："跨境网上消费纠纷解决"，载《当代亚洲仲裁》2011年4月1日，第1～18页，http://works.bepress.com/mary_hiscock/1.

〔5〕 参见CA.科斯坦蒂诺、克里斯蒂娜·莫辰特：《设计冲突管理系统：创造多产和健康的组织指南》，巴斯出版社有限公司1996年版。

争端。

3. 问责制：它涉及整个过程的公平性。参与者需要被通知；当事人权力失衡必须得到解决。需要对中立方进行培训。参与者需要接受对整个过程的教育。

4. 流动性：是指该系统适应变化的能力。例如，建立反馈路径，并进行持续的“形成性”评价，从而使系统可以作出相应调整和持续改善。

5. 可持续发展：是指新系统随时间延续的能力。这需要主要利益相关者的努力，以及充足的资源。

6. 渗透性：最后一个原则是渗透性的问题——当整个系统的设计是为了取得在全球电子商务中的成功时，纠纷制度自身融入更广泛的系统中的程度。[1]

（二）联合国国际贸易法委员会对 ODR 的建议

ODR 全球性系统尤其是涉及消费纠纷的一个重大举措是，它被联合国国际贸易法委员会第三工作组（在线争端解决）接手管理。[2] 这个工作小组已经研究出一个整体的概念模型，并起草出一个关于程序规则的草案。此外，一些国家和地区组织正在研究将 ODR 提供给消费者和商家，其中欧盟是最好的例子。[3]

在全球性的 ODR 系统实现以前，还需解决的问题有：

1. 解决提供者如何保障当事人的陈词权利的问题；

2. 怎样有效执行正当程序条款；

3. 如何承认和执行调解协议或裁决，政府部门具有约束力的文书；

4. 怎样处理某些类型的索赔，例如人身伤害、间接损失和债务催收；

5. 怎样找到一个支持全球 ODR 系统的项目融资模式；

6. 怎样实现技术中立；

7. 怎样通知消费者，并对他们进行关于全球 ODR 系统的教育。[4]

---

〔1〕 参见 S. 史密斯和、J. 马丁内斯：“争端解决系统设计的分析框架”，载《哈佛商业周刊》2000 年第 14 期，第 70 页，http：//www. hnlr. org/wp - content/uploads/2009/09/123 - 170. pdf；丽莎·布洛姆格伦·宾汉姆：“设计正义：管理冲突的法律制度与其他系统”，载《俄亥俄州关于争端解决的法律结构》2008 年第 24 期。威廉·尤里、珍妮·M. 布莱特、斯蒂芬·B. 戈德堡：“争端解决：降低正义成本的系统设计”，PON 图书 1993 年版；哈利勒·Z. 谢里夫：“管理冲突的制度设计：问题解决体制的原则”，载《哈佛商业周刊》2003 年第 8 期，第 57 页。

〔2〕 2010 年贸易法委员会第三工作组关于 ODR 的报告，http：//www. uncitral. org/uncitral/commission/working_ groups/3Online_ Dispute_ Resolution. html.

〔3〕 2010 年贸易法委员会第三工作组关于 ODR 的报告，http：//www. uncitral. org/uncitral/commission/working_ groups/3Online_ Dispute_ Resolution. html.

〔4〕 2010 年贸易法委员会第三工作组关于 ODR 的报告，http：//www. uncitral. org/uncitral/commission/working_ groups/3Online_ Dispute_ Resolution. html.

ODR 提供者和中立方的基本准则迄今包括：

8. 提供者如何根据规则管理 ODR 程序和操作 ODR 平台，这可能要包括对这些措施如何补充和促进规则的落实的解释说明；

9. 遵守基本原则，如技术中立、包容互通性和技术的扩展性；

10. 行为准则；

11. 由中立方的基本属性决定的基本原则包括独立性、中立性和公正性；

12. 中立方的认证和重新认证系统，可能包括两个阶段：第一个阶段侧重于中立方的相关经历，第二个阶段是根据 ODR 用户的反馈信息进行定期审查。[1]

目前，联合国国际贸易法委员会 ODR 工作的目标是创建一个独立的全球性系统，从而解决那些量大低值的跨境交易中的纠纷。这样的系统是必要的，因为在这些跨境纠纷中缺乏消费者权利的赋予，并且解决跨距离和跨国界的纠纷在实践上是不可能的。据认为，想要启动救济程序，ODR 系统的建立可能导致反映核心消费原则的消费者权利的创制。这样的系统对显著增强消费者对网上交易的信任也有重要帮助，在网上交易的消费者的信任，应显著提高。随着消费者信任的不断增加，全球电子商务的茁壮成长将指日可待。[2]

一个全球性的系统虽然最有可能得到公众支持，但重要的是，该系统应被免费访问，并且私人提供者没有扩展性或商业模式来支持此系统的发展。[3]

（三）欧盟 ODR 条例和 ADR 指令

欧盟内部市场与消费者保护委员会在 2012 年制定《关于消费者保护的报告草案》，其中包括替代性纠纷解决（ADR）以及在线争端解决（ODR）的地位和作用。ODR 是替代性纠纷解决的方法之一，它靠在线技术获得援助。[4] 它可以帮助解决纠纷，特别是网上购物纠纷，因为其中买家和卖家的想法相差甚远。这些工具的目的是确保提供一种公正、透明和有效的手段，它可以帮助消费者解决

---

〔1〕 关于规则草案的细节，下载地址：2012 - [UN - UNCITRAL] - Online dispute resolution for cross - border electronic commerce transactions：draft procedural rules [United Nations Commission on International Trade Law；Working Group III (Online dispute resolution)；Twenty - fifth session，New York，21 - 25 May 2012；A/CN. 9/WG. III/WP. 112].

〔2〕 2010 年贸易法委员会第三工作组关于 ODR 的报告，http：//www. uncitral. org/uncitral/commission/working_ groups/3Online_ Dispute_ Resolution. html.

〔3〕 关于规则草案的细节，下载地址：2012 - [UN - UNCITRAL] - Online dispute resolution for cross - border electronic commerce transactions：draft procedural rules [United Nations Commission on International Trade Law；Working Group III (Online dispute resolution)；Twenty - fifth session，New York，21 - 25 May 2012；A/CN. 9/WG. III/WP. 112].

〔4〕 http：//www. europarl. europa. eu/committees/en/imco/draft - reports. html.

跨境和国内电子商务交易中的交易纠纷，而不用诉诸法庭。[1]

欧盟理事会（理事会）于 2013 年 4 月 22 日出台了一个关于在线争端解决（ODR）的条例（欧盟 524/2013）和一项关于替代性纠纷解决（ADR）的指令[2]（指令 2013/11/欧盟）。[3]

1. 指令和条例

（1）欧盟条例在每个欧盟成员国自动转化为法律，而不需要成员国制定实施细则；

（2）欧盟指令要求各成员国在给定的时间表内采取具体措施使其在成员国内生效。指令由成员国通过使用不同的立法方法和与该国法律制度相协调的法律语言将其编入内国法律。

2. 基本目标和正当理由

新条例和指令的基本目标在于使其意识到，如果欧盟国家想要实现电子商务的迅速发展以及开发其巨大潜力，则需要建立一个可行的、实际的、廉价的、高效的、公平的和值得信赖的在线争端解决系统。[4] 传统上以法院为基础，有限的司法解决方式显然已经行不通了，因为这些往往是昂贵的、费时的、复杂的，也是行不通的，特别是对于小型消费纠纷来说。建立欧盟共同 ODR 制度也将使欧盟成员国可以利用适用于每个欧盟成员国的具有竞争力的单一市场[5]的优势。[6]

据估计，如果欧盟消费者依靠运作良好和透明的 ADR 解决纠纷，他们一年可以节省大约 225 亿欧元，相当于欧盟 GDP 的 0.19%。这个数字只包括直接的

---

〔1〕 科林规则，欧洲议会 ADR 的演变，2012 年 7 月 16 日。

〔2〕 欧盟议会和理事会于 2013 年 5 月 21 日出台的关于消费争议的在线争端解决的第 524/2013 号欧盟条例和欧盟委员会第 2006/2004 号修订条例和 2009/22/EC 指令（消费者 ODR 规则）。http：//www. google. com. au/url? sa = t&rct = j&q = &esrc = s&source = web&cd = 1&ved = 0CCoQFjAA&url = http%3A%2F%2Feurlex. europa. eu%2FLexUriServ%2FLexUriServ. do%3Furi%3DOJ%3AL%3A2013%3A165%3A0001%3A0012%3AEN%3APDF&ei = WYjwUaDtHY2ZiQfqzIGwBQ&usg = AFQjCNHY5DJu96ORpmzMyl_eFf5dciXXKw&sig2 = sG4LrMrlmoQUfXAMLBd4NA&bvm = bv. 49784469，d. aGc&cad = rjt.

〔3〕 参见欧洲议会关于 ADR 的报告草案；欧洲议会关于 ODR 的报告草案。

〔4〕 http：//arc. eppgroup. eu/infocus/consumer_ disputes_ 130307_ en. asp.

〔5〕 ec. europa. eu/internal_ market/index_ en. htm?.

〔6〕 拉法尔·莫雷克，K&L 盖茨律师事务所，欧洲议会批准的关于消费纠纷的 ADR 和 ODR 的新法令，2013 年 4 月 9 日，http：//kluwermediationblog. com/2013/04/09/new - legislation - on - adr - and - odr - for - consumer - disputes - adopted - in - the - european - parliament/.

财务节省，不包括对于一个运作良好的市场同样重要的无形因素，例如信心的增强，[1] 信任的增加、客户关系的改善和商业信誉的提升。

3. 如何运作

该指令使当事方能够将涉及欧盟消费者和欧盟贸易商的任何的在线合同纠纷提交给一个批准许可的、登记注册的替代性纠纷解决实体。每个国家将提供一个经批准的 ADR 服务的供应商的名单。通过批准 ADR 实体，指令将提高 ADR 供应商的服务质量。此外，据估计，多数 ADR 服务的供应商对于此类纠纷将提供免费的或廉价的、及时的服务。

在 ODR 方面，相关条款包括：

“本条例不应适用于消费者与商户之间基于离线订立的销售或服务合同所产生的纠纷以及商户之间的纠纷。”（鉴于第 15 条）

“为确保 ODR 平台也可用于允许商户起诉消费者的 ADR 程序，本条例也应适用于商户起诉消费者的庭外解决争端，其中相关的 ADR 程序由 ADR 实体启动，此程序与 2013/…/EU + 号指令的第 20 条的第 2 款的规定相一致。”（鉴于第 10 条）

有效补救的权利和获得公正审判的权利是欧盟基本权利宪章第 47 条规定的基本权利。ODR 既不能意图和被设计来取代法庭程序，也不应剥夺消费者或商户向法院寻求救济的权利。本规例不应因此防止当事人行使其进入司法系统的权利。（鉴于第 26 条）

本条例适用于第 1 款所称的庭外解决争端，它由商户起诉消费者，只要该消费者的惯常居住地所在的一成员国的法律允许此类纠纷可以通过 ADR 实体的干预来解决。（第 2 条 ）

4. 建立欧盟委员会 ODR 网站（第 5 条）

新的 ADR 制度将通过一个互动网站进行管理，该网站将由欧盟委员会建立和维护，该平台将通过“您的欧洲”门户[2] 进行访问，它将是免费的，并且可以使用欧盟的所有官方语言。为了节省时间，投诉的所有环节均可在网上办理。该网站将包含可使用 ODR 服务的基本信息、经批准的 ADR 供应商的名单，以及服务的统计信息。

---

〔1〕 拉法尔·莫雷克，K&L 盖茨律师事务所，欧洲议会批准的关于消费纠纷的 ADR 和 ODR 的新法令，2013 年 4 月 9 日，http：//kluwermediationblog. com/2013/04/09/new – legislation – on – adr – and – odr – for – consumer – disputes – adopted – in – the – european – parliament/.

〔2〕 欧洲门户，http：//Europa. eu. youreurope/.

虽然在欧盟商户对待消费者应被要求在其网站上放置链接到欧盟 ODR 平台的链接，但是零售商不被要求加入 ODR 应构成消费者的投诉。[1] 因为当消费者在网上购买是因为他们认为自己是被系统保护的，但实际上商户可决定不加入此系统，这样就可能在此系统中产生错误信任。[2]

5. 对欧盟之外商户的影响

该条例适用于欧盟内部的消费商和商户之间的网上交易。网上销售或服务合同是指商户或他的中介通过网站或其他电子方式提供商品或服务，消费者通过该网站或该其他电子方式（包括移动电话）订购此商品或服务。还有一点重要的是，此条例适用于所有有关网上交易的争议，而不管卖家位于何地，只要与该卖家签订销售或服务合同的消费者（包括以商品或服务作为销售对象的销售合同）居住在欧盟，并且此欧盟成员国允许通过 ADR 实体介入的方式解决此类纠纷即可。

（1）该条例强制要求在欧盟从事网上交易的商户（包括通过网络商城）在他们的网站上提供可链接到 ODR 平台的电子链接，以及一个当发生争议时消费者可通过它联系到商户的 E－mail 地址。

（2）ODR 平台也必须提供一些基本信息，包括有关 ADR 实体的信息，为各成员国提供的有关 ODR 的联系方式的信息以及通过 ODR 平台提交的争议结果的统计数据。

6. 欧盟 ADR 指令

该 ADR 指令的基本目标是在欧盟协调 ADR 服务。它也有对消费者进行 ADR 服务教育的教育目标，从而有助于网上消费纠纷的解决。每个国家均需提交通过资格认证的 ADR 实体的名单，在这一点上，该指令与上述条例是一致的。该名单将在欧盟委员会的网站上予以公布，并且通过 ODR 平台可以链接到此名单。

ADR 供应商将被要求实时更新网站，从而可以使消费者提出申诉并提交相关文件（最好是在线上，但如果被认为适当也可以是线下）以及需要的信息，这些信息包括但不限于：

（1）联系方式；

（2）网络资格；

（3）可解决的争议类型；

（4）提交投诉可以使用的语言；

---

〔1〕 欧盟 ODR 条例第 9 条。

〔2〕 欧盟 ODR 条例第 9 条。

（5）ADR 实体在争端解决中可能使用的规则类型；

（6）当事人是否可以退出程序；

（7）程序的平均时长；

（8）已收到的纠纷数目；

（9）已解决的纠纷数目以及在什么时间解决的；

（10）ADR 程序的成本。

7. 实施日期

替代性纠纷解决指令和在线争端解决条例将在欧盟官方公报上公布 20 天后生效。ADR 指令应在其生效后的 24 个月内适用于所有欧盟成员国。ODR 平台将在该日期后不久启动。

十四、ODR 前景展望

本文已解释了 ODR 的性质，举了关于其作用的例子并详细分析了其优点和问题。除了消费者和商业纠纷，ODR 和信息通信技术（ICT）的使用有可能进一步改善环境信息的收集和传播，这些信息这可能会作为培养国际共识、创制规范、谈判和解决争端的工具。

ODR 虽然将争端解决程序提高到了一个新的水平，但无论从法律问题的角度还是从法律冲突以及司法管辖权的角度来看，它同时也带来了复杂性。ODR 在环境争议解决中的潜力不会实现，除非在发达国家和发展中国家加强技术转让，以及建立融资或其他筹资机制，从而促进可持续发展，提高环保意识，加强世界范围内的保护。一旦该领域的从业者获得了更多的管理此技术和程序的经验，那么其中的许多问题将会随着时间的推移而消失。

对 ODR 的开发者和政策制定者造成的一些后期影响，包括以下内容：

1. 可能出现各种纠纷解决方案和举措。这是好事，因为它意味着人们正在寻找利用 IT 解决争议最佳途径，这种途径最能满足特定群体的需求，无论你是商家还是消费者、政府等。它也因此促成了大众定制的产生。

2. 将来，视频会议等多种新通信手段会迅速发展，并且它们将会被经济地提供给更多的和挑剔的大众。这种发展将会被更精确地复制，并最终超越面对面沟通，就像在线教育超越传统的面对面教学一样。

3. 这些 ODR 的发展也可以为那些在面对从事电子商务的人群时，担心费用、不便、语言和文化的障碍、受到司法权管辖的风险等问题的群体提供答案。

4. 这其中的一个重要组成部分是需要对公民、政府和企业进行有关 ODR 程序、准则和好处以及其限制的教育。

5. 在与执法部门及其他监管机构合作共同打击新环境下，可能出现的欺骗及欺诈行为上，所有群体有着共同的利益。

6. 由于法院上线，或许这也为其在更好地连接到有着各种纠纷解决机制和各方参与的网络方面提供了更大的空间。

7. 对于私人纠纷，我们认为，一定的政府监管是必要的和可取的；然而，监管限制的不能太多，这样会扼杀了创新。政府在一定程度上有责任确保各个ODR系统的公平性、低成本、透明度、效率和公平性。一个领域中，没有协议规定ODR程序必须是具有约束力的或强制性的。企业和政府应共同努力来识别并采取措施抵制电子商务企业从事欺诈行为。ABA[1]和美国的联邦贸易委员会[2]、澳大利亚的消费者事务财政部司[3]以及经合组织（OECD)[4]应促进这种合作。

8. 无论纠纷发生在法律范畴内的公共或私人领域，ODR的参与者都要考虑电信法、隐私法、合同法、有关保密条款和优先受偿权的法律，执行的问题，消费者保护法，电子签名的合法性，证明知情同意，保险，风险管理以及相关领域。

9. 政府应考虑其监管作用，并设法鼓励管理争端解决程序的有效信任标记，程序和准则的发展。政府还应考虑设计一个资格认证程序，以确保政策目标及消费者权益保护的实现。政府应致力于国内和国际合作以及具有最佳实践性的国际标准和守则的发展。

10. 我们将更多地关注争执系统的设计和争议的预防。[5]对于企业来说，客户关系管理（CRM）系统的发展是不言而喻的。但是，预防争议事关很多方面，

---

〔1〕 ABA特别小组针对电子商务和ADR的草案文件，可访问http：//www. law. washington. edu/ABA－eADR.

〔2〕 美国联邦贸易委员会计划继续发挥其在促进政府间关于在线争端解决协议方面的作用。它已经就本主题举行了两次论坛，最近的一次在2002年2月27日。参见联邦贸易委员会，关于电子市场替代性争端解决的公共研讨会的总结，http：//www. ftc. gov/bcp/altdresolution/summary. htm.

〔3〕 澳大利亚政府将继续讨论有关电子ADR的意见，并努力制定出在线争端解决指南。参见澳大利亚政府："电子商务争议解决：讨论稿"，载*AGPS* 2001年。也可访问http：//www. treasury. gov. au.

〔4〕 参见"建立网络环境中的信任：企业对消费者争议解决"，http：//www. oecd. org/dsti/sti/it/secur/act/online_ trust_ workshop. htm.

〔5〕 参见国家中心预防法，http：//www. preventivelawyer. org/；又见《预防法》，www. sagepub. com/upm－data/9032_ Dunklee_ _ _ ch1. pdf.

它是预防环境争议、[1] 工作场所争议、[2] 商务争议,[3] 也是预防武装冲突。关于争议预防的讨论还应包括，法律在设计争议发生之前即已被预防的系统发挥作用。[4] 大数据分析也有利于预防争议，因为有助于在争议发生之前提前识别模式和解决问题。

11. 在网络空间中，“通信超越时间、空间和物理实在”。[5] 这些独有的特征不可避免地影响到了互联网纠纷的性质和类型，从而使争端解决程序的类型最适合于论坛讨论。[6] 随着对各种形式的ODR进行评估和多学科研究，我们将会更好地了解怎样最好地使用新技术来解决争端。例如，我们需要研究司法系统如何更好地利用网络，以及关键群体如法律职业和产业如何更多地参与解决网上消费者救济问题。[7]

12. 出现不同形式的ODR实践，是对在信息时代解决争议的一个新的和更深的理论和哲学的理解。随着人们在新的虚拟环境中通过机器交流，人际交往和解决争端的方法的性质、虚拟环境中有效沟通的性质、跨文化沟通——所有这些领域都将同步发展。

13. 最后，争端解决制度的出现是正式制度的缩影；存在于诉讼和法院之

---

〔1〕 佩恩、罗杰·A：“环境冲突特别问题”，载《和平研究期刊》1998年第3期，第363~380页。http：//scholar. google. com. au/scholar_ url? hl = en&q = http：//graduateinstitute. ch/webdav/site/political_ science/shared/political_ science/9957/Payne%25201998. pdf&sa = X&scisig = AAGBfm3A8FSwtQxfnD6cCYGxl5BXxOcVlQ&oi = scholarr&ei = HLDvUb6JNMTJkQXc1YHIAg&ved = 0CCkQgAMoADAA.

〔2〕 达菲·莫林：“预防工作场所依据有效的咨询，政策和法规聚众滋扰”，载《心理咨询学杂志：实践与研究》2009年第3期，第242~262页。

〔3〕 联合国贸易和发展会议，“投资移民国家争议：预防和仲裁的替代”，2010年，unctad. org/en/Docs/webdiaeia20108_ en. pdf.

〔4〕 斯塔格斯·乔安娜：“商业安排中的纠纷预防和管理策略”，载《ADR公报》2002年1月3日，第5期第4卷。http：//www. google. com. au/url? sa = t&rct = j&q = &esrc = s&source = web&cd = 1&ved = 0CCoQFjAA&url = http%3A%2F%2Fepublications. bond. edu. au%2Fcgi%2Fviewcontent. cgi%3Farticle%3D1169%26context%3Dadr&ei = l63vUaGRA8SOkwX4yoCICQ&usg = AFQjCNHHkslPmLszKyjIjx12fEYCDO3SNg&sig2 = 7LDYB0XyR－uGLPJXCpurpA&bvm = bv. 49641647，d. dGI&cad = rjt.

〔5〕 罗伯特·博尔多尼：“电子网上争议解决：一种系统方法——潜力，问题和建议”，载《哈佛谈判周刊》1998年，第175~179页。

〔6〕 罗伯特·博尔多尼：“电子网上争议解决：一种系统方法——潜力，问题和建议”，载《哈佛谈判周刊》1998年，第175~179页。

〔7〕 几所大学已经实施了项目，展示和进行关于未来法庭的研究。其中最早并且最有名的是21法庭，涉及州法院的中心和威廉－玛丽学院的一个项目。2001年，堪培拉大学联合威廉－玛丽学院和利兹进行了一个关于美国军用飞机在伦敦恐怖爆炸案的法庭模拟。来自英国的大律师，有着信赖证词的背景，在威廉－玛丽学院的高科技法庭质疑我们来自澳大利亚的被告，要求陪审团审议。其他未来高科技法庭已经在图森和布里斯班建立。

外；更注重协作和跨文化交流，并走出了过去一直困扰着争端解决机制的地域限制和管辖权困境。最终的结果可能是，受物理、空间、时间、司法权限制的法院将会被网络空间中的一个新的争端解决机构所取代。

法律翻译在中国近代的第一次完整实践

——以1864年《万国公法》的翻译为中心

何勤华 *

法律翻译的重要性，各个国家的学术界都已经有了相当的认识；从近代西方早期的莱布尼茨（Leibniz，1646～1716）、孟德斯鸠（Montesquieu，1689～1755），到现代早期的马克斯·韦伯（Max Weber，1864～1920）、威格摩尔（John H. Wigmore，1863～1943），到当代比较法学家达维德（Rene David，1906～1990）、茨威格特（Konrad Zweigert，1911～1996）、大木雅夫（1931～），都有深切的体会——因为从事跨民族、跨文化的法律研究，首先遇到的就是另一种甚至多种语言的障碍问题。

当然，在同一个民族（如拉丁民族）、同一个区域（如欧洲大陆）的法律交流中，这种障碍还不是太明显，但是在远隔千山万水的西方和东方之间，就显得非常突出了。尤其是1840年前后，当已经发展了二百余年的英、法等国的法律进入有着两千余年专制集权政治与法律文化的中国，在一个完全陌生的文化环境中开始其东渐（法律移植）过程

* 华东政法大学校长、教授、博士生导师和博士后合作导师，第二届中国十大杰出中青年法学家，国家级教学名师，北京大学法学博士。从事法律史教学和研究，兼任中国法学会常务理事、全国外国法制史研究会会长。曾两次赴日本东京大学法学部进修。1992年起享受国务院政府特殊津贴。

时，这种重要性愈发显得突出。

关于上述过程的学术探讨与研究，我国学术界近年来已经开始在做了。如北京大学的李贵连、西北政法大学的王健、华中科技大学的俞江以及华东政法大学的屈文生等学者，都已进行了卓有成效的工作，取得了一批阶段性的成果。本文拟在前人研究的基础上，以1864年中国近代翻译的第一本西方法学著作《万国公法》为线索，着重对中国近代第一次完整的法律翻译实践过程，这一实践所取得的积极成果与若干不足，以及其对中国近现代法律翻译与法律移植乃至法律本土化运动的影响等做出分析、解读，并提出自己的一些见解，以求教于学界同仁。

一

应该说，在中国，实际上早在《万国公法》之前，就开始了对外国法律的翻译和移植引进工作。1823年，英国传教士马礼逊（Robert Morrison，1782～1834）出版了中国近代最早的英汉字典，译介了部分英文法律名词，如Crime（罪）、Power（权）、Penal laws（刑法）等。1833年，德国传教士郭实腊（K. F. A. Gutzlaff，1803～1851）在广东创办了第一份内地中文刊物《东西洋考每月统记传》，在这份刊物中，办刊者通过创设一些中文法律名词“自主之理”（“法治”）[1]、“国会”、“公司”、“公班衙”、“公会”、“平等”、“立法”、“内阁大学士”、“臬司”（法官）、“关税”、“海关”、“公会尚书”、“首领”、“律例”、“副审良民”（陪审员）、“批判士”（陪审员）等名词翻译成为中文，介绍进入了中国法学界。

1840年鸦片战争的爆发，给中国知识界带来了巨大的冲击。大家急于了解庞大的中华文明帝国被远道而来的野蛮小国打败的原因，从而涌现了一批开眼看世界的先进的知识分子，如林则徐（1785～1850）、魏源（1794～1857）、冯桂芬（1809～1874）等。他们或组织属员幕僚，[2] 或在自己的著作中从事着法律

---

〔1〕 爱汉者等编：《东西洋考每月统记传》，黄时鉴整理，中华书局1997年版，第281、297、339、377、406页。

〔2〕 林则徐赴广州查禁鸦片时，为了“知己知彼，百战百胜”，获取关于“夷邦”的情报，以停止和取缔英国对华鸦片贸易，就请美国传教士伯驾（Peter Parker）和属员袁德辉将瑞士著名国际法学家瓦特尔（E. De Vattel，1714～1767，也译“滑达尔”）的著作《万国法》中的一些章节译为中文（王维俭：“林则徐翻译西方国际法著作考略”，载《中山大学学报》1985年第1期）。这些译文后来收录在魏源（1794～1857）的《海国图志》一书中（《海国图志》卷八十三对这些译文有所记载。原文可参见程鹏：“西方国际法首次传入中国问题的探讨”，“附录一：滑达尔各国律例，米利坚医生伯驾译出”，载《北京大学学报》1989年第5期），在当时，曾对林则徐采取坚决的禁烟立场，并与英国商人进行有理有节的外交斗争产生了重要影响。

翻译和法律移植的工作。比如，魏源在所著的《海国图志》一书中，就将英文Parliament一词或者按照音译译为“巴厘满”，或者如上述《东西洋考每月统记传》的作者一样，按照意义译为“国会”[1] 等等。[2] 1847、1848年，英国传教士麦都思（W. H. Medhurst，1796~1857）在上海编印出版了《英汉字典》（*English and Chinese Dictionary*），也将立法、国法、合法、章程等词引入了中国。

所有上述前人的劳动，都为《万国公法》的翻译提供了经验，进行了学术积累，尤其是如“公司”、“国会”、“立法”和“平等”等汉字的出现。正是在此基础上，1863年，美国传教士丁韪良（William M. P. Matin，1827~1916）开始了翻译《万国公法》一书的艰巨劳动。该书译自美国著名国际法学家亨利·惠顿（Henry Wheaton，1785~1848）于1836年出版的《国际法原理》（Elements of International Law）一书，丁韪良翻译此书后，于1864年（同治三年）冬在总理各国事务衙门资助下，由其所创办的教会学校崇实馆刊印发行。第一版印300本，发给各个省，供地方使用。[3] 从《万国公法》的凡例中得知，当时参加翻译的除了丁韪良之外，还有江宁何思孟、通州李大文、大兴张炜和定海曹景荣等四人。[4]

由于《万国公法》翻译的是整本书（略有删节），因此，其中大量的是关于国际法的基本原则（尊重各国主权、国与国之间平等往来、遵守国际公约）、各项制度（大使、领事、外交豁免、条约、交战、中立）、各种观念（如中国只是世界之一部分、自然法、民主共和、法治和三权分立等）的释义和讲解，[5] 但是也涉及了许多名词术语的翻译，而这些翻译，有的是成功的，为后世学界所沿用；有的则是失败的，为后世学者所抛弃。只是《万国公法》因为有了前人劳动的铺垫，加之译者的法律翻译实践又比较用心，所以其成功的范例要更多

---

〔1〕 魏源：《海国图志》，李巨澜评注，中州古籍出版社1999年版，第319页。

〔2〕 关于19世纪初叶至1863年丁韪良翻译《万国公法》之间，中西法律名词术语的交流互通，可参见王健：《沟通两个世界的法律意义——晚清西方法的输入与法律新词初探》，中国政法大学出版社2001年版。

〔3〕 丁韪良：“花甲忆记”，转引自王铁崖：《中国与国际法——历史与当代》，载中国国际法学会主编《中国国际法年刊》（1991），中国对外翻译出版公司1992年版。

〔4〕 参见《万国公法》“凡例”。同治三年镌，京都崇实馆存板，现藏华东政法学院图书馆。

〔5〕 详细可参见［美］惠顿：《万国公法》，［美］丁韪良译，何勤华点校，中国政法大学出版社2003年版。

一些。[1]

二

《万国公法》一书在法律翻译方面的成功，主要表现在它所翻译、定型成中文的名词，许多后来都得到了学界的认可。这些名词有 public law“公法”；Internationallaw“万国公法”[2]；self-government，autonomy“自治”；independence，liberty“自主”；sovereignty“主权”；natural law“性法”（后译为“自然法”）；private right“私权”；courts，Law House，tribunals“法院”；administer“管辖”；people“人民”；right“权利”；dispute，conflict“争端”；consul“领事”；neutral“中立”；constitution“章程”；national law，constitution“国法”（constitution 一词后来一般译为“宪法”）[3]；rights of the people“人民之权利”；election“选举”；politics“政治”；judicial“司法”；congress，Parliament“国会”；interest“利益”，等等。其中，性法、权利、主权、国会、法院等词的翻译，尤为有价值。

“性法”，译自惠顿的 Natural law 一词。该词现在通译为“自然法”。虽然，对现代中国人来说，“性法”一词的译法有点怪，但在当时的中国人看来，这种译法是抓住了自然法的本质。因为在传统中国人的观念中，“性”一词，表达的是人的本性，人的原始的最初的本原。中国古代的经典都阐述过这一点。如《论语·阳货》曰：“性相近也，习相远也”；《孟子·告子》曰：“生之为性”；《荀子·正名》进一步展开曰：“生之所以然者谓之性”，“不事而自然谓之性”。因此，作为一种上帝赋予的、与人的出生一起产生的、管束人世间一切生灵的法律，“性法”是一个很好的译法，在某种程度上也可以说是掌握了自然法的真谛。

正因为如此，当《万国公法》一书传入日本之后，“性法”一词也在日本流传开来。包括法国巴黎大学教授保阿索那特（G. E. Boissonade，1825～1910）在日本的讲稿《自然法》和《法哲学》，日本人将其译成日文时，用的也都是“性法”的名称。正是在“性法”的译文的基础上，日本学者进一步将其译成“自然法”，从而，不仅对中国近代国际法，而且对中国近代法理学的形成和发展也产生了不小的影响。

---

〔1〕1880 年，在北京同文馆担任教习的法国人毕利干（A. A. Billequin，1837～1894）翻译出版了《法国律例》一书，将许多关键性的法律名词译成了中文。只是因为此书出版于《万国公法》之后，不属于本文论述的范围，故在此不再展开。

〔2〕《万国公法》于 1864 年为日本翻刻，传入日本后，“万国公法”一词也为日本学者所使用了三十余年，至 19 世纪末，才被“国际公法”、“国际法”之日文汉字所取代。

〔3〕参见［美］惠顿：《万国公法》，［美］丁韪良译，何勤华点校，中国政法大学出版社 2003 年版，第 27、34、35 页。

“主权”，译自惠顿书中的 sovereignty 一词。它是指近代民族独立国家具有的对本国人民的统治权，对本国财产（领土、领海与在其之上的各种资源）的支配权，以及在对外事务中独立自主行使自己的权利、表达自己的意愿、不受他国干涉地进行各种活动的权力。

在中世纪西欧，主权主要是指封建领主对自己领地的统治权。中世纪后期，法国等国的君主合并各封建领主的权力并取而代之，形成一种独立于罗马教皇之外的最高统治权力，这被近代资产阶级学者称为“主权”。随着资本主义在西欧各国的胜利，无论是法、美等共和国，还是英、德等君主立宪国，都以资产阶级的民主政治诠解国家对内对外的权力，从而形成了近代国家的主权概念。惠顿在《万国公法》一书中使用的即这种意义上的主权概念。而作为一个美国人，丁韪良对“主权”的内涵有着透彻的理解，因此，在翻译 sovereignty 一词时，没有用“皇权”，也没有用“帝权”，而是用了“主权”。而“主权”一词，不仅其概念对中国人来说是新鲜的，而且其内涵对中国人来说也是非常有吸引力的。因此，“主权”一词，不仅成为中国近现代国际法中的基本概念，也传入日本，为日本国际法学界沿用至今。

“法院”，译自惠顿书中的 courts，Law House，tribunals 等词。应该说，丁韪良创造出“法院”一词，其贡献是巨大的。在他之前的二十多年前，林则徐在《各国律例》、魏源在《海国图志》中，还将英国的 Law House（法院）译成“律好司”。这里，“律”是意译，“好司”是音译。可见，林则徐[1]和魏源当时尚没有找到一个与西方的 court、tribunals 和 Law House 相对应的合适的汉字用语。而丁韪良翻译《万国公法》时，他既没有选择汉语“议会”（court 的本义是指中世纪日耳曼人的民众大会），没有选择“委员会”，也没有选择如同后来日本人选择的汉字“裁判所”，而是选择了在当时来说是一个全新的汉文“法院”。

丁韪良使用“法院”一词，虽然有点突兀，因为在他之前，不仅是上述林则徐和魏源，就是马礼逊、郭实腊、麦都思、冯桂芬等人，也都没有能够创造出这个词，在翻译 court，Law House 和 tribunals 时，一般也都以“衙门”来对应。而“法院”一词的使用，则带有相当的合理性和科学性，即由于“法院”一词比较恰当地表达了审判官、控诉人、当事人以及证人在一起适用法律、解决纠纷、寻求公正这样一个场所的意思，比较符合中国人的将法律适用的方方面面汇集在一起的“法的庭院”这样一种逻辑思维，因而后来很快就为中国人接受，

〔1〕 当然，具体翻译者不是林则徐，而是美国传教士伯驾和林的属员袁德辉等人（后面会详述），林则徐是组织翻译者。

并沿用至今。

“权利”一词的使用，也是《万国公法》的重大贡献。在丁韪良翻译此书之前，如在林则徐聘请美国传教士伯驾（Peter Parker）和自己的属员袁德辉翻译瑞士国际法学家瓦特尔的《万国法》[1]一书时，凡是涉及 right 的地方，或者译为“例”，或者译为“道理”，或者译为“应当的”等。从来没有译为“权”或“权利”的。过了 7 年，在麦都思所编印出版的《英汉字典》中，对 right 一词的翻译，也仍然沿用了之前马礼逊、伯驾、袁德辉等人的译法，即译为“应当的”、“道理”和“正理”等。将 right 一词译为“权利”，是丁韪良的伟大贡献。

在《万国公法》一书中，涉及 right 一词，而由丁韪良译为“权”和“权利”的地方很多。如“私权”、“自护之权”“捕鱼之权”“掌物之权”、“立约之权”等，以及“人民权利”、“领事权利”、“分位权利”[2]等。而且对权利的表述，与现代的法律意识没有任何不同。如在讲述主权国家对内进行统治、实施国家管理时，首要的一项职能就是对“人民”的各项“权利”进行规定。[3]讲到“私权”时，就是指“人民”对“植物”（不动产）、“动物”（动产）所拥有的“权利”，等等。[4]

日本有些学者认为，汉语“权利”一词，最早是由近代日本学界发明的，是日本在受荷兰文化的影响而接受“兰学”[5]时，从荷兰语“regt”一词翻译而来。[6]而我国学者李贵连、郭道晖等学者认为，“权利”一词是由中国首先使用，是丁韪良在翻译《万国公法》时，创造出来以对应 right 一词的。[7]《万国公法》出版后，由日本学术界引入日本，予以翻刻。随后，汉字“权利”一词才开始被使用，并逐步流行，最终一直延续至今。我认为李贵连、郭道晖等人的

---

〔1〕 瓦特尔于 1758 年首次出版的法文版书名为 Le Droit des Gens，伯驾等翻译时所依据的英文版书名为 *The Law of Nations, or Principles of the Law of Nature, Applied to the Conduct and Affairs of Nations and Sovereigns*. 参见上引王健：《沟通两个世界的法律意义——晚清西方法的输入与法律新词初探》，中国政法大学出版社 2001 年版，第 95 ~ 96 页。

〔2〕 “分位”，惠顿原书用的是 civil state，即“民事地位”、“民事身份”。“分位权利”，就是现在的“民事权利”。

〔3〕 [美] 惠顿：《万国公法》，[美] 丁韪良译，何勤华点校，中国政法大学出版社 2003 年版，第 85 页。

〔4〕 [美] 惠顿：《万国公法》，[美] 丁韪良译，何勤华点校，中国政法大学出版社 2003 年版，第 27、81、83 页。

〔5〕 由于荷兰最早崛起于西方，其文化也最早传入日本。因此，在日本人的观念中，“兰学”就成为近代西方文化的象征。

〔6〕 何勤华：《20 世纪日本法学》，商务印书馆 2003 年版，第 78 页。

〔7〕 参见李贵连：“话说‘权利’”，载《北大法律评论》1998 年第 1 期。

观点值得重视。

三

当然，《万国公法》一书中也有许多翻译不成功的用语，比如，关于 Republic，丁韪良只译为“民主之国”，而不是译为“共和国”，虽然“共和”的意思包括在了“民主之国”里面，但毕竟没有能够为后人所沿用。又如，将 president 一词译为“首领”，或直接音译为“伯里玺天德”，[1] 也是不成功的，后人没有继续使用。此外，丁韪良仍然将 law（法律）译为“律法”或“法度律例”，将 judge（法官）译为“法师”或“公师”，将 federation（联邦）译为“合邦”，将 diet（议会）和 congress（国会）译为“总会”，将 House of Representatives（众议院）译为“下房”，将 Senate（参议院）译为“上房”等。这些译法，后来没有一个能够流传下来。

尤其是有些法律名词的翻译，直接借用了自然界的称呼，如将 real property（不动产）一词译为“植物”，将 personal property（动产）一词译为“动物”，形象是比较形象，也能把握其性质，即前者是不能搬动的财产，后者是可以搬动的财产，但毕竟不是很贴切，与中文里面自然界的植物和动物混淆了，所以未能长久被使用，之后就不为学界所沿用。此外，丁韪良将 contract（契约，合同）一词，全部译为“契据”，将 Supreme Court of the United States，Supreme Court（美国联邦最高法院）一词，全部译为“上法院”，虽然也不错，也看得懂，但基本上是中国传统的思维，传统的用词方法，传统的法律意识。

丁韪良对许多法律名词的翻译失败，也与当时的整个学术环境相联系。在 19 世纪 90 年代之前，西方宪政、民商法、刑法、诉讼法等领域中的一些关键用语，基本上都还没有定型，各种译法都有。如 president（总统）一词，有翻译为“首领”的，有译为“勃列西领”的，有译为“伯里玺天德”的。Senate（参议院）一词，有译为“上房”的，有译“西业”的，也有译为“爵房”的。Politics（政治、政治学）一词，有译为“衙门之事”的，有译为“国政之事”的。Lawyer（律师）一词，有译为“法师”的，有译为“讼师”的，也有译为“公师”的。Juror（陪审员）一词，有译为“副审良民”的，有译为“批判士”的。Government House（总督官邸）一词，有译为“内阁”的，有译为“甘文好司”的。Court（法院）一词，有译为“衙门”的，有译为“察院”的，等等。

所有这一切，都说明，从 19 世纪初至 90 年代，西方法律名词的翻译，在中

[1] 在丁韪良之前，尚无将 precident 译为“总统”的先例。1858 年中美《天津条约》汉文本中讲到美国总统时，用的也是音译“大合众国大伯里玺天德”。

国已经悄然兴起，有一批中外知识分子，充满了热诚和激情在从事着这项既艰苦又神圣的事业；但绝大多数的法律翻译还处在探索阶段，还没有能够予以定型。中国近代法律翻译的大规模兴起，以及许多法律名词翻译的成熟与定型，是到了19 世纪 90 年代中叶中日甲午战争之后的“戊戌变法”，以及 1901 年沈家本奉命进行修律变法、大量翻译国外法律著作和法典之时，由梁启超（1873 ~ 1929）、严复（1853 ~ 1921）、沈家本（1840 ~ 1913）、伍廷芳（1842 ~ 1922）、董康（1867 ~ 1947），当时一批来华的法律专家如冈田朝太郎（1868 ~ 1936）、织田万（1868 ~ 1945）、志田钾太郎（1868 ~ 1951）、松冈义正（1870 ~ 1939），以及如熊元楷、熊元翰和熊元襄等一批早期留学日本的法科学生完成的。

四

《万国公法》一书的翻译出版，已经过去了近一百五十年，认真总结、深刻反思近代中国历史上这第一次系统、完整的法律翻译、法律移植和法律本土化的实践，我们有许多感悟和启迪。

首先，《万国公法》作为中国历史上第一本被翻译引进的西方法学著作，它的翻译出版，开了中国法律移植与本土化的先河，对中国近代以后法和法学的发展产生了巨大而深远的影响。通过《万国公法》一书的翻译，中国人尤其是其先进的知识分子，不仅获得了尊重国家主权、各国平等相处、互不干涉内政等国际法的知识和观念，也学到了西方资产阶级的法律制度和法律观念，使长期生活在封建专制下的中国人民及其知识分子开始了解西方世界，懂得诸如民主、平等、自由、权利、法治、选举等重要政治和法律制度、观念，接触到了西方法律文化的核心内容——法治的观念，它强调法律是人民公意的体现，而非仅仅是君主的意志；主张法律必须是一种良法，必须符合自然法的要求和人类的理性；强调每一个国民包括国君都必须遵守法律，在法律规定的限度内进行活动；等等。而这一切，大不同于中国古代法家所倡导的“法治”，对当时的国人而言，是一种全新的知识和观念。它对后来康有为、梁启超发动“戊戌变法”，以及孙中山等人发动“辛亥革命”，都产生了深刻的影响，并为近代中国发生的轰轰烈烈的反帝反封建运动奠定了政治法律基础。

其次，《万国公法》一书的翻译，作为中国近代法律翻译和法律移植的第一次完整的实践活动，在中国近代法律翻译史上也占据着一个重要的地位；它是19 世纪中国法律翻译方面的一个高峰，也是中国近代法律翻译上的第一个里程碑。在《万国公法》之前，外国传教士以及中国先进的知识分子，虽然也进行了一些法律翻译的实践活动，但都是分散的、零碎的，马礼逊、麦都思等人的活动，是在编写英汉字典的过程中，涉及了部分法律的字、词；郭实腊、魏源、冯桂芬等人，是在其宣传西方各个先进国家的历史、地理、经济、科技、教育、军事、政治和文化时，涉及了法律的一些制度、原则和用语；林则徐虽然组织了伯驾、袁德辉等人，翻译了瓦特尔的《万国法》，但没有完成，只留下了一些片断。而《万国公法》则是一次系统完整的法律翻译，它承前启后，既吸收了之前法律翻译的成果，又创造了一批汉字法律术语，从而奠定了中国近代法律翻译的基础。

再次，《万国公法》的翻译实践，是法律翻译、法律移植和法律本土化互动发展规律的一次生动体现。从历史上来看，任何跨民族、跨国家、跨区域的文化翻译活动，都会必然地带来文化移植与文化本土化的实践，中国唐代玄奘系统翻译印度佛教经典的活动，带来了佛教在中国的移植与本土化；明清交替时期，一些耶稣会教士如利玛窦（Matteo Ricci，1552～1610），将耶稣会教义文献译为中文，传授给中国的信徒，带来了耶稣教在中国的移植与本土化的实践；[1] 而近代中国翻译西方法律的活动，则引来了一波又一波的法律移植和本土化的浪潮：从林则徐，到丁韪良，到沈家本，到20世纪10～20年代的法治派的法律翻译活动，导致了法律移植和法律本土化的最大成果：民国政府“六法全书”的制定颁布以及中国近代法律体系的最终形成。因此，法律翻译必然带来法律移植与法律本土化，是法律发展的规律之一，法律翻译是前提，法律移植与法律本土化是结果，而法律移植与法律本土化又是法律翻译的目标和价值体现，这种互动关系，推动了世界各国法律的进步与发展。而《万国公法》的翻译，是法律发展规律的最经典、最辉煌的实践。

最后，学术创新、理论勇气，历来都是一个国家或一个民族法律发展的原动力和灵魂。但是，我们以前的认识或论述，讲到学术创新和理论勇气，往往局限于传承与发展本国或本民族内部的经验与成果比较多，对引进国外或域外的经验和成果比较少，甚至不认为这是一种理论创新。而《万国公法》一书的翻译，使我们的认识有了很大的改变，甚至可以说是一次质的飞跃，即法律翻译（当然也包括了其他理论或学术的翻译）也可以带来学术和理论的创新，给接受翻译成果的国家或民族带来翻天覆地的革命性的变化。《万国公法》引进西方政治与法律观念，导致了中国近代政治与法律领域的巨大革命，将在西方诞生的政治与法律观念，如法律面前人人平等、法治、罪刑法定等，引入中国，成为指导中国近代法和法学变革的理论基础和指导思想，就是一个典型的例子。

更加令人鼓舞的是，这样的创新还在继续。20世纪90年代，美国学者伯尔

---

〔1〕 在顺治、康熙皇帝统治时期（16世纪中期至17世纪前期），全国耶稣会信徒达27万之众。

曼（Harold J. Berman，1918～2007）的《法律与宗教》一书被翻译为中文，引入中国政治与法律界。[1] 伯尔曼在书中提出了一个法治建设的重要命题，即“法律必须被信仰，否则它将形同虚设”。这一命题，最早只是在学术界受到追捧，为广大法科学子所认可。然而，经过二十余年的宣传、阐释，现在这一命题已经得到了中国官方的认同。2012 年 6 月 18 日，最高人民法院院长王胜俊首席大法官在主题报告中明确要求，全国所有的法官都必须将“法治信仰”作为审判工作的准绳，以确保法律的权威，维护社会的公平正义。法律信仰这一命题，作为西方资产阶级法治传统中的重要一环，传入中国知识界，经过努力，又成为我国社会主义司法审判工作的准则，这中间是需要强大的理论勇气和创新精神的。这一事例告诉我们，法律翻译可以作为理论创新的一种模式，为中国法和法学的继续进步和完善做出重大贡献。

---

〔1〕 伯尔曼：《法律与宗教》，梁治平译，三联书店 1991 年版、中国政法大学出版社 2003 年版。

人的自我实现作为原住民教育基本权在台湾教育法制的图像

许育典 *

一、前 言

教育是为了人而存在的，人是教育的目的。教育的深层功能，主观面向上在于启发每一个人成为自我人格开展的主体，客观面向上在于形塑每一个人拥有人格自由开展的空间，而从中促进每一个人自我实现的最大可能性。[1] 一个形成教育的人、环境或制度，其本身如果不是自由的，是不可能让一个接受其教育而学习的人，发现自我、开展自我，进而实现自我的。[2]

本文认为，我国台湾地区的原住民族教育所涉及的核心问题，就是在建立一个以原住民的自我实现为目的导向的教育系统。在一个多元社会中，对于不同精神思想、政治意识以及文化认同的现象、问题与看法，每个人或群体都可能有

---

* 德国杜宾根大学法学博士，台湾成功大学法律学系特聘教授兼系主任。

〔1〕 许育典："中小学的教育改革问题与教育基本法的实践"，载《教育研究月刊》2000 年第 76 期，第 24 页以下。

〔2〕 请参考许育典："从'人的自我实现'作为基本权的本质建构多元文化国的教育基本权核心以及教育行政中立与宽容原则（上）"，载《月旦法学》1999 年第 49 期，第 116 页以下。

其差异性的对立。[1] 这种对不同观点的描述以及解释之多样性或多元性的多元文化国保障，乃是立基于一个以人的自我实现为本质的宪法基本权利（人权）保障体系，尤其是由文化基本权利的功能建构所型塑的客观法保障[2]。

而教育事务属于文化事务的一个重要部分[3]且是最根本的基础，如何从人的自我实现去建构多元文化教育理念的实践[4]，以原住民为主体去思考原住民族教育的制度设计与规划，并进一步落实以人的自我实现为核心之原住民教育基本权的法制建构，成为台湾地区多元文化教育政策与法制上的一个重要课题。台湾地区现行“宪法”第159条规定国民教育机会均等，且“宪法增修条文”第10条也明定保障多元文化与原住民族的语言与文化。然而，在过去执政脉络下所造成之原住民族教育与人的自我实现的背离[5]，使原住民族教育多年来并未依“宪法”的保障内涵去推动，而使原住民教育基本权在台湾地区的实践，掉落入形式的法治国之虞。

国际组织对于全球的原住民族教育甚为关切，不仅承认少数民族的族群认同权与自主管理权，而且主张实施多元文化教育，以消除偏见歧视，进而促进族群间的谅解、平等与友好。[6] 相对于此，近年来由于台湾地区社会的民主化，多元社会的体制也逐渐形成，但其内容与联合国的原住民族教育主张以及当今多元文化教育理想，仍有不少差距。因此，在整个教育改革上，原住民族的教育权益自然不可轻忽，这也是“原住民族教育法”在1999年制定公布的主要背景因素。然而，“原住民族教育法”的制定只能达到原住民族教育的形式目的。实质目的，则是以人的自我实现为核心之原住民教育基本权的实践，从而由此建构以原

---

〔1〕 Vgl. Heinz Sünker, Pluralismus und Utopie der Bildung, in: *F. Heyting/ H. – E. Tenorth* (Hrsg.), Pädagogik und Pluralismus, Weinheim 1994, S. 182.

〔2〕 请参考许育典：“人的自我实现与多元文化教育的法建构”，载《教育研究月刊》2000年第78期，第19页以下。

〔3〕 Vgl. *Peter Häberle*, Kulturstaatlichkeit und Kulturverfassungsrecht, Darmstadt 1982, S. 6 ff.; *Gerd Roellecke*, Kulturauftrag im staatlichen Gemeinwesen, DöV 1983, S. 654 ff.; *Wolfgang Kopke*, Rechtschreibreform und Verfassungsrecht, Tübingen 1995, S. 386 ff.; 中文文献请参考董保城：“德国教育行政‘法律保留之探讨’——台湾国民教育法修法之刍见”，载《当代公法理论》，翁岳生教授祝寿论文集编辑委员会编，月旦出版社1993年版，第519页以下。

〔4〕 参见许育典：“人的自我实现与多元文化教育的法建构”，载《教育研究月刊》2000年第78期，第13页以下。

〔5〕 有关原住民自我实现与原住民族教育的问题，参见张建成：《原住民观点与原住民教育》，1997年5月29日至6月2日，台湾师范大学教育学系主办“多元文化教育的理论与实际国际学术研讨会”论文。

〔6〕 参见谭光鼎：“纽澳多元文化教育考察报告”，载《花师月刊》1997年第23期，第13页以下。

住民族为主体的相关原住民族教育法制及其行政配套措施。

以下本文拟从人的自我实现作为原住民族教育法制思考的核心出发，首先分析人的自我实现作为原住民教育基本权核心彼此间的关系与意义，接着建构以原住民的自我实现为核心的原住民教育基本权的保护法益，奠立原住民族教育法制的整体基础，以彰显原住民教育基本权在台湾教育法制的图像。

二、人的自我实现作为原住民族教育的宪法保障图像

（一）多元社会形成教育上自我实现的氛围

人的自我实现乃是以自我人格的自由开展为主，而以自然人性的发展为导向，去建构并实践自己内心所呐喊并向往的生命。故，人的自我实现包含了两个要素：一个是“自我开展”；另一个则是“自由”的自我开展，即如何自由开展的“自我决定”。因此，本文认为，人的自我实现的两个本质要素为“自我开展”与“自我决定”。[1] 为了达成此目的，多元社会的建立则有其必要，唯有在这种多元社会所提供的多元选择的机会中，他才能自由地做出自我的决定。虽然人的自我实现以多元社会的存在为前提，但多元社会的存在与否，则与国家制定的法秩序以及它的执行息息相关。[2]

原住民族教育的核心，在于主体认定的问题。也就是说，原住民族教育的主体，在于原住民本身，而非其他的社会主流文化者。因此，原住民能否在台湾的教育系统中自我开展与自我决定，便成为原住民族教育成败的关键。为了维护原住民族在教育上的主体性，原住民族教育的设计与规划，若是由其他的社会主流文化者所主导，原住民的自我开展与自我决定可能会受到这些主流文化力量的干涉，而影响其自我实现。因此，形塑一套以原住民为主体之原住民族教育法秩序，以成就原住民族在教育上的自我实现，将是未来台湾地区教育法制努力的方向，也是本文所欲努力尝试建构的方向。

（二）人的自我实现与多元民族文化在法秩序下的体现

在一个法体系中，如果缺乏一个实证规范，或当实证规范不齐全或不清楚的时候，法律人必须回溯到法秩序本身的目的来思考，亦即从法秩序是为了达成人的自我实现的目的来思考。[3] 因为，人的实然需求与法秩序应然规范间之供需

---

〔1〕 参见许育典：“从‘人的自我实现’作为基本权的本质建构多元文化国的教育基本权核心以及教育行政中立与宽容原则（上）”，载《月旦法学》1999 年第 49 期，第 116 页。

〔2〕 参见许育典：“人的自我实现与多元文化教育的法建构”，载《教育研究月刊》2000 年第 78 期，第 15 页以下。

〔3〕 许育典：“迈向二十一世纪台湾教育法制的根本问题及其检讨—— 一个宪法与文化的反思”，载《政大法学评论》2000 年第 63 期，第 134 页。

本质，可呈现出法秩序的应然规范乃是为了人的实然需求而存在。就此而言，台湾地区现行“宪法”的基本权利目录规定，均涉及以人格自由开展（人的自我实现）为核心的保护内涵。因此，人的自我实现的保障，具有整合所有基本权利的功能，而成为所有基本权利最重要的本质。透过基本权利的客观法面向的作用，使得基本权利成为所有法秩序的基本价值决定。因此，国家权力在进行或执行时，必须以基本权利的核心本质 ——让人民拥有最大可能性的自我实现之自由空间——作为指导原则。[1]

这里的客观法面向的作用，指的是经由许多的文化基本权利，课与立法者保护多元民族文化的立法义务，而相关立法也同时对行政及司法者赋予同样的义务，其体现在透过许多文化基本权利的客观法面向所建构的多元文化国上。台湾地区现行“宪法增修条文”第10条基本国策的第11项增订：“‘国家’肯定多元文化，并积极维护发展原住民族语言及文化。”也是意图在“宪法”的明文规定下，体现保障多元民族文化的发展，特别是对于原住民族文化保障的要求。借此，给予不同民族之人民有自我开展的自由空间，并使人能在宪政国家之多元民族文化的保障中真正地实现自我。[2]

（三）原住民族教育法制在多元民族文化与自我实现下的建构

教育的自然本质，也就是建立人的自我实现与学习间“双向式的因果互动”，而这种双向式的因果互动过程，也是教育基本权利保障的核心。多元文化教育原则所欲建构的实质内容，也就是人的自我实现与学习之间这种双向式之因果互动的多元自由开放空间。[3]

为了这样的目的，我们必须在整个教育系统与它的个别范畴，去发展出一套制度，让多元文化教育在台湾地区现行的教育系统中成为可能，[4] 使原住民族教育的自主性与特殊性在以原住民自我实现为核心的教育基本权保障下得以实现。而透过台湾地区现行“宪法”第21条教育基本权利及多元文化国的保障内

〔1〕 参见许育典：“从‘人的自我实现’作为基本权的本质建构多元文化国的教育基本权核心以及教育行政中立与宽容原则（上）”，载《月旦法学》1999年第49期，第119页以下。

〔2〕 参见许育典：“人的自我实现与多元文化教育的法建构”，载《教育研究月刊》2000年第78期，第16页。

〔3〕 参见许育典：“人的自我实现与多元文化教育的法建构”，载《教育研究月刊》2000年第78期，第16页。

〔4〕 参见简成熙：“多元文化教育的论证、争议与实践：从自由主义与社群主义论起”，载但昭伟、苏永明主编：《文化、多元文化与教育》，五南出版社2000年版，第81页以下。

涵，型塑以原住民为主体思考的教育基本权利保护法益，[1] 进一步描绘出台湾地区原住民族教育法制的轮廓，即可成为原住民族教育法制型塑的一个最根本的规范基础。本文以下将先以自我实现为核心，透过教育基本权的功能建构，描绘原住民在教育基本权上的轮廓，并透过其对法益的保护，尝试分析目前台湾教育实际上可能遇到的问题及原住民族教育法的对应之道。

三、以自我实现为图像描绘原住民教育基本权的轮廓

（一）过去执政下与自我实现背道而驰的原住民族教育方针

过去，执政者基于政权的考虑，在语言、教育与文化政策上一般性地压制台湾本土的文化。台湾地区原住民族教育发展的历史脉络，大致来说是从“原住民辅导措施”底下的教育辅导措施，采取以汉文化为中心的一元融合政策，采取同化、辅导而调整为融合、扶植的一种教育措施。这种“国家”执政意志由上而下所主导推行的原住民族教育内容，在长期缺乏原住民意志参与下，其进程由“山地教育”、“山胞教育”直到现在的“原住民族教育”，究其实际内容可说是一种由“平地化”到“现代化”的转变，而少有以原住民族为主体的原住民族教育规划。[2]

原住民族欲破除这种传统上被支配的政治经济地位，不应只是将焦点放在扩大政治参与的层面，更重要的是进一步思考如何跳脱主流权威文化的宰制，并重新建构其自身文化经验的价值。解严以来，历经多年的原住民运动，在台湾当局原住民委员会成立之后，已建立了原住民参与“国家”的原住民族执政规划的合法组织与地位。然而，此非意味着原住民族也同时获取了完全的文化主体性地位。如何跳脱此一长久内化的支配性框架，回归到具有原住民族主体意义的文化建构，作为推动原住民族教育的台湾当局原住民委员会，扮演一个最根本的关键角色。

对于面临文化快速流失的原住民族而言，原住民教育的意义，不仅在于凸显原住民在原住民族教育的主体地位，尊重原住民的自我开展与自我决定，最重要的是在于透过原住民族教育的深耕与实践，来重建原住民族的文化经验，以弥补在过去长期的执政压迫下，所产生政治、经济、社会、文化与教育等各方面的问题。[3]

---

〔1〕 有关教育基本权利的保护法益，参见许育典：“从‘人的自我实现’作为基本权的本质建构多元文化国的教育基本权核心以及教育行政中立与宽容原则（中）”，载《月旦法学》1999年第50期，第152页以下。

〔2〕 参见陈海雄：“山地教育问题严重”，载《中国论坛》1990年第316期，第30～31页。

〔3〕 参见许育典：“教育宪法与教育改革”，元照出版社2013年版，第341页以下。

（二）自我实现对原住民族教育下精神思想的演绎

根据过去原住民族教育的经验显示，台湾当局在学校教育内容上对原住民的思想影响，比在任何一个其他的生活领域都要强烈。在这段过程中，处于儿童或青少年时期的原住民，思想尚未成形，尤其具有可形塑性，因此极有可能完全接受所有学校教育的内容，而呈现在一种完全开放吸收学习而不受人格保护的状态。[1] 如果置放于一个企图影响其人民意识形态的国家，未能赋予其开放而多元的学习环境，则极可能出现国家去营造容易统治之人民的教育环境。

事实上，每一种教育内容选择程序的垄断，都代表着国家对它未来国民之精神思想的控制。所以，学校教育就变成了国家影响未来下一代之精神思想的活塞，透过这个活塞，国家等于是控制了未来国民的精神思想生活。[2] 过去原住民族的精神与文化之所以流失，正是在学校教育的过程中，原住民族儿童及青少年被迫放弃原住民族的语言、思维方式以及传统的行为模式。这个人格养成阶段的重要时期，因为僵化的学校教育，结果造成原住民族语言、文化的流失与主体性的丧失。也因此，关心原住民族的专家学者们，为了拯救过去淹没在主流文化体系中的原住民族语言、符号、思维与行为等，而致力在学校教育中增加民族教育的课程，以传承各项原住民族的传统文化。

（三）自我实现对原住民族教育下政经事务的演绎

学校是学生学习、与人共同生活及认识民主政治最重要的场所[3]。因此，以人的自我实现为图像所描绘的学校教育，应该以培养儿童或青少年成为能自主判断的未来国民为其任务导向，而使他们能在自由民主法治秩序中，承担我们未来的政治命运，并且对其负责。[4] 学校教育应该去设计发展出其对政治事务的批判能力，由此创造个人之对政治事务共同负责的意识以及对共同体生活的改善的使命感。在此，我们并非容许学校教育对学生的政治意识单一面向的影响，而

---

〔1〕 Vgl. Peter Derleder, Verfassungsrechtliche Schutzgebote zum Wohle des Kindes, RdJB 1996, S. 496 ff.; Reinhart Lempp, Das verwaltete Kind, RdJB 1982, S. 258 ff.

〔2〕 Vgl. Frank Hennecke, Zum Vorbehalt des Gesetzes für den staatlichen Zugriff auf die Schule, RdJB 1976, S. 254 ff.

〔3〕 参见许育典：《论国民教育基本权利的法规范》，政治大学法律学研究所 1994 年硕士学位论文，第 96 页。

〔4〕 Vgl. Knut Nevermann, Persönlichkeit und Schuldemokratie, RdJB 1993, S. 194 ff.; Ulrich Preuβ, Demokratie und Autonomie, RdJB 1993, S. 161ff.; Ingo Richter, Schule, Schulverfassung und Demokratie, RdJB 1987, S. 254 ff.

是应该去努力介绍所有各种不同具代表性的政治思想潮流与观点,[1] 以期养成原住民在多元民主社会中之独立批判的能力以及对多元不同意见的尊重。因此,教师在遇到与原住民有不同政治意见的争议时,不能要求原住民服从主流的政治意见,而应该去说明不同政治意见的立场在台湾地区现行“宪法”上的自由民主秩序,不同的政治意见在多元文化的观点下是受到保护的。[2]

除政治意识外,还需要一些实质性物质力量的经济基础。[3] 在现代社会中,一个人的社会地位经常被其职业所决定。学校教育阶段对原住民的教育提供,基本上也同时奠定原住民族往后职业选择、社会地位、社会声望以及经济收入的基础。[4] 故学校教育对原住民的教育给付内容,不仅是单纯教育基本权的问题,也涵括了以后的工作自由,而且也与将来之社会地位的平等性有前后依续之关联。[5] 因此,原住民对于不同学校教育系统选择机会的平等性,攸关其日后在社会上之工作自由与经济实践地位,[6] 而以人的自我实现作为原住民教育基本权核心的意义,也在于保障原住民未来经济的自我实现。[7]

如上所述,学校教育对于人格养成阶段的学生具有决定性的重要影响,体现在原住民的教育上,原住民族教育乃体现于学生对精神思想、政治意识、经济事务上的自我实现。因此,原住民族的教育基本权也应以自我实现为图像,并保障原住民在学校教育上的主体性,才能使原住民透过学校教育保障其自我开展与自我决定的空间。

四、以原住民的自我实现为图像建构原住民族教育基本权

在基本权理论的架构上,主要透过基本权的主观法功能与客观法功能,所交织而建构最大实现可能的保护网。[8] 基本上,原住民教育基本权的保护法益,

---

〔1〕 参见许育典:“从‘人的自我实现’作为基本权的本质建构多元文化国的教育基本权核心以及教育行政中立与宽容原则(上)”,载《月旦法学》1999 年第 49 期,第 121 页以下。

〔2〕 参见许育典:“教育宪法与教育改革”,元照出版社 2013 年版,第 345 页以下。

〔3〕 Vgl. Dietlind Fischer/ Hans – Günter Rolff, Autonomie, Qualität von Schulen und staatliche Steuerung, Z. f. Päd. 1997, S. 537 ff.

〔4〕 参见许育典:“从‘人的自我实现’作为基本权的本质建构多元文化国的教育基本权核心以及教育行政中立与宽容原则(上)”,载《月旦法学》1999 年第 49 期,第 122 页以下。

〔5〕 Vgl. Ulf Preuβ – Lausitz, Soziale Ungleichheit, Integration und Schulentwicklung, Z. f. Päd. 1997, S. 583 ff.

〔6〕 Vgl. BVerwGE 23, 347 ff.

〔7〕 参见许木柱:“弱势族群问题”,载杨国枢、叶启政主编:《台湾的社会问题》,巨流出版社 1991 年版,第 399 页以下。

〔8〕 参见许育典:“从‘人的自我实现’作为基本权的本质建构多元文化国的教育基本权核心以及教育行政中立与宽容原则(中)”,载《月旦法学》1999 年第 50 期,第 152 页以下。

通常须透过法律规定，课与行政机关执行的义务，才能真正保障原住民的教育基本权。事实上，根据台湾地区现行“宪法增修条文”第10条的规定，强调台湾当局应依原住民的民族意愿，保障原住民的民族教育权，提升原住民的民族教育文化，而特别制定了“原住民族教育法”（以下简称“本法”）。[1] 并在本法中，明白揭示原住民为原住民族教育的主体，政府应本于多元、平等、尊重的精神，推展原住民民族教育。[2]

（一）以原住民族自我实现为核心的防御权

1. 原住民学生的自我实现权作为政府教育政策的初衷

根据研究[3]，对原住民学生而言，无法适应学校生活的主因，有以下几个问题：①学校有汉人学生和老师，彼此在家庭背景和生活方式上有所不同，当汉人学生或老师之人数较多时，易对原住民学生造成压力。[4] ②学校课程与教材是汉人主流社会所决定和编制的，它的内容和所呈现的价值，可能不易为原住民学生所吸收。③某些学科，对原住民学生而言，特别难以学习，例如国文、英文、数学等。[5] 再加上原住民生活的地区大多地处山区，位置偏远且交通不便，而学生家长工作不稳定，经常得下山打工，因此对原住民学生的就学较易造成困扰，也使原住民学生的学习成效相对低落。[6]

由此可看出，原住民的自我实现权在学校教育阶段有其难以落实的整体现实生活问题，[7] 若以原住民学生的自我实现权作为教育政策的初衷，则依其内涵，首先在自我开展权的面向上：原住民学生对于成为“自我”的相关开展环境，具有排除“国家”学校高权干涉的防御请求权。对应前述问题，则是原住民对于其能力及性格之特别性的自我开展，在学校教育中，“国家”不能以完全统一而没有其他替代可能性的教育计划与课程大纲，作为唯一的授课或评分标准。其次，在自我决定权的面向上，原住民对于自我开展方式的参与决定，具有排除

---

〔1〕 参见“原住民族教育法”第1条第1项规定。

〔2〕 参见“原住民族教育法”第2条第1项规定。

〔3〕 参见胡永宝：“原住民学生学习现况调查研究”，载《国教园地》1995年第51、52期，第8～17页；吴天泰：《原住民教育概论》，五南图书公司1998年版，第40页以下。

〔4〕 参见黄子庭、叶慈仪、尹祚芊：“南投县山地国小学童缺席情形与其相关因素之探讨”，《中华公共卫生杂志》1994年第3期，第203～212页。

〔5〕 参见谭光鼎：《原住民教育研究》，五南图书公司1998年版，第32页以下；张建成：《光复以来山胞之教育及其家庭相关因素之探讨》，1993年“国科会”研究报告。

〔6〕 参见高淑芳等：《87学年度原住民族教育现况调查报告》，新竹师范学院，1999年。

〔7〕 参见张建成：“如何建立原住民教育一贯体制以全面提升原住民学生学习成就”，1995年6月14日至16日“教育部83学年度原住民教育行政研讨会”论文。

"国家"学校高权干涉其选择空间的防御请求权。这尤其是指原住民对于其自我开展密切相关之事务，在学校教育中，具有共同参与的决定权。[1] 因此本法第13条规定，高级中等以下学校应主动发掘原住民学生特殊潜能，并依其性向、专长，辅导其适性发展。第14条规定，高级中等以下学校于原住民学生就读时，均应实施原住民民族教育，其原住民学生人数达到台湾当局主管教育行政机关所公告标准时，应设立原住民民族教育资源教室，进行原住民民族教育及一般课业辅导。[2]

"教育部"基于帮助原住民得以学生自我实现的角度，依本法须加强原住民的学习辅导，来解决前述之原住民现实生活与学校教育的冲突问题，[3] 以确保原住民学生在教育学习上的人格开展及自我实现。

2. 原住民父母的教育权作为原住民学生自我实现的方法

台湾地区现行"宪法"上所保障以人的自我实现为核心的原住民教育基本权，内含了原住民父母在教育上协助其子女追求自我实现的权利与义务。因此，作为原住民教育基本权保护法益之一的原住民父母教育权，应该以其子女的自我实现为导向，而追求其子女的幸福，[4] 而并非只是一个单纯为了父母而给予父母的权利。

承前述，原住民学生无法适应学校生活的另一主因，乃原住民地区的家长往往因为工作不稳定，或是必须出外工作，而无法照顾子女。或这些家长通常也因为自己不重视教育与学历，而忽略了其子女学校教育的重要性，或虽明知其重要而也无力辅导。[5] 因此，原住民学生由于其家庭情形不同（单亲、隔代教养或自食其力等），[6] 直接或间接都影响了其在学校教育的学习状况，而限制了原住民未来的自我实现，但家长在家庭教育上对其子女的关心与辅导，以及在学校教

---

〔1〕 参见许育典："从'人的自我实现'作为基本权的本质建构多元文化国的教育基本权核心以及教育行政中立与宽容原则（中）"，载《月旦法学》1999年第50期，第153页以下。

〔2〕 就原住民学生的课业辅导而言，其主要目的在于：提高原住民大专、高中高职之学生人数；参见谭光鼎：《原住民教育研究》，第142页以下。

〔3〕 参见"教育部"《发展与改进原住民教育第二期五年计划》，台北，1998年。

〔4〕 请参考许育典："从'人的自我实现'作为基本权的本质建构多元文化国的教育基本权核心以及教育行政中立与宽容原则（中）"，载《月旦法学》1999年第50期，第153页以下。

〔5〕 参见林妙娟："山胞妇女生活态度与教养子女态度之探讨"，载《花莲区农业改良场所研究汇报》1982年第9辑，第101～114页。

〔6〕 参见陈枝烈：《台湾原住民教育》，师大书苑1997年版，第233～234页。

育的参与与配合，是促使学生有效学习的必要条件。[1]

因此，为了使原住民父母的教育权真正发挥促进子女自我实现的功能，必须先创造出原住民父母行使其教育权的现实可能空间，即改善原住民家长的现实生活问题。就此而言，首先，对于经济上有难处或是交通不便的原住民家庭，基于社会正义的理念，本法第 12 条规定，原住民中、小学视必要得办理学生寄宿，由专职生活辅导人员管理之；其住宿及伙食费用，由台湾当局编列预算全额补助。本法第 27 条规定，各级各类学校及社会教育文化机关应依据原住民族需要，结合公、私立机构及社会团体，提供原住民社会教育及文化活动机会，并加强其亲职教育。另外，为了使原住民家长积极投入对学生的教育学习，并有机会参与原住民族教育政策的规划、审议及监督，本法第 27 条规定，各级各类学校及社会教育文化机关应依据原住民族需要，结合公、私立机构及社会团体，提供原住民社会教育及文化活动机会，并加强其亲职教育；本法第 5 条也规定，台湾当局原住民主管机关应设立由教师、家长、专家学者组成的原住民民族教育审议委员会。

3. 教师专业自主权作为协助原住民学生自我实现的手段

原住民族教育中的教师专业自主权的正当性在于：以原住民学生的自我实现为核心的教育任务。从事原住民族教育的教师在授课时具有专业自主权，是为了使其能居于维护原住民学生利益之地位。因此，面对多元文化的思想潮流中，教师依其专业自主权选择并广泛地传授适合原住民学生的多样性知识，并使原住民学生了解本身的文化，以对抗台湾当局可能在课程大纲或教材设计上之特定意识形态的不法干涉。[2]

然而，目前台湾地区原住民族教育中的教师来源、教师专业及教师心态均有其现实问题存在[3]：首先，一般取得教师资格者，由于在大学中缺乏修习原住民族社会与文化等相关课程，再加上交通或经济等因素，大都不愿前往原住民地区任教。而原住民族籍的青年学子，毕业后愿返乡任教者也并不多，因此教师来源有所缺乏。其次，在原住民地区任教的教师，有些在原住民族教育上专业不足，在各个学科专业上也未能因材施教。最后，有不少原住民地区学校的教师，

---

〔1〕 参见陈枝烈：“排湾族‘国小’学生家长参与子女学习活动之研究”，载《教育研究双月刊》1994 年第 40 期，第 52 ~ 62 页。

〔2〕 参见许育典：“从‘人的自我实现’作为基本权的本质建构多元文化国的教育基本权核心以及教育行政中立与宽容原则（中）”，载《月旦法学》1999 年第 50 期，第 154 页以下。

〔3〕 参见洪泉湖：“台湾原住民教育中的师资问题与师资培育政策”，载台东师范学院主编：《海峡两岸少数民族问题与政策学术研讨会论文集》，1990 年，第 267 页以下。

并非因热爱原住民社会文化而留下来任教，而是出于无奈，因此在教学热忱上难免大打折扣，更遑论其在原住民族教育中教师专业自主权的发挥余地。由于教师的心态，深涉长久以来原住民族教育政策的遗毒，恐非法律可以解决的问题，只能期待将来在完善的原住民族教育政策下能够逐渐改变。

而在教师来源与专业的问题上，“原住民族教育法”已有初步的解决构想，本法第 22 条规定，原住民民族教育之师资应修习原住民民族文化或多元文化教育课程，以增进教学之专业能力。第 23 条规定，原住民的中小学、原住民教育班及原住民地区学校之专任教师，应以优先聘任原住民各族教师为原则。原住民中、小学及原住民地区学校主任、校长，应以优先遴选原住民各族群中已具主任、校长资格者担任为原则。第 24 条规定，各级各类学校为实施原住民民族语言、文化及艺能有关之教学，得遴聘原住民族耆老或具相关专长人士教学。本法不仅已注意到原住民族教育中来源与师资的不足，任用各族耆老或具相关专长人士的教学，显见本法亦考虑到原住民教育中对于原住民主体性的要求。

（二）以原住民族自我实现为核心的共享权

1. 以原住民学生人格开展作为入学请求权的标准

原住民族教育的目的，主要是使原住民学生得以借由教育达成自我实现的目的。因此，台湾当局所设立的公共教育设施，应依原住民学生的不同资质与性向，而有多样均等使其共享的规划。而有关公共教育设施的入学许可，仅可对其是否适合于该当申请原住民学生之人格自由开展的促进，作为其条件限制，而并非以其是否具备升学能力作判断。[1]

针对现有教育设施之入学的状况，为了弥补原住民因经济因素而在教育初始即居于劣势的地位，在学前阶段，本法第 10 条规定：“‘中央政府’应补助地方政府，于原住民聚居地区普设公立幼儿园，提供原住民族幼儿入学机会。各级政府或‘中央社政主管机关’对就读公私立幼儿园之原住民族幼儿或原住民族幼儿之托育服务，视实际需要补助其学费。”除就学前外，考虑到原住民学生在学过程中，可能学习成效不佳致使学习进度可能较为缓慢，因此在高等教育阶段，本法第 16 条规定：高级中等以上学校，应保障原住民学生入学及就学机会；[2]公费留学并得提供名额，保障培育原住民之人才。

2. 以原住民教育机会均等为作为必要教育设施创设请求权的基础

台湾当局在财政能力的许可下，应提供原住民学生必要的教育设施（例如设

---

〔1〕 参见许育典：《教育宪法与教育改革》，第 348 页以下。

〔2〕 参见“教育部”：《发展与改进原住民教育第二期五年计划》。

有辅导班级或特别学校），使不同学习能力的原住民学生，有均等的机会自由开展其人格。[1] 因此，对于原住民学童教育之实施，除应依原住民学童的学习性向与能力与原住民族文化的特质，提供适当的教育及个别化的教学外，也应根据原住民学童的文化模式、社会脉络、小区背景、认知程度、障碍类型与特殊需求，设立必要的原住民族教育设施，提供符合其需求和能力的教育内容，促进原住民学童的自我实现。

而针对原住民族教育因过往基础所累积的文化或教育上的不利条件，应采取更主动积极的角色，投入一定范围的必要教育资源，透过这种实质平等的有意义差别待遇，创造符合原住民学童自我实现的原住民族教育环境。就此而言，1995年“教育部”实施的“教育优先区”计划，即体现了这个目的。透过这个计划积极充实文化不利地区的教育条件与水平，扩编原住民族教育教师的员额，并加强教学辅导团的功能，以改善小型原住民学校的教学质量，强化辅导原住民学童的学习困难，而进一步提升原住民学童的基本学习能力。[2] 本法第11条规定：各级“政府”得视需要设立原住民中、小学或原住民教育班，以利就学，并维护其文化。第15条规定：直辖市及各县（市）均应择定一所以上学校，设立原住民民族教育资源中心，支持辖区内或邻近地区各级一般学校之原住民民族教育。这些均是针对原住民教育中必须提供学生必要教育设施的创设性规定。

（三）以多元文化国为核心的客观价值秩序

1. 融入拓展中立性的课程设计

虽然随着社会的自由开放和多元文化主义的盛行，台湾地区近年来的乡土教学和母语教学也蔚为风潮。[3] 虽然在原住民族教育这一部分，教育行政机关在订定课程标准时，将“族群关系”、“多元文化”或有关原住民族文化的题材，融入各级学校的课程，并配合教科书的编修，在课程中导入有关台湾地区族群关系的多元文化教育，[4] 但这并不完全足够，因为有关人的精神或世界观的思想、价值或信仰等文化认同的课程安排，则应以原住民学生本身的人格自由开展为核

---

〔1〕 参见许育典：“从‘人的自我实现’作为基本权的本质建构多元文化国的教育基本权核心以及教育行政中立与宽容原则（中）”，载《月旦法学》1999年第50期，第155页以下。

〔2〕 参见蓝顺德：“台湾设置教育优先区的规划与展望”，载《教育部八十五年度推动教育优先区计划参考数据》，1995年，第2~3页；黄森泉：“教育优先区与原住族群教育”，载《国教辅导》1996年第2期，第38~43页；张钿富：“台湾地区教育优先地区选择之研究”，载《暨大学报》1998年第1期。

〔3〕 参见“教育部”：《发展与改进原住民教育第二期五年计划》。

〔4〕 参见陈丽华：“族群关系课程方案之评鉴与再建构”，载《多元文化教育的理论与实际学术研讨会论文集》，第231页以下；黄志顺、彭康益、吴文良、杨智坚：“多元文化教育之课程发展与实践—— 一个公立小学的经验”，载《多元文化教育的理论与实际学术研讨会论文集》，第271页以下。

心。故具体实践课程的教学方法，仍宜由各校视其在原住民族教育条件上的差别，整合多元文化教育的课程设计，尊重各个原住民族的差异性，研拟适当的与弹性的教学策略，提供原住民学生学习其母语及族群文化的课程机会。[1]

为了促进台湾地区族群关系发展，在教育的课程设计上纳入了多元文化教育。如本法第18条规定：各级各类学校相关课程，应采多元文化观点，并纳入原住民各族历史文化及价值观，以增进族群间之了解及尊重。为了让原住民族学生得以增加对自己文化语言的认识，本法第19条规定："政府"对学前教育及国民教育阶段之原住民学生，应提供学习其族语、历史及文化之机会。为了显现原住民族在教育上的自主权及主体权，本法第20条规定：各级学校有关原住民民族教育之课程发展，应尊重原住民之意见，并邀请原住民代表参与规划设计。相关规定均极力落实原住民的教育基本权。

2. 宽容原则在教育计划的体现

所谓的教育计划，包括各种的教学标准、教材标准、考试标准、教师手册等。体现在原住民的教育计划上，则应谨慎若当局对原住民民族教育内容之规定过于一致性，将会影响教师对原住民学生因材施教的可能性，而使其教学自由的空间限缩，导致原住民教育基本权的核心：原住民学生的自我实现受到阻碍。因此，当局应让从事原住民族教育的教师在其教学方法与内容上有一定的自由空间，使其能兼顾原住民学生的多元文化学习与人格自由开展。[2]

多元文化教育之目的是透过教育达到对少数民族与非主流文化之社会成员的尊重。其议题包括对两性、少数民族与移民等的包容，尤其以少数民族为主要重点。[3] 因此在原住民族教育的规划上，宜采取"双文化认同取向"的原则较为适当：一方面使原住民学习适应现代社会生活，并因材施教而发展其个别潜能；另一方面则配合多元文化社会的趋势，兼顾族群文化的传承，重视原住民学生学习其族群文化的权利。

由于本法即为原住民族教育计划的法律规定，因此以原住民学生自我实现为核心的教育计划包含的范围非常广泛，几乎与整个"原住民族教育法"的制定内容相当。如本法第28条为了因应原住民族教育事务的独特性而辅助其发展，从而规定：政府得设原住民民族教育研究发展机构或委托相关学校、学术机构，

---

〔1〕 参见吴天泰：《山胞国民中小学访亲工作报告》，花莲师范学院1994年，第96~97页。

〔2〕 参见许育典："从'人的自我实现'作为基本权的本质建构多元文化国的教育基本权核心以及教育行政中立与宽容原则（中）"，载《月旦法学》1999年第50期，第152页以下。

〔3〕 参见黄政杰：《多元社会课程取向》，师大书苑1994年版，第1~41页。

从事原住民民族教育课程、教材及教学之实验、研究及评鉴。最后，本法第 26 条规定："政府"为原住民民族文化教育传承发展之需要，应于公共电视、教育广播电台、无线电台及有线电台之公益频道中设置专属时段及频道，并于计算机网络中设置专属网站，并得视实际需要设置其他文教传播媒体事业。则是为了促进文化多元，普遍推行原住民族教育，同时让民众得以共见共闻，产生对于不同文化的关心与包容。

3. 教科书编制在多元文化要求下的难题

多元文化教育在教科书的编制上，应就教科书的分科、主题与编辑制度，重构一个共同的文化核心，使多元社会中的各个族群文化共享一个共同的文化核心，并消除不利于多元文化、本土文化、原住民族文化与族群文化相容的内容，使任何族群不因自我的文化背景而被贬抑。[1] 就目前在原住民族教育的问题而言，主要是其内容无法完全符合原住民学生的生活经验，亦无生活经验作为学习基础，在其人格开展上势必困难重重。因此，在原住民族教育上，应该针对原住民学生，由对原住民文化有研究的专家或学者，设计与编定一套能促进其人格自由发展[2]的教科书，一方面维护其自我文化的植根，另一方面也教导其认识主流文化。这不仅可使原住民学生实质的由教科书中了解与投入自我族群文化，而且也能延续保存原住民族文化的特有传承。[3]

对应在原住民族教育法上，本法第 18 条规定，各级各类学校相关教材，应采多元文化观点，并纳入原住民各族历史文化及价值观，以增进族群间之了解及尊重。本法第 20 条规定，各级学校有关原住民民族教育之教材选编，应尊重原住民之意见，并邀请原住民代表参与规划设计。均是为了使原住民学生能一方面借由学校教育了解本族文化和传统，另一方面又不至于与主流文化脱节。

4. 建立具有多元观点的师资培育制度

有关原住民族教育之师资培育的制度设计，尤其应重视多元文化国之国家中立性与宽容原则，[4] 因原住民学生在学校教育中人格是否能自由开展，主要乃取决于从事原住民族教育之教师的教学内容与方式，未来从事原住民族教育之教

---

〔1〕 参见郑培凯："多元文化真难"，载《当代》1991 年第 66 期，第 24～35 页。

〔2〕 参见张俊绅："台东县山地国民小学原住民教育的省思"，载《高雄师范大学教育学刊》1995 年第 11 期，第 279～315 页。

〔3〕 参见简良平："'国小'教科书中'汉族中心'意识型态之批判"，《现代教育》1991 年第 4 期，第 153～162 页。

〔4〕 有关多元文化国之国家中立性与宽容原则的论述，参见许育典："人的自我实现与多元文化教育的法建构"，载《教育研究月刊》2000 年第 78 期，第 17 页以下。

师在进入学校教学以后，一方面要注意其授课时之政治、文化、信仰或世界观等思想意识的中立性，另一方面在原住民学生提出不同意见时，也能尊重并宽容其意见，形成一个多元而开放的教学交流互动环境。[1]

就原住民族教育的师资培育问题，本法比较重视培育原住民高等人才及培养原住民教育师资，以促进原住民于政治、经济、教育、文化、社会等各方面之发展。本法第17条规定，台湾当局应鼓励大学设相关院系，或设民族大学院校；为了充实原住民族教育的师资，养成其多元培育的管道。本法第21条规定，原住民民族教育师资之培育，除依师资培育法规定外，为保障原住民民族教育师资之来源，各师范校院、设有教育学院、系、所或教育学程之大学院校及民族学院之招生，应保留一定名额之公、自费原住民学生。但在现行原住民族教育师资的改善状况，相关规定则较有所不足，由于现行的原住民族教师才是原住民族教育中的多数，若欲改进原住民族教育的现况，则必先从现行原住民族教师资格予以改善，也是日后台湾地区原住民教育所应努力的方向。

五、结　论

唯有经由以原住民学生的自我实现为核心之原住民族教育法制的建构，透过从事原住民族教育之学校与教师的实践；不仅在个体上使原住民学生的人格得以自由发展，而且在整体上使多元族群社会的精神基础奠立在学校多元文化教育的自由开展上，创造多元文化中不同族群文化的交流与保障，促进多元族群的共生共荣，才能达成原住民族教育的双向目的。

故本文先从人的自我实现开始，作为原住民族教育基本权的核心，透过防御权、共享权、客观价值秩序的功能等基本权保护法益，检视目前原住民族教育所遇到的困境；目的在使从事原住民族教育的学校，成为一个以原住民学生自我实现为核心之多元、开放、中立而宽容的人格自由开展空间。希望本文可以唤起下一波的原住民族教育改革，真正落实原住民学生的自我实现与建立符合多元文化教育的体制。现行的原住民族教育法制虽有不足，仍尚称完善，但若仅有形式法律规定，也无法真正保障原住民学生实现自我，法律不能仅作为瑰丽条款，更需要教育行政机关能依法具体落实。

---

〔1〕 参见陈枝烈：“族群关系与教育的互动”，载《多元文化教育的理论与实际学术研讨会论文集》，第452页。

第三部分

比较公法

宪 政

——西方与伊斯兰法系的比较考察

范赞·穆斯塔法（Faizan Mustafa）*

阿弗洛兹·阿拉姆（Afroz Alam）**　　杨亦乐***译

人类自古以来就在思索如何协调社会对秩序和权威的需求以及个人对自由的渴求这两者之间的关系。在构建一个由人管理人的政府时，最大的困难在于，首先需要使政府能够控制被管理者，然后还要迫使它控制自己。人类的历史经验表明，权力可能带来的统治者的腐败绝不亚于统治者被授予的权力本身。一个理想的统治者永远是一个负责任地行使权力的人，以达成前面总结的目标为己任，并且在实现过程中抱有很少，甚至完全没有个人动机。[1]

阿克顿勋爵曾说过，权力导致腐败，绝对的权力导致绝对的腐败。人们之所以对权力和政府怀有如此不信任、蔑视和厌恶的态度，是出于两个原因。其一，很显然用于利己和个人目的权力是不太可能达到人们建立政府所想要达成的目标的。其二，除了被统治外，人性总是渴望自由的。而这种对自由的渴望在不同时期出现在不同的社会和不同的文明中。

---

* 印度海得拉巴 NALSAR 法律大学教授，副校长；奥里萨邦布巴内斯瓦尔 KIIT 法学院主任；北方邦阿里格尔穆斯林大学法律与注册系前系主任。

** 印度国立法律大学政治学助理教授 。

*** 中国政法大学硕士研究生。

〔1〕 洛伦·P. 贝丝：《政治、宪法与最高法院》，哈珀－罗出版社 1962 年版，第 1 页。

因此，为了寻求合理化以及保证公共利益，“宪政”这一概念被提出，宪政机制在伊斯兰社会和西方社会都得到了发展，用以限制政府自由裁量权。没人能否认伊斯兰教和宪政之间的紧密关系。事实上，伊斯兰教中的宪政理念也具有西方宪政观念中存在的瑕疵。但是，人们却没有将足够的注意力放在理解伊斯兰国家的宪政基础上，因为它是以非正式的形式存在的，并且理论上还不成熟。因此，本文的主要目标就是从伊斯兰的视角来考察宪政。在进一步探究宪政与伊斯兰教的具体细节前，我们有必要弄清宪政概念在总体上都涉及哪些内涵和价值，特别是其与西方的关联，因为唯有如此，我们才能对伊斯兰宪政进行评鉴。

一、西方宪政的含义

人们运用大量的思想和政治创新来尝试建立这样一种政治制度，它允许政府行使一切达成社会共同目标所必需的权力，同时又不损害或破坏个人的自由。使这种社会状况制度化的尝试被定义为宪政，[1]即有限政府的概念。根据在西方传统中发展起来的宪政原则，成文宪法的最主要功能就是管理政府的不同机构。M. J. C. 威尔教授恰当地指出：西方的制度理论家们关心的问题主要是如何确保政府权力的行使得到控制，以保证它不会反过来损害它本应推进的价值，因为政府权力正是为了实现社会的这些价值而必需的。[2]

宪政主义在西方政治思想中就像一种宗教。它旨在将混乱转为凝聚，提供一系列的信念来引导人们的行为。并且就像宗教一般，宪政也有规范维度，我们用下面的定义来加以展示：

1. 查尔斯·麦考文：“宪政有一个基本性质：它是对政府的法律限制。”[3]

2. F. A. 哈耶克：“宪政意味着一切权力都应基于这样的理解，即权力都需要根据普遍接受的原则来行使，被授予权力的人之所以被选中是因为人们相信他们最有可能做正确的事，而非意味着他们所做的就是正确的。最后，还应基于这样的理解，即权力从根本上不是一种物理存在，而是一种使人们服从的意见的状态。”[4]

3. 丹尼尔·贝尔：“对法律框架的共同尊重，以及对正当程序得出的结果的接受。”[5]

---

〔1〕 M. J. C. 威尔：《宪政与分权》（第2版），自由基金出版社1998年版；C. H. 麦克拉文：《宪政：古代与现代》，康奈尔大学出版社1947年版。

〔2〕 M. J. C. 威尔：《宪政与分权》（第2版），自由基金出版社1998年版，第1页。

〔3〕 C. H. 麦克拉文：《宪政：古代与现代》，康奈尔大学出版社1947年版，第21页。

〔4〕 F. A. 哈耶克：《自由的宪法》，芝加哥大学出版社1960年版，第181页。

〔5〕 丹尼尔·贝尔：“美国特殊论的终结”，载《公共利益》第41卷，第193页。

很重要的一点是我们应注意到以上引用的定义，作为正统学说的变种，都强调限制公共政府这一理念。但是，这一概念仍是过于狭隘了。即使是一个极权国家也可能有宪法，包括成文宪法，就如苏联。宪法和宪政应当不仅是描述性的，并且是规范性的。但他们的规范，他们的法律规则，并不是朝一个方向运转的。前述的定义可以说明“19 世纪宪政国家流行的自由的、反独裁的思想”。[1] 但残酷的现实是正统所觉察到的宪政的局限性比实际上还要明显，而这就是西方宪政的最大弱点。

二、西方宪政：历史回顾

理所当然地，对在当今西方宪政哲学理论的发展过程中助有一臂之力的历史思潮和事实发展进行一个粗略的回顾是有必要的。为达成这个目标，我们大体上将宪政的演进发展划分为三个时期——古代、中世纪以及现代时期。

（一）西方宪政：古代时期

关于政府的理念，包括有限权力和社会责任意识，与政治研究本身一样古老，它可以追溯到古希腊的哲学思辨时期。在这一时期，古希腊为世界贡献了它最早的伟大思想家——柏拉图和亚里士多德。

毫无疑问，古希腊拥有一些评价政府行为的外在标准的思想。例如，柏拉图借助于自然的理想观念，认为人应当努力接近这种理想法则。亚里士多德也非常强调传统和习俗的有效性：他也赞同流行的观点，认为神预先设定了行为的规范模式。在雅典，政府行为可以在平民法院中受到质疑，而这一平民法院实际上并不是一种法院，而是一种集会或立法会议。

因而，希腊人似乎在发展宪政最初和最基本的理念——即对政府行为的性质和质量有一种评价标准的观念——方面非常成功。但是，他们没能将这种观念从简单的优秀政府的标准转变为一种对政府合法性的真正检验。换言之，希腊宪政仅仅是设立了理性的标准，却未能突破这一范畴：人们可以据此说某个政府是一个坏政府，却不能据此使该政府的行为无效，也不能免除公民的服从义务。[2] 因此，苏格拉底只得顺从地服下了毒药。

（二）西方宪政：中世纪时期

由于缺乏对政府有效制裁而引发的问题在中世纪政治思想中是显而易见的。尽管中世纪时期的机构是基于宪法建立的，而宪政在其中又是如此根深蒂固，以致基本被视为是理所应当的了，但并没有关于建立制裁系统的尝试，除非有人愿

---

〔1〕 G. 波吉：《现代国家的发展——社会学的入门》，斯坦福大学出版社 1978 年版，第 104 页。

〔2〕 洛伦·P. 贝丝：《政治、宪法与最高法院》，哈珀－罗出版社 1962 年版，第 3 页。

意将神罚视为一种充分的制裁。

对中世纪政治思想进行考察，尤其是对诸如圣托马斯·阿奎那这样的思想家进行考察，即可以发现，君主或统治者的权力是受到限制的，而这种限制来自于上帝。这当然是由于基督教信仰的影响。只有最接近神的指引的政府才可被视为是最好的。从它提供一种标准来判断政府行为的合法性这种意义上来讲，这可以称为是中世纪的宪政。但如何确保统治者在现世对罪行负责却是不清楚的，因而将他留给天国的审判，是唯一的答案。对中世纪君主权力的唯一世俗限制就是他自己的良知，以及对可能遭到贵族、教会或人民反抗的恐惧。正是因此，英王接受了《大宪章》（公元1215年），这是西方世界第一部不是出于选择而是迫于贵族权力而产生的关于宪政的重要文件。

（三）西方宪政：现代时期

任何关于现代时期宪政的讨论都不得不以英国宪政开始，而以美国经验紧随其后。

17世纪议会与英国君主之间的斗争非常有助于这个国家宪政的演进。它产生了限制政府权力的三次伟大尝试。其中第一个是强迫政府对被统治者负责。

一开始这种责任被认为只限于议会——这一目标在1689年就基本达成了。但是议会也可能是专制的和暴政的，所以人们最终意识到这种责任应当是政府——包括议会——对人民的责任，通过民主代表的形式实现。但是，即使是在议会民主制下，人们期望的目标也可能无法实现，并且可能也不过是“多数人的暴政”，[1] 仍须依赖自我约束的观念，但现在不是靠一个人——国王——的良知了，也不是靠一个集会——议会——的良知，我们必须倚仗全体公民的良知。于是，在初期人们可以迫使政府承担责任，但是从长远来讲，他们可以同样迫使自己吗？[2] 这个问题对于民主宪政的未来是十分重要的。

第二个限制政府的宪政方法在美国被证明是非常成功的，在一定程度上在印度也是如此。这种方法就是通过使权力机关之间相互制衡来限制政府权力，即“权力分立”学说。尽管在英国这种学说并不总是像孟德斯鸠、洛克和许多17世纪的其他政治思想家们所阐述的那样行之有效。

第三种限制政府权力的尝试是司法审查。英国《普通法》就是一个英国法官角色的实例，尽管它现存形式中的学说主要是在美国宪法的背景下得到讨论。

---

〔1〕 亚历西斯·托克维尔提及1830年代美国民主制。参见亚历西斯·托克维尔：《民主在美国》（2卷），古董出版社1945年版（1835年再版）。

〔2〕 洛伦·P.贝丝：《政治、宪法与最高法院》，哈珀－罗出版社1962年版，第5页。

在许多案例中，英国法官都违背了他们君主的意愿。例如，在卡文迪什案中[1] (1587)，民事诉讼法庭的法官们多次反对了伊丽莎白一世的一项直接命令，认为其“违反了土地法，因此没人必须遵守”。然而，这样的法庭声明是很稀有的。而且，他们并没有取得很大进展，因为他们法官的地位来自于国王。到法官在任期方面得到独立时（1710），宪政的主要威胁已经不是君主了，而是议会本身。因此，司法审查在英国没能成为一种强化宪政的学说。

可以肯定，美国《宪法》是第一部成文宪法，它保证了宪政的理想，并且在两百多年的时间里都成功了。人们应当记得在美国《宪法》写成的时代，流行的政治理论包含了对自然法的深刻信仰，并且人们习惯性地将宪法视为高级法(先验的）原则的具体体现，而这种高级法被假定是可以判断人定法的标准。[2] 因此，所有政府行为都应根据宪法进行评价，而任何与之不相符的行为都被认为是非法的或是超越权限的。代表制、分权制和司法审查这三种方法也进一步促进了美国宪政的发展。第四种也是最新的一种宪政方式是使用成文宪章。美国《宪法》就是这样一种宪章。

三、西方民主宪政的死亡

我们已经看到了西方的一些崇高理想，伴随着这些理想，宪政的规范性概念得到了发展。如果要完整地、准确地定义宪政，我们应从社会学角度对其进行考察，或者尤其是从其社会目的角度来考察其运转。正如我们所看到的那样，多数学者对这些术语进行规范性定义。因而沃特·F. 墨菲教授说道：“宪政所保护的基本价值是**人的尊严**（重点为原文所有）。”[3] 墨菲教授区别了“两种截然不同的政治理论——民主和宪政。民主政治的基因强调的是大众统治，并努力践行此规则。而宪政基因则强调个人自由和政府权力的限制，即使是在响应公众意见的情况下。”[4] 这种区分也不需要被接受。墨菲教授的观点过于狭隘。宪法是人们管理自身事务的方式，而这个词的内涵也不仅仅是关于组织构架，但并不是为了任何特殊的价值。

“讽刺的是”，桑福德·列文森教授论及，“一个经历了长达数世纪的对宗教信仰怀有‘忧郁的、长期的狂热’的文化，可以如此轻松地就将公民用宪政的信仰组织起来。‘**宪政的死亡**（重点为原文所有）’可能成为我们这个时代的中

---

〔1〕 普通诉讼法庭：《安德森汇编》第1卷，第152页，载詹姆士·布拉德利·泰勒译：《宪法案例》，剑桥出版社1895年版，第12～15页。

〔2〕 洛伦·P. 贝丝：《政治、宪法与最高法院》，哈珀－罗出版社1962年版，第9页。

〔3〕 沃特·F. 墨菲：“宪法价值的排序”，载《南加州法律评论》第53卷，第703、758页。

〔4〕 沃特·F. 墨菲：“宪法价值的排序”，载《南加州法律评论》第53卷，第758页。

心事件，正如‘**上帝的死亡**（重点为原文所有）’是过去那个世纪的中心事件。”[1] 基本毫无疑问，美国的《宪法》正向着独裁主义倾斜，因此对于宪政对政府的限制来说是釜底抽薪的。[2] 或许它本来就是独裁主义的——从它的运作方式来看——只不过是随着近年来这一神话体制的发展而渐显其本来面貌。约翰·格里菲斯教授恰如其分地评论道：“社会本质上就是独裁的。政府更是如此。”[3] 格里菲斯认为，人们普遍相信的理论——所谓主权属于人民，而人民将这种权力委派给政治家们来代替他们行使——是一种“谬论”——一种“独裁主义的掩护。”[4]

当今，宪政的死亡仅仅是在这样一种意义上的——权威，自由民主的运行来说对它的善是必不可少的，但它正缓慢却确定无疑地被一种形式的独裁主义所取代。这个令人悲哀的结论是基于西方民主制的实际运作的。

而且，多数西方宪法，包括美国宪法，都只是表面上涉及权利和限制；实际上，它们是关于权力和控制的。“19世纪的宪政国家”[5] 过去是，现在依旧实际上是这个神话般体系的一部分。弗朗兹·诺依曼中肯地指出，政府一直以来都恰如世代美国人所需要的一样强势：历史上没有任何一个社会能够免除政治权力。这对自由主义和专制主义来说都是同样正确的，对自由放任主义和干涉主义国家也是同样。[6]

上述引言中的“自由主义国家”这一术语，并非是现代的自由主义（后者是干涉主义的），而是约翰·斯图尔特·密尔以及其他信奉消极的、守夜人政府的人的自由主义。[7]

然而，以上关于西方宪政概念的解释都清楚地展示了，宪政的真髓是有限政府的观念。宪政主义是独裁主义的反题。它通过多种手段来限制政府权力来达成目标，如权力分配、权力分离、司法审查、政府责任、人民主权，以及对一些普世的、不可剥夺的、不可分割的基本人权进行确认，来对国家权力进行消极限

[1] 桑福德·V. 列文森：“美国国民宗教中的‘宪法’”，载《最高法院评论》，1979年，第123、151页。

[2] 参见亚瑟·米勒：《民主的独裁：控制的紧急宪法》，格林伍德出版社1981年版；另见凯文·P. 菲利普斯：《后保守主义的美国》，兰登书屋1982年版。

[3] J. A. G. 格里菲斯：“政治宪法”，载《现代法律评论》第42卷，第1～2页。

[4] J. A. G. 格里菲斯：“政治宪法”，载《现代法律评论》第42卷，第3页。

[5] G. 波吉：《现代国家的发展——社会学的入门》，斯坦福大学出版社1978年版，第104页。

[6] F. 诺依曼：《民主与独裁的国家》，自由出版社1957年版，第8页。

[7] 亚瑟·S. 米勒：《政治、民主与最高法院——宪政理论前沿问题随笔》，格林兰出版社1985年版，第34页。

制。我们现在要来考察这些作为宪政思想不可或缺的一部分的西方理想是否与伊斯兰教的国家观念、宪法观念和法律观念相符，以及伊斯兰教如何促进和提供一个更好的机制来达成与宪政相似的理想目标。

四、伊斯兰教与宪政：虚构的误解

人们总认为，由于其神学的起源，宪政的观点与伊斯兰教是相敌对并从本质上不相符的，这一点是在知性上人为操纵的结果。[1] 这种观念产生于强调世界上许多伊斯兰国家实际上缺乏民主和宪政，特别是后者。怀有偏见的言论使本应简单明了的伊斯兰教的信息变得复杂。隐藏在客观之下的分析一直以来都带有一种默认的倾向，认为只有西方模式的宪政民主是正当的，并且论证出西方模式正是依据宪政的崇高理想而建立的那种模式。但遗憾的是，与这些反对用伊斯兰国家来替代人类所经历过的其他创设的制度的人一样，穆斯林也有同样的预期和目的。[2]

伊斯兰教包含的信息及其在人类生活各个方面的适用，使得宪政的核心原则只能成为其许多组成部分的其中之一。因此任何想要使伊斯兰教适合于西方宪政涉及的尝试从根本上来说就是错误的，就像试着用一个整体来契合它其中的一个部分。事实上，如果我们将宪政政府的“善”拿出来审视，就会发现古兰经在1500年前就指出了其在社会政治方面的所有价值。卡勒德·阿布·法德勒恰当地指出这些价值就是：通过社会合作和相互帮助寻求正义（古兰经49：13；11：119），建立一个非专制的、协商方式的政府；以及使社会交往中的仁慈和同情心制度化（古兰经6：12，54；21：107；27：77；29：51；45：20）。[3]

以此类推，“伊斯兰教是否与西方宪政相容”或在伊斯兰国家“文化、价值观以及普通穆斯林的态度是否阻碍了民主化的进程或宪政的精神”也是不恰当的。为什么提出这种问题以及得出白纸黑字的答案是不正当的？这个问题有望在本文中得到解释。关于这些问题的争论和辩论往往趋于将问题的内在复杂性简单化，以图将美国及其盟友伪装下的暴政的入侵和占领正当化，并帮助他们与穆斯

〔1〕 参见格拉汉姆·哈瑟尔、谢丽尔·桑德斯：《亚太宪政制度》，剑桥大学出版社2002年版，第42页；萨义德·埃米尔·阿杰孟德：“西方历史与现代伊朗和巴基斯坦的宗教与宪政”，载阿杰孟德编：《宗教的政治维度》，纽约州立大学出版社1993年版，第69～99页。

〔2〕 阿比德·乌拉·贾恩：《民主的终结》，实用出版社2003年版，第84页。

〔3〕 卡勒德·阿布·法德勒：“伊斯兰教与民主制的挑战”，载《波士顿评论》2003年，http://bostonreview.mit.edu/BR28.2/abou.html，访问日期：2009年1月11日。

林世界的暴君共谋在穆斯林世界推进西方权力的排他利益。[1]

将伊斯兰统治原则与西方宪政明显的瑕疵相联系是愚蠢的。因为伊斯兰教已成为我们在周遭看到的大量使用的民主和宪政观念的一大挑战。这反映在对民主和宪政的虚伪拥护与伊斯兰国家的对立上。为了应对伊斯兰教带来的挑战，他们以民主和宪政之名，调动一切资源，来对尽可能多的伊斯兰国家和其他弱小国家的经济和安全问题进行直接控制；并且他们还维持了一套极尽其所能的社会僵化的组织构造来防止任何可能的伊斯兰模式政府的建立，而后者正是依据宪政的真正理念而建成的。

综上所述，我们可以做出如下推测，即穆斯林没有机会和平地坐下来，从容地建立一套伊斯兰宪政国家的背后根本原因是：这样一个国家很有可能会展现出一种更为可行的公正完美的治理机制模式，这一模式拥有民主宪政拥护者们在数世纪以来一直鼓吹却从来没能实现的宪政的真正正确精神的所有特征。

五、伊斯兰教与宪政：理解一个伊斯兰国家

毫无疑问，伊斯兰教有一套价值体系可以适用于政府和政治。伊斯兰教与西方之间的关系是由两种关于国家的观念造就的，每一种都有各自宪政设想。西方立场的口号是“上帝的交给上帝，恺撒的留给恺撒。”而伊斯兰教的标语则是：登瓦达拉（伊斯兰是宗教，也是国家）。事实上，究竟是否存在一个确定的伊斯兰国家理论是一个被充分研究的问题。[2] 德国东方学者如古斯塔夫·冯·格鲁鲍姆[3][4]和蒂尔曼·纳高[5]都倾向于肯定的答案。

事实上，古兰经根本不适用于现代西方意义下的国家。更应视其为一种道德共同体，伊斯兰乌玛，这种共同体确保适当的物质和精神环境以期成功实践其原则和规范。[6] 在发展良好的西方政府构架下，权力成了目的，人们献身于政治

〔1〕 参见辛西娅·麦金尼：“反恐战争还是警察国家”，载《反击》2002年7月25日；克里斯·弗洛伊德：“野兽坐视美国暴政的诞生”，载《反击》2002年11月23日；乔治·蒙博：“西方塔利班”，载《卫报》2001年12月18日。

〔2〕 参见阿尔弗雷德·冯·克莱默：《伊斯兰政治史》，F.A. 布罗克豪斯出版社1868年版；K. 费迪南、M. 莫扎法里编：《伊斯兰教：国家与社会》，柯曾出版社1988年版；伯纳德·刘易斯：《伊斯兰教的政治语言》，芝加哥大学出版社1989年版；P.J. 瓦蒂克尔提斯：《伊斯兰教与国家》，劳特利奇出版社1987年版；阿克塞尔·科勒：《伊斯兰教——经济模式——与社会秩序》，费尔科隆出版社1981年版。

〔3〕 参见古斯塔夫·冯·格鲁鲍姆：《中世纪的伊斯兰教》，阿尔特弥斯出版社1963年版。

〔4〕 张文显：“继承·移植·改革：法律发展的必由之路”，载《社会科学战线》1995年第1期。

〔5〕 参见蒂尔曼·纳高：《伊斯兰教的国家与社区信仰》第2卷，阿尔特弥斯出版社1981年版。

〔6〕 阿比德·乌拉·贾恩：《民主的终结》，实用出版社2003年版，第129～130页。另见约翰·杜威：《个人主义：古与今》，明顿与巴奇出版社1930年版。

权力，而非运用权力来为安拉服务。相反，古兰经明确地说政府的重要角色之一就是根据安拉揭示的真理来进行统治，而法律制定应受制于伊斯兰教法。伊斯兰国家除了根据揭示出的价值观和原则发展灵活的制度外，没有很大的发挥空间。古兰经也考虑到了所有不根据安拉教诲进行统治的压迫者和罪人。[1] 这些统治者不顾民主和宪政的要求而成为独裁者和专制君主。

伊斯兰国家[2]力图规制生活与活动的方方面面，以使其符合道德准则和社会改良的进程。在这样一个国家中，没有人能把自己的任何事务仅仅视为是个人的或私人的。[3] 然而，这种观念并没有使伊斯兰国家成为独裁或法西斯政权，因为尽管具有全面概括性，它（伊斯兰国家）在很大程度上、从根本上与现代的极权国家和独裁国家是不同的。[4] 毛拉马杜迪恰如其分地评论道：个人自由并没有受其压迫，也没有任何专制独裁的痕迹。它提供了一种中间道路，也展现出人类社会进化中的最佳形式。[5]

六、宪政、伊斯兰教与神的主权

主权确立了统治者，也确定了政治权威之所在。主权的制度将最高政治权力授予政府。宪法独立是主权的司法核心。立宪主义否定了主权的绝对权力。它倡导一个只能行使有限权力的有限政府。马克·泰斯勒[6]、塞缪尔·P. 亨廷顿[7]和艾利·科多利[8]等学者都主张伊斯兰教鼓励智性一致，以及对权威的不加批判的接受。他们认为伊斯兰教是反民主的，因为“它将主权赋予神”。在

---

〔1〕“凡不依安拉所揭示的真理来判断的人，即是不信者”（古兰经 5：44）。“凡不依安拉所揭示的真理来判断的人，即是压迫者”（古兰经 5：45）。“凡不依安拉所揭示的真理来判断的人，即是罪人”(古兰经 5：47)。

〔2〕关于伊斯兰国家，详见纳西姆·哈森·沙阿法官：《伊斯兰教的国家观念》；吴拉姆·萨瓦尔上校：“国家与宗教——伊斯兰教的视角”，载 H. S. 巴蒂亚编：《伊斯兰法研究：宗教与社会》，德普与德普出版社 1998 年版，第 71～128 页。

〔3〕穆罕默德·阿克萨·阿里：“查尔斯·亚当对杜迪伊斯兰国家观念的批判——一种评价”，载《印度政治杂志》第 XXXIX 卷，第 4&XL，2005 年 10 月～2006 年 3 月，第 13～42 页。

〔4〕穆罕默德·阿克萨·阿里：“查尔斯·亚当对杜迪伊斯兰国家观念的批判——一种评价”，载《印度政治杂志》第 XXXIX 卷，第 4&XL，2005 年 10 月～2006 年 3 月，第 13～42 页。

〔5〕穆罕默德·阿克萨·阿里：“查尔斯·亚当对杜迪伊斯兰国家观念的批判——一种评价”，载《印度政治杂志》第 XXXIX 卷，第 4&XL，2005 年 10 月～2006 年 3 月，第 13～42 页。

〔6〕参见马克·泰斯勒：“伊斯兰教与民主制在中东——宗教取向在四个阿拉伯国家中对民主制态度的影响”，载《比较政治学》2002 年 4 月，第 337～354 页。

〔7〕参见塞缪尔·P. 亨廷顿：“会有更多国家成为民主制国家吗?”，载《政治学季刊》，1984 年夏季刊，第 99 页。

〔8〕参见艾利·科多利：《民主制与阿拉伯政治文化》，弗兰克卡斯出版社 1994 年版，第 5～6 页。

他们看来，这意味着伊斯兰教最终必须在极权国家而不是有限政府中得到实现，而有限政府又是西方宪政概念的真髓。然而，真相恰好相反。西方民主的领军倡导者们并没有实践他们的说教。[1] 自治公民的理念在西方失败得一塌糊涂。西方宪政民主制下，这一观念的变形导致无限权力被交付给少数统治精英。[2] 谢尔登·瓦林已经通过深度研究恰当地证明了美国政府是一个"反转的极权主义"和"侵略性扩张主义"的实例。[3]

我们承认，"人民主权"作为宪政的一个原则是与伊斯兰教精神不符的，因为它挑战了"神的主权"这一伊斯兰教的基本原则，这一原则使安拉的至高地位成为必需。古兰经写道，在"（安拉）的统治中是没有伙伴的"，[4] "他不与任何人分享他（对世界的）的主权"[5] 而权威只能来自于安拉。只有他能够统领和指挥。[6] 伊斯兰教的神主权观念为国家元首任意权力的行使设置了合理限制，因此神主权的观念是促进了而非破坏了宪政。

因此，伊斯兰国家（哈里发）和主权（哈基米亚）是相对的，因为前者属于人，而后者属于安拉。国家是赋予人类的。[7] 伊斯兰教中，是没有人民主权这一术语的。通过将主权给予安拉，国家将自己限制在了伊斯兰教法中。这并不意味着伊斯兰国家会成为一种由拥有特权的祭祀或任何其他特定神职阶级或组织操纵大局的神权政体。在伊斯兰教中没有绝对正确的宗教神学家；相反，它意味着正像穆斯林个体一样，伊斯兰国家也要限制在伊斯兰教法中，而不能超越伊斯兰教法所设定的限制。受到限制的统治就是宪政的全部要义，即使在西方世界也是如此。狭义的神权政治是非伊斯兰教的，因为伊斯兰教没有神职人员，也没有独裁制、君主制或专制。

---

〔1〕 与许多其他学者相似，约翰·格拉斯宣称："现在是时候说——而且也有事实依据这么说——美国这个国家是法西斯。"参见约翰·格拉斯：《是时候大声说》，载全球化研究中心，蒙特利尔，2003 年 6 月 17 日。http://globalresearch.ca/articles/GER306A.html，访问日期：2009 年 1 月 13 日。

〔2〕 "民主制下的人民习惯于相信他们实际上握有政府的决定权，但事实上几乎总有一小撮的上层集团为整个群体做了决定。"参见 A. 拉尔夫·埃珀森：《看不见的手》，普布利乌斯出版社 1985 年版，第 3 章。另参见黑尔什姆勋爵：《民主制的困境》，柯林斯出版社 1978 年版；诺姆·乔姆斯基：《权力与意识形态》，南城出版社 1987 年版。

〔3〕 参见谢尔登·瓦林："反向的极权主义"，载《民族报》2003 年 5 月 1 日。

〔4〕 古兰经 17：111。

〔5〕 古兰经 18：26。

〔6〕 "安拉未曾下放权力：命令的权力在于安拉而不在任何人：他命令你们只崇拜他而非任何人。"（古兰经 12：40）

〔7〕 "并且当你们的主对天使说：瞧！我将要在人间安排一位总督。"（古兰经 2：30）

有人主张，当主权属于安拉的时候，伊斯兰国家的元首和其他人都没有机动的自由。就这一点而言，侯代比亚和约（AH 6/628）[1]在这里可以从宪政的角度加以讨论。这一和约是在麦地那首领先知穆罕默德（PBUH）和麦加的异教代表苏哈本阿默尔之间达成的。[2] 首先，就作为国家元首的先知这一点而言，放弃他先知地位的行为就是一种主权行为，这种行为是出于国家或共同体的利益而为的，因此本身并不与安拉的全部主权或其法律的最高权威相冲突。其次，鉴于这一行为是主权性的，只要采取的行为其作用或被解释的安拉法律是为了共同体的利益，则安拉的整体主权并不对国家主权或作为国家元首的立法者（穆智台希德）进行任何限制。[3]

鉴于前述的指导原则，断言伊斯兰国家没有完整主权，或立法者只能通过有限方式来行使权力可能是不正确。毕竟，安拉的律法需要人来实施。神的主权并不是宪政的障碍，也不是有效利用人类经验的阻碍。然而，最根本的条件是，在伊斯兰国家，所有这些行为的采取都要在“安拉的道路上”进行。因此，尽管伊斯兰国家相信安拉主权，却绝不是一个弱势或无效的政府。事实上，如果共同体的利益需要，伊斯兰国家甚至有可能违背安拉的要求。这才是神主权的真正

---

〔1〕 公元628年，1400名穆斯林向麦加前进，试图进行朝圣。这些人准备了献祭的牲口，因为他们希望古莱什部落会允许这些没有武装的朝圣者们进入麦加城。但古莱什部落在麦加城外拦截了这些穆斯林。在那时，所有阿拉伯世界都知道穆斯林的武装力量。先知穆罕默德（PBUH）希望能避免在伊斯兰圣城中或附近发生流血事件。他说：我们不是来和任何人打仗的，而是来朝觐的。确实，战争削弱了古莱什部落的力量，也给他们造成了很大的损失，所以如果他们愿意的话，我愿与他们签定休战协议，在此期间，他们不得阻碍我和我的人民，并且如果我战胜了那些异教徒的话，古莱什部落可以和其他人民一样选择皈依伊斯兰教，只要他们愿意；至少他们能够变得足够有力量来战斗。但如果他们不接受休战协议，以主宰我生命的安拉之名，我将为捍卫主道与他们战斗至死，但是（我坚信）安拉一定会使他的道得胜的。见布哈里 B3 V 50 H 891。条约的基本概要如下：

“以真主之名。以下是穆罕默德，阿卜杜拉之子，与苏哈本阿默尔，麦加使者之间的和平条件。十年内将不会有战争。任何人若欲加入穆罕默德并与之签订任何合约均随其所愿。任何人若欲加入古莱什部落并与之签订任何合约均随其所愿。年轻男子，或任何家父仍健在之人，若未经其父或监护人允许欲加入穆罕默德，将被送回其父或监护人处。但若任何人去往古莱什部落之处，将不会被送回。”今年穆罕默德将返回，不再进入麦加。但明年他及其追随者便可以进入麦加，逗留三天，环游朝觐。在此三天之内，古莱什部落将撤退至周围丘陵。至穆罕默德及其追随者进入麦加，他们将解除武装，仅佩戴阿拉伯旅人总是随身携带的入鞘佩刀。参见《穆斯林圣训实录》19：4401。另见萨菲乌尔·拉赫曼·穆巴拉克普里：《侯代比亚和约》，http：//www. islaam. com/Article. aspx？ id =461，访问日期：2009 年 1 月 13 日。

〔2〕 这一和约是由先知穆罕默德（PBUH）的至高信仰促成的，这一信仰即“根据古兰经传达的信息，他相信伊斯兰教在将来会成为宗教和政治制度，以及他对于坚信是安拉赋予他的任务的毫不畏缩的奉献”。参见蒙哥马利·瓦特：《穆罕默德在麦地那》，牛津大学出版社 1962 年版，第 51 ~52 页。

〔3〕 阿比德·乌拉·贾恩：《民主的终结》，实用出版社 2003 年版，第 147 页。

意义。

一个声称服从神与神法的国家也可能会以神意之名来犯罪，就像在强大的民主制国家中，以“人民”之名所做的那样。[1] 然而，归根到底，对于为了社会中个人和集体这一伊斯兰教基本原则的坚守的需要和伊斯兰国家的建立同等重要。

正如伯特兰·德·朱文诺明智地指出的那样，数世纪以来，人类已经设计了各种观念来检查并限制国家统治的行使；并且，一个接一个地，这些国家通过运用利用其思想盟友，成功地将这些观念转换为合法性和法令及行为所应包含的美德的橡皮图章。[2]起初，在西欧，神主权的观念认为君主只能根据神法进行统治；而君主则将这种观念变成橡皮图章——神允许君主的任何行为。议会民主制的观念开始是大众对绝对君主统治的检查；而最后它变成了国家的最基本部分[3]，而它的所有行为都具有完全的主权。[4] 斯宾塞认为，民主主义者对于议会正当性的信仰是一种“巨大的政治迷信”。[5]

因此，对我们周围宪政民主的密切观察揭示出用宪政工具来限制政府权力并不总是有效。例如，印度《宪法》第13条第2款规定国家不应制定任何违反基本权利的法律。[6] 但是通过《第一宪法修正案》，国家在《宪法》中插入了附表9，并且第31条（乙）明确规定任何制定在其下的法律都不得以侵犯基本人

---

〔1〕 与民主理想背道而驰，美国滥用其爱国者法案来获得独裁的权力，后来又否认其存在。参见艾利克斯·琼斯:《警察国家完全接管》，Infowars. com，访问日期：2003年2月10日。http：//www. infowars. com/print_ patriotact2_ analysis. htm，访问日期：2009年1月13日。克里斯·弗洛伊德恰当地将美国流行的感受总结如下：“我们曾如此说过，我们也将一直这样说：若一个国家的领导人有权仅凭他的命令就囚禁任何公民，将其无限期囚禁，进行军事羁押，无权接受法院审判，无权获得律师帮助，不受任何指控，他们的命运完全取决于领导人任意的突发奇想，那么这个国家是专制的，而非民主的，非共和的，亦非自由民的联合体。”参见克里斯·弗洛伊德：“野兽坐视美国暴政的诞生”，载《反击》2002年11月23日。

〔2〕 伯特兰·德·朱文诺：《权力》，维京出版社1994年版，第27页。

〔3〕 例如，“本篇所称之‘国家’一词，除文义中需另作解释者外，包括印度政府与议会，各邦邦政府与邦议会以及在印度领土内或在印度政府管辖下一切地方当局或其他机构”。印度宪法第12条。

〔4〕 赫伯特·斯宾塞：《人与国家》，埃里克·马克编，自由经典出版社1981年版，第123~166页、第331~382页。

〔5〕 赫伯特·斯宾塞：《人与国家》，埃里克·马克编，自由经典出版社1981年版，第71~166页。

〔6〕 “国家不得制定任何法律剥夺或侵削本篇给予之权利；任何与本款抵触之法律，在其抵触之范围内为无效。”参见印度宪法第13条第2款。

权为理由而受到挑战。[1] 至今为止已经有284部法律据此得以保存。

七、伊斯兰国家元首的民主选举

理论上讲，宪政民主制对公民的代表是富有意义的。它也设想统治者是由普选民主选举产生的。但是，近距离的考察使我们发现，当代的民主选举实践已沦为一种保存独裁主义的工具。[2] 强大的精英[3]将民主政治削减为仅仅是取得投票，保卫权力，使其共同利益合法化的途径，之后就将选民视为不过是“一群人”罢了。[4] 印度的尼赫鲁家族、阿萨杜拉家族和巴达尔家族，以及美国的布什家族的崛起，都是可怕的例证，证明了民主正在变成少数精英群体/家庭确保其掌权的工具。这样一来，宪政民主政府在当代就变成私有化的，偶尔甚至是王朝式的。[5] 罗伯特·D. 卡普兰恰当地评论道：“我们正进入一个麻烦的过渡时期，讽刺的是，当我们在国外宣扬我们的民主政治时，它正从我们本国中溜走。”[6]

此外，在伊斯兰国家，安拉要求穆斯林将信任交付给称职人员。[7] 换言之，古兰经规定，只有称职的人（们）才能被制定为管理穆斯林共同体事务的人。一旦被选举，大众必须给予他们的领导者完全的支持，正如先知穆罕默德指示的

---

〔1〕“在不损害第31条（甲）的一般规定的情况下，附表9中的法令和规定，以及其中的任何条款，都不得以与本章规定不符、剥夺损害了本章赋予的权利为理由被视为无效或暂停生效。除非法定立法机构予以撤销或修改，上述法令和条例都将继续有效，即使法院或法庭作出对立的判决或发布相反的命令。”参见印度宪法第31条（乙）。由1951年宪法第一修正案引入。另见L. R. 科埃略诉泰米尔纳德邦(2007) 2 SCC1。

〔2〕“当今，‘民主’往往被作为利维坦的羊皮，被作为一种标签，来诱使人们相信政府的巨齿绝不会用来撕咬他们。投票选举已经由公民控制政府的程序演变成了神化政府对人民控制的程序。选举已经很大程度上成为了一种揭示大众对职业政客的蔑视的不同程度的无效活动。名义上是谁来领导这个国家这一问题的重要性已经远远超出了政府是否真的受到了约束这一问题。”参见詹姆士·博瓦德：《戴着镣铐的自由——国家的崛起与公民的死亡》，马丁格里芬出版社2000年版，第3页。理查德·斯威夫特：《绝不胡扯的民主指南》，韦尔索出版社2000年版；约瑟夫·索布兰：《我是反美国者吗?》，http：//www. sobran.com，访问日期：2002年2月26日。

〔3〕关于美国精英的角色，参见丹尼尔·海林格尔与丹尼斯·R. 贾德：《民主的外观，太平洋丛林》，科尔出版公司1991年版。

〔4〕参见托马斯·索维尔：“如果大众成为我们的引导者”，载《华盛顿时报》2003年2月23日。

〔5〕西弗吉尼亚州民主党人罗伯特·C. 伯德承认他的“国家正处于危亡之中”。他认为美国正遭受着来自自己好战的、自大的、精英主义的管理的威胁。他说，美国的管理是“一种基于富人，依靠富人，为了富人的管理……今天，我为自己的国家哭泣”。Cf彼得·卡尔森：“参议员投了反对票”，载《华盛顿邮报》2003年5月24日。

〔6〕罗伯特·D. 卡普兰：“民主只是一个运动吗?”，载《大西洋月刊》1997年12月。

〔7〕“安拉命令你们将信任交付给称职的人；并且当你们在人与人之间进行审判的时候，要凭着正义审判：确确实实地他给了你们多好的教导啊！因为安拉能够听到一切，看到一切。”（古兰经4：58）

那样："我要你们敬畏安拉，并且即使是一名奴隶变成了你们的领导者，也要给予绝对的服从……"[1] 反过来，如果侵犯了伊斯兰教法所设定的限制，他也要对人民负责，并且如果人民要求，就要放弃权力。

先知穆罕默德并没有指定继承人。他有意地将领导人的选择留给了整个伊斯兰国家。一段被认为来自于哈里发阿布·伯克尔的声明说道："神让人们来管理自己的事务，所以他们将选择一位能够为他们利益服务的领导者。"[2] 于是，在四大正统哈里发时期，采用了不同的国家元首委任方式，而在所有这些情况下，任命都通过正式的效忠宣誓获得穆斯林团体的确认和批准。这一时期的方式都有一个共同特点，即通过初选、提名或选举团选举，选出最优秀的人，并往往伴随着私人宣誓，之后再通过公开宣誓的方式对任命进行确认。[3]

先知的首位继承人是通过这样的方式选举出来的：在麦地那穆斯林中有三个不同的政治团体，分别名为穆哈吉林（迁士）、安萨尔（辅士）以及巴努哈希姆（哈希姆家族，先知穆罕默德家族的支持者与成员）。迁士由阿布·伯克尔和欧麦尔领导，辅士由萨德·本·奥比达支持，而哈希姆家族紧紧跟随着阿里。在巴努萨达哈大厅，不同团体进行了一场政治辩论。最终，欧麦尔提议阿布·伯克尔担任国家元首并请求他伸出手，而后者作为继任候选人，接受了推荐，并伸出了手。其后，迁士跟随欧麦尔，以及在场的辅士，都对其宣誓效忠。随后，这种私下的宣誓之后，紧跟着是公众宣誓，通过这种方式被迁士和辅士接受为哈里发。[4] 这种选举无论从程序还是实质上来讲，其民主性都是无可置疑的。在群众宣誓效忠之后，哈里发阿布·伯克尔的演讲是有重大意义的，在其中他宣布："我不是你们中最好的；我需要你们所有人的建议和帮助。如果我做得好，支持我；如果我犯了错，规劝我。对一个被委任进行统治的人说真话是诚实的效忠；隐瞒真相就是不忠。在我眼中，强者和弱者是一样的；而我愿意为二者提供正义。如果我服从安拉和他的先知，服从我；如果我无视安拉的法律和先知，我也不再有权要求你们的服从。"[5] 这正是对宪政的最佳描述。

根据阿布·伯克尔的推荐，欧麦尔被提名为第二任哈里发，这一提名经由随

---

〔1〕《阿布·达乌德圣训集》，《提尔密济圣训集》。

〔2〕阿卜杜拉·b·穆斯林·屈底波、伊玛目·瓦·西瓦萨编：《辛尼塔哈》，穆阿萨赛特哈拉比1967年版，第21页。

〔3〕阿比德·乌拉·贾恩：《民主的终结》，实用出版社2003年版，第192页。

〔4〕伊本·伊斯哈格：《天使传》，又译为《穆罕默德的一生》，A. 纪尧姆，巴基斯坦1990年版，第504～507页；塔里克·拿巴里：第1卷，乌尔都语翻译，纳菲斯学会1967年版，第529～535页。

〔5〕埃米尔·阿里：《萨拉森人简史》，达夫出版社1951年版，第21～22页。

后的公民投票被接受，并由全体宣誓效忠确认。在哈里发欧麦尔被刺杀后，一个六人委员会形成了，该委员会由阿里、奥斯曼、阿卜杜尔·拉赫曼、萨德、祖拜尔和那哈组成。委员会经过排除程序委任阿卜杜尔·拉赫曼来推荐阿里和奥斯曼之间谁应当成为唯一的候选人。传言阿卜杜尔·拉赫曼在麦地那咨询了尽可能多的人，而其中大多数表达了支持奥斯曼的观点。最终根据阿卜杜尔·拉赫曼的推荐，穆斯林团体通过公开宣誓的方式对奥斯曼宣誓效忠。在哈里发奥斯曼被刺杀后，阿里基于公开宣誓被任命为第四任哈里发。[1]

因此，非常明显伊斯兰国家的元首是由有限个杰出的、有能力的、虔诚的人通过初选的方式选择的，或通过提名，或通过小型选举团，其后以默许形式和宣誓进行广泛的群众投票。根据伊斯兰规则建立的政府制度是保证自由的制度，并且基于政府元首的任命需要人民许可这一原则，并且人民有权控制政府行为，以及要求政府报告工作。[2] 阿兹莎·Y. 希布里主张，注意到两条原则——“基于‘选举’或‘宣誓’的政治程序”，以及“基于‘广泛审议’的选举和统治程序或称舒拉”——我们就能发现，实际上伊斯兰教的宪政设置和世俗的设置并没有什么不同。[3] 因此，宪政的观念在早期的伊斯兰历史中就已经存在了。

八、伊斯兰教政府责任原则中的宪政

与伊斯兰国家中统治者和政府没有责任制这一流行的误解相反，事实是，伊斯兰政府的有限性不仅体现在功能上，也体现在权力上。永远不可能有绝对的政府，因为伊斯兰教法永远在顶端。因此，尽管西方宪政不是已经死亡就是在迅速衰落，这种可能性在伊斯兰教中是不可能存在的，而伊斯兰国家只会用有限权力来面对神的存在。伊斯兰教制度中政府缺乏责任制这种错误观念在当今建立最完备的宪政民主制中倒是真实存在的。如果我们批判性地评价西方民主，我们会发现在西方世界中，责任制实际上不是缺失就是作用很小，而伊斯兰教则提供了一个很高层次的责任制。[4]

与西方宪政概念不同，伊斯兰教提供了远远高出西方许多的政府责任原则，

---

〔1〕 阿比德·乌拉·贾恩：《民主的终结》，实用出版社2003年版，第193~195页。

〔2〕 参见穆思达·穆里亚：《回教国——侯赛因·海卡尔的政治思想》，帕拉玛迪纳出版社2001年版。

〔3〕 阿兹莎·Y. 希布里：“伊斯兰宪政与民主观念”，载弗莱德·多勒米尔编：《边境通道——比较政治理论》，莱克星顿图书1999年版，第63~87页。

〔4〕 关于西方民主制宪政的失败，详见J. A. G. 格里菲斯：“政治宪法”，载《现代法律评论》第42卷，第3页；G. 波吉：《现代国家的发展——社会学的入门》，斯坦福大学出版社1978年版；F. 诺依曼：《民主与独裁的国家》，自由出版社1957年版。

最大限度的管理透明度，并且给予普通民众谴责伊斯兰统治形式下包括元首在内的所有官员和统治者的权力。[1] 舒拉（民主协商）的一个重要功能就是保证统治者遵守古兰经。国家必须一直保持着一种清醒意识，即应当服从安拉，而非居于高位的人的虚妄和幻想。[2] 伊斯兰国家使统治者即使对普通公民也要负责任。最基本的格言是“对不忠于创造者的被创造者没有忠诚的义务。”[3]

这在四大哈里发的行为中得到体现。阿布·伯克尔在他成为哈里发的第一次演讲中说道：“如果我做得好，支持我；如果我走歪了，纠正我……如果我不服从安拉或他的先知，我就没有权力要求你们的服从。”[4] 欧麦尔·伊本·哈塔卜在其任哈里发时曾说：“你们中如果有人看到我走向歧途，一定要纠正我。”其中一名听众回答道：“借着神，如果我们看到你走向歧途，就用我们的剑来纠正你。”欧麦尔说：“感谢神，他在穆罕默德的团体中创造了能够用剑来纠正欧麦尔的人。”哈里发欧麦尔后来任命了这个人在法庭处理不公正案件，称为“马卡马特·乌尔马哈利姆”，即卡迪（法官）。[5]

这很清楚地表明，在统治者与被统治者之间有一定的相互作用关系。一方面，在现代以政党为基础的宪政民主中，持不同政见者根本不会被容忍，并且会被立即开除出政党。印度的反变节法不支持任何异议，并且将立法机关视为受政党束缚的劳力，因为他们是基于政党的选票才被选举的。[6] 另一方面，站出来反对做错事者也是穆斯林最重要的义务之一。例如，先知穆罕默德说：“最高形式的圣战就是在偏离正轨的政府面前为真理辩护。”[7]

因此，伊斯兰教法的首要作用以及安拉的主权并没有使国家仅仅对安拉负责。伊斯兰教使统治者更能够对被统治者负责。责任，在伊斯兰教义中，就是简单的任意性的对立面。它意味着所有能够影响共同体利益的政府决策都要具有足够的理由，且能明确证明可以促进共同利益，并且不仅要公开宣布，还要允许公

---

〔1〕 西方民主制只赋予了知情权，而没有保证完全的责任。详见费恩赞·穆斯塔法：《信息的自由——国际与国内的视野》，迦腻色伽出版社2004年版。

〔2〕 据记载，先知（PBUH）曾说过：“不遵从真主的人，也不会得到遵从。”穆斯纳德·阿哈默德·伊本·罕百里，据穆爱德·伊本·贾巴尔；“背叛真主的人，也不会得到遵从。”穆斯纳德·阿哈默德·伊本·罕百里，据乌巴达·伊本·萨米特。

〔3〕 布哈里圣训。

〔4〕 Cf 穆塔基：《坎兹乌玛》。

〔5〕 阿比德·乌拉·贾恩：《民主的终结》，实用出版社2003年版，第134页。

〔6〕 参见宪法（第52修正案），1985年（w. e. f. 1－3－1985）。

〔7〕《阿布·达乌德圣训集》，《提尔密济圣训集》，《伊本·马哲圣训集》，据阿布·萨义德·库德里。

开辩论和道德审查。就这一点来讲，先知穆罕默德明确阐明，如果政府不遵守伊斯兰法律，并且行事有悖于公共利益，则共同体不再需要服从于该政府。[1] 先知还说道："神的手是放在共同体（贾玛阿）之上的，一个背弃共同体的人将要经受地狱之火。"[2] 从这条原则我们可以得出，共同体有义务监督政府的行为，当其行为正确时加以接受，而当其行为偏离正轨时加以拒绝[3]。由此，责任政府，即宪政的基本美德，在伊斯兰政治传统中是根深蒂固的。

九、人权、权力限制以及宪政

对人的价值、尊严以及权力的尊重被视为是宪政的本质特征。这不仅仅是因为人权的概念是一般的权利与自由，还因为它给政府机制行使绝对权力设立了宪法上的限制。[4] 作为一项原则，国家成为具有无限权力的机器的倾向受到宪法对人类基本权利的保护的有效限制。与西方对人权的否认不同，在伊斯兰教中，人权从本质和实践上来讲都是具有约束力的，关于人权的理想以及随之产生的对政府权力的限制不仅仅是伊斯兰教不可或缺的一部分，并且也在先知穆罕默德以及四大哈里发时期被确实执行。[5] 在这段时期中，宪政的原则不仅仅局限于伊斯兰教义下，更是在日常的政府管理中被严格实践的。将伊斯兰人权概念与西方人权概念区分开来的是前者对统治者和被统治者的义务和正义的强调。一些其他东方社会亦是如此，如印度教就强调义务，并认为人唯一有权去做的事就是履行他的义务。伊斯兰教则采取了中间道路，使个人主义和集体主义和谐共处。鉴于义务的概念远比权利重要，个人权利被视为社会整体权利的一部分。换言之，权利的焦点不在于人类个体，而在于人与安拉的关系。伊斯兰教的义务原则这样解释或许更好——"有义务就有权利，有权利就有救济"。因此，强制性义务的概

---

〔1〕 先知穆罕默德明确说过："听从是穆斯林的义务，无论他是否喜欢这一命令——只要他不是被命令去犯罪；但如果他是被命令去犯罪，那么就没有听从的义务。"萨西·布卡里与萨西·穆斯林，据伊本·奥马尔（RAT）。

〔2〕 贾米·提尔米迪，据阿卜杜拉·本·奥马尔。

〔3〕 卢梭关于共同意志的原则在一定程度上与伊斯兰的社会成员模式统治相一致。参见让·雅克·卢梭：《社会契约论》，G. D. H. 柯尔译，http：//www. constitution. org/jjr/socon. htm，访问日期：2009 年 1 月 14 日。

〔4〕 关于人权的研究详情，参见克里斯蒂安·汤姆斯凯特：《人权——理想主义与现实主义》，牛津大学出版社 2008 年版。

〔5〕 关于伊斯兰教人权的细节，详见安·伊丽莎白·梅耶：《伊斯兰教与人权——传统与政治》，西方视点出版社 1999 年版；赛义德·阿布阿拉·毛杜迪：《伊斯兰教的人权》，伊斯兰出版社 1977 年版；苏里曼·阿卜杜勒·拉曼·阿尔·哈吉尔：《伊斯兰教的人权以及对这些权利错误认识的反驳》，HRH 苏丹王子伊本·阿卜杜勒阿齐兹·阿勒沙特，1999 年版；《伊斯兰教的人权》，伊斯兰信息与教育协会，http：//www. iiie. net/node/22，访问日期：2009 年 1 月 13 日。

念与权利相伴，都更进一步。然而，在西方宪政民主下，人权被极大侵犯，而义务又被严重忽视。

但是，对义务的强调并不意味着伊斯兰国家没有义务来保护人民的权利。在伊斯兰教，人权（哈库克乌伊巴德）比宗教仪式和崇拜（伊巴达）以及神权（胡库克乌安拉）更为重要。伊斯兰政府负有创造一个人民和平友爱的社会环境的义务，在这种社会环境下，人们得以享受智力上、精神上以及物质上的福利（这种义务是古兰经和圣行所规定的）。在终结基于种族、肤色和信条产生的骄傲与特权而带来的压迫、不平等、不公正方面，伊斯兰教可谓先驱。伊斯兰国家和西方民主国家在实践方面的显著不同主要在于这种禁止的程度和范围上。在当代西方民主政治下，人权的晦涩性可与其高贵性相媲美。通常社会的特权阶层可以拥有更多权利，因为他们可以通过金钱操纵法律、政治和经济制度。

在西方社会，只要不侵犯其他人的同等权利，一个人有自由去做任何事。而在伊斯兰教义下，人的自由范围限于神的禁令中。因此，以言论自由为例，该权利的行使不得诽谤安拉及其先知以及任何其他人。尽管西方全力鼓吹言论自由，在英国，任何反对基督教上帝和耶稣的口头或书面言论都是亵渎神明，但批评其他宗教就不是。

我们所理解的人权在古兰经和圣行中都有清楚记载。以下的基本人权都可以追溯到古兰经和先知穆罕默德的圣行：所有公民在法律面前皆平等，在地位和机会面前亦平等；[1] 宗教自由；[2] 生存权；[3] 财产权；[4] 任何人不应因他人的

〔1〕 古兰经 4：1，28：4。

〔2〕 古兰经 2：256，10：100，6：108，5：48，22：40，109：6。

〔3〕 古兰经 17：33。

〔4〕 古兰经 2：188。

罪行而受苦;[1] 人身自由;[2] 意见自由;[3] 迁徙自由;[4] 结社自由;[5] 隐私自由;[6] 保证生活基本需求的权利;[7] 名誉权;[8] 听证权;[9] 受适当司法程序审判的权利。[10]

上述人权是安拉授予的，而非国家授予的。由国家授予的权利也可能以同样方式被收回，在独裁统治下亦是如此。他们可以在高兴的时候授予权利，也可以听凭自己的意愿收回权利；并且可以随心所欲地公开侵犯这些权利。然而，由于伊斯兰人权是由安拉授予的，世间没有人有权利或权威来修正或改变神授予的权利。也没有人有权利来废除或撤销这些权利。

因而，确认和保护人权，并且使公民对其义务负责，是伊斯兰宪政的精髓。统治者和被统治者的权利和义务都在伊斯兰教中被制度化。共同体享受权利，任何人不得侵犯安拉的这一命令。对权利和自由的限制的完全缺失总是导致无政府

---

〔1〕 古兰经6：165，53：38。

〔2〕 据伊玛目卡塔比和伊玛目阿布·优素福，从先知穆罕默德（PBUH）的实践推断出：根据阿布·达伍德记载的传统，大意是，在先知穆罕默德（PBUH）的时代，麦地那有些人因有嫌疑而被捕。一位随从询问这些人被捕的理由与根据。这个问题被问了两次，先知穆罕默德（PBUH）都一直保持沉默，以给在场的检察官一个机会来解释他的立场。当该问题被第三次问及，而检察官依然没有给出答案时，先知穆罕默德下令释放这些人。基于这一传统，伊玛目卡塔比在他的著作《玛阿里姆圣训集》中提出，伊斯兰教只认可两种拘禁：①根据法庭的命令，②为了调查的目的。除此之外，没有任何理由可以剥夺一个人的自由。伊玛目阿布·优素福在其著作《其拉经》中基于同一传统权威提出，任何人都不能基于错误或未经证实的指控而被囚禁。伊玛目马利克在著作《穆宛塔圣训集》中引用哈里发欧麦尔（RAT）的话，即在伊斯兰教中，任何人未经司法的正当程序不得被囚禁。阿比德·乌拉·贾恩：《民主的终结》，实用出版社2003年版，第209~210页。

〔3〕 古兰经4：48，5：78~79，7：165，3：110。

〔4〕 古兰经67：15。

〔5〕 古兰经3：104。

〔6〕 古兰经2：189，24：27~28，49：12。

〔7〕 古兰经3：180，51：19。

〔8〕 古兰经49：11~12，33：58。

〔9〕 此系据先知穆罕默德（PBUH）的圣行推断，穆罕默德将阿里（RAT）派遣到也门时给了他如下的指示："除非你已经像聆听第一方一样聆听了第二方的意见，否则不能做出决断。"阿比德·乌拉·贾恩：《民主的终结》，实用出版社2003年版，第209~210页。

〔10〕 古兰经49：6，17：36，4：58。每个人享有自由发表他对伊斯兰关于人权的禁令的意见，并且即使是哈里发也要对其行为负责。有时公民对待哈里发的态度是粗鲁的、有攻击性的，另外一些时候又会是不恰当的、有侮辱性的；然而，这些都能够被容忍。在无数的场合，哈里发欧麦尔（RAT）都不得不面对这样的情况，并且给出解释。曾有一次，哈里发阿里（RAT）正在库法清真寺布道，一些哈里哲派用侮辱性的语言打断了他。阿里（RAT）的随从催促他给予这些人惩罚，或者至少将他们驱逐出清真寺，但阿里（RAT）拒绝这样做，理由是穆斯林的言论自由权不应受到损害。阿比德·乌拉·贾恩：《民主的终结》，实用出版社2003年版，第210~211页。

状态和无法律状态，进而对整个社会构造造成破坏。因此，伊斯兰教设立了独特的宪政原则，来平衡权利与义务之间的关系，以期达到这样一种状态，即限制国家权力，促进对安拉的顺从，并且不危害共同体的利益。

十、宪政、伊斯兰教法与创制

伊斯兰教法是古兰经和穆罕默德言行录中记载的神对于所有人类行为的规定的总称，包含法律和道德的问题。[1] 尽管对于其神学起源是没有任何争议的，但教法本身并不是作为一个现成的进行管理的法律主体。将这一点铭记在心是很重要的：伊斯兰教法通过解释、编纂以及立法这一过程，才成为法律。[2] 可以主张，伊斯兰教法是否与宪政相符这一问题主要是创制（伊智提哈德）的问题。在这一特殊语境下，南森·J. 布朗指出，伊斯兰教法确实为宪政提供了一种基础，并且伊斯兰政治思想也正越来越趋向于宪政理念。尽管我们不得不承认将这些理念付诸实现的尝试迄今还不是非常成功，问题可能存在于对政治问责结构的关注还不够，而不是伊斯兰宪政观念存在缺陷。[3] 伊斯兰教法，合法地同等地约束着统治者和被统治者，它是基础的法律规则，因此排除了人对其他人进行专制权威统治的能力，而这正是宪政的核心内容。

如果认为伊斯兰法律已经通过古兰经和圣行完全法典化而没有必要再进行立法和创制，那这种想法就太幼稚了。事实上，古兰经提供的是基本原则和正确方向的指引。因此它还留有大量余地可以发展，以及预防限制性的僵化。在伊斯兰传统中，法院适用、国家执行的规章制度不是伊斯兰教法，而是伊斯兰教法学（费格赫）。伯纳德·维斯正确指出："尽管法律是起源于神的，法律的真正创制却是一种人类活动，而其成果则展现了人类对神法的理解。"[4]

伊斯兰教法的施行并不赋予国家神的地位，也不将最终权力交在神学家（乌理玛）手中。从这一事实，我们可以推断出伊斯兰教法与宪政是一致的。安拉要求穆斯林跟从神的指引，无论是从个人层面还是从集体层面。伊斯兰教法本身不仅规定意识形态和信仰、行为和礼仪的问题，也规定了生活的方方面面。[5]

---

〔1〕 伯纳德·韦斯：《找寻神的法律——赛义夫丁·阿米迪著作中的伊斯兰法律体系》，犹他大学出版社 1992 年版，第 33 页。

〔2〕 伯纳德·韦斯：《找寻神的法律——赛义夫丁·阿米迪著作中的伊斯兰法律体系》，犹他大学出版社 1992 年版，第 36 页。

〔3〕 参见南森·J. 布朗：《非宪法世界的宪法——阿拉伯基本法律与责任政府》，纽约州立大学出版社 2002 年版，第 162 页。

〔4〕 伯纳德·韦斯：《伊斯兰法的精神》，佐治亚大学出版社 1998 年版，第 116 页。

〔5〕 "对你们每一个人，我们都规定了法律和明确的道路。"古兰经 5：48。

还应强调的一点是，法律制定必须由立法机关或其他适格的代表机关进行。但是，这一立法机关同政府机构一样，也受到伊斯兰教法的限制。这与宪政精神也是一致的，因为立法机关在法律制定方面也受到某些限制。例如，法律制定不应违背国家中人民的基本权利。如果有人觉得国家侵犯了伊斯兰教法设置的界限，那么问题就回到法律的绝对来源——古兰经和圣行那里了。[1] 在这里，很清楚的是，对统治者的服从并非绝对的，而是受到古兰经和圣行的禁令的限制。

伊斯兰法律中的创制（伊智提哈德）[2]可以简单地定义为一种“解释”。[3]它起源于先知穆罕默德将穆阿兹·伊本·扎巴尔送往也门担任法官的时期。据记载，在后者启程的时候，二者进行了以下对话：“当有案件要你审判的时候你将怎样做?”穆阿兹答道：“我将根据安拉的经来审判。”先知问道：“如果安拉的经上找不到答案呢?”穆阿兹说：“那我就按照先知的圣行来审判。”先知又问道：“如果在先知的圣行中也找不到答案呢?”穆阿兹答道：“那么我就进行创制（伊智提哈德），来进行我自己的判断。”先知拍了拍穆阿兹的胸脯说：“赞美安拉，他将他的先知的信使引上了令他和他的信使愉悦的道路。”[4]

前四任哈里发的实践也证明，哈里发不仅仅是穆智台希德（进行伊智提哈德的人），拥有进行伊智提哈德的全部能力，并有权力来施行它。然而，随后的君主政治时期情况发生了很大的改变，这在伊斯兰政治思想中是没有的。在君主政

---

〔1〕“如果你们对任何事情持有异议，那么就到安拉和他的使者那里去寻找答案……”古兰经4：59。

〔2〕伊智提哈德字面含义是，“在一切艰苦的活动中奋斗、努力发挥自我”。参见汉斯·维尔：《现代阿拉伯书面语词典》，麦克唐纳与埃文斯公司1974年版，第142~143页。据阿米迪，伊智提哈德被定义为“法学家依据一定可能性推断出伊斯兰法律规则的所有努力”。参见纳德·韦斯：《找寻神的法律——赛义夫丁·阿米迪著作中的伊斯兰法律体系》，犹他大学出版社1992年版。从这层意义上来说，盖兹卡尔将伊智提哈德定义为“穆智台希德（教法阐释人）尽其所能从伊斯兰法禁令中寻找真知的努力”。塔哈·贾比尔·阿勒瓦尼：“思想与伊智提哈德的危机”，载《美国伊斯兰社会科学期刊》1993年第2期，第237页。

〔3〕伊智提哈德是古兰经与圣行之外最重要的伊斯兰法来源。它与古兰经与圣行之间的主要区别在于，伊智提哈德是一个持续发展的过程，而古兰经和圣行是确定不变的权威，在先知死后就不再改变或增添。参见穆罕默德·哈希姆·卡马力：《伊斯兰法律体系的原则》，伊斯兰教文本学会1991年版，第366页。

〔4〕阿布·达乌德·苏莱曼：《阿布·达乌德圣训集》，贝鲁特：玛塔巴·阿什利亚，1952年版（阿奇亚哈迪斯书HN：3，119）；阿布·穆罕默德·达理密：《达理密圣训集》，贝鲁特：达·基塔布·阿拉比，1987年版（穆加迪玛书HN：168）；提尔密济：《提尔密济圣训集》，贝鲁特：达·菲克尔，未注日期（阿卡姆书HN：1，249）；阿哈默德·本·罕百里：《穆斯纳德圣训集》，利雅得：玛塔巴·伊斯拉米（安萨尔书HN：21，000）；另见塔哈·贾比尔·阿勒瓦尼：《伊斯兰法律体系的来源方法论》，美国弗吉尼亚：伊斯兰思想国际研究会，第12~13页。

治时期，统治者有权施行，但没有能力来进行伊智提哈德，因为在当时这已经成为了一个专业领域。在这方面，我们知道两位伟大的学者，伊玛目阿布·哈尼法和伊玛目马利克，他们都被邀请担任首席法官的职位，但他们都拒绝了，因为他们可能认为为独裁政体服务是不可接受的、不恰当的。[1]

尽管不得不承认在穆斯林历史上，从10世纪开始，伊智提哈德的过程就逐渐受到了限制，这仅仅是因为当时存在这样一种压倒性的信念，认为穆斯林法律体系充斥着大量不受异议的权威教条，因此不需要再进行完善了。我们可以认为，伊智提哈德是穆斯林根据人的本质和特征来理解和实践伊斯兰教法的一种工具。通过伊智提哈德，穆斯林学者们可以建立一种新的理论结构，以及对法律语言和法律解释的新语境，来遵循人类的不断变化的特性。阿拉玛·伊克巴尔明确地说道："穆斯林土地上共和精神的成长以及立法会的逐渐形成，是一大进步。伊智提哈德的权力从代表不同学派的个体手中转移到穆斯林立法会的手中，可以使法律讨论免于对事务具有敏锐洞察力的外行人之手，从对立教派的成长来看，这是公议在现代唯一的可能方式。"[2]

十一、穆斯林历史中伊斯兰宪政的逐渐衰落

在前面的论述中，我们已经主张，宪政直到四大哈里发时期为止，都是伊斯兰统治机制中最重要的特征之一。然而，在四大哈里发之后，宪政原则立刻开始衰落。后四大哈里发时代，对宪政概念的抛弃是明确偏离伊斯兰传统中有限政府道路的结果。伊斯兰教不需要信徒们建立排他的宪政国家这一点也被错误地宣扬。诚然，古兰经没有规定任何政治结构或任何特定形式的政府。但是，与有限政府观念相一致的一些关于统治原则的禁令是确实存在的。

我们可以将先知穆罕默德担任麦地那城邦首领的时代视为伊斯兰统治的范本。在这一时期，行政机关被适当巩固。特别地，哈里发欧麦尔鼓励根据波斯模式建立迪旺形式的中央秘书处的不同部门。在这些部门中，秘书与办事员被聘请来协助行政长官管理国家事务。道德审查部门（希斯巴）的作用是执行安拉的权利（希斯巴）、人的权利（胡库克伊巴德），以及安拉和人的共同权利（胡库克巴因安拉瓦伊巴德）。伊斯兰法律关于特定罪行的执行，名为胡杜德（例如，偷盗、通奸、醉酒等），是由司法部门（伽莎）执行的。[3]

此外，我们只在紧随先知穆罕默德时期的四大哈里发时期的早期找到了国家

---

[1] 阿比德·乌拉·贾恩：《民主的终结》，实用出版社2003年版，第184页。

[2] 阿拉玛·伊克巴尔：《伊斯兰宗教思想重构》，精装出版社1960年版，第138页。

[3] 阿比德·乌拉·贾恩：《民主的终结》，实用出版社2003年版，第163~164页。

机构的分类，其角色和职责，以及制约与平衡的制度。尽管缺少政府的不同分支如立法、行政和司法，问责机制尽管非正式，却是强有力的。根据四大哈里发的圣行（实践）被作为政治制度引入国家的共和政体的政治秩序，被认为是为建立这样一个能够“仅”根据伊斯兰教法原则就能自我管理的“充满信仰的共同体”打下了基础。[1]

后哈里发阿尔·拉什达时期见证了各种力量和事件的相互作用，这些导致了哈里发制度的实质和形式。由于统治机制的演进没有致力于转变为世袭的或王朝性的君主制，历史见证了第一个范例的建立，而后来的伊斯兰历史也遵循了这一先例。在阿巴斯统治时期（公元750～1258年）[2]，经常进行双提名，两位继承人相继就任哈里发职位。这种安排经常引发继任的争战。共同体接受了君主制不仅基于拯救共同体免于分崩离析的所必须，也是由于基于古兰经并没有反对君主制度。[3] 结果，原本的伊斯兰政治理念被抛弃了，公民成了臣民，共和秩序被君主专制政体所取代。

在倭马亚王朝时期（公元661～750年）[4]，不仅伊斯兰行政和司法制度，而且整个政治秩序都改造成了适合于倭马亚王朝秩序的制度。阿巴斯王朝进一步通过引进“瓦扎拉”（行政长官部门）等制度，将哈里发转变为波斯模式的君主制。[5] 哈里发和政治独立的埃米尔之间对于最高政治地位的争夺最终导致了伊斯兰教中苏丹地位的发展。“苏丹”这一术语用来指称与哈里发相对的“世俗的统治者/君主”，前者在阿巴斯王朝后期保有在穆斯林共同体中的宗教——政治最高领导地位。哈里发被剥夺了现世的权力，但保留了一些宗教特权，如任命法官、伊玛目的权力，以及不受朝代更迭影响的特权。[6]

---

〔1〕 阿比德·乌拉·贾恩：《民主的终结》，实用出版社2003年版。

〔2〕 关于阿巴斯时期的规则，详见卡尔加里大学应用历史研究小组：《直到1600年的伊斯兰世界》，http://www.ucalgary.ca/applied_history/tutor/islam/fractured/，访问日期：2009年1月13日。另见伊拉·拉皮德斯：《伊斯兰社会历史》，剑桥大学出版社2002年版；汉密尔顿·吉布：《伊斯兰文明研究》，普林斯顿大学出版社1982年版；贝尔托德·斯普勒：《穆斯林世界》第1卷：《哈里发时期》，E.J.布里尔出版社1960年版。

〔3〕 阿比德·乌拉·贾恩：《民主的终结》，实用出版社2003年版，第165页。

〔4〕 G.R.霍廷：《伊斯兰的第一个王朝——倭马亚王朝，公元661～750年》，克鲁姆·赫尔穆出版社1986年版；P.克龙与M.海因兹：《真主的哈里发——伊斯兰教早期的宗教权威》，剑桥大学出版社1986年版。

〔5〕 S.莱茵普尔：《穆罕默德王朝》，东方UP出版社1986年版，第20页。

〔6〕 尼扎姆·莫尔克：《治国策》（公元1092年），希卡特·印提希·伊尔姆法安吉1994年版；英译本：H.德拉克：《治国策》，劳特利奇与基根·保罗出版社1978年版。

在10、11世纪，伊斯兰世界分成了若干小国，而埃米尔（世袭统治者）之间长年进行战争。[1] 哈里发的地位变得非常弱小。没有埃米尔的同意，他们不能授予任何人主权。理论上，他本应是穆斯林共同体的宗教和世俗的首领，而命令都应以他的名义颁布。

在12世纪后半段，一系列新的斗争在苏丹和哈里发间开始了。哈里发不能罢黜苏丹，但苏丹可以通过法学家的裁决（法特瓦）罢黜哈里发。[2] 苏丹和哈里发之间关于最高政治地位的冲突最终导致了穆斯林的集体毁灭。有3年的时间（伊历1258～61）由于蒙古人对制度的严重打击，穆斯林世界一直处于没有哈里发的状态。[3] 蒙古统治者在14、15世纪接受了伊斯兰教，接受了“苏丹”的称号，却没有承认开罗哈里发。[4]

土耳其哈里发[5]的地位在18、19世纪也衰落了，原因在于他的专制独裁本质，以及不能够根据时代变化的要求来改造自己。穆斯林群众已经习惯了接受专政以避免无政府状态。除了一些稀有的例外，统治精英似乎是凌驾于法律之上的，而如果伊斯兰教法被严格执行，也是用来控制或屈服从公民沦落为臣民的可怜的大众。最终，在穆斯塔法·凯穆尔的领导下，1924年土耳其民族主义者们废除了土耳其苏丹、哈里发以及伊斯兰酋长机关，而土耳其作为一个“单一民族国家”，宣布成为世俗共和国。[6]

这件事的本质是，尽管穆斯林在近一千三百年的时间里都保有权力，也发展出了一些政治制度，但他们对核心原则的偏离是他们自四大哈里发时代结束后权力衰落的原因。另外，西方充分利用了可利用的知识，为战胜无政府状态和独裁主义立下了丰功伟绩。阿兹莎·Y. 阿尔海布里提出这样一种可能性，即美国开

---

〔1〕 H. A. R. 吉布：《十字军东征大马士革纪事》，卢扎克出版社1932年版，第22～23页，第34页。

〔2〕 W. 巴托尔德：《蒙古入侵前的突厥斯坦》，H. A. R. 吉布译，卢扎克出版社1977年版，第373～375页。

〔3〕 “12世纪的蒙古部落被描述为‘土耳其—蒙古’，因为无法完全分清哪些是土耳其人，哪些是蒙古人。”关于蒙古人及其入侵，详见大卫·摩根：《蒙古人》，布莱克威尔出版社1990年版。

〔4〕 E. G. 布朗：《波斯文学史》第3卷，剑桥大学出版社1924年版，第40～61页。

〔5〕 参见赛利姆·戴林格尔：“土耳其帝国的正统结构——阿卜杜勒二世统治时期（1876～1909）”，载《国际中东研究期刊》1991年第3期；埃利·科多利：“土耳其帝国的终结”，载《当代历史杂志》1968年第4期；伯纳德·路易斯：“土耳其帝国及其余波”，载《当代历史杂志》1980年第1期；阿兹米·奥兹坎：“将土耳其哈里发用于英国法律在印度合法化的尝试”，载《伊斯兰正统在亚洲》，安东尼、迈克尔·吉尔斯南编，劳特利奇出版社2007年版，第71～80页。

〔6〕 贾伟德·伊克巴尔博士：“伊斯兰教的国家观念——重新衡量”，载《伊克巴尔评论》第39卷第1期，1998年4月。

国元勋们直接或间接地受到了伊斯兰先例的影响。她注意到，托马斯·杰斐逊对伊斯兰教有所了解，因为他在自己的图书馆中有一本乔治·塞尔翻译的《古兰经》。阿尔海布里认为，在18世纪，塞尔将伊斯兰教尽可能准确地介绍进来，因此使杰斐逊可以亲自践行先知的先例。阿尔海布里主张，如果开国元勋们实际上是受到了伊斯兰模式的宪政的影响，那么这就可以支持这种主张——即美国宪政原则与伊斯兰宪政原则有许多共同之处。即，使这样一种结论可以帮助评价美国将民主制输出至伊斯兰国家的可能性。[1]

十二、宪政与伊斯兰教：未来展望

尽管宪政并非是“西方给予世界的礼物”，但西方确实在将宪政思想制度化的努力方面值得称颂。穆斯林可以采纳西方宪政体制的制度和结构，并为其注入伊斯兰教精神，以达成一个最为圆满的人类统治模式，而非将西方的宪政统治模式妖魔化。西方政治传统从形式上发展出宪政统治的两大系统，即总统制[2]和议会制[3]。值得注意的重要一点是，这些政府形式中的任何一个都有可能转变为伊斯兰国家的理想结构和制度，只要包括以下两个基本元素即可：

（1）安拉的主权

（2）根据古兰经和圣行制定法律

然而，将任何形式的民主统治机制转变为伊斯兰制度的首要条件就是将主权交给安拉。与缺乏责任制这种误解相反，伊斯兰关于神主权的概念使统治者无法逃避公共责任。根据先知穆罕默德的话：“你们中最优秀的伊玛目（领导者）是那些你们热爱并且热爱你们的人，是那些为你们祷告而你们也为之祷告的人；而你们中最差的伊玛目是那些你们憎恨并且憎恨你们的人，是你们诅咒你们也被你们诅咒的人。”无需多加解释就能明白，人民只会热爱那些遵守法律、诚心为人民福祉工作的统治者。在当代，人民有多热爱他们民主选举出的统治者，可以在

---

〔1〕 阿兹莎·Y. 希布里：《伊斯兰与美国宪法——借用可能性或是借用的历史?》1 *U. Pa. J. Const. L.* 492, 497（1999）。

〔2〕 总统制政府的特征是政府立法分支与行政分支在宪法上与政治上的分权。行政权被授予独立选举的总统，而总统并不直接对议会负责，也不能被议会免职。总统制的原则性特质如下：行政机关与立法机关分别选举，分别享有独立的宪法权力；政府首脑和国家元首的角色集于总统一身；行政分支和立法分支的人事正式分离等。广泛收集的关于议会制和总统制的优点的论文，参见阿伦特·李帕特编：《议会制政府与总统制政府》，牛津大学出版社1992年版。

〔3〕 议会制政府意味着政府通过议会进行统治。这一制度的核心特征是立法权与行政权的融合。议会制的其他特征如下：政府的建立是基于党派力量的议会选举的结果；政府的人事来源于议会，通常是享有多数控制权的党的领导；政府对议会负责等。参见阿伦特·李帕特编：《议会制政府与总统制政府》，牛津大学出版社1992年版。

多数政府都存在改选潮流中可见一斑，这被称为“反任职因素”。普选产生的多数统治者，尤其是美国总统，就是人民爱憎的明确象征。这一先知的传统展现了宪政的最高形式。

第二个条件就是古兰经和圣行必须称为立法的主要渊源。这可以通过在伊斯兰国家建立得到充分授权制定或颁布的法律立法机关——议会或马吉利斯阿尔舒拉——来达成。古兰经和圣行的禁令限制了立法机关的权威。[1]

还应注意到，尽管在伊斯兰国家政府没有立法和行政分支的根本划分，行政长官（埃米尔）的可能动向都根据规定要受到政治协商[2]的检查，这意味着所有政府行为，包括行政和立法，都必须要与公众认可的共同体代表协商的结果。古兰经要求受到神启的先知依赖政治协商来为公共事务做决定，对这些公共事务，神没有做出具体的启示：“与他们商量所有公众关切事务；然后，当你（据此）做出决定的时候，将信任给予神。”[3]

如果先知被要求将信徒们召集起来参与这种关于没有具体指引的公共事务的决定时，所有的信徒也必须遵从这一教导。如果这一规则适用于统治者的话，宪政实际上就彻底实现了。这一原则的必然结论是通过多数或一致同意[4]的政治协商取得的决定，这不仅仅是建议性的，而且是对行政长官（埃米尔）有法律约束力的。同时，行政机关的任务就是设计具体方式方法来执行这些决定，来进行日常管理，而不受立法机关的干扰。这反映出伊斯兰对专制独裁（伊斯提布达德）和反复无常的专制统治（胡科姆比哈瓦瓦塔萨鲁特）的憎恶，而这些都是宪政的反题。[5]

当行政机关（埃米尔）和立法机关（舒拉）对一个问题产生不同意见时，司法机关，作为宪法监管人，就应来决定谁的观点是受到古兰经和圣行的支持

---

〔1〕 古兰经 49：01。

〔2〕 古兰经 42：38。

〔3〕 古兰经 3：159。著名的安达卢西亚古兰经评注人伊本·阿蒂耶（d. 546H/1151 C. E.）评论了这一节：“舒拉是伊斯兰教法（沙里阿）的基础之一，也是强制性的规则；任何人（被赋予公共权力者）若不向那些有知识并且知道神的人寻求建议，就应当被解除其公共职位，对此没有任何争论的余地。”参见伊本·阿蒂耶、阿布德·哈格·伊本·加利布：《天经注解》第 3 卷，费斯：阿卡方德伊斯兰事务部 1997 年版，第 280 ~ 281 页。

〔4〕 有些问题是不能通过协商或直接投票得到解决的。例如，即使是 100% 的投票也绝不能使酒精合法化，更不必说 51% 了。

〔5〕 卡勒德·艾布·法德勒：“伊斯兰教与民主制的挑战”，载《波士顿评论》2003 年，http://www.bostonreview.net/BR28.2/abou.html，访问日期：2009 年 1 月 11 日。

的。[1] 此外，司法机关随时有权审查任何决定的合宪性和合法性。当存在任何对伊斯兰法的一般原则的侵犯时，任何权威做出的任何决定都可以被法庭推翻。伊斯兰国家的司法不受任何种类的行政权的压力或影响、威吓或支持、私通或腐败。记住伊斯兰教对正义追求的坚持，它能够发展出一套关于限制的概念来限制政府，防止其背离这种对正义的追求，或在这种追求中妨碍人民合作与异议的权利。重要的是，如果政府没能够履行承诺的义务，就不再拥有对权力的合法要求。[2] 因此，宪政的核心原则，即司法权与行政权和立法权的分离、公正独立的司法制度和司法审查，是深深植根于伊斯兰教中的。

十三、结 语

从以上讨论中，我们无比清楚地看到，宪政的优秀价值观对伊斯兰教并不陌生。他们已然是伊斯兰法律理论和政治价值观的一部分。例如，宪政的组成要素，如依据宪法产生政府、有限政府、权力分立、分权制衡、违宪审查、司法独立，以及受制于人权的有限政府等，都或明确或暗含地存在于伊斯兰统治原则中。伊斯兰宪政的具有启发性的价值观可以追溯到古兰经的禁令、圣行的教诲、伊斯兰教法、赋予人类足够灵活性的创制（伊智提哈德）的概念、协商（舒拉）的概念，以及宣誓效忠的实践等。与无神论的、精神破产的治理制度相反，伊斯兰教提供了一种独特的模式，它通过给宪政诸如精神元素和一神论的原则，获得完美的宪政。所谓宪政与伊斯兰国家不符的宣传只是一种狡猾的噱头，用来强调伊斯兰教不关心有限政府，而西方国家则反之。但事实却恰恰相反。宪政主义作为一种有限政府的思想在西方民主制下不是死亡就是失败了，因为这样的政府仍是独裁的；然而，这种情况在伊斯兰教中就不会存在，因为统治者的权力被神的主权所限制，他们的一切行为都要对人民负责。伊斯兰国家的强烈需求就是回归古兰经和圣行，并根据伊斯兰教法建立伊斯兰国家，而这将成为衰落的西方宪政民主的一个榜样。在发展与宪政相一致的民主的过程中，运用伊智提哈德，将很大程度上帮助世界理解伊斯兰教的真正精神，以及它关于宪政的独特观念。

---

〔1〕 这些原则在古兰经5：48，5：49，及4：105中有明确阐释。

〔2〕 卡勒德·艾布·法德勒："伊斯兰教与民主制的挑战"，载《波士顿评论》2003年，http：//www.bostonreview.net/BR28.2/abou.html，访问日期：2009年1月11日。

宪法上人的形象变迁及其在部门法中的实现

谢立斌 *

一、宪法上人的形象

法律上的人的形象（das Bild des Menschen），就是法律对人的想象和设想，即“呈现在法律上的、准备加以法律规定的”人的形象，它决定了法律如何对人起作用。[1]具体而言，法律对个人赋予权利、设定义务，鼓励人们从事一些行为，禁止人们从事另外一些行为，它规定各种程序，设立各种机构和制度，使得公共生活有章可循。所有的法律，无论其具体规定了哪些规范要求，在一定程度上都直接或者间接体现了对人的看法：个人的本质是什么？应当保护个人不受何种危害？哪些领域应当鼓励个人自由发挥个性？个人不应从事哪些行为？人的形象不仅体现在具体的法律规范中，也体现在贯穿整个法律体系的原则以及相关哲学基础中。[2]人的形象和法律之间存在辩证关系：一方面，每一时期对人

---

* 中国政法大学比较法学研究院副院长，中德法学院院长，副教授，德国汉堡大学法学博士。

〔1〕［德］拉德布鲁赫：“法律上的人”，载《法律智慧警句集》，舒国滢译，中国法制出版社 2001 年版，第 141 页。

〔2〕 E. - W. Böckenförde, *Vom Wandel des Menschenbildes im Recht*, in: ders., Wissenschaft, Politik, Verfassungsgericht, 2011, S. 13.

的看法，决定了法律制度的风格和方向[1]；另一方面，法律制度本身，又影响、塑造、改变着人的形象[2]，尤其是法律的立、改、废能够直接导致人的形象的变化，即便法律文本不发生任何变动，人们往往随着情势的变化而调整对法律的解释，这也会导致人的形象发生变化。法律和人的形象之间的相互作用，使得人的形象和法律都处于不断发展变化的过程之中。

这一原理，也适用于宪法。任何一部宪法，都体现其独特的人的形象。在宪法实施过程中，这一形象还必然发生变迁。现行宪法于1982年制定，当时的文本体现了一定的人的形象。在宪法实施30年过程中，1988年、1993年、1999年和2004年共通过了31个宪法修正案，对宪法文本进行了诸多修改。此外，过去的30年，社会生活发生了翻天覆地的变化，这使得宪法规范在措辞没有发生变化的情况下，其含义也往往发生了变化。基于这两方面的原因，我国宪法上的人的形象，在过去30年中必然发生了重大的变迁。鉴于立法者应当遵守宪法、具有保证宪法实施的职责，宪法上人的形象的变迁，应当也体现为部门法上的一些变化。本文尝试勾勒宪法上人的形象的重大变迁，并考察这一变迁在多大程度上在部门法层面得到了实现。

二、宪法上人的形象的变迁

（一）独立、自由的人的形象得到彰显

从文本上来看，在八二宪法之下，个人是自由的。这突出地表现在宪法第二章关于基本权利的规定中。个人享有选举权和被选举权、言论、出版、集会、结社、游行、示威自由，宗教信仰自由，人身自由，人格尊严、住宅不受侵犯等权利。从1982年至今，宪法第二章关于基本权利的规定，除了第33条中增加了人权条款以外，在过去的30年中没有发生任何改动。这似乎给人一种印象，即八二宪法从一开始，就确立了自由的人的形象，而且这种形象没有发生任何变化。

然而，情况并非如此。宪法上的自由权条款并不是孤立存在的，而是要结合相关宪法条文来理解。个人的自由，以其人格上的独立为必要前提。那么，其他宪法条文是否保障了公民的独立人格呢？在1993年修宪之前，八二宪法第15条规定国家实行计划经济。在计划经济体制之下，个人仅仅以成员的身份，隶属于某一组织，而有关组织又隶属于一个更大的组织，所有组织最终隶属于国家，这

---

〔1〕［德］拉德布鲁赫："法律上的人"，载《法律智慧警句集》，舒国滢译，中国法制出版社2001年版，第141页。

〔2〕 E. – W. Böckenförde, *Vom Wandel des Menschenbildes im Recht*, in: ders., Wissenschaft, Politik, Verfassungsgericht, 2011, S. 13.

意味着个人最终也隶属于国家，没有独立人格。个人与国家的关系，是"权威与虔诚服从加献身的宗教关系"[1]。个人的非独立地位，尤其突出地表现在经济领域：计划经济的正常运行，要求个人服从国家对经济生活做出的安排，个人作为生产要素之一，其任务是服从国家的经济计划对其做出的安排，而不是发挥主观能动性。在经济生活中，个人作为国营企业、集体经济组织或者其他组织的成员，高度依附于其所在组织。在劳动就业、福利待遇等各个方面，个人都依赖于所在的组织。离开了组织，个人几乎没有任何生存空间。[2] 总之，在八二宪法实施的初期，生活于计划经济体制下的个人不具有独立人格，尽管宪法上规定了诸多自由权条款，宪法上的人的形象，仍然是以各种组织和单位的成员身份出现的、不自由、不独立的个人。

在宪法实施30年过程中，宪法上这种消极被动的人的形象，逐步得到修正。历次修宪之后，非公有制经济获得了越来越大的生存空间。尤其是社会主义市场经济体制的确立，完全改变了个人在经济生活中的角色。国家不再以计划者的身份来安排经济生活，而是主要由市场自动调节经济运行。个人也不再依附于公有制经济，非公有制经济为个人提供了许多机会。即便在公有制经济领域，劳动者与企业的关系也越来越简单化，两者之间只存在劳动关系，单位从个人生活的各个领域退出。经济生活中的这些变化，引发了社会结构上的深层次转型，个人在包括经济生活在内的各个领域，其作为组织一分子的身份逐渐淡化，越来越成为具有独立人格的主体。在这种意义上，我国社会转型的过程也可以用"从身份到契约"的公式来归纳。

（二）新型社会弱者的出现

与西方国家的宪法不同，八二宪法在规定了平等权、自由权之后，又规定了大量的社会基本权利，体现了对弱者的保护。就此而言，妇女、儿童、老人、残疾人等需要保护的弱者，构成了八二宪法上人的形象之一。在宪法实施30年的过程中，宪法上的弱者形象发生了重大变化。这主要体现为经济体制转型过程中，出现了大量新的弱势群体。在原有经济体制之下，全民所有制单位中的劳动者享有单位提供的各种保障，事实上的终身就业制度使得人们没有失业风险。在农村，农民通过耕作自留地，能够解决自己的生计问题，对社会救助的需求也不大。经济体制改革之后，个人在享有自由的同时也承担了更多的责任。由于人们在能力、机遇等方面享有的条件不同，公民之间的贫富差距越来越大，一些人无

---

〔1〕 陈端洪："对峙——从行政诉讼看中国的宪政出路"，载《中外法学》1995年第4期。

〔2〕 参见张树义：《中国社会结构变迁的法学透视》，中国政法大学出版社2002年版，第34~35页。

法适应经济生活。尤其是在城市中，国有企业改制打破了“铁饭碗”，导致大量职工下岗失业[1]，他们失去了原来由单位提供的保障，成为救助对象。所有这些群体成为新型的社会弱者，宪法对于这一现象做出了反应，即在2004年修宪时增加了国家建立健全社会保障制度的规定。

那么，弱者形象的变迁，是否违反了“从身份到契约”的社会变迁模式呢？对于新型社会弱者而言，在计划经济时代，单位保障其生活，向其提供各种福利，其并不感到自己不自由；经济体制转型之后，他们无法成功地行使其新获得的自由权利并将其转化为经济上的成功，而是由依赖原有的单位提供保障变为依赖国家提供保障。或者说，他们失去了作为单位成员的身份，但是又获得了接受国家福利给付的身份，似乎整个过程只是两种身份的替换而已。事实上，情况并非如此。如上所述，在社会转型以前，个人完全依附于所属组织。在转型后，即便个人依赖福利待遇，但是个人并不是以不可改变的出身等身份消极接受救助，而只是在出现失业、疾病等法定事由时，才能够接受有关给付。社会保障对处于逆境中的人们提供帮助，使得他们可以尽快克服生活中的挑战，重新把握自己的命运。就此而言，我国宪法上的新型弱者形象，与更加独立、自由的人的形象，是统一的。在这一点上，八二宪法吻合了现代宪法的一个共同特点，即一方面规定平等自由的人，另一方面也规定处于弱势、需要帮助的人，这两种人的形象共存。[2]

三、宪法上人的形象变迁在部门法上的实现

宪法的实施，在很大程度上依赖于立法者进行的具体化立法。如果立法者不作为，则宪法上的很多规范要求无法得到贯彻落实。宪法上人的形象的变迁，要落到实处，也需要立法者的积极作为。那么，部门法层面究竟在多大程度上实现了宪法上人的形象变迁呢？下文考察在民事、行政和刑事法领域，宪法上的人的形象的变迁在多大程度上通过法律得到了落实。

这两种形象的变迁过程，内部存在一定张力：在一些人基于经济上的成功而能够切实享有更多自由的同时，另外一些人则因为经济上的不如意而缺乏行使自由所需要的物质条件，并最终无法行使宪法保障的自由。

---

〔1〕 例如，根据2003年3月国务院总理温家宝在第十届全国人大第一次会议记者招待会上公布的数据，当时中国下岗和失业人口大约1400万。参见“十届全国人大一次会议举行记者招待会，温家宝总理答中外记者问”，载《人民日报》2003年3月19日。

〔2〕 喻中：“变迁与比较：宪法文本描绘的人”，载《法商研究》2009年第5期。

（一）私法领域

八二宪法序言将社会主义现代化建设规定为国家的根本任务，鉴于其对经济建设的重要意义，民商经济领域的立法，就成为当时立法工作的重点。[1] 到1993年修宪确立社会主义市场经济体制之前，包括《民法通则》在内的诸多重要法律顺利出台。[2] 然而，宪法关于计划经济体制的规定和对非公有制经济的限制，对这一领域的立法构成了不可逾越的障碍。1988年宪法修正案第1条和1999年宪法修正案第16条承认和保障了非公有制的经济地位，1993年宪法修正案第7条确立了社会主义市场经济体制，这就为市场导向的民商经济立法奠定了宪法基础。在这一大背景之下，1993年出台的《公司法》对市场经济主体进行了规范，同年还制定了《反不正当竞争法》，1999年制定了《合同法》，它们都对市场经济主体的行为进行了规范。2007年《物权法》出台，为市场经济主体的财产提供了法律保护。这些法律和其他法律[3]，体现了独立、自由的个人形象。准确地说，这些法律预设的人，是典型的"经济人"（homo oeconomicus），他们自私自利、非常精明。他们能够判断什么是自己的利益，并知道如何最有效地去追逐这一利益。甚至，为了达到目的，他们在必要时会采取非正当手段。他们不受情感和道德伦理的约束，只顾忌法律对其作出的禁止性规定，并试图找出法律漏洞，规避法律对其作出的限制，因此有必要通过严密的法律规定防止他们做出危害他人和社会的行为。

与此同时，宪法上的弱者形象，在民商经济领域中也得到了体现。首先，法律往往特别规定对弱者的保护。例如，《民法通则》第104条特别规定婚姻、家庭、老人、母亲和儿童受法律保护，残疾人的合法权益受法律保护。甚至，有一些法律把保护弱者作为整部法律的重要立法目的。又如，鉴于消费者与经营者信息不对称，消费者往往处于弱势地位，《消费者权益保护法》在第1条明确将"保护消费者的合法权益"作为首要立法目的；再如，鉴于在经济体制和社会转型之后，劳动者和用人单位之间力量对比不平衡，劳动者往往处于劣势，《劳动

---

〔1〕顾昂然：《新中国立法概述》，法律出版社1995年版，第27页。

〔2〕这段时期制定的代表性民商事法律包括1982年的《商标法》，1984年的《专利法》，1985年的《涉外经济合同法》和《继承法》，1986年的《外资企业法》，1987年的《技术合同法》，1988年的《全民所有制工业企业法》和《中外合作经营企业法》，1990年的《著作权法》，1992年的《海商法》等。

〔3〕这段时期的其他代表性民商事法律包括1995年的《商业银行法》、《票据法》、《担保法》和《保险法》，1996年的《拍卖法》，1997年的《合伙企业法》，1998年的《证券法》，1999年的《个人独资企业法》和《招标投标法》，2001年的《信托法》，2002年的《农村土地承包法》，2003年的《证券投资基金法》，2004年的《电子签名法》，2006年的《企业破产法》和《农民专业合作社法》，2007年的《反垄断法》和《劳动合同法》等。

合同法》第1条也把“保护劳动者的合法权益”规定为立法目的之一。其次，在法律的执行过程中，无论是最高人民法院[1]，还是地方各级人民法院[2]，都自觉或不自觉考虑到保护弱者的宪法价值取向，对法律条文作出有利于（传统的或者社会转型之后出现的新型）弱者的解释，以此实现对弱者的保护。

（二）行政法领域

行政诉讼法是公法中的典型代表，社会保障法的公法性质也不容否认。下文考察它们在多大程度上实现了宪法上人的形象变迁，以期在一定程度上揭示宪法上人的形象变迁在公法领域成为现实。

---

〔1〕《最高人民法院关于雇工合同“工伤概不负责”是否有效的批复》，充分体现了最高人民法院通过合宪解释保护弱者的思路。在一个雇工合同关系中，招工登记表明确注明“工伤概不负责”，一个雇工因工伤不治身亡，雇主拒绝承担民事责任。经请示，最高人民法院作出如下答复：

“经研究认为，对劳动者实行劳动保护，在我国宪法中已有明文规定，这是劳动者所享有的权利。张学珍、徐广秋身为雇主，对雇员理应依法给予劳动保护，但他们却在招工登记表中注明‘工伤概不负责’。这种行为既不符合宪法和有关法律的规定，也严重违反了社会主义公德，应属于无效的民事行为。至于该行为被确认无效后的法律后果和赔偿等问题，请你院根据民法通则等法律的有关规定，并结合本案具体情况妥善处理。”

答复第三句列举了免责条款无效的三个原因（不符合宪法；不符合有关法律；违反社会主义公德）中，不符合宪法是最重要的原因。从答复的措辞来看，即使不存在另外两个原因，也能够导致免责条款无效的后果。那么，最高人民法院如何从免责条款不符合宪法，得出了其无效的结论呢？相关民法规范是《民法通则》第58条第1款第5项，按其规定，违反法律或者社会公共利益的民事行为无效。这一规定并没有明确民事行为违反宪法是否无效。工伤批复实际上对《民法通则》第58条第1款第5项作出了合宪解释，广义理解这一规定中的法律概念，认为其包括宪法和狭义法律。按照这种解释，违反宪法的民事行为也就构成该款意义上的违法行为，具有无效后果，雇工由此得到保护。

〔2〕例如，在2010年的中国农业银行股份有限公司重庆万州分行与重庆市众托建设有限公司等债权执行异议纠纷上诉案（渝二中法民终字第1467号）中，一个公司已经被吊销营业执照并歇业，所欠的债务，包括民工工资、银行抵押贷款本息以及其他债务；经过法院诉讼程序之后，相关判决和调解书生效，这些债务都进入了法院的执行程序。争议的焦点是，在该公司的所有可执行财产无法实现所有权利主体的债权的情况下，所欠民工工资是否可以优先于银行抵押贷款本息受偿。《劳动法》第50条规定工资应当按月支付，但是并没有明确规定在没有按月支付的情况下，工资是否优先于其他债权受偿。对此，一审法院首先指出，《宪法》第33条第3款规定“国家尊重和保障人权”充分彰显了对人权的尊重和保护。生存权是基本人权，民工工资关乎民工生存权。除了宪法以外，《劳动法》第3条规定，劳动者有取得劳动报酬的权利，第50条规定了工资应当按月支付。在此基础上，一审法院认为：“这些规定说明劳动者不仅应获取劳动报酬，依法还应及时获取报酬，工资是任何企业经营中必然发生的，劳动者的付出附于整个生产经营过程之中，及时支付工资成了生产经营正常维系的重要因素，由此可以理解工资的支付优于其他债权的实现。”纵观其司法推理过程，一审法院先对人权条款进行解释，认为民工工资受到生存权保护，而生存权属于宪法上的重要人权；然后，在这一认识指导之下，对《劳动法》第50条作出了有利于民工生存权的解释，实现了对弱者的保护。

1. 行政诉讼法

在中国几千年的历史中，个人不具有主体性。在家庭之内，个人承担了与其父、子、夫、妻等角色相联系的义务。家庭成员都有服从（通常由父亲担任的）家长的义务，谈不上享有任何权利。家庭的这种结构模式，也延伸到国家。在国家之内，个人是国家的儿女，皇帝就是整个国家的家长。在国家之内，个人也只有义务，不享有权利。在这一历史传统中，个人依附于而不是独立于国家，个人和国家之间的对立关系，更是无从谈起。1989 年出台的《行政诉讼法》，结束了几千年“民不可告官”的历史，个人和国家之间的关系发生了根本性的变化。在行政诉讼中，个人与政府分别作为原告和被告，参加法院所主导的行政诉讼，在诉讼中相互对峙[1]。行政诉讼制度的确立，意味着承认个人是自由的，有能力对自己的利益作出判断，无需政府扮演慈父角色来干预、安排其生活；私人的利益是正当的，并不是万恶之源，在必要时，个人为了维护自己的权利可以将政府诉诸法院。[2]《行政诉讼法》出台之后，个人和政府之间的相互独立甚至相互对峙的关系，就成为制定、解释实体行政法律的基本视角。只要涉及个人和政府之间的关系，都要考虑到个人提起行政诉讼的可能性。在行政管理的各个领域，政府都必须承认行政相对人是具有独立意志的主体。这就使得宪法上独立、自由的人的形象，在行政法领域得到贯彻落实。

2. 社会保障法

在过去的 30 年中，社会弱者的范围扩大，在传统的老年人、残疾人、妇女等弱势群体之外，出现了大量在新的社会结构之下陷入困境需要帮助的人；与此同时，独立、自由的人的形象得到了彰显。宪法上人的形象在这两个方面的变迁，对社会保障制度提出了不同的要求：首先，新型弱势群体，也需要纳入社会保障的范围；其次，还应当维护享受社会保障的公民的尊严，即维护其独立、自由的地位。那么，社会保障立法在多大程度上符合宪法提出的这些规范要求呢？

（1）社会保障的覆盖范围扩大，吸纳了社会转型时期出现的众多社会弱者。在原社会结构之下，城市居民享有单位提供的保障，农民以耕种土地为生，对社会救助的需求不大。因此，当时的社会保障制度仅仅包含了一些零星、分散的措施，覆盖面有限。随着社会结构转型过程中新的社会弱势群体的出现，由相关法律、法规、规章构建成的社会保障法体系，持续扩大了覆盖范围，把这些新型社会弱者也纳入其中。

---

〔1〕 陈端洪：“对峙——从行政诉讼看中国的宪政出路”，载《中外法学》1995 年第 4 期。

〔2〕 陈端洪：“对峙——从行政诉讼看中国的宪政出路”，载《中外法学》1995 年第 4 期。

（2）社会保障立法，改变了政府以施以恩惠的形式向个人提供福利给付的做法，将获得社会保障规定为个人的权利，从而保障了个人的尊严，维护了个人独立、自由的地位。在社会转型之前，基于父爱主义立场，社会保障是国家（通过各种单位）向个人提供的恩惠，个人并没有权利向国家请求给付，其命运取决于政府的“恻隐之心”。社会结构的转型，导致了社会保障在性质上的变化。有关立法往往明确公民在满足何种条件的情况下，享有向国家请求何种给付的权利，这一权利通常能够通过行政诉讼来主张。在这一制度安排下，公民不再是政府施舍的对象，而是与政府平起平坐的权利主体，政府承担了相应的法定义务。这突出地表现在社会保险制度中。就养老保险、医疗保险、失业保险、工伤保险和生育保险等社会保险项目而言，社会保险提供的给付不是政府在个人毫无付出的情况下凭空授予的恩惠，而是个人（以及用人单位）履行缴纳保险费等义务之后才享有的权利。就此而言，个人享有社会保障，并不使其沦为消极接受帮助的境地，个人的尊严并不受任何影响。

（三）刑事法领域

宪法上人的形象的变迁，对刑事法也产生了影响。本文无法、也不必对《刑法》、《刑事诉讼法》在过去30年的发展进行详细考察，而只选取这两部法律的重大修订加以分析，以期明确宪法上人的形象变迁在多大程度上通过有关法律修订得到了落实。

我国现行刑法典于1979年制定，1997年修订。修订之后的刑法典，体现了对人的独立人格的尊重，这表现在三个方面：首先，修订后的刑法典确立了罪刑法定原则，并更为合理地规定了法定刑幅度，从而提高了对人权的保障。[1]其次，反革命罪被废除并由危害国家安全罪取而代之以后，只有危害国家安全的行为，才构成犯罪。修订后的刑法典实际上对很多原来构成反革命罪的行为作了无罪化处理。个人“革命”与否，与国家无关，这意味着个人政治身份的淡化，承认个人可以自由决定采取何种政治立场。最后，修订后的刑法典将流氓罪分解为聚众淫乱罪等四个罪名，在一定程度上纠正了原来刑法典泛道德化的状况，将男女交往中属于道德领域的行为予以无罪化处理，也体现了对个人主体地位的尊重。

《刑事诉讼法》于1979年制定，1996年、2012年进行的两次修订都强化了对个人权利的保护。在1996年第一次修订中，对个人权利的保护体现在两个方面：一是改变了之前不尊重被害人主体地位的做法，确定了被害人的当事人地

---

〔1〕储槐植、梁根林：“论刑法典分则修订的价值取向”，载《中国法学》1997年第2期。

位，赋予其一系列诉讼权利；[1]二是突出了对犯罪嫌疑人和刑事被告人权利的保障。1996年修订后的《刑事诉讼法》增加了无罪推定的规定，取消了原来带有充分的有罪推定色彩的“人犯”称谓，对处于刑事诉讼不同阶段的被追诉人，分别称为“犯罪嫌疑人”或者“被告人”；1996年修订后的《刑事诉讼法》大幅度提前了律师介入诉讼的时间，充分发挥了律师在维护权利方面的作用。[2]2012年《刑事诉讼法》第二次修改，明确把“尊重和保障人权”规定为了刑事诉讼法的任务之一，采取多个措施[3]进一步加强了对犯罪嫌疑人、被告人权利的保护。

总之，《刑法》和《刑事诉讼法》的历次修改，都突出了对个人人格的尊重，这符合宪法在实施三十年过程中尊重个人主体性的趋势。在这种意义上，宪法变迁过程中自由的人的形象得以彰显的趋势，在刑事法层面得到了贯彻。就宪法上的弱者形象而言，在一定意义上，犯罪嫌疑人、刑事被告人、被害人都是社会弱者，修订后的《刑法》和《刑事诉讼法》更好地保护了他们的权利。不过，由于他们都是传统意义上的社会弱者，而不是过去三十年社会结构变迁过程中产生的新的社会弱者，与本文所说的宪法上弱者形象的变迁（即大量个人在市场经济中被淘汰成为新的社会弱者，导致弱者形象出现结构性变化），并没有直接的关系。

---

〔1〕 被害人享有的诉讼权利，包括申请回避的权利、对作为证据的鉴定结论申请补充鉴定或者重新鉴定的权利、委托律师代理诉讼的权利、对公安机关不予立案侦查决定不服向检察机关提出申诉以及对检察机关决定不起诉不服而提出申诉或向人民法院起诉的权利、在对一审未生效判决不服的情况下请求人民检察院提起抗诉的权利。参见吕宗慧：“论我国保护刑事被害人诉讼权利的新发展——兼评我国新的《刑事诉讼法》”，载《法学评论》1996年第5期。

〔2〕 王敏远：“我国刑事诉讼法修改述评”，载《法学家》1996年第4期。

〔3〕 这主要表现在三个方面：首先，刑事诉讼法规定了不得强迫自证其罪的原则；其次，规定了非法证据排除规则等制度，遏制刑讯逼供行为；最后，通过对逮捕理由的审查、羁押理由的持续审查制度，避免非法羁押现象的发生。参见韩红兴、姬艳涛：“刑诉法修正案彰显尊重和保障人权的价值取向”，载《中国社会科学报》2012年3月23日，第A04版。

人权保护机构纵横论

——以监察专员（Ombudsman）为中心

罗智敏 *

如何健全和完善现有的人权保护机制成为各国近些年来面临的一个主要问题，作为保护人权与监督行政的监察专员制度日益受到各国的重视。古罗马的保民官与现代法中的监察专员的职能在一定程度上体现出相似性，在人权保护发展的今天，对二者的比较研究对我国设立相应的人权保护机构具有重要的现实意义。

一、古罗马的人权保护机构：保民官

从一个机构的职责是对人民的权利进行保护的意义上讲，古罗马时代就已经存在人权保护机构，那就是罗马共和国时期设立的保民官。

保民官（Tribuni plebis）创设在罗马共和国初期，产生于平民的革命。在罗马共和国早期，罗马平民与贵族进行了激烈的斗争，斗争原因主要集中在两个方面：在政治方面，平民要求取消贵族垄断国家官职局面，开放国家官职；在经济方面，平民要求能够分配公有土地、减轻债务和废除债务奴役。公元前494年平民与贵族分裂，进行了第一次大撤离，

* 中国政法大学法学院副教授，意大利罗马第二大学法学博士。

他们通过《神圣约法》[1] 设立了保护平民的保民官，保民官具有神圣不可侵犯性，“凡是侵犯保民官的人，将被作为牺牲品献祭给朱庇特神，他的家产将在土地神和子女促生神的庙宇中拍卖”。[2] 由于保民官产生于平民革命，因此不属于正常国家官职系列，但是其权力却可以与罗马共和国的任何其他机构相抗衡。

为了保证对平民权益的维护，在历史发展的进程中，保民官的权力主要有：一是救助权（ius auxilii），即保护平民不受贵族执法官治权的侵害。二是否决权（ius intercession），这是保民官最重要的一项权力，保民官可以否决他认为有损于平民利益的其他国家机构的一切行为，它可以对抗一切官员的命令，甚至可以反对元老院的决议以及交付民众大会的建议。[3] 这种权力不是来自于法律，而是来自于平民的誓约，它的威力如此之大，以至于能够使“国家机器停止运转”。[4] 三是强制权（ius coercitio），即保民官所享有的一些强制性的权力，包括拘捕、罚金、提起罚金之诉或死刑之诉，也针对卸任执法官在职期间所犯下的罪行，[5] 四是召集并主持平民部落会议的权力（ius agenda cum plebe）[6]，作为平民的官职，保民官可以召集平民部落会议（concilia plebis tributa），选举平民官职（保民官和平民营造司）。五是法律建议权及一定的审判权，在公元前286年的霍尔滕西法（Lex Hortensia）规定平民会决议（plescibita）最终具有法律效力后，保民官也拥有了法律建议权。在平民部落会议上，保民官还可以主持平民大会，对那些在职期间滥用权力的卸任官员进行审判。六是被选举为元老以及元老院会议召集权，在罗马共和国后期，保民官可以被选为元老，并且获得了召集元老院会议的权力（ius agenda cum senatus）。

保民官一直以保护弱者、捍卫人民权利的形象出现在历史的舞台上。在设立初期，作为平民领袖，其目的是保卫平民的权益，后来逐渐成为全体罗马市民权利的保护者。尽管在罗马共和国后期，保民官成了个别集团所利用的工具，但是作为一种特殊的监督机构，它始终在罗马共和国宪政中起着非常重要的作用。卢

---

〔1〕 当然，关于保民官是通过平民与贵族的协议设立还是平民单方通过《神圣约法》的设立在学界还是有争议的。参见［意］弗朗切斯科·德·马尔蒂诺：《罗马政制史》（第1卷），薛军译，北京大学出版社2009年版，第255页。

〔2〕［意］格罗索：《罗马法史》，黄风译，中国政法大学出版社1994年版，第71页。

〔3〕 参见 Burdese Alberto, *Manuale Di Diritto Pubblico Romano*, UTET, 1982, p. 70；［俄］科瓦略夫等：《古代罗马史》，王以铸译，上海书店出版社2007年版，第127页。

〔4〕［意］格罗索：《罗马法史》，黄风译，中国政法大学出版社1994年版，第73页。

〔5〕 参见 Burdese Alberto, *Manuale di diritto pubblico romano*, UTET, 1982, p. 70.

〔6〕 召集平民部落会议的权力类似于召集民众会议的权力（ius agendi cum populo），参见 Vincenzo Arangio－Ruiz, *Storia del Diritto Romano*, Napoli, 1974, p. 104.

梭这样评价保民官："作为法律的保卫者，他要比执行法律的君主与制订法律的主权者更为神圣、更为可敬。这是我们很明显地可以在罗马看到的；罗马的那些高傲的贵族们总是鄙视所有的人民，但他们却不得不在一个平凡的、既无占卜权又无司法权的人民官吏的面前低下头来。"〔1〕

二、现代法中的人权保护机构之一：监察专员

监察专员（Ombudsman）制度如今已经是风靡世界的人权保护机构，它起源于瑞典，1809 年瑞典通过的新宪法设立了议会监察专员（Justitieombudsman），他们有权监督法官与政府官员是否遵守法律和法规，并能够提出修改法律的建议。监察专员制度首先在斯堪的纳维亚国家的芬兰、挪威和丹麦得到确认，随后逐渐在世界各地广泛传播。21 世纪初，世界上已经有一百多个国家在国家、大区、市等不同层次上设立了监察专员，并且出现了国际性及区域性的监察专员协会。

由于各国情况不同，世界上并不存在完全相同的监察专员制度，各个国家的监察专员在设立方式、权力范围以及公民向监察专员申诉的方式等方面都有自己的特征。例如，在监察专员的设立方式方面，大多数国家都由议会选举产生，也有些国家如法国由总统任命；在监察专员的权力范围方面，大多数国家的监察专员享有调查权、建议权、批评权与公开权，有一些国家也赋予监察专员起诉的权力，如向宪法法院提起违宪审查之诉、针对行政机关提起诉讼等；在公民申诉方式方面，大多数国家规定公民可以直接向监察专员申诉，而有的国家则需要通过其他机构的转交才可以。此外，监察专员的名称也不一样。〔2〕差异虽然存在，但是监察专员的性质却是不变的，即它是一个接受公民申诉的机构，其任务是保护公民的权利，监督违法与不良的行政。监察专员制度自创立之后就发挥了重要作用，它积极地保护人权，并促进了国家民主化进程。监察专员保护公民权利的范围也不断扩大，从对公民基本权利的保护扩大到对社会权的保护，近些年来，监察专员受理公民要求政府加强环境保护、提高医疗服务质量、改善住房条件等的事件逐渐增多。〔3〕另外，一些国家监察专员的任务也包括保护集体利益和分

---

〔1〕［法］卢梭：《社会契约论》，何兆武译，商务印书馆 2003 年版，第 157 页。

〔2〕例如，在西班牙及拉美国家称为"人民保护人"（Defensor del Pueblo），在法国称为"调解专员"（Médiateur），在奥地利称为"人民的律师"（Volksanwalt），在意大利称为"市民保护人"（Difensore civico）。

〔3〕例如，意大利罗马的市民保护人在 2005 年所受理的公民申诉中公民要求最多的前十个问题中九个涉及社会权，包括公共照明、街道卫生、户口迁移、城市噪音、孩子入托、公共住房、残疾人社会救助、公共交通、环境保护。参见 Ottavio Marotta，*Filo dietro con la citta relazione annuale* 2005 ，p. 15.

散利益。[1]

三、保民官与监察专员的共同理论基础：制约权力与保护权利

虽然古罗马保民官制度与现代监察专员制度的时间跨度为两千多年，但二者在某些方面却呈现出共同的特征，甚至有些学者认为，古罗马的保民官制度是现代监察专员制度的起源。[2]

（一）从制度设立的理念上看，这两种制度都不同程度地反映了对权力的制约与监督

保民官一职之所以被设立，就是为了保护平民不受贵族执法官滥用治权的侵害，其否决权成为共和国体制内抗衡执政官治权的有力武器，从这个角度上看，保民官制度体现了以权力制约权力，以免使权力集中在执政官身上的理念。正如西塞罗所言“如果由一人统治所有其他的官职，那便会令人觉得推翻的只是‘国王’这一名称，事情的本质仍然继续存在……执政官拥有法律赋予的这样的权力：所有其他官员都服从于他，只有保民官除外。”[3]

监察专员制度同样反映了对行政权力的监督与制约。传统的对行政权力监督与制约的机制都存在一定的缺陷：议会对行政权力的监督难免受到党派利益的影响，议员大量时间一般用在讨论立法等事项上，没有更多的时间真正地调查处理公民的投诉；在司法监督中，公民要严格遵守法定程序，等待时间较长，且法院受理行政争议的事项有限，一些涉及合理性问题或者事实问题的案件在许多国家都不在司法审查范围之列，而且法院的监督都是事后救济，对行政机关的侵权行为不能积极地加以防范；公民对行政机关的内部监督存有不信任感，因为裁决者本身就是行政行为的作出者或其上级机关，实践证明，他们更多地从维护自身利益出发而作出裁决。正是鉴于行政监督机制所存在的不足，地位独立的监察专员制度才得以广泛传播。

---

〔1〕 如巴拉圭1996年的《人民保护人组织法》规定了人民保护人为了保护分散利益的起诉权，哥伦比亚在1998年第472号法律中也赋予了人民保护人提起民众诉讼的资格，阿根廷1994年《宪法》第43条也规定当涉及集体利益时人民保护人有权提起申诉（amparo）；委内瑞拉《宪法》第273条也明确规定人民保护人有权保护公民的合法利益、集体利益及分散利益。

〔2〕 参见“*Da Roma a Roma, Dal Tribuno della plebe al Difensore del popolo, Dallo ius gentium al Tribunale penale internazionale, Quaderni IILA*”, Atti del Seminario di studi 21～22 febbraio 2002, a cura di Pierangelo Catalano, Giovanni Lobrano e Sandro Schipani Serie Diritto I, Roma, 2002.

〔3〕 ［古罗马］西塞罗：《论共和国论法律》，王焕生译，中国政法大学出版社1997年版，第262页。

（二）从设立目的来看，对个人权利进行保护是二者所要达到的共同目的之一

保民官最初设立的目的就是为了保护处在弱势地位的平民免受贵族执法官的侵害。共和国初始，贵族拥有诸多特权，官职由贵族把持，民众大会由贵族操纵，法律由贵族建议制定，公有地也被贵族侵占。而平民承担兵役与赋税的负担，这使许多平民负债破产，残酷的债务奴役制又使许多平民被处死或出卖。在平民第一次大撤离成功地设立了平民自己的官职之后，保民官便是平民寻求保护与诉苦之处。为了随时接受平民的求助，保民官不能在城外夜宿，他的家门应该是日夜向民众开放的。在古罗马成为一个贵族—平民国家之后，尽管保民官仍然保持着平民领袖的性质，但该职位逐渐失去了其革命性而成了全国性的机构，他也成了全体民众求助的机构，他“不仅保护其他官员，而且保护不服从执政官的普通人”。[1]

监察专员是现代民主制度发展的结果，其设立目的是为了纠正违法或不良行政行为，保护公民的合法权益及自由，一般各国在关于监察专员的法律中都明确规定了这项任务。[2] 监察专员非常容易接触，公民可以以书面、口头甚至电报、传真等方式向监察专员申诉；监察专员一般都免费为公民提供服务。除了程序简洁，监察专员的活动也在最大程度上体现了公开透明，一般监察专员都会向公众公开其报告以及所解决的一些问题。由于监察专员极其容易接近，公民更愿意求助于监察专员来维护自己的权利，正如意大利罗马市民保护人马洛达在叙述其作为市民保护人的经历时所谈到的，在他第一年担任市民保护人时，在几天内就有六百多人向其求助，有时候即使他不能解决问题，也能使人们在心理上得到慰藉。[3]

（三）从权力性质来看，保民官与监察专员的权力都具有消极性，这也从一个侧面反映了它们之间的历史连续性

在保民官的权力中，最能体现其权力性质的便是否决权，每一位保民官都可以单独行使否决权，甚至可以针对自己的同僚。从性质上看，否决权是一种消极权力，即不积极地从事某项行为，只针对他人的行为予以否决。正如卢梭所言，

---

〔1〕［古罗马］西塞罗：《论共和国论法律》，王焕生译，中国政法大学出版社 1997 年版，第 262 页。

〔2〕 M. Mariani - A. Di Bernardo - A. Doria, *Il difensore civico Esperienze comparate di tutela dei diritti*, G. Giappichelli, 2004, p. 49.

〔3〕 *Un difensore civico per amico*, in *La Piazza*, dal 31 dicembre 2004 al 31 gennaio 2005, 19.

"他虽不能做出任何事情，却可以禁止一切事情"。[1] 他享有的其他权力都不能磨灭其权力消极性的特征，正是有权针对其他一切国家机构的行为说"不"，才在一定程度上使得共和国的宪政平衡机制保持生机与活力。

在近代资产阶级宪政理论中，消极权被大多数人所遗忘，意大利与拉美一些罗马法教授提出了重新思考罗马法中保民官的消极权的建议。[2] 现今对保民官消极权的再解释体现在两个制度中：其一为劳动者的工会；其二为现代的监察专员制度。[3] 监察专员同保民官一样，他不能积极地要求行政机关去做某些行为，但却可以通过自己的行动迫使行政机关中止或放弃某种行为，这表现在监察专员享有批评警告权、建议权等权力。然而，监察专员的决定对行政机关完全没有约束力，行政机关可以对他的建议不予理睬，他只能通过媒体的力量和自身的威望解决问题，因此从这个意义上而言，监察专员的权力也是具有消极性的。

四、监察专员制度的不足与完善

古罗马保民官制度与现代监察专员制度设立在不同时代、不同的政治背景下运行，自然在性质、职能等方面存在着差异。然而，同样作为保护公民免受行政侵害的制度，现代监察专员制度从对权利保护的实际效果层面却难以与保民官制度相媲美。为了加强对人权的保护，监察专员制度需要进一步完善。

（一）从在宪政体制中的地位与作用分析，现代监察专员制度无法与罗马保民官制度相提并论

保民官在罗马共和国宪政的发展中具有举足轻重的作用：作为平民的领袖，为了争取平民的权益，保民官一直与贵族执政官和元老院进行斗争，使执政官与元老院不能独断专行。从某种角度而言，保民官制度完善了令后世赞美的罗马共和国的宪政体制，使得共和国宪政的制约与平衡机制趋于完美，并且从一定程度上维持了国家的稳定。保民官从一定程度上防止了公权力的过度膨胀以及对私权力的过多干预，促进了古罗马民主与自由的发展。正是通过保民官的努力，古罗

---

〔1〕［法］卢梭：《社会契约论》，何兆武译，商务印书馆2003年版，第156页。

〔2〕参见 P. Catalano, *Diritti di libertà e potere negativo*, in: Archivio giuridico "Filippo Serafini" 182, 1972, p. 321 ss.; id, "*Dai Gracchi a Bolivar. Il problema del potere negativo*", *in* "*Quaderni IILA*", Serie Diritto I, vol. "*Da Roma a Roma. Dal Tribuno della plebe al Difensore del popolo. Dallo ius gentium al Tribunale penale internazionale*", 2002, p. 37 ss;［意］皮兰杰罗·卡塔兰诺："一个被遗忘的概念：消极权"，徐涤宇译，载徐国栋主编：《罗马法与现代民法》（第3卷），中国法制出版社2002年版。

〔3〕P. Catalano, G. Lobrano, *Promemoria storico giuridico*, Atti in Seminario di Studi *Conflitto e costituzione romana*, organizzato dalla Facoltà di Giurisprudenza dell' Università di Sassari e dalla Sezione di Roma "Giorgio La Pira" dell' ITTIG - CNR (Sassari, 11 ~ 12 dicembre 2006), in occasione del MMD Anniversario della Secessione della plebe al Monte Sacro.

马通过了一系列法律使得平民有机会参与政治，参加官职的竞选，获得对公有土地的占有以及一系列其他与贵族平等的权利，正如马基雅维利所言，保民官“为罗马的自由树起一道屏障”，[1]使执政官与元老院不得不考虑全体民众的利益而做出决策，“他们甚至因为害怕平民暴动而做出违背自己意愿的决策”。[2]伴随着罗马国家民主进程的是“对所有市民参与行政管理的允许、官职选举制的扩大、民众会议基础的拓宽”。[3]总之，“人们就这样自相矛盾地和天才地将一种社会斗争的手段加以制度化，它推动了罗马国家的发展进程。”[4]虽然波利比乌斯与西塞罗的混合宪政理论认为，罗马共和国宪政由官员、元老院和民众三个部分构成从而达到一种平衡的状态，保民官始终被归入到普通执法官体系之中，没有特别强调保民官不同于其他官职的特殊性，但是马基雅维利在《论李维》一书中却大力赞扬了保民官制度，在卢梭等人的著作中保民官之职在国家机构中的重要性也充分得到体现。[5]

现代监察专员制度是在瑞典创设议会监察专员制度的一百多年后，面对自由主义国家存在的国家危机而广泛传播的。以孟德斯鸠提出的三权分立理论建立起来的政治制度已经无法应对现实中存在的问题，[6]在各种国家权力中，行政权力的范围越来越大，极易侵害公民权利。按照三权分立理论和代议制所建立起来的民主国家制度不能够满足民众的权利保护要求，因为制约和监督行政权力的传统机制都存在不可避免的缺陷，许多国家将目光投向了监察专员制度。监察专员具有政治中立、地位独立，不受行政机关、司法机关和各种党派力量的影响的特点，具有较高的个人威望，深受公众的信任，成为众多国家选择的制度。尽管在诸多方面监察专员都显示了其重要地位与作用，但是在整个宪政制度中，监察专员仍然处于一个辅助的角色，不能像保民官一样处于核心地位，也就使监察专员

---

〔1〕［意］马基雅维利：《论李维》，冯克利译，上海人民出版社2005年版，第57页。

〔2〕［意］马基雅维利：《论李维》，冯克利译，上海人民出版社2005年版，第181页。

〔3〕［意］格罗索：《罗马法史》，黄风译，中国政法大学出版社1994年版，第203页。

〔4〕［意］格罗索：《罗马法史》，黄风译，中国政法大学出版社1994年版，第73页。

〔5〕关于保民官制度在近现代学者的著作及制度中的体现，参见 G. Lobrano, *Del defensor del pueblo al tribuno de la plebe: regreso al futuro. Un primer bosquejo de interpretación histórico – sistemática con atención particolar al enfoque bolivariano*, in *Roma e America. Diritto romano comune*, Mucchi Editore, 14/2002, pp. 135～165.

〔6〕关于这一点参见 G. Lobrano. *Dal 'defensor del pueblo' al Tribuno della plebe: ritorno al futuro. Un primo tentativo di interpretazione storico – sistematica, con particolare attenzione alla impostazione di Simón Bolivar*, in "*Da roma a Roma*" . *Dal Tribunato della plebe al difensore del popolo. Dallo Jus gentium al Tribunale penale internazionale*, a cura di P. Catalano – G. Lobrano – S. Schipani, atti del Convegno tenutesi nella sede dell' ila nei giorni 21～22 feb. 2002, ILA, Roma, 2002.

的实际监督效果受到一定限制。虽然监察专员制度是在现代民主化国家的土壤上诞生与发展的，不可能像古罗马保民官那样具有革命性，但在某种程度上提升监察专员制度的宪政地位会更好地实现设立该制度的初衷。

（二）与保民官相比，现代监察专员的权力相对有限

古罗马保民官的权力在罗马共和国时期国家机构的权力体系中处于特殊地位。保民官在罗马共和国的官职体系中，不算是正式的国家官职，因为他不是由百人团大会而是由只有平民参加的部落会议选举的，他没有占卜权，没有侍从官，不能穿执政官等官员那样的紫边拖袈长袍，也不能坐象牙圈椅。但是，保民官享有救助权、否决权、强制权、召集并主持平民部落会议的权力、召集元老院会议的权力，[1] 尤其是否决权威力之大，可以使国家机器陷于瘫痪，以至于后来一些贵族要通过被平民收养从而把自己转变为平民，以达到竞选保民官的目的。[2] 正是因为保民官的权力之大，才能够真正地维护平民的利益，最后成为全体罗马市民权利的保护者。

在现代社会的监察专员制度中，一般监察专员享有的权利有：调查权，监察专员有权进入任何行政机关，并有权获得一切文件和资料，有的国家还规定包括那些法律规定为秘密的文件；建议权，监察专员在行使职权的过程中如果发现法律法规中存在问题可以向立法机关提出修改该法律或法规的建议，也可以向其所调查行政行为的行政机关或其上一级机关提出批评、建议或劝告；公开权，监察专员对自己所调查的违法或不良行政行为可以写在递交议会的年报或者特别报告中，这些报告都是公之于众的，对于自己建议或规劝行政机关更正自己行为而行政机关拒不理睬的，监察专员也会通过媒介将其公开；起诉权，有一些国家赋予监察专员起诉的权力，如葡萄牙、西班牙、奥地利的监察专员有权向宪法法院提起审查法律是否合宪的诉讼；申诉权，在一些拉美国家，在公民的基本权利受到侵害时，人民保护人还可以向宪法法院提起申诉程序（Amparo）；追诉权，法国的调解专员对于公务员的严重违法或失职行为，也可以发动刑事追诉程序。[3] 尽管如此，监察专员的权力与保民官相比还是有限的，因为他的权力不具有强制性，他的规劝与建议对行政机关并没有强制力与约束力，在一些国家就无法真正实现保护公民权益的目的。正因如此，国外也有监察专员认为，适当拓宽监察专

---

〔1〕 有关保民官权力的详细阐述，参见 G. Lobrano, *Il potere dei tribuni della plebe*, Milano, 1982.

〔2〕 Levim. A - Meloni. A, *Storia romana dagli etruschi a Teodosio*, Milano, 1960, p. 224.

〔3〕 王建学："从行政调解专员到基本权利保护专员——法国行政调解专员制度改革述评"，载《国家行政学院学报》2008 年第 5 期，第 101 页。

员的权力成为必需，[1] 使其既符合国家宪政体制又能够切实达到设立目的。

五、保民官与监察专员制度对我国设立人权保护机构的启示

1997 年与 1998 年我国先后签署了《公民权利及政治权利公约》、《经济及社会文化公约》这两个“人权公约”，2004 年 3 月我国宪法修正案第 24 条又将“国家尊重和保障人权”写入宪法，但是我国目前还没有专门设立保护人权的机构。我国公民权利保护现状并不乐观，尤其当公民受到公权力的侵害时，暴露出很多制度设计的缺陷。针对这种现状，很多学者提出借鉴国外的监察专员制度，在我国设立人大监督专员，作为保护人权与行政监督的机构。[2] 设立相应的机构以实现对人权的保护、加强对行政的监督是我国的现实需要，但是在创设类似的机构时有必要认真研究其他国家设立该制度的宪政背景及价值，这样会更清晰地理解为什么世界上很多国家都设立了监察专员以及该制度在各国中发挥的作用，从而更好地构建符合我国国情的监察专员制度，使其发挥实效而不流于形式。

各个国家的社会、政治、文化背景不同，监察专员的具体制度也有所不同，前国际监察专员协会（IOI）主席马丁·奥斯汀（Marten Oosting）将各国监察专员分为两类：成熟民主国家的监察专员和新民主国家的监察专员。[3] 它们设立监察专员制度的宪政意义不同：

成熟民主国家包括大部分西欧国家以及一些福利国家，如新西兰、澳大利亚、加拿大等，它们设立监察专员是与代议制危机密不可分的。19 世纪末 20 世纪初以来，随着社会经济与政治结构的变化，自由资本主义时期产生的代议制在向垄断资本主义的过渡中，受到很多挑战。政府权力扩大，行政权由一元化走向多元化，行政权介入私人生活领域愈来愈多，公民的权益被侵害的可能性也就愈来愈大，各种利益集团和广大民众已不再满足于传统的政治权利，他们要求直接参与政治与行政决策。因此，首先，在扩大民众参与方面，监察专员制度就凸显出其重要性，它能够促进公共行政机关的行为更加公开透明；其次，这些国家都

---

〔1〕 M. Mariani – A. Di Bernardo – A. Doria, *Il difensore civico Esperienze comparate di tutela dei diritti*, G. Giappichelli, 2004, p. 217ss.

〔2〕 如扶松茂：“从瑞典、英国议会行政监察看中国的行政监察专员制度的创制”，载《云南行政学院学报》2002 年第 6 期；杨亲辉：“行政监察专员制度比较研究——兼论我国行政监督救济体系的完善”，载《河南科技大学学报（社会科学版）》2007 年第 6 期；刘彩侠、娄成武：“关于建立人大监察专员制度的研究”，载《辽宁公安司法管理干部学院学报》2006 年第 3 期；

〔3〕 M. Oosting, “The Ombudsman Environment: A Global View”, *Internationale Ombudsman Journal*, n. 13, 1995, p. 10 ss.

已经是“法治国”，公民有很多渠道获悉自己的权利，监察专员对公民权利的保护实际上成为民主制度的一种支持，因此在这种环境下，除了维护人权之外，监察专员在很多国家被认为是改善行政机关运行的辅助者，来作为政府与公民之间的“调解者”，能够鼓励公民与政府之间的合作，在一定程度上加强了公民对政府的信任，同时也促使政府向公民提供更好的服务。正如意大利罗马市民保护人在2005年的年度报告中所言，“市民保护人的职能不仅是主要从调解的角度来帮助市民，而且还要促使行政机关从市民的真正需要为基础重新调整和组织自己的服务，行使具有道德性的行为。”[1]

一些新民主国家，比如危地马拉、墨西哥、萨尔瓦多，以及前社会主义国家波兰、立陶宛、斯洛文尼亚等，它们与建立真正的法治国仍有一段距离，公民的基本权利受到限制或经常被侵犯，监察专员在这些国家最基本的任务实际上就是维护人权，保证行政在法治的轨道上良好运行。此外，监察专员具有的教育功能也很重要，他向民众提供与政府之间关系的基本权利的信息与知识。因此，在这些国家，监察专员对保护人权非常重要。

此外，需要强调的是，无论是成熟民主国家还是新民主国家，民众寻求保护的途径是广泛的，除了司法救济、行政系统内部救济外，还有其他救济渠道。例如直接向总统申诉、工会的保护、一些非政府组织的支持以及专设的人权保护委员会等；也就是说，向监察专员寻求保护并不是除复议与诉讼之外的唯一途径。

与以上两类国家相比，我国有自身独特的宪政背景。1999年我国将“中华人民共和国实行依法治国，建设社会主义法治国家”写入宪法，尽管已经取得一定成就，但我们还不是法治的国家，正努力地向法治国的目标前进。在现实生活中，公权力侵犯人权、漠视人权现象并不稀少。民众本身对自身权利认识也很少。在这种情况下，人大监督专员的主要任务应该重在保护公民的权利与发挥其教育功能，鼓励人民的参与。任何制度都不可能设计得毫无缺陷，虽然国外的监察专员在行政监督方面起着重要作用，但如前所述，该制度本身也存在一些不足，也需要不断完善，我国在将来创设的人大监督专员中应总结他国经验，避免这些不足。要想充分的发挥人大监督专员在保护人权与监督行政方面的优势，应该至少确保达到以下要求和条件：

（1）地位独立是人大监督专员的前提与根本。具有独立的地位是各国监察专员真正有效地对行政机关进行监督的首要条件，如何在我国目前的政治体制中设立人大监督专员，保持其独立性与权威性是最根本的问题。这就需要在宪法与

[1] Ottavio Marotta, *Filo dietro con la citta*, *relazione annuale* 2005, p. 15.

特别法律中明确人大监督专员的独立地位，他应该从人大选举产生，特别要保证其人事与财政的独立，只有这样才能够确保人大监督专员在履行职责的过程中排除各方面的干扰，对来自于行政机关和其他公权力机关的压力真正地具有抵抗力。当然，这不意味着人大监督专员不受任何监督，其本身也要接受人大及其他机构的监督。

（2）人大监督专员应该享有豁免权。人大监督专员的职责是保护人权和监督行政机关的违法及不良行政，因此在履行公务的过程中难免会受到来自各方面的压力与威胁，特别是当涉及一定级别的政府官员时，必定会遇到一定的阻力甚至威胁。为了确保人大监督专员在行使职权时无后顾之忧，法律规定应该保证其享有一定的豁免权，使其职权行为不受追诉。这一点可以借鉴我国法律对人大代表的相关规定。[1]

（3）规定公共行政机关的配合义务。一般各国监察专员都可以获得一切行政文件、资料，可以向行政机关提出批评和建议、劝告等，行政机关应该配合。在我国，行政机关不理睬或积极、消极的抵抗行为是非常可能的。为了避免出现架空人大监督专员权力的情形，法律应该明确规定在人大监督专员行使调查权时行政机关积极配合的义务，如对行政机关实行时限制度、说明理由制度等，以及不履行该义务时所应承担的责任，如对行政行为效力的影响及领导人责任。

（4）保证新闻媒体与人大监督专员的积极配合。新闻媒体对人大监督专员而言意义非凡，一项新制度的设立需要媒体机构的宣传，才能使公民认识和了解这项制度的意义与作用。为了保证民众及时获取信息，人大监督专员的工作情况

---

〔1〕 我国《宪法》第74条规定："全国人民代表大会代表，非经全国人民代表大会会议主席团许可，在全国人民代表大会闭会期间非经全国人民代表大会常务委员会许可，不受逮捕或者刑事审判。"《地方各级人民代表大会和地方各级人民政府组织法》第35条规定："县级以上的地方各级人民代表大会代表，非经本级人民代表大会主席团许可，在大会闭会期间，非经本级人民代表大会常务委员会许可，不受逮捕或者刑事审判。如果因为是现行犯被拘留，执行拘留的公安机关应当立即向该级人民代表大会主席团或者常务委员会报告。"《全国人民代表大会和地方各级人民代表大会代表法》第32条明确规定："县级以上的各级人民代表大会代表，非经本级人民代表大会主席团许可，在本级人民代表大会闭会期间，非经本级人民代表大会常务委员会许可，不受逮捕或者刑事审判。如果因为是现行犯被拘留，执行拘留的机关应当立即向该级人民代表大会主席团或者人民代表大会常务委员会报告。对县级以上的各级人民代表大会代表，如果采取法律规定的其他限制人身自由的措施，应当经该级人民代表大会主席团或者人民代表大会常务委员会许可。人民代表大会主席团或者常务委员会受理有关机关依照本条规定提请许可的申请，应当审查是否存在对代表在人民代表大会各种会议上的发言和表决进行法律追究，或者对代表提出建议、批评和意见等其他执行职务行为打击报复的情形，并据此作出决定。乡、民族乡、镇的人民代表大会代表，如果被逮捕、受刑事审判或者被采取法律规定的其他限制人身自由的措施，执行机关应当立即报告乡、民族乡、镇的人民代表大会。"

以及对一些事件的看法与意见需要新闻媒体及时报道；此外，人大监督专员更会需要借助媒体的力量披露事实，给行政机关造成压力，从而迫使其主动改正违法或不良行政行为。

（5）在权力设计上，除了规定人大监督专员享有调查权、批评警告权、建议权、立法建议权之外，还应该赋予人大监督专员强制权与起诉权。表现在人大监督专员行使调查权时，行政机关不配合以及不听取建议时，他可以发动纪律处分程序。人大监督专员也可以为保护公民的权利提起行政诉讼。

除此之外，要想发挥人大监察专员的最大功效，人大监察专员个人的能力、人品及经验都是十分重要的因素。

另外，也应该认识到，在我国针对公权力的救济途径也很多，比如对行政机关的监督有司法监督、行政监督、人大监督、社会监督等；但仔细分析，除行政复议与行政诉讼外，真正能够受理个案的似乎只有行政监察与信访。且不说行政监察及信访制度本身存在的很多问题，从性质上看，它们都是行政权力系统内部的监督，公民权利救济手段单一，体制封闭，导致民众寻求救济渠道不畅通。近些年理论界与实务界一直在强调社会矛盾的多元解决机制问题，人大监督专员只是其中的一个手段，单独的一个制度的设立不会解决所有问题，因此仍然需要各种监督机制的完善与配合。

值得一提的是，《深圳经济特区前海深港现代服务业合作区条例（草案）》（以下简称《草案》）借鉴了香港廉政公署的模式，提出设立前海合作区监督专员公署，负责监督前海管理局开发、建设、运营和管理活动。在草案第一稿中规定，合作区监督专员公署有独立的监督权力，不受非法干涉。监督专员和助理监督专员从深圳市或者香港的知名人士中提名，由市人大常委会决定任命。监督专员公署的经费由市本级财政预算安排。《草案》要求监督专员公署接受的投诉事项及调查结果应当公开，但涉及企业商业秘密和个人隐私的除外。《草案》规定监督专员公署有权要求前海管理局纠正调查中发现的违规情况，发现有犯罪行为的，应当移送司法机关处理。《草案》同时也强调，监督专员公署需要每年向市人大报告工作，并向社会公开。[1] 但是，2011 年 4 月 22 日召开的深圳市人大常委会对《草案》二审，在听取草案修改建议稿时，将设立监督专员公署改为设立监督专员，规定监督专员通过调查发现有违规情况的，可以向市政府审计、监

---

〔1〕 参见《前海合作区条例草案征集意见》，载深圳新闻网，http：//news. sznews. com/content/2011 - 03/23/content_ 5456506_ 5. htm，最后访问日期：2013 年 8 月 1 日。

察部门提出处理建议，由市政府审计、监察部门依法进行处理。[1] 这实际上缩小了监督专员的权力，又恢复了以前的行政内部监督的模式。该条例于2011年6月27日在深圳市第五届人大常委会第九次会议上获表决通过，但是已经完全没有了《草案》中所说的监督专员的影子，最终设立了由具有监督、监察等职责的单位组成的前海合作区监督机构，依法统一对前海管理局开发、建设、运营和管理活动进行监督，从而完全取消了监督专员的设置。从一个地方的试点就可以看出，在我国设立人大监督专员任重而道远。

〔1〕 参见《前海深港现代服务业合作区条例听取草案修改建议稿》，载人民网，http：//gd. people. com. cn/GB/14469527. html，最后访问日期：2013年8月1日。

国家信息安全政策与WTO规则的一致性研究

颜晶晶 *

一、引　言

国家安全是一国繁荣与发展的基石。在信息时代的背景下，国家信息安全已成为“国家安全”不可忽视的组成部分。在我国加入WTO之前，包括国家信息安全政策在内的国家安全政策更多属于一国内政，与军事、国防紧密相关。而加入WTO之后，国家信息安全政策不再是孤立的一国内务，也不再是只存在于国防、外交中，它与WTO规则产生了联系，对于一国的国际贸易有着“牵一发而动全身”的影响。

在WTO框架下，国家信息安全政策对于成员方而言有着“盾”与“矛”的双重角色。“盾”的角色表现在：一方面，WTO成员方有责任信守入世承诺，制定合乎WTO规则要求的国家信息安全政策，避免因所制定的政策不合规而引发WTO争端；另一方面，各成员方在制定国家信息安全政策之时，趋向于尽可能地在WTO规则框架内为本国预留出更多的弹性政策空间，最大限度地保障国家信息安全，维护国家利益。“矛”的角色表现在：首先，各成员方在面对他国

* 北京大学法学院2012级博士研究生。

对于本国国家信息安全政策与 WTO 规则不一致的指责时，需要分析这些质疑是否具有充分的 WTO 规则依据，以有理有据地应对；其次，各成员方应制定合乎本国经济社会发展现状的国家信息安全政策，遵守并灵活运用 WTO 规则，为本国国家信息安全政策的执行、国内信息产业的发展保驾护航。

在 WTO 规则中，与国家信息安全政策最为相关的 WTO 协定主要是《关税与贸易总协定》（General Agreement on Tariffs and Trade，GATT）和《技术性贸易壁垒协定》（Agreement on Technical Barriers to Trade，TBT）。由于其中的相关规则对于“国家安全”的规定原本就具有一定的模糊性，而且上述协定制定之时，信息时代尚未全面到来，所以协定对于国家信息安全的规定并不够明晰，各国也都处于“摸着石头过河”的状态，实践中可借鉴的经验很有限。

我国入世之时正值信息技术迈入高速发展期。在入世十余年的时间中，国家信息安全问题日趋严峻，成员方的国家信息安全政策逐渐成为 WTO 争端的焦点：一方面，美、欧等国将此作为贸易保护武器。在华为、中兴案中，美国以国家安全为由，将我国的信息产品挡于国门之外，使我国的信息产业利益受损即为实例。另一方面，我国的国家信息安全存在着隐患，不能高枕无忧。在“棱镜门”事件中，美国以国家信息安全为由，监控、攻击包括我国在内的多个国家的网络，在国际上引起了诸多争议。

上述种种，引发了对于我国国家信息安全政策制定与运用的思考。本文首先将就我国的国家信息安全政策进行梳理，其后将围绕“技术标准”和“国家安全”两条主线对我国国家信息安全政策与 WTO 规则的一致性展开分析，以期为我国国家信息安全政策的制定和实施提供参考。

二、国家信息安全政策

（一）“国家信息安全”的定义

对于“国家信息安全”一词，现有的 WTO 规则并未作出界定，WTO 各成员方的理解也不一致，其内涵和外延尚未形成通说。在不同的 WTO 协议中，与“国家信息安全”关联度较大的几个概念有“国家安全”（national security）、“根本安全利益”（essential security interests）、“公共秩序”（public order）等。[1]

随着信息时代的到来，信息技术广泛运用于军事领域和商业领域，呈现出军、民通用的特征。在这样的背景下，“国家信息安全”可以从狭义和广义两个层次来界定：狭义上的“国家信息安全”特指国防军事领域的信息安全；广义

〔1〕 李小霞：“WTO 根本安全例外条款的理论与实践”，载《湖南社会科学》2010 年第 5 期，第 98 页。

上的“国家信息安全”不仅涉及国防军事领域，还涵盖政府管理和商业领域。

国防军事领域的国家信息安全政策较易于确定。但是，并非信息技术在政府管理和商业领域中的一切运用都必然符合“国家信息安全”的门槛。尤其在商业领域中，“国家信息安全”并不简单地等同于“商业信息安全”或“个人信息保护”。目前，在WTO规则框架下，哪些情况可以归入“国家信息安全”，需要进行个案分析，这也有待未来WTO理论与实践的发展给出其边界。

（二）“国家信息安全”与“国家安全”的关系

国家信息安全与国家安全利益紧密相关。而国家安全利益与一个国家在国际秩序中的定位有着本质性的联系。国家安全利益问题从来就是现代国际社会争论的核心问题。[1]

目前，WTO各成员方多将“国家信息安全”直接置于WTO规则中的“国家安全”之下，对其援引WTO“安全例外”（GATT第21条）。此外，一个常见的现象是：发达国家政府积极推动本国信息产业发展，以政策倾斜等方式，扶持本国信息产业公司的国际化发展和海外市场扩张，发展中国家的信息安全屡受侵害。

在信息化、网络化的时代中，信息技术已渗透进国家、企业、个人生活的方方面面。不仅公民的个人数据保护和企业的运营发展会涉及信息安全问题，国家发展战略亦会涉及信息安全问题。信息本身具有无体性、可复制性、易传播性的特点。互联网的普及更是极大地便捷了信息的传递，大大提升了信息传递的速度，扩展了信息传播的广度，增加了所传递信息的数量，使信息的跨境传递较之实物的跨境传递具有更大的不可控性，因信息传递不当带来的安全危害也随之倍增。国家信息安全因此成为国家安全的重要组成部分之一，而且随着信息化的纵深发展，国家信息安全在国家安全中的重要性仍将继续上升。

（三）我国国家信息安全面临的困境

目前，我国的国家信息安全所面临的复杂的外部环境从“棱镜门”事件中可见一斑。2013年6月9日，美国中央情报局前雇员爱德华·斯诺登（Edward Snowden）曝出“棱镜门”事件，称美国国家安全局和联邦调查局于2007年启动了一个代号为“棱镜”的秘密监控项目，项目雇员可以直接接入微软、谷歌、苹果、Facebook、雅虎等9家国际网络巨头的中心服务器，实时跟踪用户电邮、聊天记录、视频、音频、文件、照片等上网信息，并可以全面监控特定目标，收

---

〔1〕胡加祥：“国际贸易争端的解决与国家安全利益的保护——以GATT第二十一条为研究视角”，载《上海交通大学学报（哲学社会科学版）》2008年第4期，第14页。

集情报。斯诺登还称，美国国家安全局曾入侵中国电讯公司以获取手机短信信息，并持续攻击清华大学的主干网络以及电讯公司 Pacnet 在香港总部的计算机。[1] “棱镜门”事件反映了一向声称支持互联网自由的美国以国家安全为借口，侵犯个人隐私和他国机密的现实，也暴露了我国的国家信息安全隐患。

我国国家信息安全的内部环境也令人担忧。“棱镜门”事件同时引发了对于思科网络设备安全性的质疑。迄今为止，美国思科公司（Cisco Systems）参与了我国几乎所有大型网络项目的建设，其网络设备广泛应用于我国电信、金融、政府、铁路、民航等重要部门。其中，思科设备占有中国金融行业网络设备 70% 以上份额；我国四大银行以及各城市商业银行的数据中心全部采用思科设备；在海关、公安、工商、教育等政府机构的网络设备中，思科设备的份额超过了 50%；在铁路系统调运网络，思科设备的份额达到 60%；在民航领域，空中管制骨干网络则全部采用了思科设备。[2] 尽管思科公司回应称“棱镜”不是思科项目，思科的网络没有参与，并强调其没有在中国或他国监控普通公民或政府部门的通讯，但这一事件已说明：我国信息网络中存在着不确定的安全因素。

在国际上，美国在信息和通信技术领域拥有着绝对优势。美国的电子产品和信息技术——包括硬件和软件——在我国的国家机关、事业单位、国有及私营企业中得到广泛运用。在硬件方面，我国计算机及网络信息系统使用的主要操作系统和芯片、数据库、路由器等核心技术，以及互联网领域的核心基础服务等主要掌握在美国手中，存在安全风险；软件类产品则可能被预置“后门”程序，存在信息泄露的隐患，或存在可能被攻击的漏洞。我国的政府机构和企事业单位对于美国电子产品和信息技术的过度依赖，不仅使公民的个人信息、企业信息存在泄露的风险，也使国家信息安全处于不可控的状态之中。

（四）WTO 规则下我国存在争议的国家信息安全政策

政策虽然与法律紧密相关、相辅相成，但它不同于法律。法律由国家立法机关所颁布，它的稳定性较强，通常具有滞后性。政策则是由国家行政机关发布，其形式多样，较为灵活。政策是在法律法规的框架下制定的，它不能突破法律法规的原则规定，但可以就法律法规的实施作进一步的细化。一些政策实施一段时间后有可能上升为立法。

---

〔1〕“斯诺登：美国曾入侵中国电讯公司及清华主干网络”，http：//news. xinhuanet. com/gangao/2013－06/23/c_ 124896490. htm，最后访问日期：2013 年 6 月 30 日。

〔2〕“棱镜门或将令思科败走中国”，http：//finance. qq. com/zt2013/cjgc/sike. htm，最后访问日期：2013 年 6 月 30 日。

国家信息安全政策是一国政府行使国家管理职能的重要手段。对于 WTO 成员方而言，其国家信息安全政策不仅应当符合本国立法，也应当符合 WTO 规则的要求。

早在 2004 年，我国就因信息安全政策在 WTO 被提起关注，是 WTO 中最早因信息安全政策被提起关注的成员，涉及的信息安全政策到目前为止也是最多的。[1] 迄今为止，我国在 WTO 被提起关注的信息安全政策有：

1. 无线局域网标准（Wireless LAN Authentication and privaly Infrastructure, WAPI）

我国将 WAPI 标准作为国家强制性标准，在国内外曾引起广泛关注。在 TBT 论坛上，日本代表曾指出，由于 WAPI 不是国际标准，中国推行 WAPI 可能违反 TBT 的第 2.4 条（国际标准优先）。[2] 一些美国学者对此也曾提出质疑："（中国的）WAPI 标准是明显的过度保护主义。它排除了外国竞争，从而保护中国本国生产商的利益。中国在 WAPI 上的标准是与 GATT 和 TBT 协定相违背的。"[3] 国内也有学者对我国政府在通讯与信息技术领域制定强制性标准的合法性持怀疑态度。[4]

2. 信息安全产品强制认证

我国对包括安全操作系统产品、防火墙、网络安全隔离卡与线路选择器等 13 类信息安全产品实施强制认证，要求凡列入强制性认证目录内的信息安全产品，未获得强制性产品认证证书和未加中国强制认证标志的，不得出厂、销售、进口或在其他经营活动中使用，并要求在《政府采购法》规定的范围内强制实施。对此，美国认为，强制认证属于事前监管，会造成生产商金钱和时间的耗费，是对贸易和市场准入不必要的限制。

3. 信息系统安全保护等级制度

我国于 2007 年发布的《信息安全等级保护管理办法》第 7 条将信息系统的安全保护等级分为以下五级："第一级，信息系统受到破坏后，会对公民、法人和其他组织的合法权益造成损害，但不损害国家安全、社会秩序和公共利益。第二级，信息系统受到破坏后，会对公民、法人和其他组织的合法权益产生严重损

---

〔1〕 安佰生："我国信息安全贸易纠纷应对建议"，载《中国信息安全》2012 年第 7 期。

〔2〕 WTO Committee on Technical Barriers to Trade, "Minutes of the Meeting of 9 November 2006", G/TBT/M/40, p. 19, para. 80.

〔3〕 Zia K. Cromer, "China's WAPI Policy: Security Measure or Trade Protectionism?", *Duke Law & Technology Review*, 2005, p. 13.

〔4〕 张平、马骁：《标准化与知识产权战略》，知识产权出版社 2005 年版，第 250 页。

害，或者对社会秩序和公共利益造成损害，但不损害国家安全。第三级，信息系统受到破坏后，会对社会秩序和公共利益造成严重损害，或者对国家安全造成损害。第四级，信息系统受到破坏后，会对社会秩序和公共利益造成特别严重损害，或者对国家安全造成严重损害。第五级，信息系统受到破坏后，会对国家安全造成特别严重损害。”对此，美国指责我国的等级划分不规范、不准确，认为对于商业领域，等级设置不应过高过严，主张自由和放开，认为对核心领域才有必要加以严格保护。

4. 互联网监管

我国近年来成为 WTO 贸易纠纷议题的信息安全政策还有互联网监管措施，纠纷方以美国为多。例如，美国曾提出我国的互联网监管可以采用过滤等手段，认为简单的禁止准入方式有构成对贸易不必要的限制之嫌；又如，对于我国禁止 Facebook、Twitter 进入大陆市场，致使用户在我国无法登录相关网站，美国曾以相关美国公司的利益受损为由对此加以指责；再如，我国对移动终端进行检测，原本目的是确保其中的安全措施能够实现个人隐私保护的目的，而美国则认为此举构成对贸易不必要的限制。

三、WTO 规则中的技术标准问题

国家信息安全政策多涉及电子产品和信息技术。而这二者均涉及 WTO 规则中的技术标准问题。我国的国家信息安全政策应在包括《标准化法》在内的法律法规的框架下制定，且不得与 WTO 规则相违背。然而，我国在标准化法律体系方面存在诸多问题，这为国家信息安全政策的制定增加了难度。我国标准化法律体系的一个根本问题是：我国《标准化法》确定的标准化法律体系与《TBT 协定》规定的体系并不完全契合。

（一）我国的标准化法律体系

目前，我国标准化领域最为主要的法律法规是自 1989 年 4 月 1 日起施行的《标准化法》和自 1990 年 4 月 6 日起施行的《标准化法实施条例》。此外，另有《地方标准管理办法》、《行业标准管理办法》、《企业标准化管理办法》、《关于加强强制性标准管理的若干规定》、《采用国际标准管理办法》、《采用快速程序制定国家标准的管理规定》等多部部门规章。

按照标准制定机构的不同，我国《标准化法》第 6 条将标准分为国家标准、行业标准、地方标准和企业标准四级。具体而言，国务院标准化行政主管部门制定的在全国范围内统一的技术要求的标准是国家标准；没有国家标准的情况下，由国务院有关行政主管部门（通常是行业的主管部门）在全国某个行业范围内为统一技术要求而制定的标准是行业标准；在既无国家标准又无行业标准的情况下，由省级标准化行政主管部门在省级行政区划范围内统一制定的工业产品的安全或卫生要求的标准是地方标准。在没有国家标准或行业标准的情况下，《标准化法》要求企业制定企业标准作为生产的依据，并向当地政府标准化行政主管部门和有关行政主管部门备案。所谓“国家标准”与“行业标准”的区分，除了强调制定机构行政级别的差别外，并无太大现实意义。行业标准在一个行业内适用，实际上相当于在全国适用，与国家标准并无二致。

《标准化法》第7条则依据标准是否具有强制性，将其分为强制性标准和推荐性标准两类。保障人体健康，人身、财产安全的标准和法律、行政法规规定强制执行的标准是强制性标准，其他标准是推荐性标准。推荐性标准不具有强制性。但在中国的市场环境下，获得政府的推荐，对于鼓励企业和消费者接受该标准具有引导作用。某种程度上，成为推荐性标准是未来成为强制性标准的前奏。

（二）《TBT协定》确立的标准化体系

《TBT协定》所确立的标准化体系分为技术法规、标准和合格评定程序三个层次。协定对技术法规、标准和合格评定程序的定义如下：

（技术法规是）涉及产品特征或与其相关工艺和生产方法、管理程序规范的强制性文件。该文件还可包括或专门规定适用于产品、工艺或生产方法的术语、符号、包装、标志或标签要求。（《TBT协定》附件1第1条）

（标准是）经公认机构批准的、规定非强制执行的、供通用或重复使用的产品或相关工艺和生产方法的规则、指南或特性的文件。该文件还可包括或专门规定适用于产品、工艺或生产方法的术语、符号、包装、标志或标签要求。（《TBT协定》附件1第2条）

（合格评定程序是）任何直接或间接用以确定是否满足技术法规或标准中相关要求的程序。（《TBT协定》附件1第3条）

可见，《TBT协定》所规定的标准化体系是这样的：技术法规是强制性文件，其制定通常以标准为基础；标准是自愿性文件，可以为技术法规所引用或纳入；合格评定程序是检验技术法规和标准是否执行的程序。这三者以产品为中心，共同构成《TBT协定》技术性贸易的基本要素。理论上，这种模式可以避免政府干涉市场，为其他可替代技术提供了竞争空间。

（三）我国标准化法律体系存在的问题

我国在《加入世界贸易组织议定书》第13条第2款中承诺：“中国应自加入时起，使所有技术法规、标准和合格评定程序符合《TBT协定》。”不过，对比《TBT协定》与我国《标准化法》所规定的标准化法律体系，可以发现我国的标准化法律体系存在下述问题：

1. 对于“技术法规”、“强制性标准”的界定与《TBT 协定》不完全契合

我国对于“技术法规”和“强制性标准”的界定与《TBT 协定》规定的标准化体系有所冲突。

首先，根据《TBT 协定》附件 1 第 1 条的界定，“技术法规”是强制性文件，是涉及产品特征或与其相关工艺和生产方法、管理程序的规范。这意味着：《TBT 协议》中所指的技术法规相当于我国的强制性标准。但目前，我国立法对于“技术法规”的界定不明。在我国的“技术法规”中，既有全国人大制定的法律，也有国务院制定的行政法规和国务院各部门制定的部门规章，存在着不确定性。

其次，从《TBT 协定》附件 1 第 2 条的定义可知，“标准”是非强制执行的。而我国《标准化法》第 7 条则将标准分为强制性标准和推荐性标准两类。根据该条规定，除了“保障人体健康，人身、财产安全的标准”以外，一项标准在我国只要被法律和行政法规规定即为强制性标准，即应当被强制执行。迄今为止，我国的国家强制性标准有 3000 余条，[1] 涉及交通运输、纺织、通信、临床医学等多个领域。

最后，结合《TBT 协定》附件 1 第 1 条和第 2 条可知，在 TBT 的标准化法律体系中，技术法规只规定基本性、原则性条款，具体的技术细节由没有强制执行力的标准来规制。这与我国《标准化法》所建立的标准化体系不同。在我国，强制性标准往往会涉及具体的技术方案。现实中，政府出台的强制性标准有的并非仅是为产品设定质量和性能上的要求，而是为了保护和扶持特定的技术。这一做法不仅使国内企业可替代技术的发展相对滞缓，也使我国的标准化体系受到外界的质疑。

2. 合格评定程序尚不完备

从《TBT 协定》附件 1 第 3 条的规定可知，合格评定程序是以技术法规、标准为依据，来确定产品是否满足技术法规或标准中的相关要求。这一概念是在乌拉圭回合中提出的，其目的是规范各国在进口环节上的各种技术措施，最大限度地消除不合理的贸易壁垒。从《TBT 协定》附件 1 第 3 条的解释性说明可知，合格评定程序特别包括：抽样、检验和检查；评估、验证和合格保证；注册、认可和批准以及各项的组合。

在《TBT 协定》共计 15 条的正文中，有 4 条（第 5 ~ 8 条）规定了合格评定

---

[1] 参见中华人民共和国强制性标准查询系统，http：//gbread. sac. gov. cn/bzzyReadWebApp/standardresources. action？m = frontNationRead，最后访问日期：2013 年 6 月 30 日。

程序。但我国《标准化法》和《标准化法实施条例》对于认证和检验应执行的合格评定程序均未作要求。我国尚无专门规定合格评定程序的单行法，相关规定分散在二十多部法律中，例如《进出口商品检验法》、《产品质量法》、《标准化法》、《对外贸易法》、《食品安全法》等。除此之外，这一领域还存在着大量的行政法规、部门规章和行业规范文件。[1]这不仅导致我国的合格评定体系不统一，也造成监管部门分工不明。实践中，我国的进口商很少要求进口商品按照我国推荐性标准生产、认证，而我国出口到国外的产品则普遍被提出类似要求。

3. 对于“国际标准”存在误区

《TBT 协定》第2.5条规定：“应另一成员请求，一成员在制定、采用或实施可能对其他成员的贸易有重大影响的技术法规时应按照第2到第4款的规定对其技术法规的合理性进行说明。只要出于第2款明确提及的合法目标之一并依照有关国际标准制定、采用和实施的技术法规，即均应予以作出未对国际贸易造成不必要障碍的可予驳回的推定。”根据该条，只要采用了国际标准并且符合合法目标，即被推定为符合 WTO 规则，可以免责。但什么是“国际标准”，WTO 并没有作出界定。目前 WTO 关于国际标准化组织的唯一规定为：“成员资格至少对所有 WTO 成员开放”。虽然由 WTO 成员参与制定的一些标准实际上存在着漏洞，但 WTO 争端解决机构在裁决时，仍主要以这一规定为依据。

《TBT 协定》虽然要求缔约方尽量优先采用国际标准，但同样存在合理的例外。《TBT 协定》第2.4条规定：“如需制定技术法规，而有关国际标准已经存在或即将拟就，则各成员方应使用这些国际标准或其中的相关部分作为其技术法规的基础，除非这些国际标准或其中的相关部分对达到其追求的合法目标无效或不适当，例如由于基本气候因素或地理因素或基本技术问题。”这意味着：如果存在“这些国际标准或其中的相关部分对达到其追求的合法目标无效或不适当”的前提，则可以拒绝接受国际标准而采用国内标准。而我国对“国际标准”存在着“制定国家标准就必须采用国际标准”的认识误区，产生了盲目追求“采标率”的现象，一些地方政府甚至把“采标率”作为政绩。

（四）对于调整我国标准化法律体系的建议

为了解决我国标准化工作中既存的问题，应当对我国的标准化法律体系进行调整。而在调整之时，应当尽量为我国制定国家信息安全政策预留出法律空间。具体而言，有下述几个方面可以考虑：

---

〔1〕参见中国合格评定国家认可委员会官方网站“法律法规”栏，http：//www.cnas.org.cn/flfg/index.shtml，最后访问日期：2013年6月30日。

1. 将“国家安全”明确为强制性标准的“合法目标”之一

从上文的分析可知，《TBT 协议》中所指的技术法规相当于我国的强制性标准。《TBT 协定》第 2. 2 条规定了制定技术法规的合法目标：“此类合法目标特别包括：国家安全要求；防止欺诈行为；保护人类健康或安全、保护动物或植物的生命或健康及保护环境。”条文中的“特别”（inter alia）二字意味着这一列举并非封闭式的，即协定各缔约方制定强制性技术法规时的“合法目标”不限于所列举的几项。而我国《标准化法》第 7 条和《标准化法实施条例》第 18 条均未在强制性标准的界定中明确提及国家安全要求、防止欺诈行为以及保护动植物的生命或健康等目标。[1]这有待纳入未来的立法中加以完善，以便为我国制定、实施国家信息安全政策预留出法律空间。

2. 明确规范合格评定程序，杜绝潜在的国家信息安全隐患

前文已述，美国的信息和通信技术在全球处于领先，我国又是美国电子产品和信息技术硬件和软件的进口大国。由于合格评定程序具有规范进口环节上的各种技术措施的作用，因此，我国应当改变目前合格评定程序法律法规零散、立法层次较低的现状，为合格评定程序穿上“合法”外衣。首先，我国应当参照《TBT 协定》，在《标准化法》和《标准化法实施条例》中对合格评定程序作出基础性规定。其次，应制定严格的认证制度，对于涉及国家安全的产品，在立法中明确其必须进行强制性认证，以杜绝隐患。最后，鼓励进口商品按照我国推荐性标准生产、认证和检验；在制定推荐性标准时，应当考虑国家安全要求。

3. 在判断是否采用国际标准时，将国家信息安全作为重要考量因素

我国在完善标准化法律体系时，有国际标准的，优先采用国际标准。但如果采用国际标准不适合于维护国家信息安全要求的，则不应当采纳国际标准。尽管目前 WTO 各成员方多将“国家信息安全”直接置于 WTO 规则中的“国家安全”之下，对其援引 WTO“安全例外”，但我国对于互联网产业和通讯产业中出现的一些安全问题是否涉及国家安全应提前进行充分论证，并搜集美国、欧盟及其他 WTO 成员方的类似措施作为支撑材料，遵循透明度原则和非歧视原则，在目的和效果上避免对国际贸易制造不必要的障碍，避免相关利益主体产生质疑并引发贸易争端。

---

〔1〕 邱平荣：“完善我国标准化法律制度的若干思考”，载《安徽理工大学学报（社会科学版）》2004 年第 3 期，第 17 页。

四、WTO 规则中“安全例外”条款研究

（一）WTO“安全例外”条款概述

作为WTO成员方，国家信息安全政策的制定还涉及WTO规则中的“安全例外”条款。“安全例外”允许各国出于国家安全的考虑，偏离GATT/WTO下的一般原则。“因为对一个国家而言，确保其自身得以存续的政策显然要比经济利益或其他潜在的、基于比较优势的利益更为重要”。[1]与WTO“安全例外”相关的条款主要有：GATT第21条、《服务贸易总协定》（General Agreement on Trade in Service，GATS）第14条之二第1款、《与贸易有关的知识产权协定》（Agreement on Trade－Related Aspects of Intellectual Property Rights，TRIPs）第73条、TBT第2.2条、《与贸易有关的投资措施协定》（Agreement on Trade－Related Inrestment Measures，TRIMs）第3条、《政府采购协定》（Agreement on Government Procurement，GPA）第23.1条等。[2]其中最常被援引的是GATT第21条。下文将主要围绕该条进行分析。GATT第21条的规定如下：

安全例外

本协定不得解释为：

（a）要求任何缔约国提供其根据国家基本安全利益认为不能公布的资料；或

（b）阻止任何缔约国为保护国家基本安全利益对有关下列事项采取其认为必须采取的任何行动：

（ⅰ）裂变材料或提炼裂变材料的原料；

（ⅱ）武器、弹药和军火的贸易或直接和间接供军事机构用的其他物品或原料的贸易；

（ⅲ）战时或国际关系中的其他紧急情况；

（c）阻止任何缔约国根据联合国宪章为维持国际和平和安全而采取行动。

普遍认为，“安全例外”实质上是一种政治安排。迄今为止，WTO成员方与WTO争端解决机构对这一条款的理解尚存分歧，对于WTO争端解决机构是否有权管辖涉及“安全例外”的案件仍存争议。WTO争端解决机构根据WTO规则裁决案件，实际是就WTO相关条款进行解释，但目前，WTO争端解决机构对该条款的解释颇为审慎。

（二）“安全例外”与“一般例外”的区别

GATT被称为“例外的迷宫”。在分析GATT第21条“安全例外”时，通常

---

〔1〕 John H. Jackson, *World Trading System*, 2nd ed., The MIT Press, 1977, p. 229.

〔2〕 安佰生：“WTO安全例外条款分析”，载《国际贸易问题》2013年第3期，第125页。

会与 GATT 第 20 条“一般例外”进行比较。通过二者的比较，我们能够更为清晰地理解这两个条款的适用范围以及彼此的区别。GATT 第 20 条中规定了多达 10 项例外。近二三十年来，GATT 第 20 条成为 GATT/WTO 成员为实现公共政策目标而频繁援引的一个条款。虽然 WTO 一般例外为各成员方为维护本国经济安全而背离其义务开辟了“免责”通道，但是，这些通道不能破坏多边贸易体制及其推动的全球贸易自由化。[1]

由于国家安全属政治性敏感议题，GATT 第 21 条在 GATT/WTO 内是“最为宽泛、争议性最强的例外条款”。与 GATT 第 20 条相比较，GATT 第 21 条被认为有两方面的目的：一方面允许成员采取例外措施，以维护其国家安全；另一方面防止成员滥用安全例外，以维护国家安全为名行贸易保护之实。GATT 第 21 条的表述比包括 GATT 第 20 条在内的其他条款更为含蓄和具有原则性。从条文上看，GATT 第 20 条在序言中对“任意或不合理歧视”作了明确的禁止性规定，并在多处就成员政策目标的实现手段上做了“必需”的规定。而 GATT 第 21 条不但没有这些规定，还含有诸多“其认为……”的规定。这导致 GATT 第 21 条项下成员具有“自决权”（self - judging）或 GATT/WTO 缺乏司法审查权的解释。在实践中，GATT 第 21 条并不像 GATT 第 20 条那样有众多先例可借鉴。[2]

（三）GATT 与 WTO 关于“安全例外”条款的实践[3]

GATT 是 WTO 的前身。WTO 于 1995 年 1 月 1 日成立后，关贸总协定与世界贸易组织并存一年。此后，GATT 作为独立的组织机构不复存在，转变成 WTO 的下属机构——货物贸易理事会。WTO 并未排除 GATT 第 21 条的适用。在关贸总协定中，争端解决机构对案件的受理及审理权限是由争端双方协商一致决定的。而在 WTO 框架下，WTO 成员拥有几乎完整的申诉权，评审团也拥有较大的裁量权。

在关税贸易总协定期间，涉及 GATT 第 21 条的争端有两起，分别是“尼加拉瓜诉美国贸易制裁案”和“前南斯拉夫诉欧共体经济制裁案”。世界贸易组织成立以后，至少有两起争端涉及 GATT 第 21 条，一是美国与欧共体关于美国《赫尔姆斯 - 伯顿法》的争端，二是尼加拉瓜与洪都拉斯、哥伦比亚贸易制裁

---

〔1〕 曾令良、陈卫东：“论 WTO 一般例外条款（GATT 第 20 条）与我国应有的对策”，载《法学论坛》2001 年第 4 期，第 32 页。

〔2〕 安佰生：“WTO 安全例外条款分析”，载《国际贸易问题》2013 年第 3 期，第 125 ~ 126 页。

〔3〕 本部分涉及的四个贸易争端参见胡加祥：“国际贸易争端的解决与国家安全利益的保护——以 GATT 第二十一条为研究视角”，载《上海交通大学学报（哲学社会科学版）》2008 年第 4 期，第 15 ~ 16 页。

争端。

在1985～1986年的“尼加拉瓜诉美国贸易制裁案”[1] 中，美国曾辩称，其对尼加拉瓜实行全面的贸易禁运是为了保护自己的国家安全利益。对于尼加拉瓜提出的由关贸总协定成立评审团的要求，美国认为，GATT第21条（隐含）授权援引该条款的缔约方决定哪些行为是出于保护国家安全利益的目的，评审团无权考查美国采取上述行为的动机以及这些行为的合法性。美国后来虽然同意成立评审团，但提出的前提条件是排除评审团审查美国援引GATT第21条行为的合法性。由于美国的坚持，评审团只得回避GATT第21条，将这一争议作为“非违约之诉”来处理。虽然评审团最终认定美国的措施客观上损害了尼加拉瓜的利益，但由于两国之间的贸易在当时已经完全中断，评审团作出的允许尼加拉瓜采取贸易报复措施的决定实际上毫无意义，评审团的裁决最后不了了之。

在20世纪90年代的“前南斯拉夫诉欧共体经济制裁案”[2] 中，欧共体的辩护理由是：前南联盟出现的人道危机已经危及其周边的欧共体国家，欧共体的制裁措施是为了保护自身的安全利益。然而，在关贸总协定受理这一争议时，前南联盟发生了分裂，关贸总协定认为分裂以后的南斯拉夫联邦共和国不是前南斯拉夫社会主义联邦共和国的继承者，不具有申诉资格，因此解散了评审团。关贸总协定期间审议适用GATT第21条法律问题的唯一一次机会也随之失去。

在1996年美国与欧共体《赫尔姆斯－伯顿法》争端[3]中，欧共体认为美国的这项立法违背了其在多边贸易协定中所作的承诺，要求WTO成立评审团进行审理。美国则辩称，它对古巴采取制裁措施是为了保护自己的国家安全利益，它与欧共体的争议不是贸易争端，WTO无权受理欧共体的申诉，更无权审理美国援引GATT第21条的行为的合法性。WTO争端解决机构为此成立了评审团。但在评审团要对争议的核心问题进行审理时，欧共体与美国达成了谅解。[4] WTO成立后争端解决机构首次适用GATT第21条的机会因此失去。

---

〔1〕 GATT, *The* 1986 *Panel Report on* "*United States* – *Trade Measures Affecting Nicaragua*", L/6053 (unadopted), dated 13 October 1986. 另见 WTO Secretariat, *GATT Analytical Index*, 2012, pp. 603 ~ 604. http://www.wto.org/english/res_e/booksp_e/gatt_ai_e/art21_e.pdf, last visited on 30 June 2013.

〔2〕 WTO Secretariat, *GATT Analytical Index*, 2012, p. 604. http://www.wto.org/english/res_e/booksp_e/gatt_ai_e/art21_e.pdf, last visited on 30 June 2013.

〔3〕 Request for the Establishment of a Panel by the European Communities, United States – the Cuban Liberty and Democratic Solidarity Act, WT/DS38/2, 4 Oct. 1996.

〔4〕 European Union – United States: Memorandum of Understanding Concerning the U. S. Helms – Burton Act and the U. S. Iran and Libya Sanctions Act, 11 April 1997, 36 I. L. M. 529 (1997).

在 20 世纪末的尼加拉瓜与洪都拉斯、哥伦比亚贸易制裁争端[1]中，尼加拉瓜援引 GATT 第 21 条以及 GATS 第 14 条的补充规定，对洪都拉斯和哥伦比亚实行贸易制裁。哥伦比亚请求 WTO 成立评审团审理此案，但尼加拉瓜强调评审团无权就其援引理由及行为的合法性进行审理。在争端解决机构讨论此案时，日本、加拿大等国建议将此案提交其他争端解决机构审理，欧共体由于经历过《赫尔姆斯-伯顿法》的争端，认为评审团有权审理安全例外条款的援引理由及相关行为的合法性。争端解决机构虽然接受了哥伦比亚的请求，但最终该争议的评审团并未成立。[2]后来，尼加拉瓜在联合国国际法院先后向洪都拉斯和哥伦比亚提起诉讼，联合国国际法院于 2007 年 10 月和 2012 年 11 月先后作出了裁决。

从上述案例中可见，成员方对于 GATT 第 21 条的理解存在着分歧，这为 GATT 第 21 条的解释带来了很大的不确定性。

（四）专家组对于援引 GATT 第 21 条的措施有无管辖权

涉及国家安全时，专家组对于援引 GATT 第 21 条的措施有没有管辖权，是涉及国家安全的贸易纠纷进入 WTO 争端解决程序时必须面对的问题。然而，对于这个问题，即使是同一成员方，在其涉及的不同纠纷中的立场也不完全一致。

1. 观点一：无管辖权

有观点认为，鉴于国家安全事务的重要性，GATT 第 21 条所涉及的国家安全问题应完全由采取措施的国家自主决定。理由是："安全是至上的，因为一国无安全即无主权，其根本性存在就会出现问题。"[3]因此，援引 GATT 第 21 条的措施应是由国内政府"自决"，而不是由 GATT/WTO 加以审查。在尼加拉瓜诉美国贸易制裁案中，美国就持上述观点。此外，美国、加拿大、日本、新西兰、澳大利亚和欧盟亦曾联合表达过其政治、外交和国家安全事务超过协定，GATT 没有权力、能力和经验来解决此类纠纷的观点。不仅是大国，小国也曾表达过类似的立场，例如 1961 年，加纳在为其对葡萄牙的贸易抵制措施的辩护中曾指出："每一缔约方都是为维护其核心安全利益所必需的措施的唯一裁决者"。一些西方学

---

〔1〕 Request for the Establishment of a Panel by Colombia, Nicaragua – Measures Affecting Imports from Honduras and Colombia, WT/DS188/2, 28 March 2000; Request for Consultations by Colombia, Nicaragua – Measures Affecting Imports from Honduras and Colombia, WT DS188/1, 20 Jan. 2000.

〔2〕 参见胡加祥："国际贸易争端的解决与国家安全利益的保护——以 GATT 第二十一条为研究视角"，载《上海交通大学学报（哲学社会科学版）》2008 年第 4 期，第 16 页。

〔3〕 Raj Bhala, "National Security and International Trade Law: What the GATT Says, and What the United States Does", *University of Pennsylvania Journal of International Economic Law*, Vol. 263, 1998, pp. 268 ~ 270.

者也认同这一观点。[1]

2. 观点二：有管辖权

迄今为止，虽然 GATT/WTO 争端解决机构对于 GATT 第 21 条中的国家安全例外尚未作出任何裁定，但上述四个案例已表明，GATT/WTO 争端解决机构倾向于对涉及第 21 条国家安全例外的争端行使管辖权。1982 年关贸总协定大会还专门就此问题作出决议，确认 GATT 第 21 条的可仲裁性。[2] 只是因为各种原因，上述四个案例都没有完成所有程序，专家组才没有机会对 GATT 第 21 条的解释和适用作出裁决。[3]

不少 WTO 成员方也担心，争端解决机构一旦接受援引方的观点，裁定 GATT 第 21 条不具有可仲裁性，则可能使该条款成为整个多边贸易体制的"阿喀琉斯之踵"。[4] 基于此，他们认为 WTO 对国家安全例外争端有管辖权。持这一观点的国家有阿根廷、巴西、古巴、巴基斯坦、波兰和乌拉圭等。[5] 在美国与欧共体《赫尔姆斯－伯顿法》争端中，欧共体所持的即此观点。但美国认为，WTO 只是一个各方协商的论坛，国家安全例外之类的问题最好由联合国等其他国际组织来解决。[6] 但事实上，争端解决机构如果接受美国的观点，即 GATT 第 21 条具有内在的不可诉性，那么 WTO 的争端解决机制，乃至整个多边贸易体制都将受到极大的削弱。[7]

此外，从 GATT 第 21 条本身的性质分析，GATT 第 21 条作为一项法律条款，一方面是一项权利性规定，允许成员方基于国家安全考虑而不遵守其他义务，给各成员方预留了极大空间；另一方面，基于"权利不得滥用"（abus de droit）的国际法基本原则，该条也是一项义务性规定，即成员方负有不得滥用该例外的义务。这一"义务"性质决定了 GATT 第 21 条不可能完全由成员方"自决"，因为

---

〔1〕 参见安佰生："WTO 安全例外条款分析"，载《国际贸易问题》2013 年第 3 期，第 126～127 页。

〔2〕 陈卫东：《WTO 例外条款解读》，对外经济贸易大学出版社 2002 年版，第 364 页。

〔3〕 刘京莲："国际投资条约根本安全例外条款研究"，载《国际经济法学刊》2010 年第 1 期，第 196 页。

〔4〕 参见胡加祥："国际贸易争端的解决与国家安全利益的保护——以 GATT 第二十一条为研究视角"，载《上海交通大学学报（哲学社会科学版）》2008 年第 4 期，第 16 页。

〔5〕 参见安佰生："WTO 安全例外条款分析"，载《国际贸易问题》2013 年第 3 期，第 126 页。

〔6〕 Judith Hippler Bello, "The WTO Dispute Settlement Understanding: Less is More", *The American Journal of International Law*, Vol. 90, 1996.

〔7〕 参见胡加祥："国际贸易争端的解决与国家安全利益的保护——以 GATT 第二十一条为研究视角"，载《上海交通大学学报（哲学社会科学版）》2008 年第 4 期，第 15～16 页。

一种可以由义务主体自由决定的义务绝不是法律义务。GATT第21条的这一法律性质决定了成员方的“安全例外”措施依然要受到WTO的审查。[1]

（五）对于合理运用“安全例外”的建议

我国在WTO规则下制定国家信息安全政策时，应当充分利用WTO规则，合理援引“安全例外”，为国家信息安全政策的实施增加弹性空间。

1. 把握“一般例外”与“安全例外”条款的特点

不同的WTO规则有着不同的特点。在运用之前，应透彻分析哪些规则可以规避，哪些规则可以利用，哪些规则是“死胡同”，哪些规则是“雷区”。

现阶段利用“一般例外”条款的重心，是抵制发达国家针对我国采取的“新贸易保护主义措施”。[2]以保护隐私和保障商业安全等理由进行抗辩，政治敏感度低，援引的“正当的管理目标”易为美、欧等成员国接受，但“必要性测试”的要求高，对外资和外国企业信息技术、产品和服务的限制易被认定为“对贸易不必要的障碍”，违反WTO规则。[3]

而以“安全例外”进行抗辩，在规则一致性上比较具有优势，但政治敏感性高；且如果在WTO就“安全例外”进行实质性辩论，会涉及机密信息的提供等敏感问题。为了增进对于“安全例外”条款的共识，我国作为WTO成员方，可以在WTO各种论坛中呼吁加强对“安全例外”措施的规范和监督，营造有利的外部环境。

2. 充分认识“必要性测试”所面临的不确定性

如果一国的国家信息安全政策引发贸易争端被诉至WTO，通常绕不开“必要性测试”。“必要性测试”源自欧美国内法，主要体现在宪法和行政法中，用于解决权利冲突问题。但WTO规则本身缺乏对“必要性测试”的界定，“必要”与否主要取决于WTO争端解决机构的裁量。在WTO法中，“必要性测试”所涉及的根本问题是主权与自由贸易，其目的在于：在尊重各成员方管理主权的同时避免过度束缚成员方之间的贸易。具体而言，WTO允许成员为实现“正当的管理目标”而采取必要的管制措施，同时规定成员的这些措施不得对贸易造成“不必要”的障碍。如果成员方的法律或措施对贸易产生了限制效果，则该法律或措施限制贸易的程度就超过了实现其政策目标所“必要”的程度。

---

〔1〕毛骁骁：“从GATT第21条看美国‘汇率关税’问题”，载《国际经济法学刊》2006年第2期，第275~276页。

〔2〕参见曾令良、陈卫东：“论WTO一般例外条款（GATT第20条）与我国应有的对策”，载《法学论坛》2001年第4期，第49页。

〔3〕参见安佰生：“我国信息安全贸易纠纷应对建议”，载《中国信息安全》2012年第7期。

在《TBT 协定》中，第 2.2 条包含了“必要性测试”的内容。GATT 也包含了“必要性测试”，其分析思路与《TBT 协定》类似，即大原则——贸易自由化原则是 WTO 的基本原则之一，不应当对自由贸易加以限制——之下允许存在例外，具体包括 GATT 第 20 条（“一般例外”）和第 21 条（“安全例外”）。

“必要性测试”主要分三步：第一步为“相关”，即对权利的限制与实现目标相关。第二步为“必要”，即“不可或缺”，而不是“有助于”。由于“必要”通常难以界定，因此采用替代原则认定，即如果有可以更少地限制权利的替代做法，则应当使用对权利限制较小的替代做法。第三步为“等比例”，即为维护一项权利而造成另一项权利的减损应当等比例。这实际上是价值判断。例如为了实现很小的目标而限制整个贸易，即为不合比例。

近年来，WTO 争端解决机构在“必要性测试”上的动向引起了一些成员的质疑，认为 WTO 争端解决机构有侵蚀其主权之嫌。但在 WTO 成员之间，对于“必要性测试”的谈判又未能达成一致。因此可以预见，基于“必要性测试”的 WTO 争端解决在未来面临着较大的不确定性。对于这点，我国在制定、实施国家信息安全政策时要有充分认识。

3. 制定、实施国家信息安全政策以“比例原则”为标尺

如上文所述，在 WTO 规则的“必要性测试”中，“安全例外”被作为允许偏离的例外之一。WTO“必要性测试”分三步：一为相关，二为必要，三为等比例。其中第三步的裁量最为微妙。对于“等比例”的认定，体现了“比例原则”。

“比例原则”是源于德国行政法的一项原则，被视为行政法的“帝王条款”。“比例原则”包括三个方面：其一，国家采用的限制手段必须与其所欲追求的目的相适宜，即该措施应当是可以达到目的的，所谓“特定目的与手段之间的适宜性”；其二，这些限制方式和手段对于该目的的达成是必要的，即国家采用的手段应当是可实现预期目的的手段中最温和、侵害最小的，所谓“手段的最小侵害性”；其三，手段相对于相关法益具有均衡性和合比例性，所谓“狭义的比例原则”。[1]“比例原则”已在欧洲法院和国际法院均得到适用。对于“比例原则”，欧洲学者主张其属于 WTO 法的原则，而美国政府及学者对此一般都持反对态度。[2]换言之，“比例原则”尚未成为学者所公认的与非歧视原则、透明度原则

---

〔1〕 Bodo Pieroth, Bernhard Schlink, *Grundrechte II*, C. F. Mueller Verlag, 2004, S. 66. 转引自赵宏：“限制的限制：德国基本权利限制模式的内在机理”，载《法学家》2011 年第 2 期，第 160~161 页。

〔2〕 韩秀丽：“寻找 WTO 法中的比例原则”，载《现代法学》2005 年第 4 期，第 179 页。

及贸易自由化原则等并列的 WTO 的基本法律原则。

但是，从既有的 WTO 裁决可以看出，“比例原则”可以作为评判 WTO 裁决的工具。它能够对成员方的立法权力及行政权力进行限制，尤其是对显失比例的自由裁量进行限制。例如美国的《1916 年反倾销法》之所以被裁决为违反 WTO 法，最主要的原因是因为其通过提供三倍赔偿、罚金或监禁替代反倾销税，惩罚超过了必要限度，违反了“比例原则”。[1] WTO 成立后，由于“反向协商一致”机制的引入，增强了 WTO 对成员方政策干预的可能性，即意味着成员方的主权经常要受到挑战。这种情况下，“比例原则”的引入有利于成员方维护公共政策目标。成员方有权援引 GATT 第 20 条和第 21 条就充分体现了这一点。[2]

因此，我国作为 WTO 成员方，在制定、实施国家信息安全政策时应当注意，所采取的措施是否符合“比例原则”，即所采取的限制贸易自由的手段是否与所欲追求的维护国家安全的目的相适宜。此外，我国信息产业遭遇他国技术贸易壁垒时，亦可考虑采用“比例原则”进行抗辩，论证他国所采取的技术贸易壁垒措施对于实现其所主张的特定目标不合比例，构成 WTO 规则的滥用或误用。

4. 援引“安全例外”应注意“善意履行”原则

有观点认为，合理适用安全例外条款应符合“善意履行”原则。“善意履行”一词源之拉丁语“bona fides”，即英语的“good faith”。它本是合同法上的一个概念，意为“按照对方的合法期望履行合同”，具体包括：①按照信仰或目标诚实行事；②恪尽职守，履行承诺；③公平交易；④没有欺诈或攫取不当利益之企图。“善意履行”的另一种解释是“防止权利滥用”，这也是法律适用的一项普遍原则，WTO 的相应规定是 DSU 第 3 条第 2 款。在“巴基斯坦等国诉美国限制进口龙虾及龙虾制品案”中，上诉机构进一步指出“善意履行”既是一项法律适用的普遍原则，也是一项国际法用于限制国家滥用权利的具体原则。判断一项援引安全例外条款的行为是否适当，除了看该行为是否符合善意履行原则之外，还要看援引方是否存在恶意履行的动机。对此，仅仅依靠直接证据难以证明，因为动机是一种主观意念。在大多数情况下，争端解决机构只能依赖间接证据，包括被诉方立法机关当时讨论批准相关措施的记录，与本案有关、被诉方在

---

〔1〕 Panel Report, United States – Anti – Dumping Act of 1916, Complaint by the European Communities, WT/DS136/R and Corr. 1, adopted 26 Sep. 2000, as upheld by the Appellate Body Report, WT/DS136/AB/R, WT/DS162/AB/R, DSR 2000: X, 4593.

〔2〕 韩秀丽：“寻找 WTO 法中的比例原则”，载《现代法学》2005 年第 4 期，第 181 页。

其他争端解决过程中提出过的证据。[1]由于举证困难，援引“善意履行”原则具有较大的不确定性。

鉴于此，我国在制定、实施国家信息政策时，为了防止日后出现贸易争端，应当一方面注意在制定、实施政策的过程中增加透明度，另一方面对政策予以必要且尽可能充分的说明，以扫除外界疑虑，彰显行使权利时的“善意”。

五、结　语

国家信息安全政策的制定与执行，除了从上文所分析的“技术标准”和“安全例外”两大方面重点研究其与 WTO 规则的合规性之外，亦不应拘泥于 WTO 规则，从更宏观的视野来考虑。

首先，可以尝试 WTO 争端解决方式之外的解决途径。由于目前 WTO 争端解决机构在“必要性测试”这一重要问题上存在争议，将与国家信息安全政策相关的贸易纠纷诉诸 WTO，胜诉与否存在较大的不确定性，并非务实之选。为了在现行的 WTO 规则体系下和世界贸易格局中最大限度地、高效地维护本国利益，除了 WTO 这一平台，还有下述两条途径可以选择：一是通过外交途径进行双边磋商，寻求两国均可接受的解决方案；二是考虑将问题的讨论从 WTO 扩展至联合国安理会等平台。WTO 平台侧重于保护自由贸易。尽管 WTO 成员方负有遵守 WTO 规则的义务，但《联合国宪章》所确立的国家主权平等、互不干涉内政、禁止非法使用武力、和平解决国际争端等原则仍是各成员方处理国际关系的基本准则。WTO“安全例外”条款的运用同样不能违背《联合国宪章》，不应被滥用或误用为基于社会、政治或经济理念的不同，对其他国家实施单边经济制裁的工具。

其次，应当注重社会价值的作用。社会在发展，社会价值也在变动之中。十年前，因为信息安全而限制信息产品贸易的案件可能败诉。但十年后的今天，随着网络欺诈和网络色情案例大量增长，以网络信息安全为由来限制贸易并非没有可能。但社会价值并不是由 WTO 争端解决机构的裁决而决定的，社会价值对裁决的影响是潜移默化、“润物细无声”的。因此，我国社会各界，尤其是学术界和协会等群体应当在国际上呼吁加强对各国国家信息安全政策的重视。

再次，我国相关政府部门以及政府部门各司局之间应当加强协调。包括商务部、工信部、广电总局等部委及其下属部门（例如工信部的科技司、信息安全协调司）可以考虑通过联席会议等方式，加强彼此之间的信息沟通。具体而言，在

---

〔1〕 参见胡加祥：“国际贸易争端的解决与国家安全利益的保护——以 GATT 第二十一条为研究视角”，载《上海交通大学学报（哲学社会科学版）》2008 年第 4 期，第 19 ~ 20 页。

政府采购方面，完善对于产品的安全性测评，加强对于软硬件安全使用的指导，鼓励使用国产软硬件和服务，防范国家信息安全隐患。在市场监管方面，加强对于跨境数据流动安全性、合法性的监管，完善在国内采集、流向境外的数据的报备、审查安全性检测程序，提升信息安全问题的发现、监测、防护、处置能力。

最后，尽快出台国家信息安全整体战略，完善信息安全立法，推动信息产业发展。与 WTO 规则的合规性问题仅是国家信息安全政策中的一方面。在“棱镜门”事件后，社会各界对于国家信息安全的关注上升。我国应当以此为契机，早日出台国家信息安全整体战略，做好顶层设计。在信息安全立法方面，应形成法律、行政法规、部门规章、政策性文件之间的配套，为维护国家信息安全提供法律和政策保障。在产业发展方面，重视基础网络和重要信息系统的安全问题，增强信息安全产品的自主可控性，提升网络安全开发的技术与能力，推动我国信息产业发展。

效率与正当性：我国行政立法制度的核心

——美国行政立法制度的借鉴意义

陶广峰 *

一、我国行政立法实践中的效率与正当性问题

与西方三权分立体制下立法权专属代议机构不同，我国法律明确规定了行政立法权：《立法法》规定，国务院，国务院各部、各委员会，国务院直属机构，省、自治区、直辖市人民政府，省、自治区人民政府所在地的市的人民政府，经国务院批准的较大的市的人民政府，以及作为经济特区的市的人民政府有行政立法权。这仅仅是形式意义的行政立法，而实际上"任何抽象、普遍的处理都属于实质立法的范畴",[1] 可见，国家行政机关制定规范性文件的行为都属于实质意义上的行政立法。而实质意义上的行政立法，在我国仍然具有宪法性权源：《宪法》第 107 条明确规定，县级以上地方各级人民政府，依照法律规定的权限，在本行政区范围内发布决定和命令。

在行政管理实践上，我国的行政立法至少在数量上是惊人的。据统计，2007 年度，各地方、各部门制定并报送国务院备案登记的法规、规章共 1546 部，与 2006 年度的 1545 部

* 南京财经大学法学院院长，教授，博士生导师。

〔1〕［德］汉斯·J. 沃尔夫、［德］奥托·巴霍夫、［德］罗尔夫·施托贝尔：《行政法》（第 1 卷），高家伟译，商务印书馆 2002 年版，第 166 ~ 167 页。

几乎持平。大量的行政立法有其历史的特殊性。改革开放以来，我国的法治建设几乎是从废墟上开始的，经历了一个从无到有的发展过程。大量行政立法的即时出台，为我国改革之初无法可依的混乱状态提供了必要的社会制度环境。这些行政法律规范的出台，不仅缓解了转轨时期人大立法缺少而导致不能满足社会需要的矛盾，而且也为维护社会经济秩序提供了必要的行为规范。与此同时，我国的政治体制与政治文化传统决定了我们的法治进程必然是以政府推动为主导力量。特殊的国情使得行政立法的扩张获得历史必然性与现实合理性。

但要指出的是，实践中，我国行政立法出台所需时间较少，行政立法的周期相对较短。但这并不意味着行政立法行为就一定是高效的。事实是近乎泛滥的行政立法导致了一些不利于法治建设的后果：

我国行政机关实行首长负责制，实践中导致行政立法往往就取决于行政首长的意志。就目前我国的行政法律制度而言，由于没有具体的行政程序法律规范，除行政法规与行政规章以外，制定其他行政法律规范由行政首脑拍板批准即可。政策、学理上强调在行政规章的制定程序上，加强其民主性、公平性、公开性与公正性。但是从制度角度看，对行政法律规范的成立、有效、生效条件缺乏必要的规定。由于缺少这些必要的规范，首长负责制下，如果各级国家权力机关对其缺乏有力的监督，行政立法内容的正当性，往往取决于首长的智识。这显然给我国社会主义法治建设带来不确定因素。

行政立法往往带有明显的地方性和部门性的特点。因此，如果不加强必要的法律规制，在全国范围内，相同情形受到不相同的对待，行政立法的正当性就成为疑问。虽然，我国幅员辽阔，地区差异巨大，适当的分别对待是必要的。但放任各地、各部门自行规范，便不足以保证这种区别对待维持在合理的范围之内，法治的统一性难以维持，其负面影响将导致人们对法律的漠视，延缓社会主义法治建设的进程。

此外，我国行政机关往往倾向于过分强调本部门、本地方的利益。这种定向思维导致在制定行政法律规范时，往往立足于局部管理的需要。往往为应一时之所需，仓促制定，其合理性与公正性难免有问题。这也无疑导致行政规范性文件一般都不可避免存在某些局限性、片面性的弊端。同时，还存在着一些行政机关为了能在“依法行政”的名义下扩权谋利，而制定自己所需之“法”、授予自己所需之“权”的现象。

行政立法属于政府机关履行职责的一项重要职能，因此，工作效率也是其中当然的要求，但这并不意味着对效率的要求就能置法律规范的正当性于不顾。问题的关键在于在保证行政效率的同时，必须确保行政立法内容上具有正当性。行政立法的内容存在缺乏正当性的问题，在我国是屡见不鲜的。如1979年铁道部颁发的《火车与其他车辆碰撞和铁路路外人员伤亡事故处理暂行规定》规定："死亡者，家庭生活确有困难的，由铁路部门酌情给予八十至一百五十元火葬费或埋葬费；还可酌情给予一次性救济费一百至一百五十元。"直到2007年1月，在青岛，这样的规定还被司法部门所采用。[1] 因此，在保证行政效率的同时，保证各种行政立法具有内容上的正当性，是整个行政立法制度规范的核心问题。

二、正当性与效率的平衡：可资借鉴的美国的做法

在美国的民主宪政体制中，行政立法也曾遭遇困难，但实用主义传统决定了其在政治实践上总是不断突破理论上的羁绊，最终形成了蔚为壮观的行政立法实践。如今，美国学者大都认为"制定法规是政府机构履行的最重要职能之一"。[2] 这是行政权扩张的必然结果。

西方近现代以来，国家职能的扩张以行政权的迅猛扩张为典型特征。尤其是从资本主义国家开始抛弃"守夜人"的国家功能观而接受市场干预信条以来，伴随这种国家功能的转化，行政权力日益扩张。由于立法机构远离实际的经济管理，针对性的立法往往是缺乏与滞后的。行政权的迅速扩张，不仅因为法律的实施主要依赖于行政机关的管理行为，而且新型社会问题的解决也主要是依赖于行政机关的主动介入。行政管理大量介入以前放任的领域，从法治角度无疑需要以权力的合法存在为基础。而此前，在传统的"守夜人"模式下，这些行政权力根本就不存在。因此，必须通过立法程序的授予，才能使行政干预获得合法的权力。即使是以普通法为传统的美国，也是大量涌现成文形式的社会立法，授予行政机关前所未有的权力 。

行政权的扩张，行政管理对社会的渗入，这种现象被称为"行政国现象"。在美国，行政权的扩张从行政机关的雇员的剧烈增长可得印证：从1831~1931年的一百年间，美国联邦雇员总共增长了近60万，而从1931~1941年的10年间，美国联邦雇员就增长了82万多人。[3] 众所周知，这十年是美国开始推行凯恩斯主义经济政策的起步阶段，实施"罗斯福新政"，行政权力大肆扩张，进行市场干预。行政权的扩张最为明显地表现为广泛的行政立法实践。

在今日美国，行政机关制定法律是如此的普遍，以至于有美国学者认为这已

---

[1] http://news.e23.cn/Content/2008-03-26/200832600100.html.

[2] Comeline M. Kerwin, "The Elements of Rule-making", in David H. Rosenbloom and Richard D. Schartz, eds, *Handbook of Regulation and Adminnistrative Law*, New York: Mared Dekker, Inc. 1994, p. 345.

[3] [美] 肯尼思·F. 沃伦：《政治体制中的行政法》（第3版），王丛虎等译，中国人民大学出版社2005年版，第81~82页。

经构成对美国宪法的一种实际上的修正案。[1] 因此，行政立法是否有悖于宪政体制已经不是焦点问题了，现实是：如何对行政立法行为进行制度规范，在维护行政效率的同时，保证行政立法在实体上和程序上的正当性。

（一）内容的正当性与效率

一部行政立法，要求其内容具有正当性，这在现代法治中，是不言而喻的。但问题在于，内容的正当性，并非是能够明确地给予可量化的参照系。这如同绝大多数价值一样，其本身具有历史与现实的不确定性。实践中的困难，在美国也不例外。

在美国的宪政制度中，法院无疑具有一种特殊的重要性，通过司法实践渐进式的制度变革，成了普通法的一种重要特征。在对行政立法的制度规范中，司法同样起了举足轻重的作用。一项立法，无论是国会立法还是行政立法，如果不予以适用，其内容上的不正当性，无疑不会对社会产生实际影响。因此，司法审查是保证行政立法内容正当性的重要措施。

在英美法系的司法传统中，受到任何个人或组织侵犯的普通法上的权利与利益，都可以看到诉讼救济。因此，传统的、属于普通法的权利与利益，如果因为行政机关执行行政立法而受到侵犯，就可以通过诉讼对行政立法的正当性进行审查。这种方式无疑是一种间接的审查，即是为了保护行政行为相对人在普通法上的权利与利益，而进行司法审查。其逻辑关系是：不当地剥夺行政相对人在普通法上的权利与利益的行政立法，是不具有正当性的，因而是非法的。这就是所谓的传统美国行政法的实践，它一直在寻求一种平衡：除非得到明确的立法授权，法律禁止政府对私人自由或财产的侵犯。按照美国学者的观点，这一模式一直延续到20世纪60年代。[2]

然而这种传统的模式正发生着根本性的改变，不仅仅是传统的普通法上的权利与利益，而且受益于与政府之间关系的权利与利益也能获得司法救济。也就是说，新的模式扩大了美国宪法第五条修正案正当程序条款的保护范围，这就意味着对行政立法的实质正当性又多了评价的参照。在诉讼上则表现为扩大了起诉人的范围。

这种传统模式也在另一个方面陷入困难：面对复杂的行政管理领域，尤其是

---

〔1〕 Susan Sommer, "Indepent Agencies as Aticle one Tribunals: Foudations of a Theory of Agency Independence", *Administrative Law Review*39 (winter, 1987).

〔2〕 参见［美］理查德·B. 斯图尔特：《美国行政法的重构》，沈岿译，商务印书馆2002年版，第1页。

关涉经济时，行政机关难以履行维护公共利益之职责。这也为评价行政立法的实质正当性提供了另一维度。但晚近的司法实践中，美国法院以承认自由裁量权为由，并不愿介入其中。这突出表现在伽夫隆诉国家资源保护委员会案中。[1] 法院承认行政行为的自由裁量权是为了维护必要的行政效率。因为这些领域不仅仅涉及公共利益，同时也关涉复杂的社会、经济事务，对于这些问题的解决需要专门的技术。而真正具有这种能力的是行政机关，而非立法机关或法院。

（二）程序正当性与效率

在美国，普通法重视程序的传统在行政立法中再次得以表现。其《行政程序法》、《哈奇法案》、《阳光法案》、《消息自由法》等国会立法，都是主要从程序上对行政行为进行有力的规范。其中《行政程序法》（APA）尤其重要，它区分两类行政行为，规定了不同的行政程序。这些程序性的规定也是司法审查中判断是否属于程序违法的重要依据。对于属于实质行政立法的“规则”的制定，规定了详尽的程序规范。其包括以下几个方面：其一，要求制定机构必需要将所要制定的“规则”给予公告，即在“联邦注册处”的《联邦日志》上给予公告。公告必须包括：该拟制定“规则”的制定程序的时间、地点和性质；该拟制定“规则”的法律依据；对该拟制定“规则”给予概括描述与对相关问题给予解释。其二，制定“规则”的机关，必须为“利害关系人”积极参加“规则”制定程序提供机会，允许利害关系人提交书面材料、意见，或为利害关系人提供口头陈述的机会。其三，“规则”之草案必须在《联邦日志》上公告后30天方能生效；其四，行政机关有责任赋予相关当事人以“提出、修改或废除法规的请求权”。

令人瞩目的是，美国《行政程序法》对于规则制定这一行政行为，并没有要求严格的听证程序，严格的听证程序只是适用于另一类行政行为——“裁决”。而这一做法，在美国的司法实践中早有判例。早在1915年的“铋金属投资公司诉州平等委员会案”中，霍尔姆斯法官代表大多数法官所写的判决意见中，明确表示“如果一项行为规则适用的人不只是少数，那么要让每一个人对它的适用直接发表意见是不可行的。”[2] 可以说司法实践中，智慧的美国法官早已经不自觉地维护了行政效率。但司法并非总是如此，在1908年的伦敦人诉丹佛市案的判决中，法院则持相反的立场。

---

〔1〕 参见《美国最高法院判例报告》，第104卷，1984年，第2778页。

〔2〕 该案参见［美］史蒂文·J. 卡恩：《行政法原理与案例》，张梦中等译，中山大学出版社2004年版，第352～354页。

事实上，行政立法程序上的要求，既不可能保证行政效率，也没有全面保障行政立法的正当性。美国《行政程序法》实施以来，还是不断产生新的程序和内容上的正当性问题：一方面，程序法中包含诸多的例外，使得行政机关在制定“规则”时，可以不予公告。这些具有一定弹性的例外规定，为行政机关开了方便之门。另一方面，公众参与的确符合民主精神，但在行政管理事务中，真正的专家是在行政机构之中，而非利害关系人，利害关系人总是从自身利益出发而有所取舍，而且不能排除所谓的“爱惹是生非”者的恶意介入。因此，对于行政效率产生了消极影响。而且，立法实践中，真正关注行政立法的民众并不多，因此，立法的民主程序也并不一定能够确保其内容上的正当性。而现实是，行政立法在实施过程中产生了众多的诉讼，这本身就意味着行政立法带来了整个社会的不效率。

基于这些现实的问题，在美国又兴起了所谓的“可协商法规的制定”程序，1990 年国会通过了《可协商法规制定法》，就是对这类法规制定程序的规范。这种程序让受到拟制定之行政立法影响重大的一些组织，与行政机关一起进行行政立法工作。以此减少未来可能发生的诉讼，以提高行政效率。

三、加强权力机关与司法机关的作用，确保行政立法具有正当性

毫无疑问，行政立法工作必须遵循效率原则。行政规范性文件产生过程所耗费的时间过长，就是不效率的一种表现。例如，美国 1938 年的《食品、药品和化妆品法》对于相关的法规制定行为规定了极其严格的程序，导致此一领域内的行政立法周期相当漫长，这已经在美国国内引起极大的争议。[1] 但如果大量的行政立法简单地出台，那种为自己授权的行政立法、“面子立法”、“政绩立法”，不仅不能给行政工作带来效率，反而造成大量无法适用的“废法”，引起民众的不满或漠视。这会严重阻碍行政行为的民主化进程，影响人民对社会主义民主的信心。因此，在兼顾行政效率的前提下，加强行政立法的正当性，是制度建设的核心问题。要保障行政立法在实质内容上具有正当性，应当加强国家权力机关与司法机关的监督作用。

（一）加强国家权力机关介入行政立法过程

在美国三权分立的体制下，议会的立法是行政立法所必须遵守的。历史上美国国会曾经对行政行为，包括行政立法行为，给予相当有力的制衡。尽管罗斯福新政以来，国会逐渐淡化了这种意识，但国会却下设“批准委员会”这样的常

〔1〕［美］肯尼思·F. 沃伦：《政治体制中的行政法》（第 3 版），王丛虎等译，中国人民大学出版社 2005 年版，第 267 页。

务委员会，来负责具体领域的政策，它们拥有以任何方式批准、否认、更正、修改行政机关行为包括行政立法的权力。

我国全国人民代表大会及其常委会、地方各级人大及其常委会，作为国家的权力机关，宪法赋予了其对行政机关全面的监督权力。但问题在于，各级权力机关还没有充分行使自己的权力，权力监督还没有形成我们权力机关的习惯。一方面，这可能和我们的政治文化传统有关。我国历史以来的中央集权都是依托强有力的行政，行政机关无论是在政治实践中还是在社会心理上，都具有非同一般的强力地位。另一方面，这与我国现行的政治体制息息相关。坚持党的领导，这是宪法确立的基本原则。原则本身无可厚非，但它在落实过程中，与国家政体结合中出现了职务配置上的错位：从宪法规定的国家机构来说，各级人大是权力机关，行政机关是执行机关，对权力机关负责；但在党内职位方面，行政机关的首脑往往比人大常委会主任职位高，这无疑影响到人大对政府的监督。

随着社会主义民主建设的深入，人大监督不严的现象有望逐渐改观。2008年6月北京市人大常委会通过了《关于开展法规立项论证实验工作的意见》，同年广东省人大常委会制定了《广东省地方性法规立项工作规定（试行）》，两项文件都旨在加强在立项环节上对行政立法进行有力的监督，从而保障行政立法的正当性。在另一层面，这种做法实际上也保证的行政立法的效率。如果立项上通过不了，就避免行政机关做无用的立法起草。

与此同时，各级人大应当介入到行政立法的过程中去，当行政立法涉及重大事项时，人大应当在起草过程中承担起更多的监督责任，这样既有利于保障证实质正当性，也有利于保证行政行为的效率。因此，我们认为在各级人大常委会中应当设置专门的法规审查委员会，以参与行政立法、审查行政立法为主要职能，经常性地参与到行政立法过程中去，以保证行政立法在制定过程中能够避免不适当的、不正当的内容出现。

（二）加强司法审查

由于行政立法具有普遍性特点，其适用的对象是不特定的。若其不当或违法，受到损害的相对人就不是个别的而是相当广泛的。并且行政立法具有反复性，其效力及于未来，因此其不当或违法若得不到及时的纠正，其影响又是长久的。

司法行为是典型的事后监督形式，因此其作用主要在于及时纠正行政立法的实施过程中导致的不正当后果。而这从另一角度来看，有利于防止行政权力的滥用与误用。正如丹宁勋爵所言："20世纪的法院面临的重大问题一直是：在权力日益增长的年代，法律如何对付滥用或误用的局面。”[1] 我们应当从制度上保证行政权力在行政立法中不被误用与滥用。在我国这种滥用似乎相当严重。例如，2009 年 4 月 22 日，信阳市委市政府下发通知，要求年底之前，全市要完成新建、改扩建 3042 所村卫生室，“一个不能少”、“一个都不能变”，即必须按政府统一的设计图纸建设，尺寸外形，甚至包括徽记都不能走样。这样的规范要求，不知道其正当性何在？因此，赋予利害关系人诉讼请求权，是事后纠正的必要手段。

但是按照我国《行政诉讼法》的相关规定，这种通过利害关系人的起诉而附带审查规范性文件，至多也就是一种“半抱琵琶”式的间接司法审查，它不能对这些文件的效力做出任何有约束力的裁定。实践中，法院甚至对行政规范性文件不当或违法采取回避态度，毕竟法院没有确定其效力的法定权力。这种在个案中暗含式的审查对于纠正行政立法的正当性不能产生积极影响，只有间接而有限的作用，而且导致不必要的累诉。因此，建立针对行政立法规范内容的直接诉讼，应当是更有效的方式。

当然，这一制度的建立，原告范围的确立是一个重大问题。如上文所述，美国理论界与普通法实践在不断地扩大可保护的利益，因此原告的范围也就不断扩大。甚至有学者通过“实质代表”理论，强调少数群体利益可得司法保护。[2] 但是美国的司法实践也表明了：“法院不可能轻而易举地审查产生于政治交易、妥协让步或纯粹的政治原则的决定。”[3] 实际上，美国的起诉资格标准相当有弹性，主要是在判例中逐步形成并不断变化。

---

〔1〕［英］丹宁勋爵：《法律的训诫》，杨百揆等译，法律出版社 1999 年版，第 71 页。

〔2〕［美］约翰·哈特·伊利：《民主与不信任》，朱中一等译，法律出版社 2003 年版，第 86 页以下。

〔3〕［美］欧内斯特·盖尔霍恩、［美］罗纳德·M. 利文：《行政法和行政程序概要》，黄列译，中国社会科学出版社 1996 年版，第 23 页。

各国政府监管网络暴力的经验及借鉴

李光宇 *

一、各国政府监管网络暴力的经验

（一）德国政府监管网络暴力的经验

德国政府早在 1997 年 8 月开始实施《信息与通讯服务法》，其目的在于明确网络服务提供者、信息供应者和搜索服务提供者三方的法律责任，用来预防网络暴力的发生，其中法律对包含恶意言语攻击、发表偏激种族主义言论进行着重限制，尤其禁止传播任何种族主义的言论，借以平息第二次世界大战所带来的后续影响。德国的网络最高行政主管部门下属的联邦刑警局称，为了能够对网络暴力进行切实有效的监管，他们通过精密系统，不放过任何机会对可能涉及网络暴力的内容进行筛选，特别是儿童色情内容，坚决打击网络暴力影响未成年人的行为。

2009 年德国政府还出台了《阻碍网页登录法》，这是一部反儿童色情法案，旨在防止网络暴力影响未成年人。在此法案的框架下，提供互联网服务的供应商将根据联邦刑警局每日更新封锁网站列表，封锁涉及网络色情暴力的网页，对这种网络暴力现象进行监管。现在该法案已经获得了政府的

---

* 吉林财经大学马克思主义学院院长、法学院教授。

批准，得以实施。

（二）韩国政府监管网络暴力的经验

网络审查机制最早设立于韩国，为政府监管网络暴力提供了有力的武器。1995 年，韩国国会为坚决打击网络暴力专门组建了信息通信伦理委员会，将“危险通信信息”作为管制对象，修改通过了新的《电气通信事业法》。

为减少网络暴力的发生，韩国政府出台了一系列政策，推动“网络实名制”的实施。[1] 韩国政府于 2005 年发布了相关实名制的规定，指出网民要想通过认证，需先登记其真实信息，包括姓名与身份证号等，只有经过这一前置程序才可以进入网络，浏览网页。韩国政府在 2006 年底又通过了《促进信息通信网络使用及保护信息法》修正案，规定了各个网站要事先对留言者的真实姓名、身份证号码等信息进行记录和验证，如果没有这一前置手续将对网站处以行政罚款。2007 年 6 月韩国的一些主流网站开始陆续实施实名制，到 2009 年 4 月网络实名制的实施已经初具模型。韩国政府表示：推行“实名制”政策，其主要的目的是从源头来防止和打击“不怀好意的网民在网站论坛上发表匿名帖，对特定的当事人侮辱谩骂、进行人身攻击，侵犯人权”，归根结底是从源头遏制网络暴力的发生。韩国政府还指出，通过垃圾邮件、利用网名对他人进行攻击，以及网络犯罪已经成为韩国信息化进程中最令人头痛的问题。由此，韩国成为世界上首个强行实施网络实名制的国家。不过，网民在通过各网站的身份验证后仍可使用代号，保护自己的隐私。这样既能保护网民的隐私权，同时也对政府进行监管网络暴力起到了积极作用，是权利的实现与权力的运行的双赢。

但是韩国政府在率先推行网络实名制几年后，2011 年 7 月底，知名门户网站“NATE”和社交网站“赛我”遭遇黑客攻击，导致大量个人信息外泄。此事件在韩国引起轩然大波，要求废除实名制的呼声高涨。韩国政府拟出台“个人信息保护综合对策”，具体包括在技术层面采取有效措施应对黑客攻击、分阶段取消网络实名制、完善个人信息搜索制度、事先批准个人或企业使用用户身份认证信息等。

（三）美国政府监管网络暴力的经验

美国政府在对于互联网络的建设和管理上，积极调配资金、组织等各项因素，推动网络的规划和实践，在大力支持因特网，为网络发展创造优质政策环境的前提下，更多的是扮演推动者的角色，在对于监管网络问题上既非大包大揽，

---

〔1〕 詹德斌等：“韩国网络暴力滋生政府要推行实名制”，http：//news. xinhuanet. com/newmedia/2006 - 03/09/content_ 4279331. htm，最后访问日期：2008 年 4 月 1 日。

也非不闻不问，而是以联邦通信委员会为代表，采取非管制的态度，为其提供自由发展的环境。在美国政府在网络监管法规建设上呈覆盖面较全面的特点。其中既有宏观性的规范，也有囊括了行业进入方面、版权保护方面的规则，还包括诽谤和色情作品、反欺诈与误传等诸多方面的微观上的具体规定。

美国在1950年就开始制定信息政策来加强网络监管，同时美国先后制订和实施了具有极强连续性的因特网发展计划，目的在于为监管网络暴力提供坚实平台。1993年启动了NII（National Information Infrastucture）战略——国家信息基础设施实施计划，这是美国信息化工程开始的里程碑；接着1994年的GII（Global Information Infrastructure）计划——全球信息基础设施计划，鼓励政府与民间私人的合作，其目的在于促进各国信息基础设施的发展、加强各国之间的合作；1996年实施的NGI（Next - Generation Internet）计划——下一代网络计划，为了保持美国在信息通信技术上的绝对领先地位，加快促进网络技术的革新，集中解决原有网络设施陈旧落后与超负荷运行的问题；1997年Internet2计划，其目的在于保证先进网络应用于大学和研究机构，促进教育和信息服务在全球范围内的提升[1]。

（四）法国政府监管网络暴力的经验

法国政府对于监管网络暴力主要呈现两大特点。

一个特点是严厉打击非法下载行为，保护网络知识产权。为此法国政府在2006年制定了《信息社会法案》、2009年制定了《创作与互联网》等法律。网络著作传播与权利保护高级公署是法国网络监管的执法机构，其下设行政部门、立法部门、司法部门。三部门受理举报，建立档案，提出警告，专门负责监督管理网络暴力的情况，当出现网络暴力时第一时间向司法部门转交有关违法行为的材料。

法国政府监管网络暴力的另一特点是重视对未成年人的保护。法国建成了从政府、学校到社会的监督保护网络，以降低和消除网络暴力对未成年人的不良影响。法国政府为惩罚利用网络诱导青少年犯罪的行为，在1998年通过了《未成年人保护法》。法国政府在打击网络暴力的同时以控制加引导的方式，利用网络开展文明教育，引导学生防止受到网络暴力侵害。

（五）澳大利亚政府监管网络暴力的经验

澳大利亚政府长期致力于打击网络暴力，打击不良网络信息的泛滥[2]。澳

---

〔1〕 魏永征等：《西方传媒的法制、管理和自律》，中国人民大学出版社2003年版，第274页。

〔2〕 中新社："澳大利亚网络审查下重手坚决屏蔽违规网站"，http：//www.e23.cn，最后访问日期：2011年3月9日。

大利亚看似对“网络自由”不加干涉，实际却成了西方最严格防范网络危害的国家之一。从2011年初成立网络安全运行中心到6月份联邦警察局介入调查非法获取居民个人隐私的事件都表现出澳大利亚政府打击网络暴力的决心。2011年7月初新政府还表示将继续推进网络过滤的进程，政府表示对网络信息强制过滤势在必行；但从现实来看，调查包含色情、暴力等的信息仍需要时间。澳三大电信运营商都表示积极响应政府提出的主动屏蔽带有儿童色情内容的网页政策。

澳政府提出，网络并不是一个可以任意驰骋的自由地带，要对网络环境进行监管，其最根本目的在于防止网络暴力渗透到现实社会。网络暴力在近几年对澳大利亚产生了诸多不良影响，各种不良信息的充斥已经威胁到个人和社会利益。虽然现阶段网络审查机制仍不成熟，但澳大利亚政府对含有网络暴力信息的审查从未间断。在技术层面，为集中力量保证网络安全，澳政府还减少了互联网网关的数量，以减少不良信息的流入。

二、我国对各国政府监管网络暴力经验的借鉴

网络环境的健康、持续的发展在依靠市场的自行调节和民众自律的同时，还要依靠相应强有力的立法、执法的支撑。如果任由网络暴力的发生，极有可能造成社会信任的缺失，对社会造成不良的影响。政府对网络监管的加强已经迫在眉睫，国外先进的网络监管经验为我国网络监管提供了丰富的技术与理论资源，有利于我国提高解决网络暴力这一问题的速度和质量。

（一）完善法律法规体系

各国政府能够有计划、有步骤地监管网络暴力，一部分得益于国外网络技术发展较早，政府对于网络暴力的认识也相对较早，因此能够及时出台法律法规，为监管网络暴力提供法律支持。同时，还要认识到，国外政府在反网络攻击、保护数字版权、保护未成年人、过滤淫秽色情网络信息上，网络监管的立法呈现权威性、系统性和协调性的特点。在具体监管的执行上，各个部门也能够相互协调，形成一套纵横交错、行之有效的体系，使网络暴力钻空子的机会大大减少。因此，我国对于网络暴力监管一定要严格立法，各部门之间相互协调，充分考虑到立法的可操作性和前瞻性。

（二）推行网络实名制

国外政府推行网络实名制的做法，可以看出其对网络行政监管起到的积极作用。网络实名制的推行既可以减少网络暴力发生的概率，又可以培养网民的责任意识。网络实名制能够对证据的取证、责任的追究起到促进作用。网络实名制使网络暴力实施者不再是躲在暗处；不仅能在网络暴力初期起到震慑作用，也在发生过程中起到明示作用，更在产生后果时及时追究责任。因此，我国若要推行网

络实名制，应在立足于我国基本国情的基础上，充分考虑民意和现有网络技术，分步骤、分阶段、分层次地来展开。

（三）限制不良网络信息的准入

网络暴力发生的最根本原因在于不良信息在网络环境中的发酵，因此，严格市场准入机制和限制网络信息的内容和范围是十分必要的。国外政府采取的黑名单制度、分级制度和技术手段限制不良网络信息的准入，是值得我国借鉴的。从源头遏制网络暴力，限制不良网络信息的准入是最为基本、见效最快的举措，我国在制定限制不良网络信息的准入监管措施上要充分考虑到主体的不同，例如对于未成年人和成年人，不良信息的范围就会不一样，同时还要考虑到民众的情绪，要做到既打击了网络暴力，又保障了网民的言论自由。

（四）加强行业自律

不可否认，完善和构建网络监管体系离不开行业自律这一必要组成部分。纵观各国政府对加强行业自律的做法，主要有以下三点：一是完善行业组织主要成员的任用机制，只有用好人才能做好事，这样才能确保全社会对网络监管的参与和平衡；二是建立健全行业法规和标准，采取由政府牵头的形式，旨在提高网络服务提供者的责任意识，积极联合各企业做好网络监管工作，对于在具体的监管执行上，遇到难题共同探讨，形成合力；三是维持行业内部的良性竞争，防止基于不良利益的任意索求而为网络暴力实施者提供空间，增强网站经营者的责任心，明确其具体的权利、义务及相关的责任，不仅能对网络暴力信息的流入进行有效限制，还能有效遏制网络暴力事件的发生和产生扩大性影响。

（五）鼓励民众参与

人民群众的力量是无穷的，在网络暴力的监管上，应当充分地发挥人民群众的主观能动性。在网络社会中人人都是主体，网民不仅是网络信息的所求者，也是网络信息的发布者，给予网民适当的权利来监管网络暴力，是十分必要的。从各国政府的经验来看，应当鼓励网民对不良、虚假信息进行举报，建立网络举报平台；增加公共支出，通过公共培训等方式，增强学校和家长保护青少年免受网络暴力影响的责任心。至此，监管网络暴力不再是依靠政府的单独力量，做到人人有责，人人监督，才能更快、更好地优化网络环境，形成良好的监管氛围。各国政府积极引导本国民众参与到网络暴力监管的行动上来，是非常值得借鉴的。

中国刑事诉讼制度变革及其局限

李 麒*

2012年3月14日，中华人民共和国第十一届全国人大第五次会议通过并于2013年1月1日起施行的《全国人民代表大会关于修改〈中华人民共和国刑事诉讼法〉的决定》对刑事诉讼若干重要制度和程序进行了修改、完善与增设，完成了中国刑事诉讼制度的又一次变革。此次刑事诉讼制度变革是在中国政治、经济、社会状况都发生了重大变化的情况下完成的，反映了进一步加强惩罚犯罪和保护人民的需要，加强和创新社会管理、维护社会和谐稳定的需要以及深化司法体制和工作机制改革的需要。此次刑事诉讼制度变革的进步意义是明显的和巨大的，是中国刑事诉讼制度更加人性、科学和民主的显著标志。当然，任何制度变革都具有长期性和动态性，不能指望毕其功于一役，此次变革也存在一定的局限性，有待于在深化变革中加以克服。

一、中国刑事诉讼制度变革的主要内容

（一）刑事诉讼价值观的转变：从强调维护秩序到重视保障人权

刑事诉讼价值观包含着社会的各种主体对刑事诉讼制度

* 法学硕士，经济学博士，山西大学法学院教授。

的期待和评价，它蕴含关怀，表征理想，激发热情，提升理性。安东尼·吉登斯（Anthong Giddens）指出："对所有文化而言，那些限定什么是重要的、值得的和合意的思想观念都十分重要。当人类与社会世界进行互动时，这些抽象的观念，或价值观，赋予他们意义并提供指导。"[1] 刑事诉讼价值观构成了刑事诉讼制度的灵魂，规定了刑事诉讼制度的方向，指引着刑事诉讼行为。

中国传统诉讼文化比较注重通过打击犯罪来维护社会秩序，对诉讼中的人权保障不够重视，在刑事诉讼实践中尤其如此。1996 年对 1979 年《刑事诉讼法》的修改，在制度上加强了人权保障，如将公诉案件中辩护人介入刑事诉讼的时间提前至案件移送审查阶段，将被害人作为诉讼当事人来对待等。但是，实践中"重打击、轻保护"的价值观念仍然支配着众多司法人员的行动，这是导致人权保护状况并未得到明显提升的重要原因。

2012 年修改后的《刑事诉讼法》进一步从制度上加强了人权保障，这主要体现在：①将"尊重和保障人权"作为刑事诉讼法的任务之一加以规定，从而明确了尊重和保障人权这一宪法原则在刑事诉讼中的指导地位。这对于纠正和克服实践中忽视人权保障的偏向有一定积极意义。②完善辩护制度，强化辩护权保障。辩护权是刑事诉讼中犯罪嫌疑人、被告人的最基本和最重要的诉讼权利，离开了辩护权，犯罪嫌疑人、被告人在刑事诉讼中的生命权、自由权、健康权、财产权等基本人权就无法得到真正保护。修改后的《刑事诉讼法》确认了侦查阶段律师的辩护人地位，完善了辩护人的会见权、阅卷权、调查取证权、与犯罪嫌疑人、被告人的信息交流权，完善了法律援助制度等，为充分实现辩护权提供了基本条件。③确立了"不得强迫任何人证实自己有罪"的原则，以期有效遏制刑讯逼供，保护犯罪嫌疑人的人格尊严权、生命健康权。④完善强制措施，强调强制措施适用的必要性原则、比例性原则和及时变更或撤销原则，以保护犯罪嫌疑人、被告人的人身自由权。⑤针对侦查程序中的侵犯人权及诉讼权利行为，专门规定了侦查程序中的权利救济。⑥加强了对未成年犯罪嫌疑人、被告人的特殊保护，充分体现了刑事诉讼的人文关怀。如专章规定了未成年人犯罪案件程序，明确了对犯罪的未成年人实行教育、感化和挽救的方针，坚持教育为主、惩罚为辅的原则；规定了犯罪调查制度、附条件不起诉制度和犯罪记录封存制度等，以充分实现对未成年犯罪人的特殊保护；等等。可以说，此次《刑事诉讼法》的修改，整体上加强了人权的制度保障。

---

〔1〕［英］安东尼·吉登斯：《社会学》（第 4 版），赵旭东等译，北京大学出版社 2003 年版，第 30 页。

应当指出，鉴于中国目前的犯罪态势，出于维护公共安全和秩序的价值追求，此次《刑事诉讼法》修改也加强了打击犯罪的力度。这主要体现在：①明确规定对一些特殊种类的犯罪可以适用技术侦查。即对于危害国家安全犯罪、恐怖活动犯罪、黑社会性质的组织犯罪、重大毒品犯罪、重大的贪污、贿赂犯罪案件以及利用职权实施的严重侵犯公民人身权利的重大犯罪或者其他严重危害社会的犯罪案件，根据侦查犯罪的需要，经过严格的批准手续，可以采取技术侦查措施。②明确规定对涉嫌特定罪行的犯罪嫌疑人适用较为严厉的强制措施。即对于涉嫌危害国家安全犯罪、恐怖活动犯罪、特别重大贿赂犯罪，在住处执行可能有碍侦查的，经上一级人民检察院或者公安机关批准，也可以在指定的居所执行。对有证据证明有犯罪事实，可能判处十年有期徒刑以上刑罚的，或者有证据证明有犯罪事实，可能判处徒刑以上刑罚，曾经故意犯罪或者身份不明的，应当予以逮捕。③出于打击重大犯罪的需要，规定了犯罪嫌疑人、被告人逃匿、死亡案件违法所得的没收程序。即对于贪污贿赂犯罪、恐怖活动犯罪等重大犯罪案件，犯罪嫌疑人、被告人逃匿，在通缉一年后不能到案，或者犯罪嫌疑人、被告人死亡，依照刑法规定应当追缴其违法所得及其他涉案财产的，人民检察院可以向人民法院提出没收违法所得的申请。公安机关认为有这些情形的，应当写出没收违法所得意见书，移送人民检察院。④出于维护公共安全和秩序的需要，专章规定了依法不负刑事责任的精神病人的强制医疗程序。即对于实施暴力行为，危害公共安全或者严重危害公民人身安全，经法定程序鉴定依法不负刑事责任的精神病人，有继续危害社会可能的，可以予以强制医疗。

因此，应当说此次刑事诉讼制度变革，比较注意维护秩序与保障人权的高水平平衡，在价值观念上更突出了人权保障。

（二）刑事诉讼目的观的转变：从积极追求定罪到注重预防错案

刑事诉讼目的是国家进行刑事诉讼所要追求的预期效果的观念形态。刑事诉讼目的在《刑事诉讼法》中具有重要意义，“刑事诉讼目的，可以说是刑事诉讼法的根本，自始至终支配侦查、起诉、审判及执行等诉讼流程”。[1]《刑事诉讼法》第1条规定：“为了保证刑法的正确实施，惩罚犯罪，保护人民，保障国家安全和社会公共安全，维护社会主义社会秩序，根据宪法，制定本法。”第2条规定：“中华人民共和国刑事诉讼法的任务，是保证准确、及时地查明犯罪事实，正确应用法律，惩罚犯罪分子，保障无罪的人不受刑事追究，教育公民自觉遵守法律，积极同犯罪行为作斗争，维护社会主义法制，尊重和保障人权，保护公民

〔1〕 林钰雄：《刑事诉讼法》（上册），中国人民大学出版社2005年版，第6页。

的人身权利、财产权利、民主权利和其他权利，保障社会主义建设事业的顺利进行。”这两条规定从立法宗旨、根据和任务的不同角度，明确了刑事诉讼目的。刑事诉讼目的可以包括根本目的和直接目的两个层次。根本目的是维护国家和社会安全、法治、秩序，保障人权，保护公民权利，促进社会发展。直接目的可以归结为保证准确、及时地查明犯罪事实，正确应用法律，惩罚犯罪分子，保障无罪的人不受刑事追究。刑事诉讼根本目的是通过直接目的所规定的任务的完成加以实现的。可以说，各项刑事诉讼规则形成的刑事诉讼制度整体上都是围绕着使有罪的人得到公正的惩罚、保障无罪的人不受追究的直接目的而展开的。

刑事诉讼立法上将惩罚犯罪分子和保障无罪的人不受刑事追究，确立为刑事诉讼的直接目的，实际上就是将准确定罪与预防错案置于同等重要的地位。准确定罪与预防错案是密切联系、互为条件的，不能够预防错案，就谈不上准确定罪，不能够准确定罪，就存在造成错案的风险。这恰如一枚硬币的两面。从这个角度讲，预防将无辜者定罪的错案应当构成贯穿刑事诉讼立法和司法始终的重要目的。

值得注意的是，由于受注重惩罚犯罪的传统诉讼文化的影响，刑事诉讼实践中在一定程度上形成了与刑事诉讼立法相背离的过分追求定罪的目的观。在这种过分追求定罪的“实践目的观”的支配下，预防错案已被置于可有可无的地位。过分追求定罪，忽视预防错案，在刑事诉讼实践中主要表现在：①刑讯逼供、骗供、诱供以及其他违法侦查行为时有发生。②乱施逮捕、以捕代侦、超期羁押等羁押性强制措施的不当适用造成未决羁押的乱象仍然存在。③过分追求定罪。无论是负责侦查取证的侦查人员，还是承担公诉职责的检察官，都有着强烈的追诉犯罪并获得胜诉的欲望。在一些特殊情形之下，面对已经发现的不符合起诉条件的案件，检察官在宁枉勿纵观念的支配下，仍然容忍侦查取证中的失误，降低起诉标准，强行提起公诉并与法官协调，最终获得有罪判决。④预防、发现错案的能力低下。由于受到先入为主、不注重辩护意见，追求破案率和定罪率等因素的影响，导致在立案侦查、审查起诉、审判等各个环节及时发现和纠正错案的能力有所不足。

2012年《刑事诉讼法》除了通过强化辩护权以期充分发挥辩护制度在预防错案的效能之外，主要通过完善证据制度来预防错案。这主要体现在以下几个方面：①修正证据定义。原《刑事诉讼法》规定：“证明案件真实情况的一切事实都是证据”，新《刑事诉讼法》规定：“可以用于证明案件事实的材料都是证据”，完成了证据定义从“事实说”到“材料说”的转变。“事实说”是实体意义、结果意义、终极意义上的概念；“材料说”是程序意义、过程意义和现实意义上的概念。相比之下，“材料说”更加符合刑事诉讼的认识规律和过程，也与“证据必须经过查证属实，才能作为定案的根据”的规定逻辑一致。“材料说”可以将更多的与案件相关的事实材料纳入证据收集和评判的范围，从而有助于发现事实和预防错案。②明确举证责任的承担。原《刑事诉讼法》立法未明确规定举证责任的承担，在理论和实践中，法院是否承担证明责任尚存在一定争议。新《刑事诉讼法》明确规定公诉案件中被告人有罪的举证责任由人民检察院承担，自诉案件中被告人有罪的举证责任由自诉人承担，这就明确了法院不负担证明被告人有罪的举证责任，强调了法官居中裁判的地位，有助于克服法官追求定罪的倾向，从建构控辩审三方合理关系的角度，加强了预防错案的能力。③规定反对强迫自证其罪的原则。此项原则的确立有助于减少、遏制刑讯逼供，促进侦查讯问模式的正当化，从而保障犯罪嫌疑人、被告人陈述的自愿性，在一定程度上有助于避免错案的发生。④细化证明标准。《刑事诉讼法》明确了证据“确实充分”的要求，将“排除合理怀疑”作为判断证据是否确实充分的一个标志，从主观与客观相结合的角度对证明标准提出了新的要求，应当说，对提起公诉和有罪判决的证明标准的高要求，有助于严把证据关，提高办案质量，发现和及时纠正错案。⑤确立非法证据排除规则。新《刑事诉讼法》规定对于采取刑讯逼供取得的犯罪嫌疑人、被告人供述，不得作为定罪的依据，对于那些严重影响司法公正的其他非法证据也应排除，这都有助于规范取证行为，降低错案几率。⑥加强证人出庭作证。证人出庭作证是查明真相的要求，也是保障被告人与不利证人对质权的要求。新《刑事诉讼法》通过强化证人作证的法律保护以及确保证人出庭作证的措施，来试图改变刑事司法实践中证人出庭作证率低的现状。可以说，证人出庭作证，被告人得以有机会与不利己方的证人当庭对质，不失为预防错案的一种有效机制。

应当说，新《刑事诉讼法》力求预防错案的立法意图是明确的。这就要求转变刑事诉讼实践中形成的过分追求定罪的目的取向，将注重预防错案作为刑事诉讼实践的重要目标之一。

（三）刑事诉讼模式的转变：对抗与对话并存

刑事诉讼模式，也称刑事诉讼构造或刑事诉讼形式，是指在刑事诉讼程序中，控诉、辩护和裁判三方的法律地位和相互关系形式。一般地讲，可以把以法国、德国为代表的大陆法系国家的刑事诉讼模式称之为职权主义，把以英国、美国为代表的普通法系国家的刑事诉讼模式称之对抗制或当事人主义；其他国家的诉讼模式也各具特色，但大体上都受到职权主义模式或对抗制模式的因素的影响。职权主义模式以理性主义为其哲学思想基础，把国家视为理性的化身，在价值观念上以同属模式为基调，认为政府和人民的利益具有一致性的特点，政府可以代表人民的利益，政府官员可以予以足够的信任，刑事诉讼目的偏重于控制犯罪、追求大众安宁、维护社会秩序。因此，在刑事诉讼中对于代表国家的警察、检察官和法官的权力限制较少，而对于作为辩护方的被追诉人及其辩护人的权利限制较大，在庭审过程中，法官处于积极的调查者的地位，主导着证据调查和诉讼进程，控辩双方相对消极，庭审缺少激烈的对抗。对抗制诉讼则以怀疑主义为其哲学基础，认为国家是一种必然的恶，政府和人民的利益并不总是一致的，在刑事诉讼中为了防止过于强大的国家力量对个人自由的侵夺，以赋予辩护方较大权利的方式来实现控辩双方的平等武装，维持一种均衡的诉讼结构。在庭审中，控辩双方的积极对抗在证据调查和法律论辩中起着主导的作用，法官则往往处于消极的仲裁者的地位。刑事诉讼目的偏重于对被追诉人的权利保障和追求程序的正当性。

虽然这两种模式具有很多方面的明显差别，但是，如果从被害人的角度来看，都缺少对被害人程序参与权利的足够保护，也缺少被害人与加害人之间的沟通、协商和对话。在职权主义之下，理论上认为，法官的充分的调查权，使他能够在发现案件事实真相的同时，作出既考虑社会利益、被告人权益，又关照被害人利益的公正裁决，被害人参与程序的必要性和机会都被大大减少了。庭审中，既少有控辩双方的对抗，诉讼过程中也缺少被害人与加害人真正意义上的对话。在对抗制下，审判前阶段检察官所拥有的广泛的裁量权以及将被害人排除在外的辩诉交易，使得被害人基本上成为一个程序的旁观者。在审判阶段，控辩双方的积极性被调动了起来，而由于代表政府的检察官取代了被害人的当事人地位，所谓对抗不过是在检察官和辩方律师之间展开的唇枪舌战，被害人是作为一个特殊的证人来接受盘问和质询，既无从向法庭陈述自己的情感、诉求，又不能有效地同加害人进行沟通和对话。

与传统刑事司法程序的职权主义模式以及对抗制模式比较，恢复性司法在程序上更加注重参与性和协商性，体现了从国家权威主义到司法民主的转变、从对抗到对话的转变。恢复性司法在程序上注重被害人的参与权以及被害人、受犯罪行为影响的社区与加害人之间的对话和协商。“恢复性司法”（Restorative Justice，又译为修复性司法），一词最早由美国学者巴内特提出。他在 1977 发表了一篇题为“赔偿：刑事司法中的一种新范式”的文章，论述了早期在美国进行的被害人与加害人调解试验中产生的一些原则。目前，被较为广泛接受的对恢复性司法的定义是英国学者马歇尔的定义，即“一个特定侵害的相关各方聚集在一起以积极的态度处理和解决该侵害现时所致后果及其对未来影响的过程”。澳大利亚学者对该定义进行了补充，指出了恢复性司法要修复的对象是被害人、加害人和社区，其内容包括财产损失、人身伤害、安全意识、尊严、权利意识、民主、和谐和社会支持。[1] 2002年7月联合国经济和社会理事会通过的《关于在刑事事项中采用恢复性司法方案的基本原则》中指出，所谓恢复性司法包括运用一切恢复性程序和获得恢复性结果的方案。“恢复性程序”是指在调解人帮助下，被害人和加害人及酌情包括受犯罪影响的任何其他个人或社区成员，共同积极地参与解决由犯罪造成的问题的程序的总和。恢复性程序可以包括调解、和解、协商和量刑权。“恢复性结果”是指作为恢复性程序的结果而达成的协议，包括满足个人和集体需要、责任区分以及使被害人和加害人重新建立联系的任何结果和方案，如道歉、赔偿、社区服务等。“调解者”是指以公正、中立的立场促进、指导当事人（被害人、加害人以及任何受到犯罪影响的人）参与到恢复性程序中的人。恢复性司法在国际范围内得到普遍认同和广泛实践。

在被害人的程序参与权方面，恢复性司法要求：①司法机关能够保证被害人收到关于犯罪、犯罪人和司法过程的充分信息，从而更好地作出相关决定并对司法程序产生影响；②被害人能够获得来自律师的法律帮助和国家所提供的参与诉讼的便利；③被害人在司法过程中能够充分表达自己的情感和诉求。在对话的基础上，就赔偿问题进行协商是恢复性司法的中心内容。

中国2012年《刑事诉讼法》顺应恢复性司法的世界潮流，借鉴中国传统诉讼文化中的调解、和解制度，总结刑事调解、和解的司法实践，以专章规定了当事人和解的公诉案件诉讼程序。这肯定了刑事和解程序作为一种特殊的刑事案件处理模式与传统的刑事诉讼模式并存于刑事诉讼制度当中，表明了从对抗到对话的一种观念变化。刑事和解的主要内容是：犯罪嫌疑人、被告人真诚悔罪，通过向被害人赔偿损失、赔礼道歉等方式获得被害人谅解；被害人自愿和解的，双方当事人可以和解：①因民间纠纷引起，涉嫌刑法分则第四章、第五章规定的犯罪案件，可能判处3年有期徒刑以下刑罚的；②除渎职犯罪以外的可能判处7年有期徒刑以下刑罚的过失犯罪案件。③犯罪嫌疑人、被告人在5年以内曾经故意犯罪的，不适用刑事和解程序。④双方当事人和解的，公安机关、人民检察院、人民法院应当听取当事人和其他有关人员的意见，对和解的自愿性、合法性进行审查，并主持制作和解协议书。⑤对于达成和解协议的案件，公安机关可以向人民检察院提出从宽处理的建议。人民检察院可以向人民法院提出从宽处罚的建议；对于犯罪情节轻微，不需要判处刑罚的，可以作出不起诉的决定。人民法院可以

[1] 陈晓明：《修复性司法的理论与实践》，法律出版社2006年版，第10～11页。

依法对被告人从宽处罚。可以说，2012 年《刑事诉讼法》从适用对象、具体程序、法律后果等方面对刑事和解作了明确的、可操作的规范。

二、中国刑事诉讼制度变革的相对局限

（一）固守权力结构格局，未能有效实现权力制约

从历史上看，中国古代的诉讼结构，基本上是一种“权力型诉讼”，表现在诉讼权力集中而缺少分化，诉讼权力主导诉讼而缺乏对诉讼权利的切实保障，诉讼权力压制诉讼权利，诉讼权力滥用普遍。中国千百年来形成的权力文化传统的影响力并未完全消失，它从制度上或观念上表现着自己的力量。中国《宪法》和《刑事诉讼法》规定了公检法机关“分工负责、互相配合、互相制约”的原则，分工负责具有分权的功能，但该原则强调的是在具体任务分工明确的基础上的高效率追究犯罪，并不强调权力的分化和制约。公检法机关共同肩负着查明真相的任务，在各自主导的诉讼阶段内，很少受到来自其他方面的有效监督和制约。国家司法机关或专门机关这一概念，模糊了侦查权、检察权和审判权之间的实质性差别。以法院的司法审查权来制约侦查权，确立审判中心主义显然打破了流水作业式的分工模式，改变了刑事诉讼中的权力结构，因而难以被立法者所接受。公检法之间的权力结构关系主导着整个刑事诉讼的架构，刑事诉讼各项制度改革的实效均受其制约。在现行刑事诉讼权力结构的格局之下，除逮捕需要经过人民检察院批准之外，公安机关拥有采取任意性侦查措施如讯问、询问等和强制性侦查措施如搜查、扣押等以及对犯罪嫌疑人人身自由加以限制的拘传、取保候审、监视居住、拘留等各种强制措施的几乎不受制约的自主决定权。侦查权强烈的目的性、自主性、扩张性造成了侦查权滥用的极大风险，事实上侦查阶段成为最容易发生侵犯人权现象的刑事诉讼阶段。众多的错案实际上在侦查阶段已经埋下伏笔。

因此，强化对侦查权的监督与制约理应成为刑事诉讼制度变革的重心。即使不通过修正《宪法》关于公检法权力结构的原则，在现行权力结构的框架下，仍然可以通过看守所中立化以及检察机关对各种强制侦查措施的同步监督等来强化对侦查权的制约。很明显，此次《刑事诉讼法》修正在这方面着力不够。

（二）辩护制度仍然存在明显缺陷，辩护权未得到充分保障

此次《刑事诉讼法》的修订，规定了辩护律师比较自由的会见权、较为充分的与犯罪嫌疑人和被告人的信息交流权、较为全面的阅卷权以及比较切实的调查取证权，可以说辩护制度得到改进，这对于促进辩护职能有积极意义。但是有些应当也能够进行的变革被忽略了，仍留下一些缺憾，主要表现在以下两个方面：

1. 侦查讯问程序中律师在场权的缺失

侦查程序中的律师在场权是指在侦查机关及其官员对犯罪嫌疑人进行讯问时以及进行一些其他侦查行为时，犯罪嫌疑人所聘请或接受指定的律师有在场的权利。为了贯彻辩护原则，增强侦查程序的透明度，维持控辩平衡，防止犯罪嫌疑人的权利遭受不当侵犯，大多数国家都对律师在场权做了规制。如美国联邦最高法院通过米兰达案等一系列判例强化了律师在讯问中的在场权。这些判例确定的一个基本原则是，只要犯罪嫌疑人坚持要求律师在场的，没有律师在场就不能讯问犯罪嫌疑人；犯罪嫌疑人先前放弃律师帮助权，在讯问过程中又明确主张律师到场的，讯问必须立即中止，直到律师到场后才能够继续询问。律师在场权被视为犯罪嫌疑人一项自然的权利，除非他自愿、知情和有理智地放弃这一权利。如果违背律师在场权的规定，将会被视为对犯罪嫌疑人权利的严重侵犯，从而导致指控的无效。

《刑事诉讼法》第 33 条规定：“犯罪嫌疑人自被侦查机关第一次讯问或者采取强制措施之日起，有权委托辩护人”，但这个条款并没有明确辩护律师在侦查讯问时的在场权。德国刑事诉讼法学家约阿西姆·赫尔曼认为该条款的规定是模糊的。他说：“这一条文可以被解读为：‘自警察第一次讯问开始之时起’，犯罪嫌疑人即有权得到辩护律师的帮助。如果要想将律师辩护权变成防止警察采取暴虐不公的讯问措施的有效屏障，这一解读，将是对这一条文的正确诠释。但是，这一条文也可以被解读为‘在警察第一次讯问之日但不必在第一次讯问之前’，有权委托辩护人。这一解读，将拔去 2012 年刑事诉讼法改革的利齿，因为警察可以一直讯问犯罪嫌疑人，而不受辩护律师的干预。”[1]这种担忧不是没有道理的。《公安机关办理刑事案件程序规定》第 41 条规定：“公安机关在第一次讯问犯罪嫌疑人或者对犯罪嫌疑人采取强制措施的时候，应当告知犯罪嫌疑人有权委托律师作为辩护人。”《人民检察院刑事诉讼规则（试行）》第 36 条也作了类似的规定。这种规定强调了侦查机关的告知义务，同样地没有明确辩护律师在侦查讯问时的在场权。无论在《刑事诉讼法》还是相关司法解释在关于讯问犯罪嫌疑人的具体程序规定中，仍然只字未提辩护律师在侦查讯问时的在场权问题。结合实践做法来看，辩护律师在侦查讯问时的在场权是缺失的。

2. 辩护律师侦查阶段阅卷权的缺失

辩护律师尽早地、全面地、详细地知悉对犯罪嫌疑人的指控情况和材料，是

〔1〕［德］约阿西姆·赫尔曼：“2012 年中国刑事诉讼法改革：带来多少变革?”，颜九红译，载《比较法研究》2013 年第 4 期。

有效辩护的基础。因此，不少国家都规定了在不妨碍侦查的条件下辩护律师在侦查阶段的阅卷权。如在加拿大、美国的做法是嫌疑人一经拘捕，嫌疑人及其辩护律师即可在预审法官、检察官处直接阅卷或获取一份已备好的指控证据材料。而日本的《刑事诉讼法》规定了辩护律师在侦查阶段有开示逮捕理由的请求权、取消逮捕请求权、对逮捕扣押等审判的准抗告权。俄罗斯《联邦刑事诉讼法典》赋予了辩护人自准许参加刑事案件时起，有权了解拘捕笔录、适用强制处分的裁决、有犯罪嫌疑人和刑事被告人参加的侦查行为的笔录以及其他应该向犯人、刑事被告人出示的其他文书。〔1〕 德国《刑事诉讼法典》第147条规定："①辩护人有权查阅移送法院的，或者在提起公诉中应当移送法院的案卷，有权查阅官方保管的证据。②案卷中还未注明侦查已经终结的时候，如果查阅可能使侦查目的受到影响的，可以拒绝辩护人查阅案卷、个别案卷文件或查看官方保管的证据。③在程序的任何一个阶段，都不允许拒绝辩护人查阅被告人的讯问笔录，准许他查阅或者在他假如提出要求时必须准许他在场的法院调查活动笔录，查阅鉴定人鉴定。"〔2〕 可见，各国寻求在打击犯罪、维护公共利益与保障犯罪嫌疑人辩护权利之间的平衡，在肯定侦查阶段的辩护律师的阅卷权的原则下，作出了区别于审查起诉和审判阶段的规定。

中国《刑事诉讼法》第36条规定，辩护律师可以"向侦查机关了解犯罪嫌疑人涉嫌的罪名和案件有关情况"；《公安机关办理刑事案件程序规定》第47条规定："辩护律师向公安机关了解案件有关情况的，公安机关应当依法将犯罪嫌疑人涉嫌的罪名以及当时已查明的该罪的主要事实，犯罪嫌疑人被采取、变更、解除强制措施，延长侦查羁押期限等案件有关情况，告知接受委托或者指派的辩护律师，并记录在案。"这样规定，辩护律师知悉案件情况是通过侦查机关的告知而非查阅案卷，辩护律师在侦查阶段并没有查阅案卷的权利。很显然，知悉方式的不同，影响到知悉的内容和辩护的效果。

（三）规范失调未能克服，法律移植的效果值得怀疑

法律移植是法律发展的路径之一。一般地讲，法律移植指的是，特定国家、民族或地区的某种法律规则或制度移植到其他国家、民族或地区。在全球化的今

---

〔1〕 张玉镶、门金玲："刑事辩护律师阅卷权利体系的合理架构与立法规制"，载《中国刑事法杂志》2008年第2期。关于相关国家法律规定，参见卞建林译：《美国联邦刑事诉讼规则和证据规则》第5.1条（c），中国政法大学出版社1996年版，第34页；宋英辉译：《日本刑事诉讼法》第82条第2款、第207条第1款，中国政法大学出版社2000年版，第21、49页；黄道秀译：《俄罗斯联邦刑事诉讼法典》第53条，中国政法大学出版社2003年版，第49页。

〔2〕《德国刑事诉讼法典》，李昌珂译，中国政法大学出版社1998年版，第69~70页。

天，法律移植也包括国际法律规范和惯例移植到特定的国家、民族或地区。如果从本国（民族或地区）的角度而言，法律移植的意义在于："在鉴别、认同、调适、整合的基础上，引进、吸收、采纳、摄取、同化外国的法律（包括法律概念、技术、规范、原则、制度和法律观念等），使之成为本国法律体系的有机组成部分，为本国所用。"[1] 应当指出的是，法律移植首先指的是法律规则或制度的移植。法律移植是中国刑事诉讼制度变革的基本路径之一。2012 年对《刑事诉讼法》的修正，引入了不得强迫自证其罪、非法证据排除、排除合理怀疑等西方化的概念、原则和制度，正是法律移植的鲜明体现。在不同语境下，这些移植而来的法律规范要想实现效果，在立法上需要规范自身的完整性和与固有规范之间的协调性，在理念上需要与本土法文化相适应。否则，就只能是"看上去很美"而在司法实务中可能被规避的规范。就不得强迫自证其罪、非法证据排除而言，由于规范之间存在失调的情形或者规范自身的不完整性，其法律移植的效果值得怀疑。

一般认为，不得强迫自证其罪来源于英国的李尔本案件和美国宪法第五修正案。后来，这项原则被越来越多的国家以及国际刑事诉讼规则所认可。中国 2012 年《刑事诉讼法》第 50 条增加规定"不得强迫任何人证实自己有罪"，也从法律形式上确认了这一原则。不得强迫自证其罪原则要求追诉机关通过独立自主获得的证据来控诉犯罪，而不能强制性地利用被告人自身实现对其的指控。不得强迫自证其罪特权的本质在于，保障刑事诉讼中的被追诉人不受非法程序的强制保证其受到公正的、人道的对待。其核心在于，保障被追诉人供述的任意性、自愿性和合法性，反对刑讯逼供以及其他任何形式的强迫或者非自愿供述。沉默权被认为是不得强迫自证其罪的首要标志和基本保障，因此，确认不得强迫自证其罪原则的国家，都规定了犯罪嫌疑人在警察讯问时，有保持沉默的权利。与此不同的是，中国 2012 年《刑事诉讼法》第 118 条仍然保留了原《刑事诉讼法》关于侦查讯问的规定，要求犯罪嫌疑人对侦查人员的提问，"应当如实回答"。在如实回答义务之下，犯罪嫌疑人无权保持沉默，如果他选择保持沉默，则很容易给侦查机关造成其对抗侦查的印象。在巨大的破案压力之下，为在侦查对抗中保持优势地位，以便简捷、有效地获取犯罪证据，对犯罪嫌疑人采取刑讯等不人道的方式获取其供述似乎成了合乎逻辑的结果。如实回答义务与不得强迫自证其罪之间的矛盾无法消解，如实回答义务的存在动摇了不得强迫自证其罪原则的根基。如实回答义务根植于有罪推定、义务本位的法律观念，沉默权以及以此为核心内

[1] 张文显："继承·移植·改革：法律发展的必由之路"，载《社会科学战线》1995 年第 2 期。

容的不得强迫自证其罪原则的真正确立尚待时日。

非法证据排除规则是指对于采用非法方法或者违反法定程序获取的证据，应当予以排除，不得采纳为定罪之证据的规则。英美普通法形成了比较严密、完备的证据规则，包括非法证据排除规则。在刑事诉讼变革的过程中，大陆法系诸国也形成了各自的非法证据排除规则。

《刑事诉讼法》第54条规定："采用刑讯逼供等非法方法收集的犯罪嫌疑人、被告人供述和采用暴力、威胁等非法方法收集的证人证言、被害人陈述，应当予以排除。收集物证、书证不符合法定程序，可能严重影响司法公正的，应当予以补正或者作出合理解释；不能补正或者作出合理解释的，对该证据应当予以排除。"该条确立了非法证据排除的基本规则，对于制止非法取证，规范取证行为，维护程序法治，保障犯罪嫌疑人以及其他诉讼参与人之人权不受侵犯具有重要意义，是适应刑事诉讼国际潮流的进步变革。然而，该条文存在着一定程度的模糊性和不完整性，极大影响了其在司法实践中的准确适用。

首先，对于非法言词证据的排除，除刑讯逼供外，其他"非法方法"究竟何指不明确。《人民检察院刑事诉讼规则（试行)》第65条第3款解释说："其他非法方法是指违法程度和对犯罪嫌疑人的强迫程度与刑讯逼供或者暴力、威胁相当而迫使其违背意愿供述的方法。"这只能在大致上提供一个判断其他非法方法的参照，在具体实施中，不得不将判断与认定其他非法方法的决定权委之于具体案件的办案人员，从而可能导致相同情况不同处理的混乱情形，也存在除了刑讯逼供之外不排除其他任何非法证据的可能性。

其次，对于非法实物证据的排除，既存在规范的不明确性，又存在通过补正或合理解释大大限制排除范围的现实可能性。何谓"可能严重影响司法公正"?《人民检察院刑事诉讼规则（试行)》第66条第3款解释说："可能严重影响司法公正是指收集物证、书证不符合法定程序的行为明显违法或者情节严重，可能对司法机关办理案件的公正性造成严重损害。"这种文字性的表面解释，只不过是同义反复，对于正确认定"可能严重影响司法公正"没有任何实质的规范价值，司法人员在认定非法物证、书证上仍拥有很大的自由裁量权。即使收集物证、书证不符合法定程序，可能严重影响司法公正，仍然可以通过补正或者合理解释使之正当化，在定案时加以运用。这样一来，所谓的非法的物证、书证只能存在于极其狭小的空间，不符合法定程序收集的物证、书证绝大多数都不会被排除。

最后，关于"毒树之果"的问题，没有相关规范。诸如警察通过刑讯获得了犯罪嫌疑人的口供（毒树），然后根据口供提供的线索，对犯罪嫌疑人的住宅进行了合法搜查取得了相关物证、书证（毒树之果），该物证、书证效力如何，应否排除，即为“毒树之果”问题。“毒树之果”应否排除，也属于非法证据排除规则的范畴。缺失这方面规范的非法证据排除规则是不完整的，势必有损于其在限制滥用侦查权力方面的作用。

出于查明真相、打击犯罪、维护秩序的需要，立法者在非法证据排除上的相对保守立场是显而易见的。实现大幅变革，仍然需要时间。

三、中国刑事诉讼制度变革的若干建言

社会是法律的根基，社会变革必然引起法律变革，法律变革又会影响社会变革。可以预见，由于转型时期的政治、经济、文化和社会的发展、变革，犯罪态势的变化，中国刑事诉讼制度变革将是一个在相对稳定中的持续不断发展的过程。

在明了2012年《刑事诉讼法》修正所取得的制度变革成就和分析其局限性的基础上，我们可以就中国刑事诉讼制度变革的未来提出一些思考。

（一）法律价值：追求控制犯罪与保障人权的高水平平衡

中国正经历着巨大的社会变迁，社会正处于整体性的分化与整合的转型之中，在市场经济带来经济高速发展、财富迅速增长、社会活力迸发的同时，影响社会和谐的风险因素也在不断增加。这些风险因素反映在刑事领域，就是犯罪总量增加，盗窃、诈骗等财产犯罪居高不下，杀人、抢劫等恶性暴力犯罪有所上升，贪污贿赂犯罪数额增长，有组织犯罪、跨区域跨国犯罪、网络犯罪增多等。刑事犯罪的变化对刑事诉讼的秩序维护价值提出了新的要求。同时，政治文明和民主进程的加速，公民权利意识的增长，也对刑事诉讼的权利保障价值提出了新的要求。刑事诉讼作为个人与国家之间激烈的矛盾冲突解决机制，一方面应使有关机关及官员有足够的权力以高效地查明案件事实，查获犯罪嫌疑人，打击犯罪；另一方面又必须对追诉权力有所制约，不能使其毫无拘束，任意扩张，从而侵犯公民个人应有的诉讼权利。打击犯罪与保障人权从宏观的视域看，应当说具有一致性，但具体到刑事诉讼领域中，则往往表现出矛盾、冲突的特征。为了打击犯罪，维护社会安全，应当赋予侦诉机关更大的权力，对他们的活动以最小的限制，对其活动效果予以最大限度的承认；为保障公民自由及权利，特别是被追诉人的诉讼权利，则须给公民的人格尊严予以更高的尊重，给公民的人身自由予以更多的保护，而这些又必须通过对侦诉机关及官员的权力、行动、行动效果予以更严格的限制。因此，要寻找打击犯罪与保障人权之间的平衡，在正当程序中发现真相应确立为基本的原则。在具体规则的设计上，应遵循利益权衡的原则，而不是一味地牺牲程序正义坚持发现真实，或将程序公正提高到绝对的高度，不

允许在发现真实面前作出任何些许的让步。

（二）法律移植：从“嵌入”到“融合”

应当说，由于中国法律现代化的后发性，在今后的较长时期内，法律移植在法律制度变革包括刑事诉讼制度变革中的作用仍不容忽视。但是，中国刑事诉讼制度变革应摆脱法律移植为主导的简单、局部、技术性的“嵌入式”发展模式，而应充分注意到刑事诉讼制度变革与文化的关联性，走普世化与本土化结合的“融合模式”的综合创新道路。其要求可概括如下：①不宜以对抗制或职权主义诉讼模式其中之一，作为中国刑事诉讼制度变革的摹本，这种外科手术式的变革不符合文化的整体有机性、民族个性的特质；②在保持我国刑事诉讼制度的一些合乎诉讼规律、合乎人性要求、适应时代要求的规范的基础上，确立一种兼容并蓄、为我所用的开放思维，对我国刑事诉讼制度及诉讼文化进行改造，而不是感性地为其中不合理因素加以申辩；③比较分析对抗制诉讼模式、职权主义诉讼模式、中国刑事诉讼模式的优劣，深思各自的合理性和有效实施的文化背景，立足本土，放眼世界，保留我国刑事诉讼制度的优点，综合借鉴其他诉讼模式的长处，兼顾国际刑事诉讼准则，形成融合的刑事诉讼模式。

（三）法律技术：规则的进一步明确化

《刑事诉讼法》关乎公民的生命、自由、财产等基本人权，因此，在立法上应恪守程序法定原则。刑事程序法定原则要求国家刑事司法职权的权限划分和程序运作应由立法机关以法律的形式加以明确规定，法律所没有明确赋予的职权，公安司法机关不得行使；超越法定权限和违背法定程序的行为应承担越权无效的法律后果或者应予纠正的法律责任；当事人以及其他诉讼参与人的权利和义务亦应由法律明确规定，公安司法机关不得通过制定普遍性的解释性规则和具体的行动来限制、损减、剥夺当事人以及其他诉讼参与人的权利，不得对当事人以及其他诉讼参与人课以法律规定之外的义务。刑事程序法定原则之于刑事诉讼法犹如罪刑法定之于刑法，它应是刑事程序立法、司法的一条“铁律”。刑事程序法定原则对于明确立法机关与刑事司法机关之间的权限划分和指导、规范刑事司法行为具有重要意义。

明确化是刑事程序法定原则的基本要求之一。中国 2012 年《刑事诉讼法》修正在明确化方面有了较大的进步，表现在条文数量增加了，具体规范的可操作性也进一步增强。但就明确性的要求而言，仍然具有很大的完善空间。伴随《刑事诉讼法》出台的相关司法解释以及其他形式的规范性文件其条文数量和内容远远超过刑事诉讼法典本身，如果没有这些规范性文件，刑事诉讼法典本身几乎难以有效施行，这也说明刑事诉讼法典本身依然存在规范的不明确性和欠缺可操作性。程序法定原则并不排斥司法解释。法定程序由于其所适用对象的一般性而具有概括性与抽象性，由于其立法程序的慎重性和严密性而具有稳定性。因此，有必要正确地进行司法解释以阐明法律规范的含义，减少其可能存在的模糊性，修补法律的漏洞以加强其现实的适应性。但是司法解释应该有个合理的限度。如此大量的司法解释和其他规范性文件，其规范存在下列情形：有的是必要的和合理的；有的是没有必要的重复；有的超越了司法解释的权限，不合理地扩大了公安司法机关的权力，类似“自我授权”；有的限制、削减了当事人的权利。

因此，在中国未来刑事诉讼制度变革中，要特别注意提高立法技术，尽可能地实现程序的明确化和细致化，改变程序粗疏的现状，以限制或消除刑事程序性司法解释权对立法权的僭越。

中国大学生就业援助制度之现状与完善

幸颜静*

一、大学生就业援助制度概述

（一）就业促进与就业援助

就业援助是国家建立的促进就业困难群体人员就业的援助制度，指由国家针对失业者以及就业困难群体采取各种有效措施，以达到促进该部分人群就业或者再就业的目的。针对就业困难人员的就业援助制度是各国通行的制度，自从劳动关系及劳动就业成为一种受国家行政干预的社会性关系而从纯粹的私主体之间的关系中分离出来，劳动法就具有了公法性质，其中的就业促进也就成了政府责任之一。现代社会各国几乎都规定了对相关困难群体的劳动就业促进措施，诸如强制性的失业保险，为失业人员提供免费的职业技能培训，发放失业补贴等。我国有关就业援助的内容主要规定在《就业促进法》中。根据该法的规定，就业援助的主体主要是各级政府与就业促进有关的职能部门，受援助的对象主要是就业困难群体，即“因身体状况、技能水平、家庭因素、失去土地等原因难以实现就业，以及连续失业一定时间仍未

* 中国政法大学比较法学研究院《比较法研究》杂志副编审，法学博士。

能实现就业的人员"[1]，主要包括残疾人以及法定劳动年龄内的家庭人员均处于失业状况的城市居民家庭的成员等。[2]

就业援助制度为就业促进制度之一种，是随着就业促进制度之出现而产生并逐渐发展完善的。20 世纪 30 年代以前，就业问题作为工业化和市场经济起始阶段雇佣劳动制度的产物，被普遍认为可以通过市场机制进行自发调节，不需要政府作任何干预。"在劳动法尚未发达之早期阶段，国家鲜少对求职者之困境予以顾虑，营利的职业介绍业乃是劳动力市场中重要调配者。盖以农业社会的劳动者，在失业期间，通常仍能从其家庭中获得资助，支付一定报酬而从职业介绍者之处获得就业机会，尚有若干程度的存在理由。但工商业发达之后，失业中劳动者之生存依据极为薄弱，盈利职业介绍业乃变成劳动者出卖劳力时中间榨取剥削者，其所产生之恶果如贩卖人口、引诱堕落，实为众所周知之惨痛社会事实。于是，以下问题如何解决，国家乃责无旁贷：①如何使劳动者在初次或者再度进入劳动市场单方过程中得到适当必要的协助。②劳动力如何在严密整编的生产结构与生产秩序中自由移动，如何消除就业流动性的障碍。③如何加强职业训练、职业介绍、职业辅导等机制，消弭失业现象。④如何不断创造新的劳动机会、对已存在的劳动机会如何尽量维持。⑤如何提高就业率。以上这些问题，事实上就是劳动市场的问题。"[3]

20 世纪 30 年代后，面对世界经济大萧条和全球经济危机造成的严重失业后果，凯恩斯等人提出扩大有效需求来解决就业问题的主张，呼吁政府运用增加投资、降低利息等宏观经济政策来刺激经济增长以扩大就业，同时建立社会保障来降低风险以稳定就业。20 世纪 70 年代前后，面对石油等危机造成的失业高潮，发达国家开始探索开发人力资源替代自然资源的战略，通过加强教育培训提高劳动力素质，并实行改进劳动力市场管理服务的政策措施。从 20 世纪 80 年代开始，发达国家及一些发展中国家开始注重运用综合政策来解决就业问题，如运用经济政策扩大需求，实行反周期政策减少失业，推进教育培训提高劳动者素质，加强公共就业服务提供就业帮助，提高社会保障促进失业者再就业等。国际劳工组织在 2001 年通过的《全球就业议程》(Global Employment Agenda) 提出："使经济增长和繁荣的潜力得以发挥的基本条件是，生产性就业被置于经济和社会政策的核心位置，使充分的、生产性的和自由选择的就业成为宏观经济战略和国家

---

[1] 参见《中华人民共和国就业促进法》第 52 条。

[2] 参见《中华人民共和国就业促进法》第 55、56 条。

[3] 黄越钦：《劳动法新论》，中国政法大学出版社 2003 年版，第 390 ~ 391 页。

政策的总目标。”[1]

目前，国际社会对政府必须承担促进就业和治理失业的主要责任已形成共识，促进就业普遍成为各国政府施政纲领的重要内容，甚至成为政党竞选的重要砝码。伴随着就业问题的日渐突出和就业工作的日渐重要，立法已成为世界各国促进就业最普遍最重要的手段。各国的实践证明，立法对促进就业发挥了积极作用。回顾世界劳动法的历史，就业促进立法一直是近代和现代劳动保障立法中最为活跃的领域之一，并成为世界各国促进就业的重要举措。[2]而就业援助作为就业促进措施之一，也随之产生并逐渐发展完善。

（二）大学生就业援助

大学生就业援助在我国尚属较新的制度，其产生和发展不过十数年，但在很多经济较为发达的国家，这一制度已经较为成熟。每一年，完成相应的学业并即将进入劳动力市场的大学生成为一个国家或地区最主要的劳动就业人群。随着各国教育制度的改革和教育规模的扩大，每年毕业的大学生人数日益增多，社会可容纳劳动力的能力逐渐饱和，大学生失业现象自然不可避免并有逐渐扩大的趋势，对于大学生的就业促进策略以及针对那些由于特殊原因难以就业的大学生的就业援助制度也就应运而生。

二、我国大学生就业援助制度之产生与发展

新中国成立以来，我国的大学毕业生就业政策一直随着我国国情的变化而不断地演变。从建国初期到 20 世纪 80 年代中期，我国对高等教育一直采取高度集中的计划管理模式，学校的招生和毕业分配主要采“统包统分”模式。这种模式是国家按照计划进行招生，再按照计划来进行分配。从招生到就业均由国家负责到底。随着我国教育、经济体制的改革，毕业大学生数量逐年增多以及社会总体劳动力流动性的增强，这一模式逐渐被“双向选择”及“自主择业”等模式取代。以下对我国近二十年（1995~2014 年）来的高校毕业生就业政策进行分析，以梳理出我国大学生就业援助制度产生的过程及历史发展。

（一）大学生就业援助制度产生之前的高校毕业生就业策略

1995 年以前，国家任务招生计划的毕业生，原则上仍由国家负责在一定范围内安排就业，实行“供需见面”和一定范围内“双向选择”的办法，落实毕业生就业方案；委托和定向培养的学生应按合同就业；自费生“自主择业”。因此，此一阶段，大学生就业仍以统包统分模式为主，“双向选择”及“自主择

[1] 莫荣：“完善我国促进就业的法律制度”，载《中国劳动》2007 年第 4 期。

[2] 莫荣：“完善我国促进就业的法律制度”，载《中国劳动》2007 年第 4 期。

业”等模式尚在小规模实行阶段。大学生此时仍可称之为“天之骄子”，为众多就业单位青睐的对象，甚至有的用人单位为接收大学生还会给予高校一定的经济补偿。因此，在1994年《国家教委关于做好1994年全国普通高等学校毕业生就业工作的通知》中还特意指出：“按照国家的有关规定，国家任务招生计划的毕业生，被经营性单位录用，高等学校可通过合作、合同等形式接受录用单位的资助，但不能搞任何形式的与毕业生挂钩的有偿分配。学校所得到的资助用于弥补教育经费的不足或改进学校的教学设施。”[1]

1995年，这种情况有所改变，1995年的高校毕业生是新中国成立以来至当时人数最多的一年，这一年全国共有高校毕业生89.5万人，其中，研究生毕业生3.4万人，本专科毕业生80.3万人，国家计划内电大、函授普通专科班毕业生5.8万人。不过，由于长期以来的社会高等教育人才的缺乏，使得这一年毕业的大学生仍然不存在太大的就业困难。根据国家教委有关高校毕业生就业的政策，1995年的毕业生原则上仍由国家负责在一定范围内安排就业，通过“供需见面”和在一定范围内“双向选择”的办法落实就业方案。[2]

1996年的就业政策较之前的就业策略虽有部分变化，但这些变化并非实质性的，统包统分性质的就业派遣仍然存在，[3] 可见该年高校毕业生就业困难问题尚不明显。

1997年，由于全国有一部分实行招生并轨改革的高校学生即将毕业。这部分毕业生实行在国家就业方针、政策的指导下，在一定范围内自主择业的就业方式。可见，该年适用“自主择业”方式就业的高校毕业生范围开始扩大，之前，“自主择业”的就业方式只限于“自费生”。

同时，由于高校毕业生数量增多，之前高校毕业生供不应求的情况已不复存在，政策开始鼓励用人单位积极接收大学毕业生，教育部要求继续贯彻执行《国务院办公厅关于做好1996年高校毕业生和毕业研究生就业工作的通知》文件精神，疏通毕业生就业渠道，打破部门和区域限制，鼓励有接收能力的地区、部门

---

〔1〕 参见《国家教委关于做好1994年全国普通高等学校毕业生就业工作的通知》（教学［1993］10号）。

〔2〕 参见《国家教委关于做好1995年全国普通高校毕业生和毕业研究生就业工作的通知》（教学［1994］19号）。

〔3〕 参见《国务院办公厅关于做好1996年高校毕业生和毕业研究生就业工作的通知》（国办发明电［1996］8号）。

和单位积极接收毕业生，为毕业生顺利就业创造条件。[1]

总的来说，到1997年为止，高校毕业生的就业状况虽然已经不如前些年那么令人乐观，但尚在社会能够解决的范围内，高校毕业生就业困难的状况还不是很明显，因此，高校毕业生的就业援助尚未被相关的有效法律文件所明确提及。因此，也可以认为，至少在立法层面上，此时我国的大学生就业援助制度并不存在。

（二）大学生就业援助制度之产生及发展过程

1998年高校毕业生数量又有大幅增加，约有106万名应届毕业生。“就业形势严峻”的字样开始出现在相关的高校毕业生就业文件中。《国务院关于做好1998年普通高等学校毕业生就业工作的通知》中明确指出1998年“就业形势比较严峻，矛盾较多”。为此，要求在企业减员增效、政府机构改革分流人员的同时，要调整人员结构，合理配置使用高校毕业生，补充高素质的高校毕业生。同时，对高校毕业生采取“双向选择”和“自主择业”的就业方式，这使得“自主择业”适用范围在高校毕业生中进一步增大。[2]

这一年高校毕业生就业政策的一个值得注意的重要变化是，政策开始明确关注大学生就业难问题。政策中明确提及“暂未落实单位的毕业生”，并提出了相应的帮助策略：“对暂未落实单位的毕业生要进行储备开发，开展转岗培训。年底之前尚未落实就业岗位的毕业生，可适当推迟派遣时间或派回家庭所在地，当地政府及有关部门应积极创造条件，为毕业生提供就业机会，或根据社会需要，组织毕业生进行专业技能培训，帮助他们尽快走上工作岗位。培训经费不足部分由各级政府财政予以补助。”[3] 这一规定可以认为是我国大学生就业援助制度的肇始。

1999年基本是1998年的政策的延续和深化。这一年，国家开始采取将大学生的就业市场扩展到基层的方式来解决大学生的就业问题。相关政策文件规定要“采取措施鼓励高校毕业生到基层支教、支农、支医、扶贫或到企业锻炼，参加农村基层工作，经过两三年锻炼，根据工作需要从中选拔优秀人员到机关工作，重点充实乡镇机关。这项工作由人事部门负责组织，所需编制由编制部门研究解决，工资参照当地行政机关同类人员标准发放，所需经费由财政部门研究解决，

〔1〕 参见《国家教委关于做好1997年全国普通高等学校毕业生就业工作的通知》（教学［1997］2号）。

〔2〕 参见《国务院关于做好1998年普通高等学校毕业生就业工作的通知》（国发［1998］16号）。

〔3〕《国务院关于做好1998年普通高等学校毕业生就业工作的通知》（国发［1998］16号）。

具体实施办法由人事部门会同有关部门制定”。[1]

1999年的高校毕业生就业政策继续关注大学生就业难的帮扶问题。对于就业出现暂时性困难的大学生的援助措施，在1998年的基础上有所细化：“对截止派遣时尚未落实工作单位的高校毕业生，可适当推迟派遣时间或派回其家庭所在地，对一年内找到工作单位的，主管调配部门应予以派遣。公安部门要协助做好户口的迁移工作。对派回家庭所在地的毕业生，当地政府及有关部门要积极创造条件，提供就业机会，或根据社会需要，组织免费的专业技能培训。对回到县乡的毕业生，组织农村急需的农业技术培训，充实农村专业人员和经营管理人员，鼓励毕业生以多种方式为农村和农业提供生产技术指导和技术咨询服务。”[2]

2000年高校毕业生约107万，人数增长不是太多，但由于社会容纳能力基本饱和，所以就业形势依然严峻。2000年的高校毕业生就业政策有一个较大的变化是，自这一年起停止使用《全国普通高等学校毕业生就业派遣报到证》和《全国毕业研究生就业派遣报到证》，启用《全国普通高等学校本专科毕业生就业报到证》和《全国毕业研究生就业报到证》（简称《毕业生就业报到证》）。《毕业生就业报到证》仍然由教育部授权地方主管毕业生调配部门审核签发，毕业生在规定时间内联系到工作单位后，由地方主管毕业生调配部门开具《毕业生就业报到证》，毕业生持《毕业生就业报到证》到工作单位报到，用人单位凭《毕业生就业报到证》办理有关接收手续。[3] 这一举措说明“统招统分”的模式已经彻底退出高校招生和分配的历史舞台；同时，大学生就业政策要求要“下大力气更加着力于研究如何进一步深化高校毕业生就业制度改革。通过改革，力争在一两年内建立起比较完善的毕业生就业制度和就业指导服务体系，完善‘国家宏观调控、各级政府和学校推荐、学生和用人单位双向选择’的就业模式，使毕业生就业制度能更加适应我国经济、社会发展的实际，为今后高校毕业生就业开辟一条更宽的道路。”[4]

2001年继续延续和深化了2000年的高校毕业生就业策略，[5] 高校毕业生继

---

〔1〕《国务院办公厅转发教育部等部门关于进一步做好1999年普通高等学校毕业生就业工作意见的通知》（国办发［1999］50号）。

〔2〕《国务院办公厅转发教育部门关于进一步做好1999年普通高等学校毕业生就业工作意见的通知》（国办发［1999］50号）。

〔3〕参见《教育部关于做好2000年全国普通高等学校毕业生就业工作的通知》（教学［2000］1号）。

〔4〕《教育部关于做好2000年全国普通高等学校毕业生就业工作的通知》（教学［2000］1号）

〔5〕参见《教育部关于做好2001年全国普通高等学校毕业生就业工作的通知》（教学［2001］2号）。

续增多，未能及时就业的毕业生人数也继续增多。在这一年，教育部开始执行暂缓就业政策。暂缓就业是在每年5月底学校向省高校毕业生就业指导中心上报毕业生就业计划时，部分毕业生未落实就业单位，又不愿把户口、人事关系迁回原生源地，将人事关系暂时寄存在省高校毕业生就业指导中心，将户口暂留学校的一种办法。暂缓就业协议是毕业生与高校就业指导中心签订的。在暂缓就业期间，如能落实就业单位者，可按照有关就业程序办理就业报到手续，逾期未落实就业单位者，其户口和档案转回生源地自谋职业。暂缓就业期间不能办理出国、结婚、劳务证等手续。暂缓就业政策从2001年开始执行，原暂缓期限为一年。为了给毕业生创造更加宽松的就业环境，2002年起暂缓就业的期限延长为两年。暂缓就业具体年限为：毕业当年的7月1日至两年后的6月30日。

2002年高校毕业生就业政策的主要变化是：①鼓励非公有制单位聘用高校毕业生，鼓励高校毕业生自主创业，拓宽高校毕业生到基层就业的渠道。切实解决非公有制单位聘用高校毕业生的有关问题。到非公有制单位就业的高校毕业生，公安机关要积极放宽建立集体户口的审批条件，及时、便捷地办理落户手续，用人单位要按照国家有关规定与所聘高校毕业生签订劳动合同，为其办理社会保险手续，缴纳社会保险费，保障其合法权益。从事个体经营和自由职业的高校毕业生要按当地政府的规定，到社会保险经办机构办理社会保险登记，交纳社会保险费。鼓励和支持高校毕业生自主创业，工商和税收部门要简化审批手续，积极给予支持。上述人员的档案管理，按国家现行有关规定执行。②鼓励人才合理流动。落实企业用人自主权的规定，鼓励用人单位根据实际需要多招聘高校毕业生；取消对接收高校毕业生收取的城市增容费、出省（自治区、直辖市）费、出系统费和其他不合法、不合理的收费政策；省会及省会以下城市放开对吸收高校毕业生落户的限制，省会以上城市也要根据需要，积极放宽高校毕业生就业落户规定，简化有关手续。

对毕业离校时未落实工作单位的高校毕业生采取适当的户籍政策。档案管理机构对保管其档案免收服务费用。学校可根据本人意愿将其户口转至入学前户籍所在地或两年内继续保留在原就读的高校，待落实工作单位后，将户口迁至工作单位所在地。超过两年仍未落实工作单位的高校毕业生，学校和档案管理机构将其在校户口及档案迁回其入学前户籍所在地。[1]

2003年是普通高等学校（以下简称高校）扩招本科学生毕业的第一年。由

---

〔1〕 参见《国务院办公厅转发教育部等部门关于进一步深化普通高等学校毕业生就业制度改革有关问题意见的通知》（国办发［2002］19号）。

于高校毕业生总量增加，再加上受到“非典”疫情的影响，当年高校毕业生就业形势比较严峻。这一年高校毕业生就业政策的主要变化有：①公务员等岗位开始公开招考。党政机关录用公务员和国有企事业单位新增专业技术人员和管理人员，应主要面向高校毕业生，公开招考或招聘，择优录用。②鼓励高校毕业生自主创业和灵活就业。凡高校毕业生从事个体经营的，除国家限制的行业外，自工商部门批准其经营之日起1年内免交登记类和管理类的各项行政事业性收费。

对于就业困难的大学生，除延续以往的策略对其进行免费技能培训等措施外，[1] 2003年在就业困难大学生的援助问题上还有一项重大举措，即开始将毕业半年以上未能就业并要求就业的高校毕业生纳入失业人群进行援助：“毕业半年以上未能就业并要求就业的高校毕业生，可持学校证明到入学前户籍所在城市或县劳动保障部门办理失业登记。劳动保障部门所属的公共职业介绍机构和街道劳动保障机构应免费为其提供就业服务。对已进行失业登记的高校毕业生，有条件的城市、社区可组织其参加临时性的社会工作、社会公益活动，或到用人单位见习，给予一定报酬。对于因患病等原因短期无法工作并确无生活来源者，由民政部门参照当地城市低保标准，给予临时救助。此项费用由地方财政列支。”[2]

2004年的高校毕业生就业政策基本是2003年政策的延续和深化。2005年，国家进一步加大了对贫困毕业生的帮扶力度，要求对贫困毕业生等就业困难群体要给予更多的关心和帮助，要开展个性化的就业服务，做好细致的心理辅导、就业推荐，帮助他们解决实际困难。各地要加强对上述各项工作的督促检查，教育部将与有关部门对相关工作进行检查和抽查，并以适当方式对各地和高校的经验、问题进行通报。[3] 这说明对高校毕业生的援助范围开始细化，将因贫困而导致的就业困难从一般性的就业困难中分离出来进行重点援助。

2006年的政策更加关注就业困难的大学生群体，高等院校毕业生的逐渐增多和社会可容纳就业的岗位的日益饱和造成了就业形势的日益严峻，大学生未能及时就业的情况更为普遍。为此，2006年开始鼓励高校毕业生进入西部和农村就业：积极组织实施好引导高校毕业生面向基层就业的项目，努力探索政府开发基层公共服务岗位的新机制。认真做好“大学生志愿服务西部计划”、“三支一

---

〔1〕 参见《国务院办公厅关于做好2003年普通高等学校毕业生就业工作的通知》（国办发［2003］49号）。

〔2〕《国务院办公厅关于做好2003年普通高等学校毕业生就业工作的通知》（国办发［2003］49号）。

〔3〕 参见《教育部办公厅关于做好2005年普通高校毕业生就业重点工作的通知》（教学厅［2005］4号）。

扶计划”、“农村义务教育阶段学校教师特设岗位计划”等项目的组织实施。因地制宜，稳步扩大地方项目规模和服务范围，各地要积极探索实施引导高校毕业生进村、进社区工作的地方项目，争取通过3~5年的努力，实现每个村和社区至少有1名高校毕业生。要落实好加大财政支持力度、代偿国家助学贷款等政策，组织人事部门会同编制部门为西部地区和艰苦边远地区的乡镇下达一部分周转编制，用于接收应届或往届高校毕业生。

而对未能就业的大学生的支持及辅助措施也有所增加：离校后未就业高校毕业生可到各类人才和职业中介机构登记求职，政府举办的公共就业服务机构、人才交流服务机构、高校毕业生就业指导服务机构应提供免费职业介绍服务。有就业愿望的应届毕业生9月1日后仍未就业的，可到入学前户籍所在城市或县劳动保障部门办理失业登记，劳动保障部门和人事部门应免费提供专门的就业服务，组织其参加职业培训或就业见习。高校毕业生见习期间由见习单位和地方财政部门根据当地实际情况，对其提供基本生活补助。高校毕业生因短期无法就业或就业后生活仍有困难的，民政部门要及时按照有关规定为符合条件的高校毕业生提供最低生活保障或临时救助，帮助他们渡过难关。对未就业毕业生中的党、团员，有关部门要按相关规定组织活动。

政策继续要求对就业困难的贫困学生进行重点帮扶。高等学校要切实落实“一把手工程”，增强大学生就业意识，加强就业指导队伍建设，提高就业指导的针对性。要积极主动联系用人单位，千方百计搜集就业信息。要组织目前尚未落实就业岗位的贫困学生多渠道进行见习、实习，采取多种途径扩大就业渠道。高等学校对就业困难的贫困学生要进行重点帮扶，给予重点推荐、指导、服务，可适当给予经济补助，努力帮助他们实现就业。[1]

可见，2006年对就业困难大学生，特别是因贫困而导致就业困难的大学生的就业援助计划有所扩大、更为深入。

2007年的政策继续细化对困难家庭高校毕业生的援助计划和措施，进一步提出要重点帮助困难家庭高校毕业生落实就业：高等学校要针对困难家庭毕业生的特点和需求开展就业指导，提供“一对一”的就业服务和重点推荐，并尽量给予适当求职经济补贴。各级政府和有关部门要把对困难家庭高校毕业生的就业援助工作纳入政府援助困难群体就业的政策体系。各级国家机关和事业单位招录工作人员，不得违反国家规定设立收费项目，对困难家庭高校毕业生应提供必要

---

〔1〕 参见《中央组织部、中央宣传部、中央编办等关于切实做好2006年普通高等学校毕业生就业工作的通知》（教学〔2006〕8号）。

的帮助，减轻求职负担。各地有关部门要对离校后回原籍的“零就业”家庭未就业毕业生进行逐户逐人登记，优先安排进入高校毕业生就业见习基地，给予见习补贴，并实施重点帮助，提供有针对性的就业服务和公益性岗位帮助。民政部门要按照有关政策和规定，对符合条件的困难家庭高校毕业生给予最低生活保障或临时救助，切实把党和政府的关爱落实到困难毕业生身上。[1]

除此之外，政策还要求对登记失业毕业生开展重点服务：各地要充分发挥部门职能，以登记失业、求职困难的毕业生为重点，开展“一对一”的服务。①摸清人员底数。对进行失业登记的高校毕业生，公共就业服务机构应建立专门台账，确定专人联系，并依托基层劳动保障工作平台跟踪了解情况。②强化就业服务。对每个登记失业的毕业生，提供免费的政策咨询、职业指导和岗位需求信息。③落实扶持政策。对申请参加职业资格培训和就业见习的，按规定给予培训补贴；对自主创业的毕业生，要帮助落实小额担保贷款、个体经营收费减免等相关扶持政策。④开展重点帮扶。对失业时间较长或符合助学贷款条件、家庭生活困难的毕业生，要重点援助，帮助其尽快就业。对离校后回原籍的“零就业家庭”中未就业毕业生逐户逐人地上门帮扶，优先安排进入高校毕业生就业见习基地，提供有针对性的就业服务。力争使返回原籍登记失业的毕业生到年底能够有半数以上实现就业，一年内绝大部分实现就业。[2]

2008 年全国普通高校毕业生达到 559 万人，因此，政策对就业困难大学生更为关注、措施也更为细化：“高校要对家庭经济困难并就业困难的毕业生提供‘一对一’的就业指导、就业服务和重点推荐，并尽量给予适当求职经济补贴；各级机关考录公务员、事业单位招聘工作人员时，免收困难家庭高校毕业生的报名费和体检费。高校要加强政策宣传，使离校时未就业的每一位毕业生都能全面了解离校后的就业政策和求职渠道。各地人事部门、劳动保障部门应积极为离校后未就业高校毕业生求职开展服务，提供人事、劳动保障事务代理、就业指导、就业推荐等系列服务，优先安排困难家庭未就业高校毕业生参加就业见习。劳动保障部门要把享受国家助学贷款政策并将就业困难、确有就业需求且登记失业的高校毕业生纳入就业困难人员的援助范围，摸清人员底数，建立专门台账，确定专人联系，推荐符合其需求的岗位，落实就业援助的相关政策；要积极组织就业困难的高校毕业生参加职业资格培训、职业技能鉴定和就业见习，按规定落实培

---

〔1〕 参见《国务院办公厅关于切实做好 2007 年普通高等学校毕业生就业工作的通知》（国办发〔2007〕26 号）。

〔2〕 参见《关于做好 2007 年高校毕业生就业有关工作的通知》（劳社部发［2007］13 号）。

训、鉴定补贴和见习基本生活补助。各地要对离校回原籍的零就业家庭未就业毕业生实施重点帮扶，提供有针对性的就业服务和岗位帮助。各地要采取综合措施，力争到2008年底，使半数以上返回原籍登记失业的毕业生能够实现就业”[1]。

2009年，受国际金融危机影响，高校毕业生就业工作面临前所未有的压力和挑战。《教育部关于当前形势下做好普通高等学校毕业生就业工作的通知》中指出：“要增强就业指导服务的针对性，重点帮扶就业困难毕业生。各高等学校要根据行业需求和专业特点，加强分类指导，增强就业指导工作的针对性；要在切实摸清每一个毕业生具体情况的基础上，针对学生自身特点，开展个性化的就业指导和服务；要特别加大对就业困难毕业生的帮扶力度，通过专项培训、重点指导、优先推荐，实施‘一对一’的就业服务，切实帮助他们解决经济上、心理上和求职过程中的实际问题，帮助他们顺利就业。[2]”

2010年全国普通高校毕业生规模达630余万人，加上往届未实现就业的毕业生，需要就业的毕业生数量很大。在国际金融危机影响尚未消除、全社会就业矛盾突出的情况下，2010年高校毕业生就业形势严峻，就业任务非常繁重。政策进一步要求重点帮扶，认真做好特殊群体的就业援助工作：各省级主管部门要按照“重点关注、重点推荐、重点服务”的原则，设立专项经费和帮扶项目，进一步加大对家庭经济困难毕业生、就业困难毕业生、残疾人毕业生等特殊群体的就业帮扶力度。高等学校要摸清困难学生的底数，建立专人“一对一”跟踪和帮扶机制，通过分类指导、技能培训、心理咨询、求职补贴等方式开展就业帮扶工作，并在各类就业项目实施过程中对困难群体毕业生给予优先推荐。各省级主管部门和高等学校要主动协调有关部门，通过开展就业指导、重点培训、设立专门项目、政府购买岗位等措施，高度重视并切实做好少数民族高校毕业生就业工作。[3]

与以往不同的是，2010年国家对需要重点帮扶的就业困难大学生又进行了细化：即“家庭经济困难毕业生、就业困难毕业生、残疾人毕业生等特殊群体”以及“少数民族高校毕业生”。

2011年有关帮扶的大学生困难群体中除上列规定外，又增加了‘女大学生’

〔1〕《教育部、人事部、劳动保障部关于积极做好2008年普通高等学校毕业生就业工作的通知》（教学［2007］24号）。

〔2〕《教育部关于当前形势下做好普通高等学校毕业生就业工作的通知》（教学［2008］21号）。

〔3〕参见《教育部关于做好2010年普通高等学校毕业生就业工作的通知》（教学［2009］15号）。

的字样："高校要继续加大对困难群体毕业生的帮扶力度。建立困难群体毕业生信息数据库，开展'一对一'服务，通过发放求职或生活补贴、重点组织培训、加强就业创业指导、优先推荐岗位等措施，帮助家庭贫困、身体残疾、少数民族地区的少数民族毕业生等群体尽快实现就业。加强对女大学生就业帮扶工作。"[1]

除此之外，就业援助措施也有增加："各地要争取把高校毕业生就业困难群体纳入政府公共就业服务困难群体帮扶体系，实施相应援助项目。各省级教育行政部门和高校要配合有关部门采取重点推荐、公益性岗位安置、就业见习培训等帮扶措施，按规定落实社会保险补贴、公益性岗位补贴、免费参加各类招聘会、免费职业技能培训和鉴定等就业援助政策，做好未就业毕业生离校前后的衔接工作。"[2]

2012 年全国普通高校毕业生规模达到 680 万人。这一年的政策继续要求"重点帮扶，对特殊困难群体实施有效的就业援助"：①认真做好家庭经济困难、就业困难高校毕业生的就业援助工作。各高校要针对家庭经济困难、就业困难毕业生，建立帮扶台账，指定院系教师开展"一对一"帮扶，优先推荐，提供至少"一次个体咨询、一次技能培训、一次就业补贴"。各省级主管部门要积极争取有关部门和地方政府的支持，通过政府购买基层公益性岗位等方式，安置家庭经济困难和就业困难毕业生。②重点开展高校就业困难少数民族毕业生的帮扶和援助。各省级主管部门、各高校要以高度的政治责任感，努力促进少数民族毕业生充分就业。特别是各少数民族地区省级主管部门和高校要摸清就业困难的少数民族毕业生底数，加强对少数民族学生的国家通用语言培训、就业技能培训，提高其就业竞争力；要积极开发本地社区、农技、双语教师岗位，继续实施未就业毕业生赴对口支援省市培养计划。[3]

与之前的政策有所不同的是，2012 年的就业政策将对"就业困难少数民族毕业生"的就业扶助单独提出进行规范，同时，增加了诸如"通过政府购买基层公益性岗位等方式，安置家庭经济困难和就业困难毕业生"就业扶助措施。可见，通过几年来的改革和实践，高校毕业生就业援助已经较为规范。

2013 年，高校毕业生的就业援助问题再次得到了强调：利用多方资源促进

---

[1] 《教育部关于做好 2011 年全国普通高等学校毕业生就业工作的通知》（教学［2010］11 号）。

[2] 《教育部关于做好 2011 年全国普通高等学校毕业生就业工作的通知》（教学［2010］11 号）。

[3] 参见《教育部关于做好 2012 年全国普通高等学校毕业生就业工作的通知》（教学［2011］12 号）。

就业困难和少数民族毕业生就业：①对困难毕业生开展有效就业援助。各省级工作部门和高校要积极争取地方政府、有关部门和社会各界广泛支持，制订实施家庭经济困难、就业困难毕业生就业帮扶计划。要摸清困难毕业生底数，及时掌握求职动态，建立相应就业信息数据库。创造条件为困难毕业生提供就业指导、岗位推荐、技能培训、经济补贴等帮助，建立“一对一”帮扶机制。高校学生资助管理部门要重点资助家庭经济困难毕业生求职就业。②积极促进少数民族毕业生就业。各地特别是少数民族地区省级工作部门要积极会同有关部门出台更加有力的政策措施，进一步拓宽少数民族高校毕业生的就业渠道，鼓励毕业生到当地经济社会发展急需的领域和岗位就业，大力开发农牧业技术、医疗卫生、治安管理以及双语教师、幼儿园教师等公共服务岗位。要适应当地经济社会发展的需要，适时调整少数民族地区高校的学科专业结构。要根据少数民族毕业生特点，加强国家通用语言文字和就业技能培训。[1]

2014 年高校毕业生将达 727 万人，国家要求要开发更多就业岗位，实施不间断的就业创业服务，提高大学生就业创业比例。要做好重点人群就业工作，尤其要做好以高校毕业生为重点的青年就业工作，继续做好农民工、城镇就业困难人员和退役军人就业工作，促进城乡居民收入持续稳定增长。城镇新增就业 900 万人以上，城镇登记失业率低于 4.6%。要求教育部牵头，推进教育公平。全面落实国家资助家庭经济困难学生政策，做好高校大学生生活困难补助工作，进一步促进教育公平，为国家发展提供强大的人力资源支撑。[2]

2014 年的政策对重点需要帮扶的就业困难大学生又作了进一步细化，即包括“零就业家庭、优抚对象家庭、农村贫困户、城乡低保家庭以及残疾等就业困难的高校毕业生”，对就业困难高校毕业生的具体帮扶措施没有重大变化：各地区、各高校要将“享受城乡居民最低生活保障家庭的毕业年度内高校毕业生的求职补贴要在离校前全部发放到位，求职补贴标准较低的要适当调高标准。各地可结合本地实际将残疾高校毕业生纳入享受求职补贴对象范围。党政机关、事业单位、国有企业要带头招录残疾高校毕业生。离校未就业高校毕业生实现灵活就业的，在公共就业人才服务机构办理实名登记并按规定缴纳社会保险费的，给予一定数额的社会保险补贴，补贴数额原则上不超过其实际缴费的 2/3，最长不超过

---

〔1〕 参见《教育部关于做好 2013 年全国普通高等学校毕业生就业工作的通知》（教学〔2012〕11 号）。

〔2〕 参见《国务院关于落实〈政府工作报告〉重点工作部门分工的意见（2014）》（国发〔2014〕15 号）。

2年，所需资金从就业专项资金中列支”[1]。

至此，我国的大学生就业援助政策经过十来年的发展，从无到有，受助对象不断细化，援助措施逐渐完善，初步形成了具有我国特色的就业困难大学生援助制度。

三、我国大学生就业援助制度之现状

（一）援助主体

关于我国大学生就业援助的实施主体，根据在相关规范文件中的表述，主要是“高校”、“政府”、“各级政府相关部门”等较为抽象的主体，偶尔也见“教育部”、“各地人事部门”、“劳动保障部门”等相对具体的部门。由于对毕业大学生的就业促进措施和对就业困难大学生的援助措施的多样性，因此，对这部分大学生实施就业援助的部门也并不统一，而是根据不同的援助措施，由相应的职能部门进行援助。

虽然高校被规范为大学生就业援助的主要主体，但实际上，高校主要解决的是所有毕业大学生的就业促进问题，并不专门针对那些需要就业援助的大学生进行帮助；对就业困难大学生的就业援助主要是由社会保障部门进行的，这与我国对就业困难大学生的判断标准及其具体的就业援助措施有关。

（二）援助对象

总的说来，大学生就业援助的对象主要是高校就业困难的大学生，但是，由于大学生未就业的原因多种多样，甚至有不少属于“自愿失业”的人群，因此，如果对所有未及时找到工作的大学生都进行援助，不但就业援助机构无力承担，也对有就业意愿但的确因客观情况遭遇到就业困难的大学生显得不公平。因此，我国与大学生就业援助相关的立法和政策逐年细化了需要进行就业援助的大学生类型，以真正实现就业援助制度之制度功能及价值。

1998年国家教委首次将就业出现困难的大学生纳入关注范围，这类大学生被称之为“暂未落实单位的毕业生”；1999年，就业困难大学生被限定于“截止派遣时尚未落实工作单位的高校毕业生”；2005年，国家对贫困毕业生等就业困难群体要给予更多的关心和帮助，将因贫困而导致的就业困难从一般性的就业困难中分离出来进行重点援助；2010年国家对需要重点帮扶的就业困难大学生又进行了细化：即“家庭经济困难毕业生、就业困难毕业生、残疾人毕业生等特殊群体”以及“少数民族高校毕业生”；2011年有关帮扶的大学生困难群体中除上

---

[1]《国务院办公厅关于做好2014年全国普通高等学校毕业生就业创业工作的通知》（国办发[2014]22号）。

列人群外，又增加了“女大学生”的字样；2012 年的就业政策将对“就业困难少数民族毕业生”的就业扶助单独提出进行规范；2014 年的政策对重点需要帮扶的就业困难大学生又作了进一步细化，即包括“零就业家庭、优抚对象家庭、农村贫困户、城乡低保家庭以及残疾等就业困难的高校毕业生”。

可见，我国目前能够得到就业援助的大学生主要包括以下几类：零就业家庭、优抚对象家庭、农村贫困户、城乡低保家庭、残疾等就业困难的高校毕业生以及少数民族高校毕业生。

（三）主要援助措施

我国针对就业困难大学生的援助措施也随着援助制度本身的发展而逐步变化和完善。

1998 ~ 1999 年，相关规章规定对暂未落实单位的毕业生要进行储备开发，开展转岗培训和组织免费的专业技能培训。2003 年我国规定将毕业半年以上未能就业并要求就业的高校毕业生纳入失业人群进行援助，对于因患病等原因短期无法工作并确无生活来源者，由民政部门参照当地城市低保标准，给予临时救助。2006 年规定对就业困难的贫困学生要进行重点帮扶，给予重点推荐、指导、服务，可适当给予经济补助。2007 年开始提供“一对一”的就业服务和重点推荐，并尽量给予适当求职经济补贴。把对困难家庭高校毕业生的就业援助工作纳入政府援助困难群体就业的政策体系。对离校后回原籍的“零就业”家庭未就业毕业生优先安排进入高校毕业生就业见习基地，给予见习补贴，并实施重点帮助，提供有针对性的就业服务和公益性岗位帮助。2010 年开始建立专人“一对一”跟踪和帮扶机制，通过分类指导、技能培训、心理咨询、求职补贴等方式开展就业帮扶工作，并在各类就业项目实施过程中对困难群体毕业生给予优先推荐。包括政府购买岗位等措施。2011 年开始建立困难群体毕业生信息数据库，扶助措施包括重点推荐、公益性岗位安置、就业见习培训等帮扶措施，按规定落实社会保险补贴、公益性岗位补贴、免费参加各类招聘会、免费职业技能培训和鉴定等就业援助政策，做好未就业毕业生离校前后的衔接工作。2012 年各高校建立帮扶台账，通过政府购买基层公益性岗位等方式，安置家庭经济困难和就业困难毕业生。2014 年要求享受城乡居民最低生活保障家庭的毕业年度内高校毕业生的求职补贴，要在其离校前全部发放到位并适当调高求职补贴标准；将残疾高校毕业生纳入享受求职补贴对象范围；要求党政机关、事业单位、国有企业要带头招录残疾高校毕业生；实现灵活就业的给予一定数额的社会保险补贴等。

综上所述，目前我国针对就业困难大学生的援助措施主要包括：①免费职业技能培训和鉴定；②经济方面的援助：对满足条件的就业困难大学生发放各种补贴，如求职补贴、社会保险补贴、公益性岗位补贴等；③纳入失业体系保障，将部分就业困难大学生的就业援助工作纳入政府援助困难群体就业体系进行援助等。

四、我国大学生就业援助制度之不足与完善

（一）多头部门主管，援助申请程序繁琐

如前所述，由于对毕业大学生的就业促进措施和对就业困难大学生的援助措施的多样性，因此，对这部分大学生实施就业援助的部门也并不统一，而是根据不同的援助措施，由相应的职能部门进行援助。

然而，由于我国目前相关的行政职能部门设置较为复杂，相关行政程序也较为繁琐。以现阶段就业援助措施之一——将大学生纳入社会失业保障体系为例，“现阶段大学毕业生失业后领取最低生活保障金的程序非常的复杂。分为以下三个阶段：一是进行失业登记，到自己的户口所在地登记后，相关的部门会安排就业，劳动相关部门对安排两次就业后，仍然不合适的大学毕业生，才会考虑出具当地的失业证明。二是符合当地的低保条件且也拿到当地劳动相关部门出具的失业证明后，再由相关的保障部门进行家庭背景调查确认。三是经过家庭背景调查后，由相关的民政部门进行公示后，才算申请成功”。[1]

可见，就业困难大学生要拿到失业保障金，需要去户口所在地劳动管理部门、社会保障部门、民政部门等多个职能单位进行申请，经过较为复杂的程序，才能最终得到援助。对于尚未进入社会的大学生而言，大部分对我国的行政管理体制和各行政职能部门的分工并不了解，很难在疲于找寻工作岗位的同时，再花费大量的精力，经过繁复的程序去获取就业援助。此外，经过这一系列程序所最终得到的结果主要只是获取最低生活保障金，而根据我国目前的实际情况，这一保障金的数额基本很难以维持一般的生活。因此，对大多数就业困难大学生而言，这一措施几乎形同虚设。

因此，如何制定针对就业困难大学生的合理援助措施，并简化相关的援助申请程序，适当合并相关部门的职能，以使大学生就业援助政策能够真正得到实现，也是政策制定部门应该继续研究和思考的问题。

（二）援助对象标准不一，逻辑混乱

目前有关大学生就业援助对象的规定，存在分类标准不统一，逻辑较混乱，援助行为性质不明确等问题。

对于大学生就业援助的帮扶对象，在相关规章中有“家庭经济困难毕业生、

---

〔1〕 杨程：《大学生就业难与就业保障问题研究》，首都经济贸易大学2012年硕士学位论文，第25页。

就业困难毕业生、残疾人毕业生等特殊群体”、“少数民族高校毕业生”、“女大学生”、“零就业家庭、优抚对象家庭、农村贫困户、城乡低保家庭以及残疾等就业困难的高校毕业生”等表述。

很明显，不同年份规定的大学生就业援助实施对象并不一致，就算在同一份规范性文件中，也能发现前后标准不一、逻辑混乱的情况，以《教育部关于做好2010年普通高等学校毕业生就业工作的通知》（教学〔2009〕15号）中的规定为例，该规章规定国家需要重点帮扶的就业困难大学生为“家庭经济困难毕业生、就业困难毕业生、残疾人毕业生等特殊群体”以及“少数民族高校毕业生”。该规章规定的是就业援助，其援助对象的选择理应是针对就业困难的大学生，这是进一步规定其他条件，从而确定具体援助大学生群体的基本前提。而此处却将“家庭经济困难毕业生”列入其中，众所周知，家庭经济困难并不是就业困难的主要甚至必要的原因，即使要对家庭经济困难学生进行援助，也应该是通过减免学费，提供勤工助学岗位等措施进行，而不是毕业之后帮助其找到工作。如果将此处“家庭经济困难毕业生”理解为因家庭经济困难而导致就业困难的毕业生，一则判断标准模糊，二则紧随其后规定的另一被援助大学生群体即“就业困难毕业生”，按照常理，两者应为包容关系而非并列关系，因此，也不能作此理解。可见，此处规定存在逻辑上的矛盾。

最近的相关规范性文件中将就业困难需要政策扶持的大学生群体限定为：“零就业家庭、优抚对象家庭、农村贫困户、城乡低保家庭以及残疾等就业困难的高校毕业生”，也存在一定的问题，根据这一规定，规章制定者似乎认定了就业困难主要是由家庭经济原因引起的，而通过解决家庭经济困难就可以解决大学生的就业问题。这一逻辑显然也是较为混乱的。如此一来，大学生就业援助制度倒是与一般性的社会救助制度衔接并轨了，但也就没有其独立存在的意义了。

笔者认为，应该明确需要就业援助的大学生群体，经济困难不应成为其主要判断标准，对于经济困难的大学生，应通过其他渠道进行救助；政府应关注的是那些因身体残疾等自身客观原因造成就业困难，或者因社会经济体制等社会客观情况的变化造成的部分专业大学生的结构性就业困难，对于那些因各种主观原因造成自愿失业的大学生，即使家庭经济困难，也不应该通过大学生就业援助制度进行援助。

（三）援助措施不力，实际效果较差

如前所述，目前我国针对就业困难大学生的援助措施主要以经济方面的援助为主，以免费职业技能培训和提供工作岗位或者纳入失业保障体系进行援助为辅。这主要是因为我国大学生就业援助的对象主要被设定为家庭经济困难的大学

生群体有关。对于经济困难的最直接援助方式当然就是经济援助，失业保障体系的援助方式在很大程度上也是以失业保障金等经济援助方式进行。这将出现较多的社会问题。

首先，经济性的援助只能缓解一时之需，不能解决大学生就业困难的根本性问题。大学生就业援助制度的目的是帮助因客观原因而导致就业困难的大学生完成就业，以解决这部分大学生毕业之后乃至长期的生活来源问题。即使是家庭经济困难的就业困难大学生，就业也不是改变其家庭经济状况的唯一出路。从实际情况看，通过经济救助模式进行的援助，援助数额一般较少，也不可能长期进行，因此对就业困难大学生的帮助并不是很有效，同时，对大量人群的援助还会给国家财政造成较重的负担。因此，就业援助应以帮助就业困难大学生实际就业为主。

其次，大学生的就业援助不应该纳入社会一般性的就业援助制度。大学生就业困难的情况与其他群体就业困难情况不同。大学生接受过高等教育，掌握一定的专业技能；就业问题受知识结构、就业意愿等因素的影响，还可能存在心理、生理、学习成绩等方面的缺陷，[1] 与一般性失业群体有较大的区别，因此，不能单纯用失业低保金的办法进行援助。有调查认为，大约92%的大学毕业生不愿意去领取失业低保金，其原因除前述的领取程序繁琐外，还包括传统观念的影响："大学毕业生认为领取失业低保金有失尊严。在大学毕业生眼中，他们一直受传统的观念影响，自己是社会的佼佼者，是有知识、有文化的高素质人群，自认为是社会中的强势群体，而领取低保金的一直都是一些'三无'人员，他们没有劳动能力、没有生活的来源、没有法定的抚养义务的这样一些弱势群体，让大学毕业生去享受弱势群体的待遇，他们难免会感到心灵和精神上受损"，[2] 另外，较低水平的失业低保金很难改变大学生失业和经济困难的现状。因此，要将大学生的就业援助与一般性的社会失业救助区分开来，以帮助成功就业为主要援助措施，才能真正达到大学生就业援助制度的目的。

（四）缺乏制度体系整合

此外，规范大学生就业援助制度的多个部门规章较为零散，规定也相对原则，不易理解与具体操作，建议进行系统整合。

---

〔1〕"就业援助让大学生学有所用——访首都经济贸易大学劳动经济学院副教授黎煦"，载《中国劳动保障报》2011年3月16日。

〔2〕杨程：《大学生就业难与就业保障问题研究》，首都经济贸易大学2012年硕士学位论文，第26~27页。

第四部分

比较私法

论俄罗斯民法典编纂及其历史继承性

王志华 *

俄罗斯历史上共制定通过了三部民法典，即1922年和1964年的《苏俄民法典》以及1994～2006年分四部分分别颁布的《俄罗斯联邦民法典》。其间还于1961年和1991年颁布了《苏联和各加盟共和国民事立法纲要》（下称《民事立法纲要》）。

众所周知，编纂民法典并非一朝一夕之功，需要一定的理论积累和编纂技术。俄国在1893～1907年已编订三部民法典草案，[1] 最后一部草案于1914年提交国家杜马审议，但因战争和革命未能完成立法程序。十月革命后对旧法传统进行了批判和清算，否定了旧法原则和理论学说，因而不能认为1922年的《苏俄民法典》就是沙俄时期民法编纂延续的自然结果。通说认为，包括1964年《苏俄民法典》在内的前两部民法典为社会主义类型的民法典，是对资产阶级旧法传统的否定。而根据俄罗斯民法学界的现行观点，第三部《俄罗斯联邦民法典》则为“私法复兴”的产物，既追续了被十月革命中断了的旧法传统，又是对前两部民法典原则的

---

* 中国政法大学比较法学研究院教授，法学博士。

〔1〕 谢振民编著、张知本校订：《中华民国立法史》（下），中国政法大学出版社2000年版，第759页。

否定。可见，一个世纪以来俄罗斯民法法典化经历了一个“否定之否定”的过程。

然而，新法对旧法传统的否定并非“否定公式”这样简单。1917年和1991年俄罗斯发生的革命，性质不同，方向相反。但是，即使革命的理想与热情要把旧世界的一切全部推倒重来，前生今日仍然互相纠结，不能彼此泾渭分明地剥离开来。俄罗斯三部民法典的历史继承性正说明了这一点。

本文拟对俄罗斯几部民法典编纂的历史进行梳理，通过对几部民法典的内容结构变化及其历史继承性进行分析，探讨民法典编纂的现实社会基础和作用。这对于曾深受苏维埃民法影响并正在制定自己民法典的中国来说，无疑具有重要的借鉴意义。

一、俄罗斯民法典的编纂

2006年12月18日，俄罗斯总统普京签署联邦第230号法律，颁布《俄罗斯联邦民法典》第四部分（第七编：智力活动成果和个性化手段的权利）。至此，自1994年开始的俄罗斯民法法典化终于尘埃落定。总统普京在签字之后感慨地说：“这是国家生活中的大工程和大事件……这是完善俄罗斯立法的一个重要里程碑。”[1]

自1804年《法国民法典》颁行以来，各大陆法系国家无不以编纂民法典为国家政治经济生活中的大事。俄罗斯作为传统大陆法系国家当然也不例外。与其他国家，尤其是西欧大陆法国家不同的是，俄罗斯经历了70余年的计划经济时期，民法典编纂虽有三部之多，但只有最后一部才最符合民法典本质的私法属性。因此，其法典编纂也呈现出纷繁复杂的情形。

（一）沙俄时期的民法典编纂

俄罗斯最早起草民法典可以追溯到19世纪初的亚历山大一世统治时期，由斯佩兰斯基伯爵领导的一个委员会负责汇编俄罗斯历代沙皇颁布的法令，但斯氏却热衷于效法法国编纂俄罗斯的民法典，最后因为条件不成熟而作罢。1882年成立的民法典编纂委员会，经过二十几年的努力取得了丰硕的成果。最初公布的文本共5卷2640条。这个民法典草案是“19世纪末20世纪初期俄国民法学思想上最重要的文献”，而且“对于俄国民法学思想史，特别是在有关法律行为问题

---

〔1〕［俄］雅科夫列夫、马科夫斯基：“关于俄罗斯民法典第四部分”，载《俄罗斯法杂志》2007年第2期，第3页。

上是有着很大的意义的”。[1]

立法者和学者对每一条款的规定都根据俄国当时的实际情况进行了充分讨论，说明规定的理由，并借鉴国外民法典编纂的经验成果，在每个条文之后附有10～12条外国民法典或商法典的相应规定以供参照。草案的许多条款不是俄罗斯固有的规定，便是外国规范的综合。借鉴最多的是德国民法典和瑞士民法典的相应条款内容。

草案采用了民商合一的编纂体例，没有在民法典之外再编纂商法典，而是将相关内容规定在民法典的债编之中。草案在当时达到了相当高的水平，如果不是因为战争和革命，世界民法典编纂史上会继德国和瑞士民法典之后产生又一部著名的民法典。[2]

（二）1922年《苏俄民法典》的产生

从历史的角度而言，十月革命具有试验性。这也包括法律在内。按照当时理论家和革命领导人根据经典马克思主义学说对法律的诠释，法律是商品社会的关系体系，是阶级对立的产物。在没有了剥削和压迫的社会主义社会是没有法律的。列宁则不承认存在所谓的私法，认为一切都是公法。斯图奇卡和帕舒卡尼斯又认为一切都是私法，包括刑法在内，是商品社会交换关系的体系。而无论是按照列宁还是后两位法学家的观点，他们在一点上是相同的，即都认为法律会随着社会主义的胜利而消亡。因此，典型的法律是资本主义社会特有的，与社会主义新社会水火不容。[3] 当时著名的民法学家A. Г. 科依赫巴尔克确信，“社会主义国家不需要民法”。[4] 所以说，1922年的《苏俄民法典》只是权宜之计，是列宁“退一步、进两步”政治策略的产物，布尔什维克并非真的要搞一部民法典调整社会经济关系，其制定实行是为了在达到预定目的之后被废除，而不是要垂

---

〔1〕［苏］阿加尔柯夫：《苏维埃民法中法律行为的概念》，西南人民革命大学1952年版，第1～3页。

〔2〕［俄］A. Л. 马科夫斯基：“苏联计划经济和俄罗斯市场经济时期的民事立法”，载《俄罗斯法杂志》2005年第9期。

〔3〕参见［奥］凯尔森：《共产主义的法律理论》（内部读物），王名扬译，商务印书馆1962年版，第76～93页。

〔4〕［苏］A. Г. 科依赫巴尔克：《无产阶级革命与法》（1920年），转引自O. C. 约费：《民法论文选集》，法律出版社2003年版，第202页。

之久远。[1]

众所周知，1922 年的《苏俄民法典》是苏联实行新经济政策的产物。这部民法典在不到 1 年的时间里迅速炮制完成，并很快颁行。与欧洲大陆各国法典编纂不同的是，这部民法典没有作者，名义上是在列宁的领导下完成的，法学家在这里隐姓埋名。[2] 列宁关于民法典的意见具有指导意义，尤其是关于"不允许将苏维埃民法看成是和公法相对立的私法、必须扩大国家对财产关系的干涉、必须坚决反对把罗马法原理运用到苏维埃国家内部财产关系上的企图等指示"。列宁还纠正了人民委员会在审查草案时将法典第 30 条关于"私人间所订立的对国家有明显损害的合同一律无效"予以删除的错误做法，并建议成立一个委员会，其"主要任务应该是要完全保证无产阶级国家的利益，应该从这方面着手：毫无例外地监督（事后监督）一切私人企业，取消一切违反法律规定或与工农群众利益相抵触的合同和私人法律行为。不是要盲目地摹仿资产阶级的民法，而是要用我们的法律的精神给它们以限制，不要妨碍我们的经济工作或贸易工作。"[3]

该法典于 1922 年 10 月 31 日经全俄中央执行委员会通过，1923 年 1 月 1 日起施行，除苏俄以外，还适用于土库曼、塔吉克、乌兹别克、哈萨克、吉尔吉斯、卡列里－芬兰、拉脱维亚、立陶宛和爱沙尼亚等加盟共和国。因此，法典具有全苏普适意义。而在之后所形成的所谓社会主义法系当中，在民法领域更具有世界性的影响。

法典分为四编 435 条。第一编总则包括五章：通则、权利主体（人）、权利客体（财产）、法律行为、时效；第二编为物权，包括所有权、建筑权、财产抵押权三章（后来又增加了"在流转和加工中的商品的抵押权"一章）；第三编为债权，共包含十三章：通则、合同之债、财产租赁、买卖、交换、借贷、承揽、保证、委托与授权委托以及行纪合同、公司与合伙（简单合伙、无限公司、两合公司、有限责任公司、股份公司）、保险、不当得利、侵权之债；第四编为继承。[4]

---

〔1〕 斯大林对新经济政策实质内容的阐释更具有启发意义："其实，新经济政策是党容许社会主义成分与资本主义成分斗争，而预期社会主义成分定会战胜资本主义成分的政策。"斯大林：《列宁主义问题》，转引自［苏］布拉都西教授主编：《苏维埃民法》（上），中国人民大学民法教研室译，中国人民大学出版社 1956 年版，第 22 页。

〔2〕 ［苏］Л. 列维娜："列宁参与民法典的制定"，载《苏联司法》1957 年第 2 期，第 54 页。

〔3〕 ［苏］坚金、布拉图斯主编：《苏维埃民法》（第 1 册），中国人民大学民法教研室译，法律出版社 1956 年版，第 80～81 页。

〔4〕 参见《苏俄民法典》，郑华译，法律出版社 1956 年版。

1922年《苏俄民法典》尽管受到了德国民法典潘德克吞体系的影响，然而在结构上仍有其自己的特色，实际上有一种简单化的倾向。因为它将土地、雇佣劳动和家庭关系排除于民法典的调整范围之外，因此规范相对简单，法典本身容量很小。这为民法的公法化，以及为此后以行政法或行政命令调整民事关系留下了广阔的空间。[1]

作为法人类型的公司不是像德国那样在总则中的权利主体部分来规定，而是放在债法分则中与合伙一起来规定，从而使其从体例上更接近于法国民法典和瑞士债务法。在法律行为一章中，给法律行为在立法上下了一个定义：建立、变更或者废除民事法律关系的行为称谓法律行为；法律行为可以由单方或者双方实施。这个立法概念在世界诸国民法典中都是绝无仅有的，尽管德国民法典被认为是首先使用了法律行为一词，但在立法上界定法律行为的含义，1922年《苏俄民法典》可谓首创。在物权法中，将担保物权作为物权法的一个部分来处理，这种做法没有为后两部有效实施的民法典所仿效，即在1964年和1994年的民法典中均将担保物权作为债的担保，而放置于债法编中。[2]

在许多地方，这部民法典也明显受到了法国民法典的影响。比如在关于依照法律行为移转标的物的所有权的规则上，依照出让人与受让人间所订立的合同移转物的所有权，“对于特定物，从合同订立的时候起，受让人取得所有权；对于依照种类规定的物（用数量、重量、长度计算的物），从交付的时候起，受让人取得所有权（第66条）”。

（三）1964年《苏俄民法典》的制定

根据1936年《苏联宪法》第14条的规定，民事立法属于苏联联邦主管。此后，苏联权力机构曾致力于编纂一部适用全联盟的民法典。1939～1951年曾形成5稿苏联民法典草案，但未能完成民法典的制定，[3] 最后以1961年颁布《苏联和各加盟共和国民事立法纲要》而告终。该纲要由序言和八章组成，共129条。这八章分别为总则；所有权；债权；著作权；发现权、发明权；继承权；外国公民和无国籍人的权利能力及外国民事法律、国际条约和国际协定的适用。

虽然苏联编纂全苏民法典的努力以《民事立法纲要》的颁布而结束，但其

---

〔1〕 苏俄早在1918年就制定颁行了《婚姻、家庭和监护法典》，1922年又颁布了《劳动法典》。

〔2〕 在担保物权中引人注目的是在流转和加工中的商品的抵押权，也就是所谓的浮动抵押，它是在民法典颁布5年后的1927年12月20日被添加上去的，虽然在1964年的民法典中被取消，但在1994年的民法典中又得以恢复。

〔3〕 ［俄］A. Л. 马科夫斯基：“苏联计划经济和俄罗斯市场经济时期的民事立法”，载《俄罗斯法杂志》2005年第9期。

成果仍然是值得肯定的。1964 年第二部《苏俄民法典》正是在此基础上制定颁行的，其条款结构几乎是“纲要”的翻版。其他各加盟共和国先后制定的民法典也无不如此。

应该说，“这是一部经过法学家精心雕琢的杰作，代表了社会主义法系中民法典的顶峰，也可以说是计划经济背景下民法典的扛鼎之作”。[1] 新经济政策只是一种战术上的调整，而不是长期的基本国策，在生产资料和生产工具全面国有化之后，原来在新经济政策时期允许私人所有或经营的小型工商企业都消失了。从 1930 年起农业也被有组织地强行集体化，数以百万计的中农和富农被清算和流放到西伯利亚。在整个苏维埃联盟之内，所有的大大小小的私有者的财产无一例外地被全部剥夺，因而造就了全社会的无产者，一个真正的无产阶级国家终于建成，并标志着社会主义的全面胜利。但令正统马克思主义理论家感到为难的是，私有财产并不能完全彻底地消灭。个人日常用品无论如何不能够在实践中消失。这为民事立法调整社会关系留下了必要的空间。个人用品，个别时候也包括个人住房的不动产在内，成了私人财产所有权和流通领域的最后硕果仅存的权利客体。这样，1964 年的《苏俄民法典》，作为社会主义胜利的一部民法典，就具有了社会主义民法典的全部典型特征。后世对这部民法典褒少贬多。但称许或批评可能都主要来自于法典本身所带有的时代所赋予的意识形态色彩，是由其脱离私法属性的倾向所决定的。

由于社会主要财产均为公共所有，有关财产权的规定就显得多少有些多余。个人所有权的承认是其与第一部民法典最主要的不同之处。但还有一个更需要注意的不同之点，也许是物权概念的取消。法典规定了所有权，却没有相关物权方面的规定。这主要还是根据社会的实际需要所作出的选择。一些所谓社会主义性质的条款，实际多为这种情况。

1922 年《苏俄民法典》第 5 条涉及公民的权利能力时，也包括组织工商企业这种权利能力。但该内容在 1964 年《苏俄民法典》中不复存在了，债编中的各种公司的规定也缩减成了有关合伙的规定。因为 1922 年《苏俄民法典》是在实行新经济政策的初期颁布的，当时在一定范围内允许资本主义成分存在。但是在当社会主义已取得胜利而资本家阶级已被消灭的时候，这一规定即已没有意义，已然过时。[2]

---

〔1〕 参见张建文：“俄罗斯民法典编纂史述略”，http：//www. 51zy. cn/.

〔2〕［苏］坚金、布拉图斯主编：《苏维埃民法》（第 1 册），中国人民大学民法教研室译，法律出版社 1956 年版，第 120 页。

1964年《苏俄民法典》从体例上与1922年《苏俄民法典》相比有较大的更改，与1961年的《民事立法纲要》基本一致，由八编构成，分别是总则（基本原则、人、法律行为、代理和委托、期限的计算、诉讼时效）；所有权（一般原则、国家所有、集体农庄、其他合作社组织以及他们的联合组织所有、工会和其他社会团体所有、个人所有、共有、所有权的取得和丧失、所有权的保护）；债权（关于债的一般原则、债的种类共22种）；著作权；发现权、发明权；继承权；外国人和无国籍人的权利能力及外国民法、国际条约和国际协定的适用。[1]

这部民法典条文比第一部民法典条文数量有所增加，内容增入的更多。如知识产权和国际私法部分，都是第一部民法典所没有的。相对而言，原民法典中有关资本主义商品经济关系的部分的规定则大大缩减。从整个内容结构来看，它代表了社会主义俄罗斯民事立法的发展趋向。

（四）《俄罗斯联邦民法典》编纂的艰难历程

1991年，随着苏联的解体，社会主义体制在苏联和东欧各国迅速崩溃。独立之后的俄罗斯更走在阵营剧变的前列，开始了从计划经济向市场经济过渡的进程。在这一进程中，俄罗斯不仅对其过去僵化的经济体制进行了重大改革，同时对与建立商品市场关系有关的民法的内容和调整方法进行了根本的变革和更新，这一变化成果集中体现在俄罗斯新制定的《俄罗斯联邦民法典》里。这部新的民法典，是俄罗斯在经济体制改革取得一定成效的基础上制定颁行的，是实现第三次民法法典化的重要标志。新的民法典与1922年和1964年的苏俄民法典相比，其原则性区别在于：该法典是俄罗斯在十月革命后第一次正式承认民法为私法的法典。法典规范基本抛弃了过去具有公法性质的法律调整方式，恢复民法固有的私法精神，为俄罗斯形成和调整现代市场经济关系确立了统一的法律准则。[2]

《俄罗斯联邦民法典》的编纂工作旷日持久，从1994年民法典第一部分公布到2006年12月18日第四部分公布，费时将近14年之久。此间的曲折历程，可想而知。而在此之前，还经历了改革开始和当中零散的民事立法时期和通过另一个全苏的《民事立法纲要》。

对计划经济体制的改革可以说从20世纪50年代赫鲁晓夫时期就开始了，但

---

〔1〕 参见中国社会科学院法学研究所民法研究室编：《苏俄民法典》，中国社会科学出版社1980年版。

〔2〕 鄢一美："俄罗斯第三次民法法典化——写在俄联邦新民法典中译本出版之际"，载《比较法研究》2000年第1期。

一直较为缓慢而没有实质性的进展。这次始于戈尔巴乔夫的新一轮改革初时也没有明确的彻底改变社会主义经济体制的目标，但是改革的方向是有的，就是减少计划经济成分，增加市场经济比重。为调整改革后出现的各种新的民事法律关系，促使苏联针对某些重要的财产关系陆续颁布了一系列基本的单行法规。这些法规包括《苏联个体劳动活动法》、《苏联合作社法》、《苏联国有企业（联合企业）法》、《苏联财产所有权法》、《苏联和各加盟共和国租赁法纲要》、《企业和经营活动法》等。这些单行法规以新的调整方式，对转变多年来与市场经济不符的旧有规则和建立新型的市场经济关系起到了有效的指导和促进作用。这些单行法规规定了所有制形式的多样性及它们相互平等的原则，取消了多年来在俄罗斯民法中一直坚持的国家所有权实现方式的统一性和唯一性，承认私有财产权存在的合法性，并提出恢复物权制度的设想等，使民事法律关系的主体由原来的无权地位转变为具有独立权利的民事主体。

为了尽早结束这种依靠大量零散、互不协调的单行法规调整财产关系的特殊状况，1991 年 5 月 31 日苏联最高苏维埃通过了《民事立法纲要》。这是苏联经济体制改革以后又一次“尝试以统一的、综合性的、体系化的法典式类型的民事法律规范调整过渡时期的民事法律关系。”[1] 其主要内容分为：民法总则（包括基本原则，权利主体，法律行为，有价证券，期限和时效等），所有权和他物权，债权（包括债的总则，合同与非合同之债等），著作权，发明权和其他智力成果权，继承法和国际私法等。新的《民事立法纲要》颁布后，俄罗斯的众多法律专家们普遍认为，该纲要是反映市场经济特点，符合市场经济需要的成功的法律文件，为调整向市场经济过渡中出现的新的关系奠定了统一的民事立法基础。

按照立法者的本意，新的《民事立法纲要》应该为随后制定和通过的全苏统一民法典提供立法模式，以完成苏联宪法早已确定的制定全苏统一民法典的使命。但是，由于 1991 年底苏联解体，这个计划不仅没有实现，而且还使本应在 1992 年 1 月 1 日生效的《民事立法纲要》因失去了适用对象而未能实施。但根据俄罗斯联邦最高苏维埃 1992 年 7 月 14 日的专门决议，该“纲要”被允许在俄罗斯联邦范围内适用，并于 1992 年 8 月 3 日在联邦开始生效。

需要说明的是，尽管新的《民事立法纲要》在全苏范围内实际上未实施一天，但它对以后俄罗斯民法典制定的促进作用是不容忽视的，可以说，没有 1991 年《民事立法纲要》作为基础，就不可能有今天的俄罗斯新民法典。正如俄罗

〔1〕 鄢一美：“俄罗斯第三次民法法典化——写在俄联邦新民法典中译本出版之际”，载《比较法研究》2000 年第 1 期。

斯学者们在评价该“纲要”的作用时所说，新的《民事立法纲要》的制定和颁布，是俄罗斯民事立法史上第三次民法典编纂的开端。[1]

整个法典包括四个部分七编，1551 条。第一部分为：第一编总则（基本规定、人、民事权利的客体、法律行为与代理、期限和诉讼时效）、第二编所有权和其他物权、第三编债法总则（关于债的一般规定、关于合同的一般规定）；第二部分为第四编债的种类（债法分则），共包括 31 种债；第三部分为：第五编继承和第六编国际私法；第四部分为：第七编智力活动成果和个性化手段的权利（知识产权）。

四个部分全部通过用了整整 14 年的时间。1994 年通过第一部分，1995 年通过第二部分。两个部分包括了总则、物权和债权，民法最重要的规范率先获得了通过。第三部分原计划于 2001 年通过，其内容也包括知识产权部分。但由于各方利益没有协调好和编纂技术复杂，当时只通过了继承和国际私法部分。而余下的知识产权部分，也就是现在的第四部分，一拖又是 4 年，所幸终于有了结果。因此，在《民事立法纲要》和更远的 1964 年的民法典中属于中间部分内容的知识产权，在民法典中被放在了最后，原计划在中间位置的国际私法夹在了中间。

新民法典的最为巨大的变化在于它的精神的变化。从法典第 1 条第 1 款就可以看出来：“民事立法的基本原则是确认民事立法所调整的关系的参加者一律平等，财产不受侵犯，合同自由，不允许任何人随意干涉私人事务，必须无阻碍地行使公民权利，保障恢复被侵犯的权利以及其司法保护”。[2] 这是民法私法性的重新回归，它构成了与作为公法基本法的宪法相并立存在的私法的基本法。[3]

就该民法典来说最具变动性的应当是物权法，土地又重新被纳入到民法典中来，成就了不动产法在整个物权法中的重要地位，土地以及与土地有关的权利流转的限制被取消，而且也增加了不动产物权的种类。对于个人所有权来说，不再像 1964 年民法典那样，严格的列举个人可以拥有的所有权客体的清单，而是原则上不加限制，任何生产生活资料都可以成为私人所有权的客体，只有在例外情况下才不得为私人所有（第 216 条）。这里的私人不但包括自然人个体，还包括法人。形成鲜明对比的还有私人所有权在诸所有权中的位置，从以前的作为附属的最后位置移到第一位，“承认私有、国有、自治地方所有和其他形式的所有

---

〔1〕［俄］E. A. 苏哈诺夫主编：《向市场经济过渡中的俄罗斯民法》，莫斯科 1995 年俄文版，第 26 页。

〔2〕参见《俄罗斯联邦民法典》，黄道秀等译，中国大百科全书出版社 1999 年版。

〔3〕参见王树义：“20 世纪 90 年代俄罗斯联邦法学理论”，载《国外社会科学》2000 年第 5 期，第 14～20 页。

(第212条)”。新《俄罗斯联邦宪法》也规定:“俄罗斯联邦平等地承认和保护私人财产、国家财产、自治地方财产和其他形式的财产(第8条)”。

随着民法典第四部分的通过,这一创举性成果受到世人的广泛关注。在大陆法系各国,除了葡萄牙和法国等少数国家编纂有单独的知识产权法典之外,还没有哪个国家将整个的知识产权部分纳入到民法典之中一并规定。这部分只有一编——第七编。同样,按照潘德克顿传统,首先冠以总则一章。但由于知识产权客体多而杂,各部分难于划一,通则部分难免与各分则部分条款规定相矛盾。因此,许多民法学家反对这一标新立异的做法,主张在民法典中只作原则性规定,并另行制定单行法规,对具体的智力活动权利关系作出规定。这一部分要到2008年的1月1日开始施行,还有时间进行探讨。但生米已做成熟饭,改变是不可能了。只是随着时间的推移和实践的检验,这一民法典编纂创举的效果将会给俄罗斯的立法者作出公正的评价。

二、俄罗斯民法典的历史继承性

1922年的《苏俄民法典》是作为社会主义民法的开端被载入历史史册的,而1964年《苏俄民法典》则是一部“社会主义胜利的民法典”。但伴随着20世纪90年代之初的苏联解体和社会主义原则的否定,历史似乎又回到了最初出发的地方。正如美国法学家哈罗德·J·伯尔曼所说:“每次革命最终产生了一种新的法律体系,它体现了革命的某些主要目的,它改变了西方的法律传统,但最终它仍保持在该传统之内。”[1]

1994年(或者更早,始于1992年)开始的新的俄罗斯民法典编纂所追寻的是被十月革命中断了的传统,与70年前的革命一样,来了个180度的大转折。“一个全新的法律制度只有吸收不合理的法律制度中的某些合理成分就会建成,并取代旧制度。”[2] 但是,新的《俄罗斯联邦民法典》背负着太多和太复杂的历史旧账,要圆的旧梦难如愿,要断的丝斩不断。

(一)1922年《苏俄民法典》的历史继承性问题

1917年苏联十月革命的重大后果之一便是对私有财产和工业企业的国有化,同时限制私人工商业活动。在实行战时共产主义致使经济面临全面崩溃之际,作为临时措施,转而采取稍微和缓一些的政策,允许部分私营工商企业的存在。

---

〔1〕[美]哈罗德·J·伯尔曼:《法律与革命——西方法律传统的形成》,贺卫方等译,中国大百科全书出版社1996年版,第23页。

〔2〕[美]梅利曼:《大陆法系——西欧拉丁美洲法律制度介绍》,顾培东、禄正平译,知识出版社1984年版,第31页。

1922年《苏俄民法典》正是在这样的政治经济背景下制定施行的。“就其性质言之，与东西各国民法之沿袭旧法者迥然不同，独辟一新纪元，自成一新系统。”[1] 但所有的人都明白，没有此前沙俄时期的法典编纂所做的大量工作，这部仓促而就的民法典在如此之短的时间里制定颁行是不可能的。尽管在当时没有人承认这一点，但今天我们却可以对其历史继承性作出理性的分析。俄罗斯的民法学界也对此作出了应有的评价，认为1922年《苏俄民法典》是根据革命前的民法典草案制定的。[2]

1922年《苏俄民法典》共四编435条。简单地对照一下条文就会发现，差不多有400条的内容都是旧法草案的翻版。具体而言，该法典的继承性主要体现在如下几个方面：

首先，坚持民商合一的传统。法典坚持了俄罗斯私法传统一以贯之的一元性，实行民商合一的立法体例，没有在民法典之外再制定一部商法典。

其次，一直坚持民法法典化的传统。《苏俄民法典》制定颁行之后，苏联其他各加盟共和国纷纷效法，或制定施行自己的民法典，或者直接适用《苏俄民法典》(如乌兹别克斯坦、土库曼、吉尔吉斯、哈萨克斯坦等)。

最后，无论是1922年《苏俄民法典》还是之后的《立法纲要》以及后续的几部民法典，都因袭潘德克顿体系，在法典的开篇冠以“总则”部分，内容从几十条到几百条不等。而在各编及章节之中，也有一些共同性的“通则”规定。

尽管革命和社会制度改变之后，人们不愿意承认这种继承性，但平等独立主体之间财产关系和人身关系的调整的“永久性”和必然性，使得这种继承成为可能和必须。俄罗斯传统上属于欧洲大陆法系，即使在实行计划经济的苏联时期，也没有脱离这一传统。

值得注意的是，虽然在整个苏维埃时期，法学界受整个国家意识形态化的影响，学术观点受到极大限制，尤其不能挑战占统治地位的正统理论权威，但是在民法领域仍有一批理论家坚守着科学阵地，在教学和科研方面没有完全政治化，以极大的勇气在艰难的环境中努力探索。尤为可贵的是，他们捍卫了民法作为私法基本法的阵地，成功地抵制住了经济法意欲一统天下的进攻。就在1926年切列巴辛还发表了“私法与公法问题”这样的文章。[3] 还有像约费这样的一批民

---

〔1〕 马德润：“俄罗斯共和国民法·序”，载《俄罗斯共和国民法》，周宣极译，京城印书局1914年版。

〔2〕 C. C. 阿列克谢耶夫：“鲍利斯鲍利索维奇切列巴辛”，载切列巴辛：《民法论文集序》，法律出版社2001年版，第7页。

〔3〕 参见切列巴辛：《民法论文集》，法律出版社2001年版，第93~120页。

法学家，他们在高度集中统一的文化环境下，仍然将俄罗斯的民法学理论保持在一个较高的水平。这一传统和他们所做的努力以及为此后私法精神回归所做的贡献是应该予以肯定的。

(二) 1964 年《苏俄民法典》的历史继承性问题

20 世纪 30 年代以后，随着社会主义在苏联的全面胜利，生产资料和生产工具都转为公共所有。但公有的范围仍然受到了一定的限制，即私人日用品在实践中无法统一供应和分配。即使制定了统一的标准，也不能完全消灭这种私人性的占有状态。应该说，私人日用品的存在是在社会主义条件下私人所有的最后堡垒，同时也成了社会主义社会私法存在的最后，也许是最强有力的根据。那些秉持经典马克思主义理论认为社会主义国家不应存在民法或私法的法学家受到了批判，有的则在肉体上被消灭。[1] 同时，社会主义法律理论和立法应运而生。影响颇广的社会主义法系也在二战之后确立了自己的重要地位。[2]

新的民法典被称为社会主义胜利的民法典，是典型的社会主义类型的民法典。因为，1922 年《苏俄民法典》还允许部分私营企业的存在，一些领域私人还可以涉足，而经过了30 年代的社会主义化之后，国家基本完成了全方位的国有化。因此，原来的民法典已经不符合当时的实际需要，许多条款需要修正。商法人，如各种公司的规定被取消。私人领域的空间愈以狭小。如果说，1922 年《苏俄民法典》有 20% 的社会主义条款，其余条款都带有资本主义的色彩，则新的民法典刚好相反，社会主义的条款占到了 80%，其余的 20%，即允许个人用品的有限范围内的私有和转让还保留着私法因素的残余。

应该说，1964 年《苏俄民法典》在创新方面并没有走出多远。而且，公有制与民法典作为私法基本法的矛盾却突出出来，突显了两者的相互不适应。

1964 年《苏俄民法典》，除了在体例上保持原 1922 年《苏俄民法典》的传统并有所创新之外，其最大的继承性主要体现在对社会主义经济制度的确定上。前一部民法典虽然规定了许多允许私营或私有的内容，但如前所述，那不是该法的本意。立法的最终目的是逐渐对个人私有财产的公有化。因此，第二部民法典应看作是前一部民法典宗旨的贯彻和实现，它的变化也主要体现在这一方面。

从这个角度来看，这部民法典贬抑个人所有权，弘扬国家和集体所有权就不

---

〔1〕 如著名的斯图奇卡和帕舒卡尼斯，后者甚至在 1931 年还拟定了一部民法典草案。

〔2〕 “在法国，比较法为法学系的必修科目，而在比较法的讲义中苏联法和英美法的比重是一样的。”参见［日］稻子恒夫：“苏联法和东欧法”，载吴大英主编：《比较法学》，中国文化书院 1987 年版，第 393 页。

令人感到意外了。法典中规定的个人所有权客体的范围和数量被严格限制，而作为所有权人的国家和集体组织则无所不能，而且在诸多方面享有特权。个人的所有权被认为是“由社会主义所有制派生的”，“个人所有是满足公民需要的一种手段（第93条）”，而且“公民个人所有的财产，不得用以谋求非劳动收入（第105条）”。比如在住宅方面，“共同生活的夫妻和他们的未成年子女，只能有一所住宅（或一所住宅的一部分）属于他们之中的一个人所有，或属于他们共有。……属于公民个人所有的住宅或部分（几部分）住宅的最大面积，不得超过60平方米（第106条）”。而且如果某公民或共同生活的夫妻以及他们的未成年子女有一处以上的住宅（部分），那么，他（们）的权利只是可以选择一处不超过法律规定的最大面积的留下自用，其他的必须“自愿”在对另一处住宅拥有所用权时起1年内转让，如果不愿意“自愿”转让，区、市的劳动人民代表苏维埃执委会可以对其依法强制出售，出售所得在扣除出售费用后交给原所有人。如果没有买主而未能强制出售，则执委会有权决定将其“无偿地转归国家所有（第107条）”。而对于那些“被所有人经常用以谋取非劳动收入”的住宅、别墅（部分住宅、部分别墅）则可以由地方劳动人民代表苏维埃执委会提起诉讼，由法院判决将用以谋取非劳动收入的不动产无偿征收，归为地方劳动人民代表苏维埃的房产（第111条）。在牲畜方面，“可为公民个人所有的牲畜的最多头数，由苏俄立法规定（第112条）”。

最重要的土地均为国家或集体所有，且不得流转，违反者可导致刑事责任。[1] 人们的自主的经营活动被完全禁止。如果一个人利用自家的汽车载客收取报酬，则要追究当事人的刑事责任。

应该说，以上这些规定，都是1922年《苏俄民法典》精神的发展，可以视为社会主义民法典发展的必然结果。

（三）《俄罗斯联邦民法典》的历史继承性问题

俄罗斯在20世纪90年代初又经历了一场社会革命，其方向则刚好与70余年前的革命相反。俄罗斯激烈的政治变革导致经济制度的根本转变。在长期实行计划经济之后，俄罗斯对包括土地在内的生产资料和生产工具实行私有化。与此同时，则对社会主义时期的法学理论进行清算。在民法学界，更打出了“私法复兴”的口号，即否定苏联时期的民法理论，复兴十月革命前的旧俄传统。一时间，沙俄时期的著名民法学著作大行其道，有四十几位民法学家的著作印行，立

---

〔1〕《苏联最高苏维埃公报》1968年第51期，第485号。

法者和学者们在故纸堆中寻找新时期民法学的灵感。[1] 因为在经济上，以私有财产为基础的传统制度将得以恢复。编纂一部真正民法典的梦想终于有可能实现了。

1991 年新的《苏联和各加盟共和国民事立法纲要》于 1992 年 8 月 3 日对俄罗斯生效。可以说，这个纲要是向私法回归迈出的第一步，也是十分重要的一步。但新时代俄罗斯的立法者不能以此为满足，《民事立法纲要》是苏联时代的最后遗响。根据 1992 年获得独立主权的《俄罗斯联邦宪法》的规定，民事立法权属于俄罗斯联邦。于是，新的民法典编纂又一次大张旗鼓地展开了。而其主要目标，就是制定一部不同于以往历史上两部社会主义民法典的真正意义上的民法典。因此，其主要任务有两项：一是追续革命前的旧传统，二是否定此前的苏联计划经济的基本原则，消除公法痕迹。

但是，从计划经济时代走过来的俄罗斯法学家，无法一下子洗心革面，或者脱胎换骨，完全抛弃苏联时期的文化积淀。而且，历史的脚步已然走远，记忆褪色或者变得模糊不清，再续前缘已经成为不可能。时代已经不同，近一个世纪以来，情况发生了翻天覆地的变化，当今立法者所面对的已不全然是私法回归的简单问题了。一些新的内容是全世界所有国家，无论是法制发达国家还是落后国家的立法者都应予以注意的问题。因此，俄罗斯新民法典的编纂者所肩负的使命是不轻松的。而实践证明，虽然并非尽如人意，但他们完成了自己的历史使命。

如上所述，俄罗斯民法学家和立法者对十月革命前的民法学学说和民法典草案倾注了极大的热情。但时过境迁，许多条文已经不符合时代需要。因此，对旧法传统的继承主要还是体现在私法精神方面。如民事主体权利地位的恢复，私有财产权客体的扩大，民事流转自由等。将知识产权法纳入民法典一并规定，也可视为是对旧法传统的继承，因为在旧沙俄时期的民法典草案中，就包括有著作权和专利权等规范。

有关新的俄罗斯民法典的历史继承性问题，也许分析其对苏俄民法典的继承性更为有效。因为，虽然那两个民法典带有浓厚的计划经济色彩，但仍不失为历史传统的延续。为了便于说明问题，可以将 1922 年的《苏俄民法典》的规定内容分为四类。每一类因为其各自不同的特点决定了其之后的不同命运。

第一类规范为随着新经济政策结束而彻底消失的条文规定，如有关私法人的规定——有限责任公司、股份公司等。这些规范在法典终止效力之前即已被

---

〔1〕［俄］A. Л. 马科夫斯基："苏联计划经济和俄罗斯市场经济时期的民事立法"，载《俄罗斯法杂志》2005 年第 9 期。

废除。

第二类是经过修改后在计划经济条件下仍保持一定活力的条款。这主要涉及公民个人的规定，如调整继承法律关系的规定。还有一些是抽象性条款，这是在任何一种经济体制下都适用的规范。这方面的条款主要是指法律行为、代理和委托、时效和损害赔偿之债等规定。这些规范构成了此后每次民事立法的基础（1964 年《苏俄民法典》、1994～2006 年《民事立法纲要》）。

第三类是关于债的规范，其中主要是合同之债的规定。虽然 1964 年《苏俄民法典》规定了不同种类的合同，诸如买卖、财产租赁、借贷（借款）、承包合同等，但数量和种类都大大地缩减，其效力范围变得尤为狭窄。在合同领域的规范中，也产生了一些具有计划经济特点的合同类型，如大型工程合同、信贷合同、供货合同等。

第四类可称为“沉睡着”的条款，它们没有被废除，但在计划经济时期基本上没有适用的余地。这些条款包括抵押、保证、委托、债务负担和移转、互易、保险、代销、简单合伙（共同行为）等规定。这些条款只有在外贸企业才偶尔适用，在内部流通中，只适用于公民参与的特定的法律关系。较之 1964 年的《苏俄民法典》，新的民法典中的这类条款迅速增加，[1] 并且还制定了特别单行法，如不动产抵押、保险法等。实践中数以万计的法院判决也证明了这类“沉睡”条款的复活。[2]

由此可见，无论是从立法理念还是具体条款，从沙俄民法典草案到苏俄民法典，再到俄罗斯联邦民法典，各个阶段都有所继承和扬弃，单纯地肯定和否定都不是理智的做法，而且，在客观上也没有可能性。

三、余　论

中国在 1929～1930 年通过施行了第一部民法典——《中华民国民法》，它是清末变法修律编纂民法典和理论探讨长期积累的成果，对旧传统具有传承关系。在废除旧法统后，中国倾心于学习苏联民法。但是，虽然到 2002 年已经完成民法典草案 4 稿，至今仍停留在草案阶段，没有完成民法的法典化过程。这就出现了这样几个问题：中国民法典编纂的继承性如何？与苏俄民法的关系怎样？与俄罗斯不同的是，《中华民国民法》并未从中国大地上彻底消失，而是在台湾地区

---

〔1〕 1922、1964 和 1994 年三部民法典中有关抵押的条文数分别为 21、11 和 25 条，有关保证的条文数分别为 15、8 和 20 条。

〔2〕 参见［俄］А. Л. 马科夫斯基：“苏联计划经济和俄罗斯市场经济时期的民事立法”，载《俄罗斯法杂志》2005 年第 9 期。

一直施行，效果尚佳。那么，台湾地区“民法”或“中华民国民法”对我国现行即将制定的民法典有何意义？

这是值得中国学界认真思考的问题。也许，俄罗斯民法典编纂的历史发展能给我们以有益的启示。那就是，认真对待历史和现实，一切有益的东西都应吸取；尤其是自己的历史上曾经积累过的成果，更应认真研究，细致分析，去伪存真，去粗取精，以制定一部新的中国的民法典。

最新俄罗斯联邦民法典修正案中涉及不动产权利的综述

弗拉迪斯拉夫·邦达连科（Vladislav Bondarenko）* 陈 晨** 译

2013 年 7 月 2 号联邦法第 142 - FZ 号法律（以下简称法律）被通过，该法律作为《俄罗斯联邦民法典》（以下简称民法典）规划的第三部分修正案的一部分，属于民事诉讼法改革的框架之内的法律，并且该法律于 2013 年 10 月 1 日生效。所通过的法律预期将成为民法典第 6 ~ 8 章修正案的一部分，这三章法律主要规定民法权利客体的法律依据（包括动产和不动产，证券和无形资产等）。

下面将具体分析修正案中关于不动产的规定。

一、不动产的客体

我首先要澄清一个事实，根据法律，对不动产的一般定义仍然是指不能移动的物产。同以往一样，不动产的客体（不可移动的财产、土地）包括土地、地下物体，以及任何与土地无法分离的物体；要移动这些物体几乎是不可能的，除非这种会产生极大损害的移动是出于建设的目的，如正在建设的房屋、设施、建筑物。

---

* 俄罗斯圣彼得堡国立大学高等经济学院助理教授。

** 中国政法大学比较法学研究院 2012 级硕士研究生。

立法者根据财产内在的自然属性界定“不动产”概念的方式是十分普遍的，就如民法典第130条所表述的一样。法律文本和法庭实践事实证明，这种界定不动产的方式是非常常见的“……与土地无法分离的物体，要移动这些物体几乎是不可能的，除非这种会产生极大损害的移动是出于设计的目的……”应当将其理解为（将某项财产归入不动产）必须满足两个强制性的条件。第一个条件是客体与土地的不可分割性，即所谓的物理上的牢固的联系。立法者认为应当将客体与土地的不可分割性视为界定不动产的先决条件，这是不动产特征的主要条件。除了上述条件，从法条中还可以推出第二个条件，即不动产物体是不能从物理上与土地分离的，比如建筑物和设施，只有满足条件的物体才能成为所有权和其他民事法律权利的客体。特别需注意的是，民法第222条（这里的问题是关于非授权性建筑）所规定的不可移动的物体和其所处的土地之间的接触不仅是物理上的联系，同时也是法律上的联系。除此之外，现实中现阶段科学和技术的发展几乎可以让任何一个物体（桥梁、住宅和非住宅建筑等）从另一个物体上的分离成为可能，也许除了地块或地下场所。然而，只有在重建和维护它们与土地的不可分离的物理和法律联系的前提下，某些可以移动的物体才可以被归为不动产。

此外，立法者拒绝修订民法典第130条的后果之一是，飞机、海轮、内陆水道船只和航天器仍然将只是不动产。

民法第130条依旧没有改变，早在该民法典的初步草案讨论时就已遭到部分商业社会人士的一些批判，因为在反对者看来，该法草案没有包含任何标准来确定土地和物体的运动损伤比例之间不可分割的联系；他们认为，即使某一个与土地接触的特性可以归入不可移动的物体设施一类，但事实上，它们仅是附着在土地上的改善设施或配件设施（围栏、人行道、排水系统等）。因此，在批评者的意见中，在该情况下，当这些物体的所有者没有土地的所有权时，就很可能会引发登记制度重复和混乱以及民事流转的问题。

平心而论，应当注意的是，这个问题确实是一个有关司法实践的论题，包括俄罗斯联邦最高商事法院常委会的司法实践活动。

分析问题的要点，应当始于俄罗斯法试图通过物体自然特征性的差异总结出一个统一的不动产权的客体法律体系的标准。这些差异导致不同的法律制度。问题在于法律的价值中没有基于物体自然特征性的不动产客体的明显差异（船只、航天器、舰船），只不过不动产物体之间的差异存在于不动产的自然属性之中——存在于建筑、设施，以及在建设的建筑等之中。这一事实肯定会阻碍在俄罗斯讨论不动产的法律性质。当我们试图找出一个共同的、统一的，并且能包含各种物体普遍的、本质特征的不动产客体权的法律类型时，困难就会产生。

在这方面，应注意到这样的事实：本质上，在现行的法律秩序中不动产的规定依旧合法但是不符合物体自然属性和物理属性，一个特殊的法律制度意味着需要有对物体的权利进行国家（公共）登记，而对于动产则是完全不必要的，除非在法律直接规定的情况下。正如上面提到的，这种资格是通过对任何对象进行技术上移动的可能性的确认（确认移动的空间运动），包括不同的结构、设施以及甚至是土壤表层的情况[1]。

经典的欧洲法律秩序的传统将"按用途不可移动的物体"奉为神圣的原则，意思是物体放在有所有者的地块上，由其维护和使用，或"永久成为它的主人的附属"，这构成了他/她的农庄、牲畜和农业工具的组成部分；种子［按照《德国民法典》§94（1）——种植后播种和翻土后种植］；鸽子的房屋中的鸽子和在笼子里的兔子和蜂巢；青苗；在树上的果实；在水中的鱼；秸秆和化肥等（《法国民法典》第524条）。这条原则明确地与不动产原则形成对比，并统治着现代俄罗斯民法，但这也不能证明俄罗斯民法是不可动摇的真理。[2]

法典传统的观点，最清楚地反映在德国民法中，唯一的不动产类型是土地。由于正好符合他们的广泛经济活动的需求，一类专有权利就出现了。因此，《德国民法典》对明确土地（Grundstucke）、动产（bewegliche Sachen）和不动产的概念（房地产）作出了特别的界定。因此，一块土地不再被理解为自然的一部分，而是作为一个法律的范畴——意味着一块土地要在土地登记册中登记。再比如，出于经济和家庭方面的考量，被视为一个整体的一大块土地，可以依法由若干块地构成；反之亦然，几块不同土地可登记为一个地块。[3]。建筑物坐落在一块土地，并且权利与土地相连（即限制性所有权——地役权，用益物权，土地财产留置权——物上负担，抵押权）都是作为包含在它内部的组成部分［《德国民法典》§94（1）及§96］，这是它们不被视为独立的存在。因此，这里的经典原则是"附于土地的一部分"（土地的地面物体）。事实上，自动的遵守并不会导致任何严重的问题。在其他一些欧洲国家的民事法律中纳入了某些不动产所有

---

〔1〕19世纪俄罗斯文献中有一个广为流传的观点，将物质区分为动产和不动产的标准是它们的身体的"动"的能力（例如：Ye. B. Vaskovskiy：《民事法律手册》，第117～118页）。然而，这一标准已经在20世纪被现代技术成功地证明了是不可靠的，因此它是被现代法治取代（然后被理解为近代编纂的德国和瑞士民法典），不动产的概念成为了"土地和任何它的组成部分"（V. I. Sinayiskiy：《俄罗斯联邦民法典》，p. 127）。

〔2〕Ye. A. Sukhanov. Notion and Types of Proprietary Rights//Title：Topical Problems/resp. edit. V. N. Litovkin，Ye. A. Sukhanov，V. V. Chubarov.，M.，2008，p. 57.

〔3〕Baur F.，Baur J. F.，Sturner R. Sachenrecht，S. 12.

权（例如，《法国民法典》第526条和《意大利民法典》第813条）。然而，这并不意味着宣告这些权利是"物体"，或是物体和权利的混合物（正如有时在现代国家文献中详述的那样），但在特定的历史和经济条件下会引起对特殊的民事法律制度进行解释[1]。

正如上文所示，俄罗斯的不动产法律制度，不符合古典主义有关不动产的理论。尽管经典理论具有无可争辩的优点，在未来几年内是不太可能在现代俄罗斯建立起能实现它的相关制度：建筑物的私人所有权和国有土地之间的分歧不能通过土地所有者的意志得到解决，土地的所有者并没有准备好免费出售土地，那么建筑物的所有者是谁？由于经济学的考虑，购买建筑物者并不以购买建筑物下的土地作为目标。

表面上俄罗斯现代民法典已经扩大了古典不动产的概念（在合法的不动产列表之中），并让它成为众多的法律之一。事实上，此后以所提出的妥协的形式表明，通过进一步的法律实践，对于不动产在物理上和法律上的连接存在原则逐渐地失去了它的意义。

同时只有共同的法律特征组成了不动产分类的主张，是需要国家权利登记的确认，是由法律上的不动产分类所产生的结果，而不是产生这种影响的原因。因此，缩小了不动产范围的本质，只是为了满足国家注册留下的未回答问题的需要——一些客体的权利没有经过国家或者其他特殊的登记就无法产生或者消灭（包括俄罗斯联邦的博物馆基金，股票等），为什么这些客体仍确认不属于不动产？我们不应该忘记一个事实，即法律没有规定某些类型的不动产的登记权利，例如，建筑中的公共用地[2]、建筑下的土地、地下建筑。

因此，经过更详细的分析，至少我们可以主张，即使不动产权利的国家登记制度还没建立时，通过不动产的自然（物理）性质解释的不动产"自然"财产的特性明显与法律制度中对不动产的定义不同，而直至当代依旧保留着这些差异。这种不同可以通过以下几方面进行说明：

只有凭借不可移动性的自然特性，不动产才能成为相当多的公民权利中的一个客体，而原则上动产却无法产生这类公民权利。包括地役权、永久租权、地上权（或建筑租赁权由它产生）、相邻权在内的某些财产权利，需要通过且只能通过对不动产的有效利用才能产生。在所有有形资产中，只有不动产可以在任何时

---

〔1〕 Ye. A. Sukhanov. Op. cit, p. 58.

〔2〕《俄罗斯联邦民法典》第290条和《俄罗斯房屋法》第36条并没有强制性规定共同所有权；共同所有权是由购买房子的业主共同享有的权利，无需向国家注册。

间很容易地确认和没收。由法律原则产生的关于限制性所有权的原理可以有效地仅适用于不动产。一般来说，除土地所有权（留置权）之外，所有其他的所有权都是为了完全适用于土地和其他不动产。

不可移动性作为不动产的自然特征，需要建构专门的法律制度将地块与法律客体相联系。这样的经典模型与以土地作为客体的组成元素的俄罗斯法律制度相联系是不可能的，我们有必要建立一种土地和客体之间特殊的且具有密不可分的联系的法律制度。当土地所有者和建筑物所有者之间不可调和的矛盾缺乏一种地块与法律上的联系时，建立这种法律上的联系应当尤其被重视。

不可移动性直接影响着不动产的特点分类和对不动产的质量问题的判断。因此，由于其不可移动性，不动产通过“自然特性”可以被分别归类。即使最具有代表性的制度首先应体现一个事物的独特性，而对该事物的界定也是制度中最重要的个性化特性[1]之一。由于施工技术的发展，建筑物和设施的物理移动变为可能，作为不可移动的建筑物和设施失去了“不可移动性”的特征。由于建筑物和设施是已被定义过的物体，它们和土地之间有一个合法的联系，因而有理由相信，时代的进步必然会打破旧式理论的模型和旧式理论造成的损害，并寻求新的个性化的特点。随着旧建筑坍塌，一个新的建筑就会随之出现。

此外，与动产相比，不动产的特点不仅有其内在特性（土地土壤的肥力、适合特定建筑的建设），还有外部因素，包括位置、公用线路的可用性，交通可达性、与危险事物的距离等。因此，这些外部因素可以在解决问题时发挥重要作用，这些问题包括的与不动产相关的义务合理地履行，在不动产交易中产生的欺诈或错误的信任，对不动产价格的确定，不动产被强制扣押，以及其他法律情况，在这些情况下确定不动产的特点是必需的。

最后，回到国家登记的问题。按照俄罗斯法律制度，作为一般性规则，登记是一种法律事实，不动产权利的产生、变更和终止是由一系列的法律事实间接完成的——在这个过程中强制性原则发挥着作用。在排除强制登记原则的情况下，不动产权利产生在无国家登记的情况时（例如，一般继承里的产权转移、法定抵押权的产生），进一步登记要求营业额的注册登记。简单地说，一个人取得了无需登记的权利，遵守转让权利的形式要求登记是必要的。此外，初始所有者的权利登记没有法律事实，因而无须对不动产权客体进行认定。

登记影响不动产分类的特点（不动产登记的公示是附属权利，是构成制度的组成部分），此外还影响着权利的保护，解决不动产收购者的诚信问题，以及其

〔1〕 对建筑物严谨的个人定义是在苏联时期时公认的，没有类别的被认为是不动产。

他的很多问题。

然而，通过分析上面提到的原因，尽管登记具有重要的民事法律意义，强制（正确地创建）国家登记不能被视为不动产的唯一或主要特征。主张对不动产进行定义的基本意义仅仅在于尊重国家法律制度；尽管制度不是非常成功，没有重要的理由，归属于不动产权的客体可以不具有任何其他的不动产的基本特征。有人认为不动产包含海轮和飞机，而航天器进入不动产范畴是出自于对不动产的法律制度要适用于有价值的物体这一价值判断的考量。与此同时，一系列固有的法律特征蕴含在法律制度那不可动摇的“天性”之中，因而国家登记权利可用于海轮、飞机和航天器。

当然，海轮、飞机、航天器和其他一些物体的权利可以具有不动产的“天性”，即需要国家登记，属于一个特殊的分类类型——物体权利实行强制（正确地创建）国家登记。然而，不管事实上这些对象是否会被排除在不动产客体队伍之外，我们不应该忘记，不动产的法律制度“天性”不同于蕴含于不动产本身的自然属性的特性。

正如上面指出的，同时，尽管不动产有重要的物理性（自然性）属性，确定其符合特殊的法律制度并不意味着是符合不动产法律的，而是所谓的事实性（物理性）认定。换句话说，所有使用的法律概念是合法的，但并不是“事实性”的，因为它们是意识形态制度的要素——必要时，该制度由国家任意规定它们的含义。特别是，这些是权利的主体和客体的概念。奴隶制的历史显示，一个有公民权的人就是今天权利的主体，由于他/她自身所蕴含的所有物理特性，就可以认可它为客体。换而言之，未经授权建筑即使拥有客体（所有权的客体）的特点，但仍是不被认可的[1]。

然而，当问题是关于事实性（自然性、物理性等）的不动产的概念，这意味着一个客体其具有强大的与土地相连接的不可移动的物理性特点，这就表明它是一个不动产。因此，如果一个客体具有共同特征的东西（是一个空间受限制的物质世界的客体），具有《民法典》第 130 条 §1 下规定的不动产具有的特定的自然特性，那么，谨遵事实性不动产概念的观点，该观点认为从权利产生的那一刻其客体就构成一个不动产。通常这样的假设是表达与设施有关（房屋、建筑物、在建房屋）和土地。然而，这些不动产“依法”表明，没有人可以将它们视为一个所谓“事实范畴”。在这里，举一个小例子，可以说即使在未向国家登

---

〔1〕 I. P. Piskov. To the Question of Notion of Immovable Property in the Russian Law // Problems of Development of Private Law / resp. editor Ye. A. Sukhanov, N. V. Kozlova., M., 2011, p. 259.

记权利的情况下，土地的概念也是作为不动产的具有法律性质的问题。这是因为土地没有任何自然性（事实性）的边界，自从国家登记不动产所有权之后，将在建的建筑物视为不动产的行为是否合法就一直被争论，以后的科学和实践活动也一直在寻求问题的答案。

尽管立法者没有改变不动产概念本身，但是已经采取了一些措施和步骤向更科学的学说发展。

二、不可分可的不动产（Single real estate complex）

因此，出现一个公民权利的新客体——复合型房地产是其中最明显的一个。首次出现在《民法典》第133.1条，如法律所修订的，单一复合型房地产就是营业额之中的不动产作为单一的客体。在民法典中规定将企业产权规定为复合型财产权，它被认为一个公司能够进入交易和注册一个企业。但在实践中更容易单独注册每个客体。问题的产生是因为它是不可能注册一部分客体（例如，基础设施）作为企业的一部分。

依照法律，一般来说，如果房地产权客体的所有权被注册为一个国家统一的不动产登记的权利，那么单一复合型房地产意味着一个房屋、建筑物和其他物体的集合体，并通过一个共同的预期用途、分离的物理方式或技术，包括基础设施（铁路、供电线路、管道等），或满足一块土地形成合而为一个整体。

除此之外，上述新法的规定旨在简化问题，这些问题是某些不可移动的物体不符合不动产的标准，但却被广泛认定为不动产权利客体，如基础设施和其他属于不可分割的不动产范围内的事物。此外，新法不仅规定不可分割的不动产包括具有不动产自然属性的传统意义上的房屋、建筑物和设施等不动产，而且包括某些动产（例如，加热系统、污水系统、供电线路、通信线路，等等）。

现阶段，有几个方案解决此问题。

在某些情况下，它是在一个特定行业的立法框架下得以解决的。因此，根据2003年7月7日联邦法的第126-FZ第8§1，通信、有线通信线路是不动产。长期的电缆通信线路的定义是将混杂的不动产通过技术形成一个完整的集合，通过物理链连接（有线）是动产的特性，同时具有以下特点：

——功能和技术的互联的存在；

——合理的使用架设通信电缆的一般性用途；

——扩张的存在（长度）。

在其他情况下，不动产权的客体在对其技术特点和对法律行为调节功能的分析方面基本上是合格的。

排水设施作为不动产的资格可以作为一个例子。因为法院了解到排水设施系统是由沟渠、位于地面下的井和其他位于地下的部分组成的，是和土地不可分离的，若对排水设施进行不能避免损害的移动，会损害设施建造的目的，所以法院最终认定排水设施属于不动产。

法院作出这样的结论也依赖下位法和其他参考性法律文件的规定。

类似的法律判决的情况也在关于供电线路为不动产的案件中发生过。

正如《民法典》第133.1条和修正案中相关条款的规定，不可分割的物体应当适用不可分割的不动产的规定。依照《民法典》第133条和修正案的法律规定，不可分割的物体出现在企业中，可作为专有权利的单个不动产权客体。

有趣的是，法院实践中是怎样使有些主要或辅助类型房屋、建筑物和设施彼此相联系作为单一的客体的。这个问题是土地法典第36条土地的私有化典型的争议，同时此问题也是实质性确定并计算土地面积操作的争议，这种操作在土地私有化实行时，有非常重要的实践性。

因此，特别的是俄罗斯联邦最高商事法庭委员会的判决之一[1]认为，如果主要设施或辅助性事物构成一个独立客体，而此独立客体是由不同要素组成并通过有目的地、普遍地、功能性地产生，此外，这样的设施是牢牢地与土地相连接的，包括辅助性的不动产。在单一客体的整个领域内，这就是对特定对象的国家权利登记（包括辅助性的）在土地私有化中的适用。

我们应当合理注意到这样的事实，在法庭审理时，法院审理确认案件时认为基础设施作为不可分割的客体。以另一个法院的判决[2]作为一个例子，另一个判决中的基础设施（电缆通信线路）被限定为一个单独定义具有建设性元素的客体，而且此客体不由有任何独立意义的、不能被分开的元素组成。

我愿意注意到，法律草案提出部分适用和实行所谓的“不动产的独立性”原则的问题（在第二次阅读的阶段），根据该原则，传统的俄罗斯法律中认定的不动产权的客体，如房屋、建筑物和设施，就不再是独立的不动产权的客体，而是构成一个其所属土地的附属或改良物。

然而，目前俄罗斯法律规定了另一个有些相似的原则：土地的天生独立性原则和客体不可分离原则，除非联邦法律第1条§1（5）有规定［《俄罗斯联邦土地法典》第1条§1（5）］，所有客体都离不开依赖土地的事实。

同时根据民法典第133.1条的规定，法律修改，可以得出的结论是，立法者放弃上述国家的法律，因为法律条文不包含按照单一复合型房地产和成块的土地

---

〔1〕《俄罗斯联邦最高商事法庭判决》，No. 6200/10，2010年10月20日，No. A56－50083/2008。

〔2〕《俄罗斯联邦最高商事法庭判决》，2010年3月11日，No. A48－2848/2009。

是单独客体的条款。

最后，值得注意的是，由于新修正案中的单一复合型房地产的是一个不可分割的整体；因此，征收的执行，包括进一步的转售，只将其作为一个整体，除非法律或法院判决建立分离成一个组成部分的可能性。

因此，它可以表示，俄罗斯立法者倾向于改善法律中的公民权利，比如不动产权利，虽然不是以我们希望看到的改革速度。

欧洲合同法的统一立法趋势及其对东亚的启示

张 彤 *

一、合同法作为欧洲私法统一立法的起点

在欧洲一体化和欧盟内部市场的形成和运行中，对具体经济活动进行调整的法律，即对货物、人员、服务和资本的自由流动进行调整的法律，大多属于私法的范畴。〔1〕 20世纪50、60年代以来，虽然欧洲国家在欧共体指令或国际条约的调整下，在某些特定的私法规则方面达成了协调，但真正从体系上提出“欧洲私法”的构想不过只有短短二三十年的历史。20世纪90年代前后，在复兴“欧洲共同法”思想的影响下，有关构建“欧洲私法体系”以及“是否需要制定一部欧洲民法典”成为欧洲学术界进行探讨和研究的重

---

* 中国政法大学比较法学研究院教授，法学博士。本文系2010年度教育部人文社会科学研究一般规划基金项目“东亚区域经济一体化中的东亚合同法协调问题研究——以欧盟合同法为比较对象”（项目批准号：10YJA820132）的阶段性研究成果。

〔1〕 一般在欧洲学者的著作和文章中多使用“欧洲私法”或“欧洲民法”的概念，而其中“欧洲”一词，是在“欧盟”的意义上使用的。本文中的“欧洲”一词，通常也是指“欧盟”。

点。欧洲议会在1989年的决议[1]以及1994年的决议[2]中也呼吁开始制定一部欧洲私法法典。由于合同法与家庭法、继承法相较，主要是规范市场主体的交易行为，具有较强的技术性，很少受民族传统和社会信仰等因素的影响，因此，此时合同法作为私法中最重要的组成部分，成为欧洲私法各种学术研究项目的起点。

（一）20世纪80年代开始作为学术工程的欧洲合同法

欧洲经济一体化以及欧盟内部市场的建立对欧洲合同法的产生和发展发挥了巨大的推动作用。欧盟对成员国的合同法进行协调和统一的目的在于消除成员国间合同法的差异，使法律更具可预测性，从而降低商业贸易的成本，促进四大市场要素的自由流动。20世纪80年代欧洲合同法委员会[3]进行的欧洲合同法的研究项目，并在此基础上起草的《欧洲合同法原则》（Principles of European Contract Law，简称“PECL”）就是在合同法领域统一立法的最初成果。PECL由三部分组成，共17章，201条。PECL第一部分的起草工作始于1982年并持续到1995年，主要包括：履行的种类、不履行、不履行时的救济手段等一系列合同法的一般问题，总计59条。[4] PECL的第二部分起草工作始于1992年并持续到1995年，涉及如下内容：合同的订立、代理权限、合同的生效（包括意思表示瑕疵，但不包括违反强行法和违反善良风俗的规定）、合同的解释以及合同的内容和效力，共计73条。第二部分并没有以单行本的方式问世，而是一并出版了第一部分和第二部分的合订修订版。[5] PECL第三部分的起草时间从1997年延续至2002年，2003年PECL的第三部分问世，内容主要是：多方当事人（多方债务人和多方债权人）、债权转让、债务承担和合同转让、抵消、时效、不法、

---

〔1〕 Resolution A2-157/89, O. J. 1989 C158, p. 400.

〔2〕 Resolution A3-0329/94, O. J. 1994 C 205, p. 518.

〔3〕 1980年，在丹麦哥本哈根商学院兰多（Ole Lando）教授的倡议下，成立了“欧洲合同法委员会”（Commission on European Contract Law），由兰多教授任主席，所以该委员会也被称为“兰多委员会”（Lando Commission）。该委员会的大多数成员都是学者，但是这些学者很多也都是执业律师，或者曾参与了许多国内、国际法律政策的制定。成员们并不把自己看成某个特定政治利益和国家利益的代表，而是在追求一个共同的目标，即起草《欧洲合同法原则》。

〔4〕 Hugh Beale and Ole Lando (ed.), *The Principles of European Contract Law, Part I, Performance, Non Performance and Remedies, Prepared by the Commission on European Contract Law*, Martinus Nijhoff, Dordrecht, 1995.

〔5〕 Ole Lando and Hugh Beale (ed.), *The Principles of European Contract Law, Part I and Part II, Prepared by the Commission on European Contract Law*, 2000 Kluwer Law International.《欧洲合同法原则》前九章由韩世远翻译为中文，载梁慧星主编：《民商法论丛》（第12卷），法律出版社1999年版。

条件及复利等，共计69条。[1]

欧洲合同法委员会起草的PECL是欧洲私法统一中准备工作最透彻、最全面的项目。随着PECL的出台，欧洲合同法作为一个学术概念与成员国可适用的合同法一同出现。PECL的内容实质上由成员国的法律决定，即它作为每个成员国合同法的“共同原则”或者“最佳解决方案”的汇编而存在。PECL的形式则受到美国法重述的启示，每一卷都包括由委员会一致讨论同意的条款内容，此外，还包括案例适用在内的条款评注以及比较法上的法律批注，该批注主要涉及欧盟成员国的国内相关规定，同时也兼顾了国际条约，尤其是《联合国国际货物销售合同公约》（the United Nations Convention on Contrasts for the International Sale of Goods，CISG）。依据起草者的目的，PECL在欧洲的任何地方都可适用，从而可供成员国法学研究和判例使用。[2] PECL可以说是欧洲合同法的当代重述，也是欧洲私法领域中法律的传统和经验在当代的核心体现。PECL不但影响了欧洲各国合同法的立法、司法和法学教育，而且也为世界其他区域和国家的合同法研究以及立法提供了研究素材和立法经验。[3]

（二）21世纪初期开始作为立法工程的欧洲合同法

在欧盟的基础性条约中包含着对法律协调的相关规定。欧洲私法的协调有利于降低在跨国贸易中适用内国法可能发生的法律风险和区域内部的交易成本。因此，为了共同市场的有效运作，必须协调各成员国的相关法律，这是各成员国的共同立场。正因如此，法律的协调被规定进入《欧共体条约》第3条。该条规定，为了达到条约第2条[4]所确定的目标，按照本条约所规定的条件和进度，共同体的行动应包括：在保证共同市场运转的必要范围内，使各成员国法律趋于接近（Approximation of the Law）。在一些更加明确的法律领域中，如一些有关欧盟内货物、资本、人员以及服务自由流动的条款明确要求各成员国法律的统一。经2009年12月1日生效的《里斯本条约》修改后的《欧洲联盟运行条约》第

---

〔1〕 Ole Lando，Eric Clive，André Prüm，Reinhard Zimmrmann，*The Principles of European Contract Law，Part III*，2003 Kluwer Law International.《欧洲合同法原则——第三部分》由留德学者朱岩翻译为中文，载梁慧星主编：《民商法论丛》第30卷，法律出版社2004年版。

〔2〕［德］齐默尔曼：“欧洲合同法原则第三部分”，朱岩译，载《华东政法学院学报》2004年第6期，第84页。

〔3〕 Zhang Tong，“Principles of European Contract Law and Its Impact on Chinese Contract Law”，*Asia Private Law Review*，No.3，Dec. 2009，pp. 303～323.

〔4〕《欧共体条约》第2条规定：欧洲经济共同体的使命是，通过共同市场的建立和各成员国经济政策的逐步接近，促进整个共同体内的经济活动的协调发展，促进持续平衡的扩张、日益增长的稳定和私生活水平的加速提高，以及促进参加本共同体的各国间的更加紧密的联系。

114 条第 1 款（原《欧共体条约》第 95 条）也规定："除两部条约另有规定外，下列条款为实现第 26 条[1]所规定的目的而适用。欧洲议会和理事会应根据普通立法程序，经咨询经济与社会委员会后，采取措施，使各成员国依据以内部市场的建立和运行为目的的法律、法规或行政性措施制定的条款得以趋同。"[2]

在过去的几十年中，欧共体/欧盟颁布了一系列指令，从而催生了具有统一性（至少具有协调性）的欧洲民法。欧盟关于合同法中的很大一部分立法（主要是指令）都涉及消费者保护法。通过这些指令强化对消费者的保护。由于现代社会中产品和服务的专业化、销售方式的多元化和电子商务的应用给消费者带来便利的同时，也带来了更多的风险。因此，民事法以及其他法律强化对处于弱者的消费者保护，必然地要限制合同自由，强化生产者和经营者的合同附随义务，特殊情况下甚至赋予消费者反悔的权利，从而突破了罗马法中旧有的信守合同的原则。[3] 欧盟对消费者进行保护所颁布的指令主要有：误导广告指令、[4] 上门销售（推销）指令、[5] 包价（一揽子）旅游指令、[6] 消费者合同中的不公平条款指令、[7] 分时度假（不动产分时段使用权）合同指令、[8] 远程销售合同指

---

〔1〕《欧洲联盟运行条约》第 26 条第 1 款和第 2 款（原《欧共体条约》第 14 条）规定：联盟应根据两部条约的有关条款通过措施，以建立内部市场或确保其运行。内部市场由一个无内部边界的区域组成，在此区域内，人员、服务、货物和资本的自由流动由两部条约的条款予以保障。

〔2〕本文使用《欧洲联盟运行条约》的条文引自程卫东、李靖堃译：《欧洲联盟基础条约——经〈里斯本条约〉修订》，社会科学文献出版社 2010 年版。

〔3〕吴越等译：《欧盟债法条例与指令全集》，法律出版社 2004 年版，第 1 ~ 5 页。

〔4〕Directive of 10 September 1984 relating to the approximation of the laws, regulations and administrative provisions of the Member States concerning misleading advertising (84/450/EEC), OJ L 250, 19/09/1984, pp. 17 ~ 20, as amended by Directive 97/55/EC of October 1997, OJ L 290, 23/10/1997, pp. 18 ~ 23.

〔5〕Directive of 20 December 1985 to protect the consumer negotiated away from business premises (85/577/EEC), OJ L 372, 31/12/1985, pp. 31 ~ 33.

〔6〕Directive of 13 June 1990 on package travel, package holidays and package tours (90/314/EEC), OJ L 158, 23/6/1990, pp. 59 ~ 64.

〔7〕Directive of 5 April 1993 on unfair terms in consumer contracts (93/13/EEC), OJ L 095, 21/4/1993, pp. 29 ~ 34.

〔8〕Directive of the European Parliament and the Council of 26 October l 1994 on the protection in respect of certain aspects of contracts relating to the right to use immovable properties on a timeshare basis (94/47/EC), OJ L 280, 29/10/1994, pp. 83 ~ 87.

令、[1] 价格提示指令、[2] 不作为诉讼的指令、[3] 消费品销售及其相应担保的指令、[4] 消费者信贷指令、[5] 电子商务指令[6]等。

近二十年来，欧洲私法的统一已经取得了不小的成就，其中，以上所列举的消费者保护指令和一系列其他指令的颁布，在一定程度上实现了民法的欧洲化。就合同法而言，上述这些关于消费者保护的指令已经覆盖了合同法的核心部分，并也已经在各成员国中得到实施。[7]

但是迄今为止，推动欧洲法律统一的主要手段是欧盟理事会发布的指令，而这些指令通常只适用于特别的对象或者挑选出来的各个散碎问题，诸如包价旅游、消费信贷合同、消费者合同中的不公平条款等。这样的统一方法，结果是增生了大量零碎不全的单个规则，而忽视了这些规则背后的共同基础。因此，它远远没有简化法律的适用，反而使原来的问题更难解决。[8] 人们怀疑这样的立法手段是否真正是统一欧洲法律的最佳途径。许多欧洲学者认为，欧盟所需要做的就是在不断完善已有法律协调手段的同时，开始选择尝试制定统一法的方式。

在20世纪80年代欧洲合同法委员会开始工作的时候，由欧共体指令统一的合同法领域还仅以保护“内部市场”为目的，以“消费者保护法”为核心发挥着积极作用。这种情况发展到21世纪已经大大改变。如何才能将各自独立的分散的“消费者保护法”发展成一个真正“具有内在紧密联系的欧洲合同法（A

〔1〕 Directive of the European Parliament and the Council of 20 May 1997 on the protection of consumers in respect of distance contracts（97/7/EC）, OJ L 144, 04/06/1997, pp. 19 ~ 27.

〔2〕 Directive of the European Parliament and the Council of 16 February 1998 on consumer protection in the indication the price of products offered to consumers（98/6/EC）, OJ L 080, 18/03/1998, pp. 27 ~ 31.

〔3〕 Directive of the European Parliament and the Council of 19 May 1998 on injunctions for the protection of consumers' interests（98/27/EC）, OJ L 166, 11/06/1998, pp. 51 ~ 55, as amended by Directive 1999/44/EC of 25 May 1999（OJ L 171, 07/07/1999, pp. 12 ~ 26）and Directive 2000/31/EC of 8 June 2000（OJ L 178, 17/07/2000, pp. 1 ~ 16）.

〔4〕 Directive of the European Parliament and the Council of 25 May 1999 on certain aspects of the sale of consumer goods and associated guarantees（99/44/EC）, OJ L 171, 07/07/1999, pp. 12 ~ 16.

〔5〕 Council Directive of 22 December 1986 for the approximation of the laws, regulations and administrative provisions of the member states concerning consumer credit（87/102/EEC）, OJ L 042, 12/02/1987, pp. 48 ~ 53, as amended by Directive 90/88/EEC of 22 February 1990（OJ L 061, 10/03/1990, pp. 14 ~ 18）and Directive 98/7/EC of 16 February 1998（OJ L 101, 01/04/1998, pp. 17 ~ 23）.

〔6〕 Directive of the European Parliament and the Council of 8 June 2000 on certain legal aspects of information society services, in particular electronic commerce（2000/31/EC）, OJ L 178, 17/07/2000, pp. 1 ~ 6.

〔7〕 徐海燕：“制定《欧洲民法典》的学术讨论述评”，载《当代法学》1999年第2期，第76页。

〔8〕 张彤：“欧洲一体化进程中的欧洲民法趋同和法典化研究”，载《比较法研究》2008年第1期，第15页。

coherent European Contract Law)”是欧盟机构最为关注的问题。

2001年7月11日，欧盟委员会公布了《委员会致欧洲议会和欧盟理事会关于合同法的通信》(以下简称《2001年通信》)。[1] 欧盟委员会提出，多种国内合同法并存已经阻碍了内部市场的运行，为此提出了四种解决该问题的可能性以供讨论：一是完全不采取任何措施，而由市场自发地对法律进行统一；二是促进学者与律师间进行比较研究，起草不具备约束力的合同法原则；三是建议制定使用统一术语的合同法草案，提高和改进欧盟现有立法的质量；四是建议通过一份新的综合性的欧盟合同法文书，即起草完善的、有约束力的欧洲合同法。欧洲合同法委员会和欧洲民法典研究团体的成员一致认为，可将上述第三和第四种选择结合起来，采取一个综合性的立法方式是未来的合理选择。

针对欧盟委员会的这份《2001年通信》，欧洲议会通过了一份《协调成员国民商法的决议》。[2] 在该决议中，欧洲议会支持通过制定一份合同法法律文本，可由当事人依照国际私法选择予以适用。议会还为委员会制定了详细的时间表，要求它在2005年伊始就公布私法的比较分析及共同法律概念，自2006年起在欧盟所有立法中执行这些共同法律原则，从2010年起在欧盟范围内通过一整套贯彻这些共同法律概念的规范。议会还推荐一些研究团体，即欧洲合同法委员会、

---

〔1〕 Communication from the Commission to the Council and the European Parliament on Contract Law, COM (2001) 398. final.

〔2〕 Resolution of November 15, 2001 for the approximation of the civil and commercial law of the Member States, OJ C140E.

欧洲民法典研究团体、[1] Gandolfi 小组、[2] 欧洲合同法学会[3] 以及 Acquis 学会[4] 等作为法律建议的可能来源。

作为对欧洲议会决议的回应，欧盟委员会在 2003 年 2 月颁布了一项《进一步协调欧洲合同法的行动计划》（以下简称《2003 年行动计划》），[5] 提议为欧盟指令中的常用术语订立一个《共同参考框架》（Common Frame of Reference，CFR）。CFR 应当在共同术语和规则方面提出最佳解决方案，即对"合同"或"损害"等基本概念和抽象术语进行定义以及对诸如合同不履行的法律适用进行界定，从而为指令中常用的术语建立一个"共同参考框架"。它将作为修改现行法的一种参照工具，帮助立法者修订原有的指令和起草今后的法律，以保持欧盟法律在体系上的连贯性。另外，它将作为今后可选择适用的欧洲合同法的立法基础。

2004 年 10 月 11 日，欧盟委员会公布了《欧洲合同法及对现有法的修正：下一步的道路》（以下简称《2004 年文件》）。[6] 在这份文件中，欧盟委员会进一步在细节上说明了拟定 CFR 这一雄心勃勃的工程。CFR 需要综合以下三种渊源完成：一是通过比较不同国家的法律秩序，找到可能存在的共同源头，以期发展

---

〔1〕 欧洲民法典研究团体（Study Group on a European Civil Code）1998 年由 Lando 委员会的成员创立。随着《欧洲合同法原则》第三部分的出版，Lando 委员会完成了对《欧洲合同法原则》的阐述。它的工作通过欧洲民法典研究团体对私法其他领域进行补充性研究来彻底完成。大约有 2/3 的欧洲合同法委员会成员也属于欧洲民法典研究团体成员。欧洲民法典研究团体于 1999 年开始进行工作，致力于起草特殊类型合同的有关法律（买卖、服务、信用协议及信贷、保险合同以及各种商业性长期合同：代理、分销及特许经营权合同），非契约之债的有关法律（侵权法、不当得利、无因管理等），此外还有动产法律，尤其是涉及内部市场运作的那些部分（动产担保、动产所有权移转以及信托法部分）。该团体将其目标描述为"在债法和财产法核心问题方面，制定一套欧洲化的法典化规则"。

〔2〕 又名为"欧洲私法律师协会"（Academy of European Private Lawyers），1992 年在意大利的 Pavia 市成立。它由来自欧盟和瑞士的大约一百位律师组成，以其创办者 Giuseppe Gandolfi 命名的"Gandolfi 小组"而声名远扬。他们的学术成果用法语出版在《欧洲合同法典——初稿》中。与其他研究机构不同，该小组自称并不是对欧洲现行生效的法律的叙述，而是草拟未来的欧洲法典的草案。

〔3〕 欧洲合同法学会（Society of European Contract Law，SECOLA）于 2001 年由 Massimo Biaca、Hugh Collins 和 Stefan Grundmann 三位教授创立，其正式中心位于德国慕尼黑。与其他团体试图找出欧盟成员国法律的共同原则不同，该学会致力于研究欧盟既有的立法，找出其法律概念，并形成连贯的体系。该学会的创始人明确表示不会草拟一部法典。

〔4〕 又称为"欧洲现有私法研究学会"（European Research Group on Existing EC Private Law，Acquis Group），成立于 2002 年。该研究组不只研究成员国典型的私法法典，还同样关注欧盟法律的现有成就，这些现有法律法语称之为"acquis communautaire"（共同私法规则），学会的名称就源于此。

〔5〕 Communication from the Commission to the European Parliament and the Council：A more coherent European Contract Law. An Action Plan，COM（2003）68 final.

〔6〕 European Contract Law and the revision of the acquis：the way forword，COM（2004）651 final.

共同的原则，并在适当的情况下确定最佳解决方案。二是强调案例法和合同实践是欧洲合同法发展的“基础资源”（basic sources）。人们的注意力开始转向将合同实践包括在内的，甚至是对已有的一系列商人法（lex mercatoria）的研究工作。三是应当分析欧盟现行法以及相关的有约束力的国际立法，尤其是《联合国国际货物销售合同公约》。当这种研究发现了在欧盟以及国际统一法中的一些重叠性原则和价值的时候，就可以将其用于欧洲合同法的进一步协调工作。

2001、2003 和 2004 年欧盟委员会的三个文件从根本上改变了欧洲合同法的学术工程性质，从而使欧洲合同法上升为欧盟的一项官方立法活动。从欧盟官方的角度而言，欧洲私法统一化的过程一方面是为欧盟统一的内部市场提供一套一致的规则，另一方面也是为欧盟成员国公民在身份上的一体化确认提供支持。

二、合同法作为欧洲私法统一立法的核心

虽然欧盟委员会起初将主要精力放在合同法上，但与此同时，从尽可能宽广的意义上来说，合同法与私法其他相关领域构成了私法的有机整体，这些相关领域在将来也必须得到协调和统一。欧盟委员会对合同法统一提供的四种选择，同样也提供给了私法的其他领域，从事私法统一研究的学术团体都要在这几种选择之间做出取舍。[1] 因此，随着欧洲私法的协调和统一向纵深方向的推进，欧洲私法学者已经将研究领域拓展至民法的其他领域，如侵权法、财产法和家庭法等。当然，这些领域的研究工作与统一立法活动仍然是以借鉴合同法的方法在推进。

1999 年“欧洲民法典研究团体”成立并组建了多个民法典起草小组，负责除合同法之外的侵权法、不当得利法和动产法等领域的示范性规则的起草工作。2004 年 11 月，“欧洲民法典研究团体”发布了《欧洲民法典/原则可能性结构说明草案》。[2] 除前言和附件外，该草案共分为十编，包括：总则（一般规定）、合同以及其他法律行为、合同之债以及非合同之债、有名合同、无因管理、侵权损害赔偿、不当得利、动产转让、动产担保、信托。其中附件主要是对相关术语概念的规定。[3]

在此基础上，2008 年底欧洲私法研究网络公布了《欧洲私法共同参考框架

---

〔1〕 Masha Antokolskaia, “The Harmonisation of Family Law: Old and New Dilemmas”, *European Review of Private Law* 1, 2003, pp. 30 ~ 31.

〔2〕 该文本可在“欧洲民法典研究团体”（Study Group on a European Civil Code）网页下载，http: //www.sgecc.net/media/downloads/structure04_ 12.pdf.

〔3〕 张彤译：“欧洲民法典/原则可能性结构说明草案：特别是从第一编到第三编”，载《中德私法研究》2010 年第 6 卷，第 208 ~ 218 页。

草案：原则、定义和示范性规则》（Principles, Definitions and Model Rules of European Private Law, Draft Common Frame of Reference, DCFR），并递交给了欧盟委员会。[1] DCFR 包括欧洲私法的原则、定义以及示范性规则，它被认为是“欧洲民法典草案”。

DCFR 中的示范性规则共十编：第一编，一般规定。包括草案的适用范围、术语的定义、时间起算的标准和对草案条款的解释规则。第二编，合同与其他法律行为。包括一般条款、非歧视原则、合同缔结前义务、合同的成立、撤销、代理、解释、合同的内容和效力。第三编，债和相应的权利。包括一般规定、履行、不履行的救济、多数债权人与多数债务人、权利与义务的转移、抵销与合并、时效。第四编，有名合同及产生的权利与义务。包括买卖合同、租赁合同、服务合同、委托合同、商业代理、特许、分销合同、借贷合同、保证合同和赠与合同。第五编，无因管理。包括适用范围、管理人义务、管理人权利和职权。第六编，损害他人的非合同责任。包括根本规则、法律相关性损害、归责、因果关系、抗辩、救济、补充规则。第七编，不当得利。包括基本规则、不当之时、得利与不利、归责、得利的返还、抗辩、与其他法律规则的联系。第八编，动产所有权的取得和丧失。包括一般规定、基于转让人的权利或授权之所有权的转让、善意取得所有权、通过持续占有取得所有权、加工、聚合和混合、所有权保护和占有保护。第九编，动产所有权担保。包括一般规定、创设和范围、对抗第三人的法律效力、优先权、默示规则、终止、违约和执行。第十编，信托。包括根本性规则、信托设立、信托基金、信托条款及无效、受托人决策与权力、受托人和信托辅助之权利和义务、不履行救济、受托人或信托辅助人之变更、信托的终止和变更以及受益权的转让、与第三人的关联。

尽管 DCFR 被称为是“欧洲民法典草案”，但是从 DCFR 结构体系来看，其内容以债法为主，特别是以合同法为核心。DCFR 中有关合同法的内容基本采纳了 PECL，或者说是对 PECL 的示范性规则稍作修改的遵循而已。[2] 除此之外，Acquis 学会草拟的《欧盟现行合同法原则》（Principles of the Existing EC Contract Law，也称为 Acquis Principles）也成为 DCFR 中有关合同法的重要渊源之一。

---

〔1〕 2009 年初，公布了 DCFR 的纲要版（outline edition），即 Study Group on a European Civil Code/Acquis Group, Principles, Definitions and Model Rules of European Private Law: Draft Common Frame of Reference (DCFR), Sellier, European Law Publishers GmbH, Munich 2009. DCFR 文本已经由唐超等翻译：“欧盟私法：原则、定义和示范规则”，载梁慧星主编：《民商法论丛》（第 43、44 卷），法律出版社 2009 年版。

〔2〕 Jürgen Basedow, Klaus J. Hopt, Reinhard Zimmermann: *Handwörterbuch des Europöischen Privatrechts, Band II*, Tübingen: Mohr Siebeck, 2009, S. 1638.

Acquis 学会的宗旨在于欧洲私法的法典化，它的工作方法是首先从各个分散的现行指令中找出合同法的一般问题，进而从中抽象出连贯、一致的基本原则，并编入《欧盟现行合同法原则》。该原则包括八章：一般规定、前合同义务、非歧视、合同的成立、撤销、未经磋商的条款、合同义务的履行、救济，共 76 条。基于对欧盟现有法律的系统性研究，Acquis Principles 的内容比 PECL 更能体现近年来合同法在欧洲的最新发展趋向。

欧洲的一些私法研究团体所草拟的 PECL、DCFR 等示范性规则，展现出了形式多样的欧洲私法趋同和法典化的进程。欧洲学者认为，从古至今，每次欧洲私法法典化的过程都不是仅仅限定在提出一套共同的基本原则，而是应当致力于创制一部新的法典，有时甚至于要超越这种程度。但是不容否认的一点是，“共同的基本原则”是一切工作的起点。[1]

尽管 DCFR 目前还不是一份有约束力的法律文件，但是它所带来的影响力却是广泛和深远的。该草案对欧洲私法描绘出了一个系统性的内在图像，全面反映了当前欧洲私法的发展面貌。[2]

三、未来制定一份可选择的《欧洲合同法》的可能性

根据上述欧盟委员会《2004 年文件》，CFR 应分两个阶段完成：第一个阶段是在 2007 年底编纂出草案，其中主要问题是学术性质的；第二个阶段是草案的审查和通过，其性质是一个政治性问题。至于 CFR 的未来，《2004 年文件》中作了一些说明：首先欧盟委员会将对 CFR 草案进行修正，然后将其交由实践检验（例如作为欧共体或成员国进一步立法的参照，作为欧洲法院实践的参照等）。检验后的 CFR 将进入立法咨询程序，由各方利益相关者提出意见。一些欧洲学者认为，如果能够表决通过，CFR 可能作为“第一支柱”中的规范，进而具有合同法典的效力；如果没有通过，不具备强制性效力，CFR 也可以先作为“不具有约束力的规范（non - binding）”适用。

2008 年底完成并公布的 DCFR 是未来 CFR 的基础。为推进 CFR 的工作，2010 年 4 月欧盟委员会通过决定，[3] 为欧洲合同法 CFR 的起草成立一个专家组，其任务是将 DCFR 中对于合同法意义重大的部分进行组合、修订、补充并最终制定一份官方《欧洲合同法》的 CFR。其最主要的想法就是在欧洲制定一部

---

〔1〕 Nils Jansen, *Binnenmarkt, Privatrecht und europäische Identität*, Mohr Siebeck 2002, S. 62.

〔2〕［德］克里斯蒂安·冯巴尔：“欧洲《共同参考框架草案》及其第六编‘合同外责任’——作为欧洲私法的‘工具箱’”，朱岩译，载《法学家》2009 年第 4 期，第 53 页。

〔3〕 Commission Decision of 26 April 2010 setting up the Expert Group on a Common Frame of Reference in the area of European contract law, OJ 2010, L 105, p. 109.

可选择的合同法。合同各方当事人可以在这部合同法和国内合同法中进行选择。这部合同法将第一次使得所有欧盟成员国拥有一部共同的法典化的合同法。尽管欧盟委员会的初衷是将 DCFR 作为欧洲私法统一的基础，但是 DCFR 的起草者却仅把它看作是一项纯粹的理论研究成果。所以必须在概念上区分 CFR 和 DCFR 这两个名称：前者将是一份发展成熟的政治性文件，而后者是一份理论性的草案。[1]

2010 年 7 月，欧盟委员会发布了一份《走向一部为消费者和经营者的欧洲合同法的政策选择绿皮书》（以下简称《绿皮书》）。[2] 欧盟委员会在这份《绿皮书》中指出了未来在合同法领域的七个可选择的行动方案：保持现有政策不变（不采取任何措施）；公布专家小组的研究成果；将研究成果作为将来立法者的"工具箱"；欧盟委员会对这部《欧洲合同法》提出建议；发布《欧洲合同法》的指令；发布制定《欧洲合同法》的条例；发布制定一部《欧洲民法典》的条例。欧盟委员会通过该《绿皮书》表明了要迅速推进欧洲私法趋同的意愿。这一点明显地表现在它针对各个方案简短的介绍上，不能在短期内立即见效的方案将得不到欧盟委员会的青睐。该《绿皮书》的发布是为了征询公众以及利益相关者对于未来在欧洲合同法领域采取行动的几种选择方案的意见和建议，这一征询期是 2010 年 7 月 1 日至 2011 年 12 月 31 日。[3]

作为欧盟私法统一的形式来讲，法典化还处在尝试当中。在强大的反对声和种种障碍面前，欧洲民法法典化在欧洲似乎进入到了一种偃旗息鼓的状态。DCFR 虽然被称为"欧洲民法典草案"，但它的命运如何，现在预言还为时过早。它将来很有可能不会成为一部正式的《欧洲民法典》。

欧盟委员会于 2011 年 5 月 3 日发布了《（欧洲合同法）专家组草案》，也称为《可行性研究》（feasibility study），它是适用于消费者与经营者间合同（Business - to - Consumer contracts）以及经营者与经营者间合同（Business - to - Business contracts）的独立完整的规则体系。[4] 在随后的反馈程序中，委员会收到了

〔1〕 Walter Doralt, "Rote Karte oder grünes Licht für den Blue Button? Zur Frage eines optionalen europ?ischen Vertragsrechts", *Archiv für die civilistische Praxis*, Bd. 211, 2011, S. 4.

〔2〕 Green Paper from the Commission on policy options for progress towards a European Contract Law for consumers and businesses, COM (2010) 348 final.

〔3〕 Green Paper from the Commission on policy options for progress towards a European Contract Law for consumers and businesses, COM (2010) 348 final, p. 13.

〔4〕 参见专家组 2010 年 5 月 1 日第一次会议纪要，第 1 页。该文件的官方下载地址，http://ec. europa. eu/justice/contract/files/first - meeting_ en. pdf.

官方和民间许多有价值的意见，草案也进行了几次修改，最新的版本为2011年8月19日发布的版本。[1] 从内容上看，消费者法在其中占据了关键地位。欧盟委员会在《绿皮书》中明确表示，将来制定的可选择的《欧洲合同法》必须保证高水平的消费者保护标准。在DCFR基础上制定的可选择的《欧洲合同法》，将会给欧洲私法的趋同带来新的起点，它能够进一步推动私法的欧洲化进程。[2]《（欧洲合同法）专家组草案》至少目前也可以成为欧盟和成员国立法者的灵感来源，它可以成为法学教育和学术研究的重点。

2011年9月11日，欧盟委员会发布了针对一部《欧洲共同买卖法》（Common European Sales Law）（CESL）条例的建议。[3] 这是欧洲合同法发展史上的一座里程碑，也是欧盟私法统一化中的最新成果。因为现在摆在眼前的这个文件不仅仅只被看作是专家组制定的规则模式意义下的"学术法"，而更多地涉及私法传统核心之一的法典草案，还可能是向着《欧洲民法典》之路迈出的第一步。[4]

现在所呈现出的CESL草案是一个历时较长的各种文本延续到当前的最新版本。除在条例标题中提到的买卖法外，一般合同法（das allgemeine Vertragsrecht）、有关提供的数字内容供应合同（Verträge über die Bereitstellung digitaler Inhalte）、与买卖合同和数字内容供应合同紧密相关（装配、安装、修复、维护）的服务合同也被纳入其中。这个条例的建议的主要目的是通过促进跨境贸易来改善内部市场的运作。因为合同当事人可以将他们的合同置于一个统一的法律制度下，这样企业降低大宗交易成本就成为可能。同时，依照CESL来订立合同对消费者来说也具有吸引力，CESL着眼于一个特别高的消费者保护水平，而这个水平"在总量上超过每一个单个成员国的保护水平"。在适用范围上来看，CESL一方面仅仅适用于跨境合同；另一方面除消费合同外，只适用于那些至少有一方是中小企业的企业间合同。

四、欧洲合同法统一立法对东亚的启示

建立"东亚共同体"既是当前东亚地区经济区域化发展的一个趋向，也是

---

〔1〕 该文件的官方下载地址，http：//ec. europa. eu/justice/contract/files/feasibility – study_ en. pdf.

〔2〕 Walter Doralt, "Rote Karte oder grünes Licht für den Blue Button? Zur Frage eines optionalen europäischen Vertragsrechts", *Archiv für die civilistische Praxis*, Bd. 211, 2011, S. 32.

〔3〕 Proposal for a Regulation of the European Parliament and of the Council on a Common European Sales Law, COM/2011/0635 final, 2011/0284.

〔4〕 Horst Eidenmüller, Nils Jansen, Eva – Maria Kieninger, Gerhard Wagner, Reinhard Zimmermann, "Der Vorschlag für eine Verordnung über ein Gemeinsames Europäisches Kaufrecht", Juristen Zeitung 6, 2012, S. 269.

学术探究的一个新领域。尽管推动东亚共同体进程的核心和主导力量是东盟国家，但起决定因素的还是中、日、韩之间的合作关系。2009年10月23至25日，东盟与对话国系列峰会在泰国举行，峰会发表的《中日韩合作十周年联合声明》，明确将建设东亚共同体作为中日韩三国合作的重要内容与目标。然而，目前不仅"东亚共同体"的范围还不太明晰，东亚各国社会经济制度不完全一样，社会经济发展水平也比较悬殊；建立"东亚共同体"仍然是东亚合作的一个长远目标。但目前东亚学者形成的共识是：东亚经济一体化可以借鉴欧盟的经验，用具有约束力的法律制度去巩固一体化的成果。

（一）东亚合同法协调的必要性与成果

由于欧盟27个成员国中部分国家的民法体系迥异，且各国均有不同的法律传统，因此私法的统一化是个浩大的工程。但无论如何，在欧洲一体化的带动下，欧盟各成员国之间的法律正在迅速互相协调、互相接近，在合同法领域逐渐或已经形成了统一的合同法。欧洲合同法统一的经验和成果，对目前进行东亚合同法制度的协调和统一，无疑具有重要的参考价值，主要体现在以下两个方面：一是法制理念方面的积极影响。促进货物、人员、服务和资本的自由流动、保证欧洲统一大市场的有效运行是欧洲合同法的核心任务，欧洲合同法所确立的这种自由开放的法制理念，对东亚共同体形成开放自由的市场经济法制具有启示作用。针对东亚经济合作目前所呈现出来的多元化模式，我们不难看出东亚经济一体化的发展瓶颈在于中日韩的合作和地区利益分配中竞争和互补关系的有效协调。总之，从欧洲一体化的历程看东亚经济一体化，更应该注重确立合作的理念，捐弃前嫌。二是民法理论和立法方面的积极影响。东亚各国民法从诞生之日起就借鉴和移植欧盟主要国家民法，例如德国、法国、意大利等国的民法。欧洲法学家对欧盟成员国合同法的研究成果对于东亚统一合同法的发展无疑仍然具有重要的参考价值。东亚地区在历史上曾经具有以唐律为基础的共同法律体系。19世纪末以来，又共同继受了欧洲大陆民法尤其是德国民法和法国民法，这为东亚地区私法的趋同提供了基础。

欧洲私法协调和统一所取得的成就，也激发了亚洲学者共同推进亚洲地区、特别是东亚地区法律统一化的研究灵感与工作热情。作为东亚主要国家的中、日、韩三国，在该领域进行了不同程度的探索和研究。[1] 如我国学者韩世远教授早在2004年就提出，虽然东亚地区还不存在像欧盟那样的超越国家主权的联

〔1〕［日］星野英一："日中韩民法制度同一化的诸问题"，载渠涛主编：《中日民商法研究》（第4卷），法律出版社2006年版，第3～17页。

盟，但欧洲合同法委员会早期的工作经验启示我们，合同法或私法的协调之路可以从学者开始，从民间开始，从示范法开始。亚洲的学者应该及早行动起来，成立东亚私法协调化委员会，收集东亚地区的合同法文本、判例、合同书等资料，并开展比较法的研究工作，共同起草《东亚合同法原则》的示范法。[1]

日本金山直树教授提出了与《欧洲合同法原则》相对的《亚洲合同法原则》(Principles of Asian Contract Law，PACL）概念与研究计划。倡导由中日韩学者共同组成 PACL 起草委员会，起草统一的示范法，为各国立法、法制改革提供范本，也作为可供选择的商人法选择适用，以减少东南亚地区的商事交易纠纷。[2]

在韩国民事法学会名誉会长李英俊教授的领导下，韩国已经建立了韩中日民商法统一研究所。李英俊教授提出，要为东亚地区特别是中日韩三国之间的买卖合同制定合同范本，并指出东亚统一买卖法，应朝着民商法统一、与国际买卖规范相调和，以及逐步摆脱潘德克吞体系而偏向实用主义的三大努力方向。[3] 韩国金相容教授指出，可将《联合国国际货物买卖合同公约》作为东北亚地区共同合同法原则的立法的可能性参考，达成起草一部《东亚共同合同法原则》的最终目标。《东亚共同合同法原则》的起草，应当首先开展两个方面的工作：一方面，应对东北亚地区在历史上曾具有的以儒家和佛教为基础的共同法进行研究，并发掘其对当代所具有的价值；另一方面，应对近代以来以欧陆民法为基础形成的东北亚各国私法进行比较研究，寻找共同的原理和规则。[4]

亚洲学者以欧洲的 PECL 和 DCFR 为蓝本，进行了不懈的研究工作，草拟出了 PACL。2010 年 12 月 13 ~ 15 日在韩国首尔举办的“亚洲合同法首尔研讨会”上，与会的亚洲学者着重讨论了已经起草的 PACL 的重要部分：合同的不履行及其救济，这一研讨会是之前在日本东京研讨会上对 PACL 的一般规定以及在越南胡志明市研讨会上对 PACL 中的合同内容进行讨论的延续。

（二）中国在推动东亚合同法协调中的作用

中国作为一个经济大国，在国际舞台上发挥着越来越重要的作用，与其他国

---

〔1〕 韩世远：“从 PECL 看东亚合同法协调之路”，载渠涛主编《中日民商法研究》（第 4 卷），法律出版社 2006 年版，第 198 ~ 209 页。

〔2〕 Naoki Kanayama, Challenge to PACL, in *Collection of Essays for the Forum “Harmonization of European Private Law and Its Impact in East Asia”*, Oct. 2009, pp. 1 ~ 3.

〔3〕 Lee Young June, “Basic Guideline for Principle of East Asia Contract Law”, *Asia Private Law Review*, No. 3, Dec. 2009, pp. 340 ~ 341.

〔4〕 Kim Sang Yong, The Possibility of Restoration and Creation of ius commune in the North East Asian Region, in *Collection of Essays for the Forum “Harmonization of European Private Law and Its Impact in East Asia”*, Oct. 2009, pp. 8 ~ 17.

家，特别是与亚洲国家的经济交往越来越密切。对于日益在国际经济舞台上发挥重要作用的中国而言，确实已经无法在区域性私法统一运动中独善其身。中国应当有实力强大的学术团队为其经济发展和国际交往提供有力的法律保障。推动区域性经济一体化以及相关法律制度的建设，已经不仅仅是官方的共识了，也成为民间研究的热点问题之一。中国学者应该积极参与并努力争取主导东亚合同法统一的研究活动，积极与日韩学者进行学术交流和合作。2004 年 11 月，中国社科院法学研究所举办了“中日韩三国民法制度趋同道路探索”国际研讨会。2009 年 10 月，清华大学法学院召开了“欧洲私法的统一及其在东亚的启示”国际研讨会。在上述研讨会上，中日韩学者就致力于东亚区域贸易一体化、早日形成东亚统一合同法规则文本达成了共识。

五、结 论

欧洲合同法协调和统一的各种尝试及其成果，已经向人们展示了当代欧洲合同法立法的发展趋势。东亚地区，特别是中日韩三国的经贸往来愈见频繁，且三国本身即存在着相似的文化与法制背景，因此，在东亚推进经济一体化的过程中，对东亚地区的合同法进行协调便显得更为迫切与可行。东亚地区目前还不存在像欧盟那样的超国家联盟，这对于东亚私法的统一来说似乎是一个不利的地方，但欧洲合同法统一立法的工作经验给我们一个启发：私法的协调化之路可以从学者开始，从民间开始，从示范法开始。

日本的合同法律意识

北井辰弥（Tatsuya Kitai）*　王睿昕**译

一、引　言[1]

研究日本法的澳大利亚学者 Malcolm Smith 教授认为，只有日本人会执着于“法律意识”的概念。在加拿大和澳大利亚，人们通常并不会关注他们自己或其他人对于法律意识的看法。

虽然法律生活的各个领域都会有法律意识的概念，但由于法律学者之间的多数争论都集中在合同法领域，本文将重点关注合同法律意识。大部分学者都在争论日本人对于合同的态度与西方人相比是否独特。但本文并无意加入此长久之争中，而是想通过对这些争论的发展历史进行梳理，表明对这一争论的处理本身就体现了日本独特的思维方式。

二、川岛理论

上述争论是由川岛武宜教授 1967 年出版的《日本人的法律意识》（The legal consciousness in Japan）一书引发的。

---

* 日本中央大学副教授。

** 中国政法大学比较法研究院 2012 级硕士研究生。

[1] 非常感谢塔米·麦格尼格尔（Tami McGonigal）女士对于本文提出的意见。麦格尼格尔女士是日本中央大学法学院的助理讲师，拥有英格兰和威尔士以及香港特别行政区的事务律师执照。

川岛教授是日本东京大学的民法教授。查尔斯·R. 史蒂文斯（Charles R. Stevens）将其中关于合同的章节翻译成英文，在1974年以《日本的合同法律意识》（The legal consciousness of contract in Japan）为题出版。川岛教授的讨论涵盖了很多主题，简而言之，他认为日本人对于合同的态度是相当独特的。他认为：

美国人小心谨慎地遵守法律、法规和合同中的承诺，并充分利用这些法律形式。日本人则对这些法律形式没有足够清楚地理解，但他们重视并信赖"jojo"（情状，周围的环境）、"giri"（义理，对他人的社会或道德责任）、"ninjyo"（人情，人类的感情）、"yojo"（友情）以及"magokoro"（真心）等。众所周知，美国人会比日本人更严格地遵守合同义务。

这一评论的重要性表现在两个方面。首先，他指出日本人对西方的法律规范没有清晰的概念，而依赖于诸如义理、人情等传统规范。尽管在事实上日本于19世纪后期通过接受西方法律而使法律制度近代化，但其国民的法律意识却是前近代型的。其次，当他提及西方国家时，通常指称美国。日本于1945年被包括中国在内的同盟国战败，并被美国占领到1952年。因而当他写这本书的时候，很自然地会更加关注美国。

就合同的条款而言，川岛教授特别强调了两点。其一，他声称甚至是在大规模的商业买卖中，内容详细的西式合同文本通常也不会被采用，即使签订了书面合同，一般也都非常简单。川岛指出，没有签订详细的书面协议是因为他们觉得这样没有必要。其二，川岛提供了另一个证据以表明日本的法律意识的独特性。他指出，在许多日本合同当中有如下条款：若在未来合同双方就合同中规定的权利义务发生争议，双方应进行诚意协商。

川岛教授指出，在西式合同中一般都规定了仲裁条款，而非诚意协商条款。他认为这两种不同的合同争议解决方法清楚地表明了西方人和日本人合同法律意识的区别。西方人认为合同权利和义务应在合同中事先约定，而日本人则倾向于为请求和磋商留下空间。应当指出，川岛认为这可作为"衡量其他社会'现代化'的线索"。

三、对川岛理论的批评

尽管川岛关于日本人厌诉的论点被批判为是"谎言"，但他关于合同的观点仍于20世纪60~70年代得到了日本及外国学者的广泛支持。对于合同法律意识争论的开始时间很难明确。笔者认为京都大学的道田信一郎教授是撰文反驳川岛理论的批评者之一。他对美国人比日本人更严格地信守承诺的观点持怀疑态度，并提出了以下论据：美国每年有成千上万的诉讼案件，大部分诉讼案件都是合同纠纷案件。相比之下，日本的合同争议案件数量少了很多。

有趣的是，这些批评的时间与1980年代日本经济腾飞的时间相一致。那时日本经济以每年10%的速度增长，而美国与日本贸易赤字持续增加。美国人普遍认为日本在以不公平方式赚钱。1987年，一些美国国会议员聚集在国会山前，用锤子砸毁了一台东芝盒式磁带录音机。道田教授在同一年撰写了前述书籍。可以说，道田教授的作品表明其尝试说服对日本百般批评的美国人：日本人民实际上是严格遵守法律，诺守合同条款，以诚信赚钱的。

自从道田教授对川岛理论进行批评之后，很多学者都加入到了这一讨论之中。一些批评者强调为了精确地进行比较，应当将范围限定在特定的交易和人群之中。其他批评者认为川岛的理论没有任何的事实基础和数据证据，而更多的是基于一般印象得出的结论。

四、关于法律意识的国际调查

1995年，名古屋大学的加藤雅信教授与其他国际学者组成了法律意识国际比较研究会，在政府资助下，他们在22个国家进行了关于法律意识的问卷调查。用于问卷的具体案例内容如下：

> 一家日本公司和一家美国公司在1990年1月签订了大豆的长期买卖合同。在合同订立时，大豆的国际市场价格是每吨400美元。根据合同约定，日本公司每年将从美国公司进口50万吨大豆，履行期限为自1991年起5年，价格为每吨200美元，此价格是当时国际市场价格的一半。但是，在合同签订一年后（即1991年1月），当买卖双方开始履行合同时，大豆的国际市场价格跌至每吨100美元，仅为合同签订时国际市场价格的四分之一。两个月之后，即1991年3月，为了避免购进高价大豆带来的财务风险，日本公司向美国公司要求将当年约定的大豆进口量的五分之一推迟进口。美国公司同意了这一要求。1992年，大豆的国际市场价格持续下跌。当大豆价格跌至每吨80美元时，日本公司要求根据市场价格重新协商修改合同价格。但是，美国公司拒绝了这一请求。

针对这一案例，调查问卷中实际共有八个问题，本文仅对前两个问题进行讨论。第一个问题是日本公司要求重新协商价格是否合理；第二个问题是美国公司拒绝了日本公司的要求是否过于严苛。答案最高为5分，分值高即代表认为应当维持的合同约定的稳定性和明确性。

研究会在22个国家和地区的大学中对法律或者商科学生进行了问卷调查，参见下表。有人或许会对本次调查结果有所怀疑，因为学生们没有实践经验，但是结果表明这次的调查是有一定意义的。调查结果表明与其他国家相比，普通法系国家的学生更加倾向于保证合同内容的稳定性和明确性。因此，川岛理论在一定意义上仍然是正确的。

表格

	Q1	Q2		Q1	Q2
澳大利亚	3.02	3.07	韩国	2.88	2.76
巴西	2.54	2.45	墨西哥	2.27	2.82
中国大陆	2.93	2.76	新西兰	2.97	3.04
埃及	2.63	2.41	菲律宾	2.65	2.85
法国	2.91	2.49	西班牙	2.12	2.79
德国	2.92	3.09	瑞典	2.87	3.32
中国香港特别行政区	3.06	3.24	中国台湾地区	2.66	2.34
印度	2.94	2.82	泰国	2.53	2.69
以色列	3.20	3.04	英国	2.95	3.06
意大利	2.74	2.86	美国	2.99	3.09
日本	2.90	2.85	越南	2.62	2.42

但是，加藤教授对此结果进行了不同的解释。他指出日本人的答案总是与平均值很接近，而美国人的答案也与之相差不大。令人印象深刻的是香港学生对遵守合同的认真态度。因此，他确信所谓西方人比亚洲人更信守合同是一个“谎言”。

对数据有不同的解释是很常见的事。虽然我们不会继续讨论，但是需要指出的是一旦案例情形有变化，结果可能是不同的。然而，大多数学者都想当然地认为这是现代化程度的测量方法。如果案例变成下面这种情形：

在一次海上航行中，每个船员的工资为每月5英镑。有两个船员航行途中逃走，船长宣布，如果其他船员完成逃跑船员的工作并使船顺利到达目的地的话，就将逃跑船员的工资分给剩下的船员。但是当船到达目的地时，船长却拒绝将逃跑船员的工资支付给其他船员。

上述情形是基于著名的英国案例Stilk v. Myrick（1809）改编。普通法国家的法学院学生虽然可能会同情船员们，但是他们仍然会认为船长的做法是正确的，因为船长的承诺没有对价。相反，其他国家的学生会指责船长没有履行他的承诺。需要表明的是，这里学生态度不同的原因并不是基于文化差异，而是因为各国法律不同。如果你是一名律师，你应该思考问题中涉及的法律问题，而不是从普通大众角度去考虑并据此向你的客户提供意见。

五、结　论

日本学者一直执着于川岛理论是完全可以理解的，因为它在20世纪80年代被用来抨击日本。但是，川岛理论对于美国人比日本人更信守承诺的断言也过于简单化了。现在，日本生产的商品遍布全世界，而日本国内也随处可见国外商品，这意味着有大量国际买卖合同履行完毕，而这是需要国内外的双方当事人都遵守合同约定的，因此，讨论川岛理论正确与否似乎是幼稚和徒劳的。有趣的是，川岛陈旧的理论并没有引起日本大多数法律职业者的注意，还有其他更多法律争议吸引了他们的注意。

最后，我们回到川岛教授提出的两个观点。他宣称日本在50年前并没有使用西式的合同文本。但是，现在商业合同实践已经发生了明显的变化。这半个世纪以来，合同条款越来越多，律师的数量也大量增加。有学者认为，日本已经进入了一个新的时代，即“合同的时代”。

此外，川岛教授认为诚信协商条款是日本合同常见的条款，并且是日本合同的特色，即使大宗交易的合同也会有该条款。甚至是在约定了由英国进行司法管辖的国际合同中，日方当事人也会坚持这一条款。而一个普通法律师认为，“这就像化妆品一样只是带来心理上的安慰”（来自于塔米·麦格尼格尔女士转述）。当然，现在的情况和当年不同了。在50年前，一份书面合同仅仅包括三到四章的内容，且其中有一章是诚信条款。现在，只能说是旧习难改。

不得不承认的是川岛理论在某些方面或许仍然是有用的，但是我们也不得不说这种单系演化论哲学已经过时了。他认为，亚洲国家都处于前现代化和发展中的阶段。但是我们应该尊重全球化时代的文化多样性。川岛同样假设了每个国家都有其共同的民族性格，这种本应被淘汰掉的陈旧观点在日本仍然时有出现。

例如，在和中国公司签订合同时，日本公司经常坚持要像进行国内交易一样将诚信条款列入合同之中。特别是当与第一家中国公司的合约获得成功后，日本企业很容易倾向于信任另一家中国公司，并且满足于签订简单的书面合同。许多律师警告说，这种做法并不明智，但这很难说服日本企业（尤其是小公司）去签订条款更加完善的书面合同。一位律师在他的网站警告道：“中国人是西方人！”川岛教授仍然在坟墓里引导着我们的行为。

补偿性赔偿之外

——英国法律与香港法律中的获益性赔偿与示范性赔偿

迈克尔·提尔伯里（Michael Tilbury）*　杨亦乐**译

一、介　绍

普通法法系中对于私法义务的违反，最普遍的救济方式是损害赔偿。[1] 这种救济方式针对的对象至少总体上是关于私法义务违反的诉讼。这些违反主要是侵权（轻罪）以及合同违约。损害赔偿也针对衡平法以及成文法法定义务的违反，尽管在这些情况下所适用的规则和原则可能与在侵权和违约案件中所适用的有所区别。在衡平法义务的案件中，其原因在于，相关的规则和原则从历史上来讲是从衡平法院而非普通法法院中发展而来的。[2] 在制定法义务的案件中，其原因在于，该制定法的目的要求与一般法律不同的损害赔

---

* 香港大学嘉里基金教授席私法教授。

** 中国政法大学硕士研究生。

〔1〕 在某些法律领域中可能并非如此——例如，在某些合同违约案件中，请求履行约定的款项是最主要的救济方式，基本上就是命令违约方特别履行合同规定的到期应付款项。

〔2〕 衡平法的两种救济方式——衡平法补偿与衡平法损害赔偿（依据制定法）各自适用不同的法律主体，这与损害赔偿或有所不同。参见 M. 齐博礼、G. 戴维斯："衡平法补偿"，载 P. 帕金森主编：《衡平法原则》（第2版），法律图书公司2003年版，第22章。

偿方法。[1]

无论何时，至少“在绝大多数的案件中”[2]，损害赔偿的目的都是相同的：补偿原告因被告的不法行为而遭受的损失。但是，原告可以基于补偿之外的情形来要求超出补偿的金钱救济，特别是以下两种情形：被告因不法行为获益的情形，以及被告的不法行为十分离谱的情形。在第一种情形下，法庭可以判决原告取得被告所获利益。这种判决属于“获益赔偿”，[3] 尽管有时也被称为“返还性损害赔偿”。在第二种情形下，法庭可以通过判决被告支付罚金给原告的方式来惩罚被告的行为。这种判决被恰如其分地称为“示范性赔偿”，尽管有时也被称作“惩罚性赔偿”。“惩罚性赔偿”这一术语来源于美国法，在美国法中，这种赔偿的使用非常广泛，至少在侵权（如过失）案件中是如此，且通常由陪审团决定。[4]

事实上，在美国之外，普通法法系也一直有获益赔偿和示范性赔偿判决的传统。但是习惯上，这些判决一直被视为是例外的，补偿性赔偿仍是主流。[5] 理论上，这种观点很有道理。补偿性原则的要求是：原告应当被恢复到与若不存在不法行为一样的状态。[6] 在侵权案件中，这意味着侵权行为没有发生的情况下原告的状态；[7] 在合同案件中，这意味着没有违约的情况下，即合同履行了的情况下原告的状态。[8] 分析来看，用彼得·伯克斯教授的话讲，这意味着“从一个角度来讲，支付补偿性损害赔偿这一次级义务与做应当做的事是一样的。”[9] 更重要的是，补偿的结果是矫正正义，至少如果这一表述的含义是广义上的，即

---

〔1〕 参见 K. 斯坦顿、P. 斯基德莫尔、M. 哈里斯、J. 莱特：《法定侵权行为》，汤姆森·斯威特与麦斯威尔 2003 年版，[1-004]。

〔2〕 参见 H. 麦格雷戈：《麦格雷戈论损害赔偿》，斯威特与麦斯威尔 2009 年版，[1-001]。

〔3〕 参见 J. 埃德尔曼：《获益赔偿》，哈特出版社 2002 年版。

〔4〕 参见 C. 萨斯坦、R. 黑斯蒂、J. 佩恩、D. 施卡德、W. 维斯库斯：《惩罚性赔偿——陪审团如何决定》，芝加哥大学出版社 2002 年版。

〔5〕 这一传统观点可见于 H. 麦格雷戈：《麦格雷戈论损害赔偿》，斯威特与麦斯威尔 1988 年版，[1] - [6]。与现行版本比较（脚注 4），[1-001] - [1-017]。

〔6〕 这一传统权威来自于利文斯顿诉罗亚德煤矿有限公司案（1880）5 App Cas 25，49（布莱克本法官）。

〔7〕 这一传统权威来自于利文斯顿诉罗亚德煤矿有限公司案（1880）5 App Cas 25，49（布莱克本法官）。

〔8〕 罗宾逊诉哈曼（1848）1 Ex 850，855，154 ER 363，366（帕克·B）。关于香港的案例，见要点发展有限公司诉陈俊彦（音译）（2003）6 HKCFAR 160，[25]。

〔9〕 P. 伯克斯：“定义与分割——关于《法学阶梯》3.13 的思考”，载 P. 伯克斯主编：《义务的分类》，克拉伦登出版社 1997 年版，第 1、24 页。

恢复双方当事人预先存在的状态——这一状态被一方的行为所打破而给另一方造成损失。[1] 从这层意义上讲，法律针对不法行为在补偿之外寻求其他救济方式的正当性并不是显而易见的。在被告通过自己的不法行为获得了利益而原告又没有损失的情况下，似乎没有先验的理由可以解释原告为何可以获得被告的利益，尤其是在该利益是来源于被告的努力的情况下。此外，也没有显而易见的理由可以解释对被告提起民事诉讼的原告为何可以从被告处获得罚金，而这一罚金仅仅是为了惩罚被告的不法行为。毕竟，惩罚是国家的功能。

现代的许多学者，尤其是在已故教授彼得·伯克斯1985年出版的具有先驱性的《返还法入门》的激发下[2]，都在力图解释普通法为何应当寻求补偿之外的救济。伯克斯提供了分析性的理由：如果一项诉讼中包含了不法行为，那么法律针对该不法行为可以实施的救济是不受约束的，因为“不法行为”这一标签就相当于一种许可证，允许法律给不法行为人造成不利。[3] 这打开了获益赔偿和惩罚性赔偿的大门。与补偿性赔偿相似，从某种定义上讲，获益赔偿也可以在矫正正义的观念中找到实质的正当性。[4] 示范性赔偿也可以找到许多存在的正当理由，从威慑的需要，[5] 到刑事审判制度的不足，[6] 再到更广泛的社会政策的考量。[7] 无论获益赔偿和惩罚性赔偿的正当性是什么，英国和香港特别行政区的法院近来都倾向于比过去传统上在更大范围的案件中做出支持二者的判决。通过这样做，法院对金钱救济是否真如以前所认为的那样受制于补偿的原则表示了怀疑。

---

〔1〕 参见欧内斯特·J. 维恩里博：《矫正正义》，牛津大学出版社2012年版，第3章。若依据亚里士多德关于矫正正义的概念来解释这一结果会更为困难。关于其中的一些难点，见D. 克里莫查克：“不当得利与矫正正义”，载J. 奈尔斯、M. 麦基尼斯、S. 派特尔：《认识不当得利》，哈特出版社2004年版，第6章。

〔2〕 P. 伯克斯：《返还法入门》，克拉来登出版社1985年版。

〔3〕 参见P. 伯克斯：“权利，过错与救济”，载《牛津法律研究》2000年第20期。笔者曾称这种观点“实在令人吃惊”，参见M. 齐博礼：“作为权利的救济”，载C. 里基特、R. 格兰瑟姆：《司法的结构与正当性》，哈特出版社2008年版，第421、432页。

〔4〕 参见E. 韦恩里博：《私法的理念》，哈佛大学出版社1995年版，第140~142页、第196~199页。另见欧内斯特·J. 维恩里博：《矫正正义》，牛津大学出版社2012年版，第4章（获益赔偿）及第5章（惩罚与追缴）。

〔5〕 参见英格兰与威尔士法律委员会：《加重赔偿，示范性赔偿与返还性损害赔偿》，第247号报告，1997年，[4.108] - [4.112] - [5.234] - [5.273]（第247号报告）。

〔6〕 参见N. 麦克布莱德：“惩罚性赔偿”，载P. 伯克斯主编：《21世纪的权利侵犯与救济》。

〔7〕 参见D. 哈里斯、D. 坎贝尔、R. 哈尔森：《合同与侵权的救济》（第2版），巴特沃斯律商联讯2002年版，第591~592页。

本文就考量了英国和香港特别行政区近来的判例法在实践中多大程度上偏离了传统认可的金钱救济的补偿中心主义方法。本文呈现的是普通法通过司法判决而发展的历程。并且其研究的是法律中的纯粹普通法部分——这一领域几乎是完全没有被制定法触及的。因此，本文根本上是关于普通法系统法官造法的原因与限制。

二、获益赔偿

如上文所述，与被告通过不法行为所获利益相等的金钱救济这种判决在普通法实践中有着长期的历史。这些救济是：取得和收到的款项；所获利润；返还性损害赔偿（也称“洛珊公园损害赔偿”）。〔1〕从历史上讲，这些救济都是作为对特定诉讼理由和诉讼主张的回应发展而来的，这些诉讼理由和主张既来自于普通法，也来自于衡平法。不出意料的是，要适用这些不同的救济有不同的要求。两个主要的区别如下。

第一，一些救济方式并没有统一的赔偿额计算方法。针对所获利润以及取得和收到的款项的诉讼至少从表面上看都给予了原告和被告所获的利益。对于所获利润，受托人利用职务获取非法利润，〔2〕或被告违反对原告的保密义务〔3〕都是经典的例子。这些都是衡平法的例子，但是通过对取得和收到的款项的诉讼，在普通法领域也能够得到类似的结果。正因此，在澳大利亚联合有限公司诉巴克莱银行〔4〕这一首要判例中，原告可以主张获得被告通过侵权兑换支票而获得的利益，其理论就是原告“放弃”了侵权之诉，而提起了返还之诉。〔5〕

与这些案例形成对比的是，返还性损害赔偿的价值并不一定是被告实际获得的积极利益，也可以是将被告的消极利益，也就是被告违反该义务而节约的支出，给予原告。〔6〕因此，在洛珊公园地产有限公司诉园畔住房有限公司案〔7〕中，地产开发商违反了在原告土地上设立的有利于后者的契约而建造房屋（从而增加

---

〔1〕遵循洛珊公园地产有限公司诉园畔住房有限公司［1974］1 WLR 798 的判决。

〔2〕博德曼诉菲普斯［1967］1 AC 46 是一个首要判例。

〔3〕司法部长诉卫报有限公司（第 2 号）［1990］1 AC 109 是一个首要判例。

〔4〕［1941］AC 1.

〔5〕关于“放弃侵权之诉”的概念，见 G. 戈夫、G. 琼斯：《戈夫与琼斯论返还法》（第 7 版），斯威特与麦斯威尔 2007 年版，第 32 章（现行版中此章已删掉）。

〔6〕关于这种意义上的“返还性损害赔偿”，见 M. 齐博礼：“返还性损害赔偿”，载 R. 卡罗尔主编：《民事救济——问题与发展》，莱卡特：联邦出版社 1996 年版，第 2 页、第 6 ~ 7 页。

〔7〕［1974］1 WLR 798. 洛珊公园案在香港是被遵循的先例：如南希蔡雅伟（音译）诉金特尔智能有限公司［2009］4 HKLRD 75（DC）；海伦娜郑秀青（音译）诉福利特伍德投资有限公司［1999］HKCFI 20。

利润)，被要求向原告支付侵犯其所有权的损害赔偿金，其数额等同于原告若解除该契约应合理收到的金额。这样一来，损害赔偿的数额是依据法庭假设的议价而做出的，这一假设的讨价还价行为代表的是当事人双方对于被告购买原告权利可能达成的协议。在洛珊公园案中，损害赔偿数额的估算是按照被告违约而获得的利润的一部分，因此在这种程度上可以看作是代表了被告因不法行为而获得的积极利益。但是被告的"合理的许可费"这一利益的本质属性在香港李安（音译）管理公司诉布馨（音译）洗衣公司案[1]中得以阐明。原告是某工业建筑的管理人。被告是该大厦某单元业主，二者签订了一份大厦公契，其中的规定包括大厦的管理与使用要求。而被告违反了这一公契，对该单元进行了改建。原告起诉要求获得赔偿，赔偿数额是解除该公契可以要求的"合理对价"。法官通过尽可能大的努力[2]，将赔偿额确定为40 000港元（见脚注28）[3]。这一费用不会过高，以至于使被告决定不在该建筑中继续其商业活动，不转而另寻他处。[4]不论是视为积极利益还是消极利益，这些案件中的返还性损害赔偿不仅可以作为被告的获益来分析（从而超越了损害赔偿的补偿性目的），[5]而且可以作为原告的损失来分析（从而并非例外）。[6]这是因为，原告丧失了被告为了让其放弃权利而会支付的东西，有时这被称为议价机会丧失。但是，如果案件的证据表明原告无论如何也不会卖掉该权利的话，补偿性理论的分析就说不通了。但是很明显，法庭会忽略这一事实。[7]在这样的案件中，议价机会的丧失就完全是虚构的了。

第二，在返还性损害赔偿案件中，并且至少在大多数取得和收到的款项返还的案件中，被告都是负有严格责任的。在这种情况下，被告是"无辜的"——其行为是诚实的或善意的——并非拒绝救济的理由。因此，即使被告并不知道，或者没有理由相信其行为是对原告权利的侵犯，仍会产生救济。相反，根据一些

---

〔1〕［1988］HKCFI 81.

〔2〕在英语中，这常被称为"使用阔斧"，意即法官尽其所能揣测金额应当是多少，同时考虑到同时期的其他法庭判决的数额。

〔3〕李安（音译）管理公司案（见脚注26），［87］。

〔4〕李安（音译）管理公司案（见脚注26），［86］。

〔5〕尼科尔斯法官在司法部长诉布莱克案［2001］1 AC 269中，史泰恩大法官在萨理郡议会诉布雷德洛房屋有限公司案［1993］1 WLR 1361中，均如是认为。

〔6〕英国上诉法庭在贾加尔德诉索亚案［1995］1 WLR 269中如是认为。另见R. 夏普、S. 瓦达姆："议价机会丧失的赔偿"，载《牛津法律研究》1982年第2期。

〔7〕参见佩尔·弗里希曼有限公司诉弓谷钢铁有限公司案［2009］UKPC 45，［49］（沃尔克法官）；星能池有限公司诉波卡尔多（SA）案［2010］UKSC 35［118］－［128］（克拉克法官）（通行权案件）。

先例，依利润赔偿只有在被告行为不诚实的情况下才可适用。[1] 这些先例来自于普通法关于知识产权保护的案件（商标仿冒及侵权行为），并且在一些知识产权法规中反复规定被告依利润赔偿（可能还有其他救济）的条件之一是证明被告的有责性。[2] 这些原则反映出依利润赔偿的起源是衡平法中的自由裁量的救济方式。但是，澳大利亚高等法院曾强调，关于依利润赔偿判决的裁量权的行使受到既定原则的严格限制，[3] 并且被告的诚实性本身并非拒绝授予依利润赔偿的基础[4]（尽管它在其他方面是可以加以考量的，如在计算该利润时）。[5] 如果这样的话，依利润赔偿和其他根据被告行为判决的获益赔偿方式之间的差别就是非常细微的了。

尽管这些不同的获益赔偿之间存在着差别，英格兰与威尔士法律委员会的观点是，是时候将这些不同的救济方式缩减为一个了（委员会倾向于称之为“返还性损害赔偿”）。[6] 如果司法会如此发展，将会产生两个主要的问题。第一个问题是，这一单一救济会成为不法行为的普遍救济，还是一种替代性救济，原告是否可以根据情况选择该种救济和损失补偿哪种可以带来更有利于自己的结果？这一问题产生的原因之一是，在非所有权侵权性质的案件中，很少有案例允许获益赔偿；而且，获益赔偿传统上也不适用于合同违约。这一问题的答案位于私法的核心，对于在民事诉讼中除补偿外的其他救济的正当性提出了意义深远的问题——这一问题远远超出了本文的范围。对于我们的研究目的来讲，只需这样说，近来的判例法和重要的学术观点都支持获益赔偿的理性化，因为至少判例法证明了对这种救济方式的需求，以及在适当的情况下，它应当比现在更加广泛使用。第二个问题则不关涉获益赔偿的适用范围，这个问题是“获益”是否应该一直以这个背景下的方式来衡量。例如，在洛珊公园案中，[7] 被告的获益应当是其产生的利润或利润的一部分，还是被告未购买原告的权利而违反义务所节约的数额？不消说，二者可能并不相同。

---

〔1〕 这些先例收录于 M. 齐博礼：《民事救济》（第 1 卷），巴特沃斯出版社 1992 年版，［4081］。

〔2〕 如英国 1977 年专利法案第 62 节第 1 款。

〔3〕 沃曼诉戴尔案（1995）182 CLR 544，559。

〔4〕 沃曼诉戴尔案（1995）182 CLR 558。

〔5〕 沃曼诉戴尔案（1995）182 CLR 558 ~ 565。

〔6〕 第 247 号报告（文件 16）［3.82］－［3.84］。麦格雷戈（见脚注 4）在第 12 章中也使用了“返还性损害赔偿”这一表述，但并未试图将依利润赔偿包含在内。

〔7〕 ［1974］1 WLR 798. 洛珊公园案在香港是被遵循的先例：如南希蔡雅伟（音译）诉金特尔智能有限公司［2009］4 HKLRD 75（DC）；海伦娜郑秀青（音译）诉福利特伍德投资有限公司［1999］HKCFI 20。

这两个问题的答案或许可以从合同违约获益赔偿救济的实用性这一背景下进行论辩或解决。如果要求违反合同的一方将其因违约而获得的利益交给无辜的一方，那么就很难解释获益赔偿与原告的合同利益有什么合理的关系，[1] 尽管尼科尔斯法官认为“被告不应当从其违约行为中获得任何利益，而原告在合同履行中享有的利益可以为其提供正当理由。”[2] 或许这就是为什么普通法传统上没有将被告的获益作为违反合同的普遍的金钱救济方式。当然，例外在前面讨论过的各种金钱救济形式中是存在的，即：违反合同同时也违反了衡平法义务或受信责任的情况下，违反保密责任的情况下，或者侵犯原告所有权的情况下。[3]

2001 年上议院在司法部长诉布莱克案[4] 中做出的激进的判决破除了传统普通法的理解。简化的案件事实如下。布莱克违反了与政府的合同，而在其出版的自传中发表了其在特务机关供职时获取的官方信息。政府在这一违约行为中没有遭受任何损失，但是却依利润赔偿获得了布莱克根据与出版商的合同可以获得的预付版税。这代表了布莱克因违反与政府的合同而获得的利益。在本案的情况下，这一判决的实际效果是，出版商不得不将版税付给政府而非布莱克。在这一很有争议性的说理中，尼科尔斯法官做出两点与本文主题相关的陈述。首先，他讲到，洛珊公园案的损害赔偿可以适用于“适宜的违约案件，无论是否存在对原告所有权的侵犯”，[5] 这在香港已被接受。[6] 其次，尼科尔斯法官认为，在特殊情况下，对于违约可以主张依利润赔偿，如“损害赔偿，特别履行，以及禁制令这些救济方式，加上受托人的合同责任这一特征……无法针对违约提供足够的救济”，一种有帮助的普遍性指南就是“原告拥有合法利益来阻止被告的牟利行为，并因此可以剥夺其所获利润。[7]” 尽管香港法庭接受了这一观点，他们却没有尝试在尼科尔斯法官的解释之外，再对何种案件应当例外做任何解释。[8]

尼科尔斯法官的演说没有解释洛珊公园案损害赔偿与依利润赔偿的关系问

---

〔1〕 参见 M. 陈韦希特：“合同违约的返还性损害赔偿”，载《法律评论季刊》1998 年第 114 期，第 363、367 页。

〔2〕 参见司法部长诉布莱克案 [2001] 1 AC 268, 285。

〔3〕 参见 H. 比尔主编：《奇蒂论合同法》，斯威特与麦斯威尔出版社 2012 年版，[26 - 045] - [26 - 048]。

〔4〕 [2001] 1 AC 268.

〔5〕 [2001] 1 AC 268，第 283 ~ 284 页。

〔6〕 南希蔡雅伟（音译）案（见脚注 25）[37]。

〔7〕 参见司法部长诉布莱克案 [2001] 1 AC 268, 285，第 285 页（尼科尔斯法官）。

〔8〕 如艾伦诉吴（音译）与公司 [2012] 2 HKLRD 160 (CA)，[64]，[69]（关法官）（示范性赔偿只有在补偿性赔偿和返还性赔偿都不足够时才可主张）。

题，有两种可能性。

第一种可能性是，两种救济方式都只是获益赔偿的一种，并且在每个案件中，都要由法庭行使自由裁量权来衡量。洛珊公园案的损害赔偿是一种计算方式，而依利润赔偿则是另一种。而且，一般而言，可能还会有其他的计算方式。一个香港的案例为这一点提供了例证。在南希蔡雅伟（音译）诉金特尔职能有限公司案[1]中，原告购买了被告的公寓，而被告没能按时履约。原告获得了特别履行判决以及缺席判决。同时，被告还违反了与银行之间的按揭合同，而被告就是用合同项下的这笔资金购买的房屋。抵押银行行使权利，出售了该公寓，其价格远远超出原告同意向被告购买房屋的价格。大部分根据洛珊公园案，同时参考了布莱克案，法官将净收益的50%判决给原告作为其部分损害赔偿金。这一金额是法官综合考虑所有情况所认定的"合理的"金额，尽管法官同时发现，如果原告能够立即要求特别履行的话，该抵押出售是可以避免的。[2]

第二种可能性是，洛珊公园案的损害赔偿与依利润赔偿事实上是完全不同的救济方式。这种观点将洛珊公园案的损害赔偿视为一种补偿，其依据如前文所述。相反，依利润赔偿被视为一种例外的获益赔偿。[3] 对于坚持这种救济方式的例外属性的理由，貌似最合理的解释就是，与示范性赔偿（下文即将讨论）类似，依利润赔偿有惩罚性或威慑性的功能，而这种功能是补偿性赔偿或特定救济不具有的。[4] 在布莱克案的反对意见中，霍布豪斯法官认为，多数判决是基于"政策……这一政策要求布莱克受到惩罚，惩罚的方式就是剥夺他一切与过去那可悲的犯罪行为相关的利益"。[5] 如果这种观点是正确的，那么依利润赔偿的原理就会与示范性赔偿相同，或至少是非常相似。但是，这种救济从两个方面来讲仍然不同于示范性赔偿。首先，它只有在没有补偿性赔偿的案件中才能适用；而示范性赔偿可在补偿性（或受益）赔偿之外另行适用。其次，在所有案件中，依利润赔偿的数额都与被告实际的金钱收益相关，而示范性赔偿的数额仅仅基于法庭的自由裁量权。

下面，我们将开始讨论示范性赔偿。

---

〔1〕 南希蔡雅伟（音译）诉金特尔智能有限公司［2009］4 HKLRD 75（DC）。

〔2〕 南希蔡雅伟（音译）诉金特尔智能有限公司［2009］4 HKLRD 75（DC），第35～44页。

〔3〕 参见H·比尔主编：《奇蒂论合同法》，斯威特与麦斯威尔出版社2012年版，［26－045］－［26－048］。

〔4〕 参见J·埃德尔曼：《获益赔偿》，哈特出版社2002年版，第81～86页。

〔5〕 参见司法部长诉布莱克案［2001］1 AC 268，285，第299页。

三、示范性赔偿

现代法律中的示范性赔偿起源于戴维林法官在1964年上议院判决的卢克斯诉巴纳德案中的演说，[1] 而这一案例在香港一贯被“毫无疑问”地遵循。[2] 卢克斯诉巴纳德案判决认为，示范性赔偿只能在三种类别的案件中适用：政府受雇人的压迫性、任意性或违宪性行为；被告的行为乃经过精心计算以使其获益超出应付原告的赔偿的情况；示范性赔偿由制定法明文授权的情况。在AB诉西南水务公司案[3]中，英国上诉法庭增加了一条要求，即若要获得赔偿，原告须在诉因中主张示范性赔偿，且该示范性赔偿根据卢克斯诉巴纳德案是可以赔偿的。实践中，许多不同的不法行为都可获得示范性赔偿。在香港包括：威胁；[4] 非法拘禁、[5] 违反保密义务、[6] 诱使违约或违反衡平法债务、[7] 胁迫、[8] 诽谤、[9] 口头诽谤、[10] 诬告、[11] 妨害、[12] 仿冒、[13] 侵入他人土地、[14] 侵犯动产、[15] 侵占、[16] 非法干涉商业活动。[17] 有权威信息表明，在香港特别行政区，欺诈[18] 和

---

〔1〕 卢克斯诉巴纳德案［1964］AC 1129（HL）。

〔2〕 A诉移民局局长案［2009］3 hklrd 44（第10点）（安德鲁·张法官）。特别见中电有限公司诉福特［1996］1 KHCA 503，在此案中，法庭多数意见（刘法官，包致金法官，与戈弗雷法官持反对意见）认为，原告未能使其案件满足卢克斯诉巴纳德案的其中一种类别。

〔3〕 在AB诉西南水务公司案［1993］QB 507。

〔4〕 如陈国威（音译）诉律政司司长案［2000］HKEC727；法利达·苏李斯特宁斯诉麦靄玲（音译）案［2007］2 HKLRD H12；亚洲佳信有限公司诉提摩太·赫胥黎案［2009］HKCU 1217。

〔5〕 A诉移民局局长案［2009］3 hklrd 44，及其援引的法律根据。

〔6〕 中电有限公司诉福特案［1996］1 KHCA 503（在福特诉中电有限公司案［1997］2 HKC 14（PC）中基于其他理由被推翻）；艾伦诉吴案［2012］2 HKLRD 160（CA）。

〔7〕 参见的近诉怀特与凯斯有限公司案［2003］3 HKLR 670。

〔8〕 杰奎琳郑孟方（音译）诉张自强（音译）案［2009］HKEC 1411，［96］；亚洲佳信有限公诉诉提摩太·赫胥黎案［2009］HKCU 1217。

〔9〕 如朱瑞菊润（音译）诉苹果日报有限公司案［2002］1 HKLRD 1。

〔10〕 伊凡欧以明（音译）诉吴飞迭（音译）案［2010］HKCU 1831。

〔11〕 高达甘·戴尼亚拉格·普力马诉张坤峰（音译）案［2004］HKEC 1551。

〔12〕 王秀洪（音译）诉刘阔（音译）案［2001］HKEC 781。

〔13〕 日本养乐多株式会社诉香港养乐多集团控股有限公司案（第4号）［2002］2 HKLRD 587。

〔14〕 詹姆士杨华（音译）诉阿尔法海洋有限公司案［1993］HKLY 701。

〔15〕 参见布兰德·法拉·巴克斯鲍姆有限责任合伙诉塞缪尔·罗森邦木钻石有限公司案［2002］HKEC 1574，［54］。

〔16〕 参见布兰德·法拉·巴克斯鲍姆有限责任合伙诉塞缪尔·罗森邦木钻石有限公司案［2002］HKEC 1574，A诉移民局局长案［2009］3 hklrd 44。

〔17〕 荣磨连（音译）诉李周兰（音译）案［1996］HKEC 447。

〔18〕 凯蒂刘敬廷（音译）诉史黛拉郑妙霞（音译）案［2009］HKEC 505。又见库杜斯诉莱斯特郡警察局长案［2002］2 AC 122，［122］（斯科特法官）。

过失[1]侵权都无法获得此种赔偿。此种救济能否适用于公职人员渎职[2]和公共妨害[3]侵权或也仍有疑问。一般的假定是，在香港和英国，违反合同案件都不能适用示范性赔偿，除非该案同时涉及侵权责任。[4] 卢克斯诉巴纳德案中体现出的对示范性赔偿适用的严苛性，回应了普通法法庭对民事案件中明显作为惩罚的金钱救济判决感到的不安。[5] 学术评论以及受到彼得·伯克斯教授激发的学者们，都从不同角度质疑、怀疑或攻击了这种不安。[6] 并且，当代的权威已经开始质疑卢克斯诉巴纳德案中公认的智慧了。这一问题在香港上诉法院2012年所做的一项判决中可以得到很好的说明。

艾伦诉吴与公司案[7]是一个关于违反保密义务的诉讼，原告的诉因来源于衡平法，而非普通法的侵权法。原告曾要求被告（事务律师）在原告与妻子的离婚诉讼中代理他。然而，原告和被告之间并没有签订最终合同要求被告代理原告。但是，原告已经向被告披露了一些与该离婚诉讼相关的保密信息。事实上，被告在该离婚诉讼中并未代理原告，而是代理了其妻子。在此期间，被告将从原告处获得的这些保密信息泄露了出来。这种泄露保密信息的行为，是被告在衡平法中（同时也是被告作为律师的义务）[8]，对原告负有的保密义务的严重违反。原告向被告主张损害赔偿（包括示范性赔偿）。因为各种原因，原告只坚持了关于示范性赔偿的主张。这种主张在一审就获得了成功，而香港上诉法院又对这一判决予以支持。

上诉法院的推理很有启发性意义。关法官指出，初审法官认定该案符合卢克斯诉巴纳德案中的第二个类别，因为这些事务律师的行为是为自己牟利。[9] 但

---

〔1〕 A诉移民局局长案［2009］3 HKLRD 44。但是，比较A诉勃特利尔案［2003］1 AC 449（PC）。

〔2〕 但是，见库杜斯诉莱斯特郡警察局长案［2002］2 AC 122。

〔3〕 AB诉西南水务公司案［1993］QB 507，在库杜斯诉莱斯特郡警察局长案［2002］2 AC 122中被推翻。

〔4〕 杨华（音译）诉阿尔法海洋有限公司案［1993］HKLY 701（侵入他人土地同时也构成对安静享用的契约的违反，在此可获得示范性赔偿）。

〔5〕 特别见里德法官在布鲁姆诉卡塞尔有限公司案［1972］AC 1027中的演说。

〔6〕 例如，参见P. 伯克斯："世纪之末的返还法"，《西澳大利亚大学法律评论》1999年第28期，第13页，第52～54页。

〔7〕 艾伦诉吴（音译）与公司［2012］2 HKLRD 160。

〔8〕 艾伦诉吴（音译）与公司［2012］2 HKLRD 160，［36］，［69］。关于现代英国对这些义务的表述，参见《事务律师管理局原则》（《SRA原则》），2013年版，第3章（利益冲突），以及《柯德利论法律服务》第9版，《律商联讯》2014年版，第2卷第3部分，第4章（保密与披露）。

〔9〕 艾伦诉吴（音译）与公司［2012］2 HKLRD 160，［24］。

是，上诉法院在并没有更多地提及这点，而是将焦点放在了“原则性问题”[1]上，尤其是示范性赔偿蕴含的原理。[2] 这样做的目的是为了判断初审法官根据该案情况，得出被告的行为“如此违背道德或说如此侮辱和藐视原告的权利，以至于如果不在寻常案件的补偿之外给予原告额外的赔偿，将是对法庭正义观的公开侮辱”[3] 这一结论是否正确。

在确定示范性赔偿蕴含的原则方面，香港上诉法院主要依赖于尼科尔斯法官早先在两件案件中采取的方法：第一个是上议院判决的库杜斯诉莱斯特郡警察局长案[4]；第二个是枢密院（上诉自新西兰）判决的A诉勃特利尔案。[5] 尼科尔斯法官专注于示范性赔偿的原理的原因，是为了保证关于示范性赔偿的现行法律与其原理相一致，并且，法律的未来发展也将与该原理相一致。因此，先明确该原理的内容是很重要的。根据香港上诉法院的认定，这种原理就是，在特定案件中，被告的行为达到了“严重不道德”的标准，因此法庭需要惩罚并威慑此种行为，因为其他方式的金钱救济（补偿性赔偿或获益赔偿）在该案情况下都是不够的。[6] 根据这一原理，本案中原告有权获得示范性赔偿几乎是没有疑问的。被告的行为已经达到了“严重不道德”的标准。正如关法官所指出的，本案涉及“法庭的律师所实行的伪誓和欺诈，因此是很坏的”。[7] 另外，补偿性赔偿和依利润赔偿的主张，在这种情况下，其金额都不足以作为对被告行为的回应。[8]

示范性赔偿的适用应当反映其蕴含的原理，这一点似乎是很明显的。只有通过这种方法，法律才能获得一致性。但是，值得注意的是，近来的判例法还没有完全达成这一目标。特别是，无论其原理是什么，示范性赔偿仍然只在符合卢克斯诉巴纳德案所确定的三个类别之一时才能适用。其结果是，尽管在某些情况下，被告的行为是严重不道德的；而其他可用的救济方式又不足以回应此种行为，示范性赔偿仍然不能适用。此外，这些类别本身也并不一定与示范性赔偿的原理相一致。尽管第一个类别可以看作是该原理的一个实例，第二个类别面向的

---

〔1〕 艾伦诉吴（音译）与公司［2012］2 HKLRD 160［51］－［56］（关法官），［81］－［91］（霍法官）。

〔2〕 艾伦诉吴（音译）与公司［2012］2 HKLRD 160［52］，［85］－［86］。

〔3〕 艾伦诉吴（音译）与公司［2012］2 HKLRD 160［24］。

〔4〕 ［2002］2 AC 122.

〔5〕 ［2003］1 AC 449.

〔6〕 艾伦诉吴（音译）与公司［2012］2 HKLRD 160［52］－［55］，［64］（关法官），［85］－［86］（霍法官）。

〔7〕 艾伦诉吴（音译）与公司［2012］2 HKLRD 160［69］。

〔8〕 艾伦诉吴（音译）与公司［2012］2 HKLRD 160［70］。

似乎是被告应当吐出所得利益的情况,[1] 而第三个类别则明显且必然得是与制定法的目的相联系的。

尼科尔斯法官关于示范性赔偿的观点所造就的结果是，推翻了英国上诉法庭在AB诉西南水务公司判决中的观点，该观点认为，示范性赔偿只适用于卢克斯诉巴纳德案中规定可以适用的诉因。[2] 这意味着，示范性赔偿现在应当可以适用于所有不法行为，当然条件是被告的行为符合严重不道德的标准，并且其他救济方式在当时情况下都不足够。但是，至少有三种诉因，其是否可以适用仍值得怀疑。

第一种是违反保密义务之诉。这种诉讼就是艾伦诉吴与公司案的诉讼。香港上诉法庭在该案中适用示范性赔偿是没有困难的。因为该法庭之前就在违反保密义务案中适用了示范性赔偿，而之前的判决并没有被认为是错误的。[3] 但是，上诉法庭承认，在一些普通法的其他辖区，违反保密义务之诉是不能适用示范性赔偿的。[4] 在澳大利亚，人们一直都认识到起源于法律和衡平法中的规则和原则的差别，因此示范性赔偿不能适用，因为机密是由衡平法保护的，而衡平法并不适用示范性赔偿，原因是“衡平法与处罚素不相识”[5] ——这一原则解释了为什么合同中的赔偿条款如果达到了罚款的标准，则不能强制执行。[6] 此外，近来英国的判例法拒绝在为私人利益而提起的违反保密义务之诉中适用示范性赔偿。[7]

第二种也是最重要的，一般都认为，示范性赔偿在合同违约案件中不能适用，尽管关于合同损害赔偿的原则性方法并没有为此提供直接原因。[8] 其原因必须从合同义务的本质中寻找。确定性是合同关系，尤其是商业合同关系中的重

---

〔1〕 参见H·麦格雷戈:《麦格雷戈论损害赔偿》，斯威特与麦斯威尔2009年版，[11~026] - [11-029]。

〔2〕 参见H. 麦格雷戈:《麦格雷戈论损害赔偿》，斯威特与麦斯威尔2009年版，[11~011] - [11-016]。

〔3〕 艾伦诉吴（音译）与公司 [2012] 2 HKLRD 160，[40] - [41]。

〔4〕 艾伦诉吴（音译）与公司 [2012] 2 HKLRD 160，[38] - [39]。

〔5〕 参见哈里斯诉电子脉冲有限公司案（2003）56 NSWLR 298。关于这种方法的批评，见M. 齐博礼:《谬论还是谎言？——司法世界的融合》，载《新南威尔士大学法律杂志》2003年第26期，第357页。

〔6〕 参见H. 麦格雷戈:《麦格雷戈论损害赔偿》，斯威特与麦斯威尔2009年版，第13章（违约赔偿金）。

〔7〕 参见T. 阿普林、P. 约翰逊、S. 马利尼克斯:《加里论保密义务的违反——保密信息的保护》（第2版），牛津大学出版社2012年版，[19.35] - [19.40]。

〔8〕 参见H. 麦格雷戈:《麦格雷戈论损害赔偿》，斯威特与麦斯威尔2009年版，[11~016]。

要考虑因素。合同当事人所期待的是，违反合同的一方应当对其造成的损失进行补偿，尤其是由于无辜方因违约方不履行合同而失去的利益。在这种意义上，补偿性赔偿取代了无辜方有权获得的履行。法庭对示范性赔偿的判决，关注的是被告违约行为的严重不道德的性质，却破坏了补偿性赔偿暗含的确定性，而超出了当事人的预期。此外，在合同违约案中，示范性赔偿的普遍适用可能会抑制当事人的违约自由，即合同一方在认为违约对其有一定的商业价值，因为付给无辜方的补偿性损害赔偿比履约成本还要少时的情况下，选择违约的自由（"效率违约理论"）。[1] 这是一种合同法传统上容许的利己行为。

第三，基于过失的诉因是否应适用示范性赔偿，仍是一个未解决的问题。同样，示范性赔偿的原则性判决方法并不意味着诉因是过失就自动地不能适用示范性赔偿。这里的问题是：责任是基于过失的，而一般来说，过失涉及的行为不会达到严重不道德的标准，因此没有理由适用示范性赔偿。但是，如果被告的侵权行为是如此重大的过失，以至于法庭客观地认为被告的行为值得惩罚，尽管其行为是非故意的。在A诉勃特利尔案[2]中，枢密院认为，这样的案件应当适用示范性赔偿。然而，在废除了新西兰向枢密院的上诉后，新西兰最高法院推翻了A诉勃特利尔案的判决，并判决非故意的行为不能适用示范性赔偿。[3]

勃特利尔案的判决使示范性赔偿在什么情况下可以适用的难题受到关注。在救济的基础原理是被告行为的严重不道德性，以及其他救济都不足够回应该行为的情况下，对该救济的适用是基于自由裁量的。[4] 显而易见，"严重不道德"并不是一个严谨的类别：它给了法庭很大的自由裁量权，来决定该救济是否适用。这一裁量权还延伸到示范性赔偿的数额方面。对该裁量权的唯一限制就是，示范性赔偿的数额"受到适度与限制原则的支配"，[5] 考虑到其他案件中判决的数额的水平。[6] 在实践中，香港的示范性赔偿额水平是极端保守的。[7]

尽管在所有案件中，示范性赔偿在何种情况下可以适用的问题，是极其依赖于法庭的自由裁量权的；但是这种裁量权是可以容许的，因为示范性赔偿被认为

---

〔1〕 L. 梅森：《香港合同法》，斯威特与麦斯威尔2011年版，[21.003]。

〔2〕 [2003] 1 AC 449.

〔3〕 库奇诉司法部长 [2010] 3 NZLR 149。

〔4〕 A诉移民局局长案 [2009] 3 HKLRD 44，[53]（第12点）（安德鲁·张法官）。

〔5〕 艾伦诉吴（音译）与公司 [2012] 2 HKLRD 160，[56]，[87]。

〔6〕 见有关法官上述判决的附录，列出了1976～2012年适用了示范性赔偿的13个案件。

〔7〕 艾伦诉吴（音译）与公司 [2012] 2 HKLRD 160。

真的是“例外性的”。因此，香港上诉法庭曾强调，示范性赔偿是非常规的，[1]是最后的救济手段，[2]并且只有在补偿性赔偿和获益赔偿都不足以回应被告的行为的情况下才可以适用。[3]

四、结论性意见

英国法和香港特别行政区法律的救济体系，从金钱赔偿几乎仅限于补偿性赔偿，扩大到更加包容原告寻求获益赔偿和示范性赔偿，这是普通法通过司法判决而不断发展的经典例证。这种发展仍在进行中，而结果是无法揣测的。

以下是这种发展所展现出的关于普通法方法的最重要经验。

（1）获益赔偿的扩张，以及示范性赔偿的合理化，从表面上看都是对原告要求的回应，这种要求就是法庭在明显应当如此的案件中适用补偿性赔偿之外的赔偿。

（2）在此背景下，这些要求是受到法学学者主张的刺激，有时是引领，这些主张要求，法庭基于分析性原因以及原则性和一致性的理由，应当超越补偿性赔偿。

（3）然而，法庭并没有简单地完全接受法学学者们关于建立彻底原则性或一致性的法律的主张。因此，尽管法庭已准备好扩展获益赔偿可适用的领域，他们在这一问题上仍悬而未决，即这种发展在多大程度上可以转化为创立单一的原则性的救济，而这种救济可以将被告因其对原告实施的不法行为所获利益交给原告。另外，尽管法庭力图使示范性赔偿的适用与其原理相一致，这种努力还没有完全成功。

（4）其结果是，普通法的明确变化至多是保守的，而且在很大程度上是不确定的。这种保守的变化就是，法庭似乎开始认可还达不到依利润赔偿标准的获益赔偿的普遍可适用性，但是在何种情形下才可适用此种赔偿，尤其是优先于依利润赔偿的情况下，仍不能确信地表达出来。另外，示范性赔偿的例外性质已被确认，而依利润赔偿的例外性地位也明确表达出来（尽管在那些传统上就理所应当认为依利润赔偿可以适用的法律领域中，这可能并不适用）。

（5）普通法看似不完整的发展不能简单地归因于法律制度通过判例法发展而造成的偶然性。法庭的推理反映了普通法中的传统方法，即在个案的事实框架中累积发展，并且很明显不愿接受高度抽象的原则，因为其可能会阻碍法律未来

---

〔1〕 艾伦诉吴（音译）与公司［2012］2 HKLRD 160，［51］，［85］。

〔2〕 艾伦诉吴（音译）与公司［2012］2 HKLRD 160，［54］，［69］。

〔3〕 艾伦诉吴（音译）与公司［2012］2 HKLRD 160，［64］，［69］。

的发展。

(6) 从比较法的视角来看，普通法展现了其救济体系的相对高程度的裁量权。普通法的起源就是救济的法律，而对原告诉因与救济的程序性划分就意味着，在救济与诉因的匹配上有一定的灵活度。

(7) 从比较普通法的角度来看，英国的普通法和香港特别行政区的普通法在沿着相似的路径发展，香港法庭往往毫无异议地遵循英国法庭的先例，尽管在1997年中国内地恢复对香港主权后，香港普通法系统获得完全独立，也依旧如此。值得注意的是，其他的英国前殖民地的普通法发展并不一定遵循这样的模式。

衡平法的救济原则在证券市场的应用

刘国庆 *

一、普通法和衡平法的司法救济原则

普通法和衡平法在英国法制史上共存了相当长的一段时间。[1] 它们既有各自的管辖领域又有共同的管辖领域。[2] 虽然1873年的《合并法案》（Judicature Act 1873）从行政上合并了普通法院和衡平法院，但它们的司法理念并没有合并，也不太可能完全地融合。[3] 但是从历史发展的角度来看，衡平法是英国历史的产物，它在历史长河中也会与普通法进行某种程度的融合。换言之，衡平法的理念会被普通法

* 香港大学嘉里基金教授席私法教授。

〔1〕 学界普遍认为，衡平法源于14世纪的大法官法院，19世纪中期与普通法合并，但它特有的原则和救济始终使它有别于普通法。Maitland, *Equity and Forms of Action at Common Law*, Cambridge: Cambridge University Press, 1929, p. 6.

〔2〕 普通法主要应用于合同、财产、侵权和刑事等司法领域，而衡平法主要应用于信托领域。衡平法也对合同法和财产法有相当的影响，主要体现在司法救济方面。

〔3〕 这个话题在普通法国家争论了很久。“应该合并派”和“不应该合并派”谁也说服不了对方。笔者认为这是一个实践问题而不是一个理论问题，起码在司法救济上融合是趋势。

所接受、容纳，尤其是在司法救济领域（remedies）。[1] 因为两个法院系统的合并最初就是从司法救济入手的。[2]

那么，什么是普通法的司法救济原则？什么是衡平法的司法救济原则呢？它们在当今世界还有区别吗？概括起来可以这样认为：①普通法的救济比较单一死板，而衡平法的救济比较灵活和包容。比如在合同领域，普通法的救济手段是损害赔偿（damages），而衡平法可以用禁令（injunction）或特别履行（specific performance）；②普通法的救济有时可以是惩罚性的（punitive or exemplary），而衡平法的救济从来不是惩罚性的，而是补偿性的（compensatory）；[3] ③普通法的救济在时间上只涵盖过去和现在，如损害赔偿；而衡平法的救济可以涵盖将来，如禁令。虽然这些都是19世纪中叶以前的历史了，现代的法官可以自由地使用他认为最合适的救济手段来公平地处理案件，但我们还是可以隐隐约约地感觉到衡平法的那种无形的张力。美国2002年的《萨本斯－澳柯斯雷法案》（Sarbanes－Oxley Act）就是衡平法补偿原则在处理证券市场违法违规案件中的体现。所以说衡平法在当今世界还在焕发着活力。

二、证券市场的经济犯罪行为

证券市场是连接企业和投资人的平台。它的生命在于市场透明度，即信息披露的及时性和真实性。证监会的职责就是监管上市公司的信息披露和交易人交易行为的合法性。对违法违规的上市公司和违法违规的交易人进行惩罚是证监会的权力和职责。在这一点上，没有姓“资”和姓“社”的问题，各国证监会可以互相学习，互相借鉴。可是在如何使用罚没来的资金这一点上，我国目前的做法值得商榷。

纵观我国证券市场的发展史，可以看到非常令人遗憾的情景。其中有各种不尽人意的原因，笔者就不多做评述了。本文仅就中国证监会对违法违规的上市公司和证券市场上“老鼠仓”行为人的处罚提出一些个人看法，希望能引起有关人员的思考。

从2001年1月10日中国证监会开始行使它的处罚权，到2013年8月证监会

---

〔1〕 Verity Winship, “Fair Funds and the SEC's Compensation of Injured Investors”, *Florida Law Review* 5, 2008, 1107.

〔2〕 19世纪中叶最初的司法改革是1854年的Common Law Procedure Act和1858年的Chancery Amendment Act。前者授权普通法院可以使用衡平法的司法救济，后者授权衡平法院可以使用普通法的司法救济。Hanbury and Martin, *Modern Equity*, London: Sweet & Maxwell, 2001, pp. 14～15.

〔3〕 这是传统的衡平法救济原则，现在各国的做法不尽相同。加拿大、新西兰等国已经打破了这个界限，但英国和澳大利亚还坚持传统的做法。

已对535起违法违规的公司和个人进行了行政处罚，[1] 其中包括没收违法所得和罚金，还对违法违规的个人作出了125次“市场禁入”的处罚决定。[2] 尽管如此，中国证监会的肖刚主席还是在《求是》杂志上发表了署名文章，指出：“近年来，违法案件呈多发高发态势。2009～2012年，案件增幅年均14%，2012年同比增长21%，2013年上半年又同比增加40%。目前，内幕交易案件数量超过一半，欺诈发行、虚假信息披露案件在快速上升。”[3]

证券市场的违法违规行为是经济违法或经济犯罪。它损害的客体是市场的规范性和投资者的切身经济利益。从法律层面上看，它既属于公法的范畴也属于私法的范畴。[4] 因此，证监会的处罚应该同时兼具威慑并阻延犯罪的公法性质和补偿受损投资者损失的私法性质。[5] 具体来说，就是证监会可以并且应该用违法违规人的违法所得和罚金在证监会的自由裁量权下，分配给受损的投资者。[6] 自由裁量权在这里指的是按个案具体情况和能否确定具体受损人来作出决定，因为有些案件很难确定具体的受损人，有些案件可以根据交易记录确定受损人，不能退还给受损投资者的违法所得和罚金再上缴国库。这个公法、私法兼顾的认识过程也不是一蹴而就的。即使在美国，它也是从2005年以后才逐步发展而形成共识的，尽管《萨本斯－澳柯斯雷法案》（Sarbanes－Oxley Act）在2002年就授

---

〔1〕 中国证监会网站 http：//www. csrc. gov. cn/pub/zjhpublic/.

〔2〕 中国证监会网站 http：//www. csrc. gov. cn/pub/zjhpublic/.

〔3〕 http：//www. csrc. gov. cn/pub/newsite/tzzbh/gzdt/tbgzyw/201308/t20130802_ 232128. htm.

〔4〕 Verity Winship，“Fair Funds and the SEC's Compensation of Injured Investors”，*Florida Law Review* 5，2008，1103.

〔5〕 See Verity Winship，“Fair Funds and the SEC's Compensation of Injured Investors”，*Florida Law Review* 5，2008，1107.

〔6〕《萨本斯－澳柯斯雷法案》第308条规定：Civil penalties added to disgorgement funds for the relief of victims. If in any judicial or administrative action brought by the Commission under the securities laws ... the Commission obtains an order requiring disgorgement against any person for a violation of such laws or the rules or regulations thereunder，or such person agrees in settlement of any such action to such disgorgement，and the Commission also obtains pursuant to such laws a civil penalty against such person，the amount of such civil penalty shall，on the motion or at the direction of the Commission，be added to and become part of the disgorgement fund for the benefit of the victims of such violation.

权美国证监会可以将处罚的违法所得和罚金用来补偿受损的投资者。[1]

三、《萨本斯-澳柯斯雷法案》在司法救济方面的变革

《萨本斯－澳柯斯雷法案》是由美国参议员 Paul Sarbanes 和众议员 Michael G. Oxley 在 2002 年 1 月 23 日，向第 107 届美国国会提交的关于上市公司的信息披露以及独立审计等公司治理方面的提案。[2] 其中的 308 条款授权美国证监会（美监会）可以把惩罚金（civil penalty）并入返还金（disgorgement），一并对受损投资人进行补偿。该提案于同年 2 月 15 日在众议院通过，于 7 月 15 日在参议院通过，于 7 月 24 日提交给联合委员会审议，次日在两院通过，最终于 7 月 30 日由布什总统签署成为法律。

在《萨本斯－澳柯斯雷法案》颁布以前，美国证券市场的规范和监管是依据 1934 年的《证券交易法》和 1940 年的《投资公司法》以及 1940 年的《投资咨询人法》来监管的，上市公司和投资公司以及投资咨询人的市场行为。美监会依据《证券交易法》成立于 1934 年。该法没有关于授权美监会行使衡平法的"利润剥夺"（disgorgement）的规定，所以在最初的 30 年里，美监会除了在极个别寻求私了的早期案件以外，几乎没有寻求使用"利润剥夺"这一衡平法救济手段。[3]

如前所述，普通法的救济手段比较单一，损害赔偿是其主要救济手段。虽然它可以补偿原告的损失，但举证义务和一些其他的限制（如可预见性、实际损失、共同过错等）使得该救济并不充分。而衡平法的救济手段就比较灵活、实用。在合同法领域，衡平法可以使用修改合同、预期违约和特殊履行等救济手段；在信托法领域，衡平法可以使用禁令（injunction）、归复信托（resulting trust）、拟制信托（constructive trust）和利润剥夺（account of profit or disgorgement）等；其中利润剥夺是将违反信托义务的受托人的利润所得剥夺，然后将其

---

〔1〕 2001 年的"安然"丑闻和其他一些证券丑闻曝光后，Paul Sarbanes 和 Michael G. Oxley 向国会提交了一个关于上市公司的治理和独立审计以及扩大美监会职权的提案。该提案经两院通过和总统签署后成为美国证券法的一部分。尽管该法案授权美监会可以把惩罚金并入退赔返还金里一并分配给受损投资人，但在实践中这一做法直至 2005 年才普遍化。2005 年美监会才声明"如有可能，它将惩罚金返还受损投资人"。参见 Verity Winship，"Fair Funds and the SEC's Compensation of Injured Investors"，*Florida Law Review* 5，2008，1111.

〔2〕 参见美监会网站 http：//www. sec. gov/about/laws. shtml#sox2002 Sarbanes－Oxley Act.

〔3〕 参见 Verity Winship，"Fair Funds and the SEC's Compensation of Injured Investors"，*Florida Law Review* 5（2008），1111－2. Disgorgement 既可以理解为违法违规所得，也可以理解为返还违法违规所得的行为，它的性质是返还，有别于损害赔偿（damages）。

归还到信托财产中去。[1] 20 世纪 60 年代在英国发展起来的返还法（restitution）有点像民法国家的不当得利返还，但又不完全相同。[2] 它由英国普通法中的 the action for money had and received 演变而来。损害赔偿、返还和利润剥夺是侧重点不同的三种救济手段。损害赔偿重点是填平损失人的亏空，使双方回到违规以前的状态，[3] 返还的重点是将被告因原告的损失而获得的利益退还给原告，不论被告有无过错。[4] 利润剥夺是将有信托义务的人利用其身份而获得的利润剥夺，并把它返还到信托财产中去，归信托受益人即基金份额持有人。[5] 值得强调的是：衡平法的利润剥夺不以信托财产受益人的损失或使用信托财产谋利为前提，也不以义务人的恶意违反信托义务为前提，只要信托义务人利用其职务所带来的便利，违反了“不得利益冲突”（no conflict of interest）和“不得得利”（no profit）的信托义务，该利润就要被剥夺并放回到信托财产中去。[6] 这也是信托财产同一性的具体体现。所以基金经理人的“老鼠仓”违法所得要无条件的返还给他负责管理的基金。这是信托法原理的要求。而把基金经理人的“老鼠仓”所得没收后上缴国库是不符合信托法原理的。对比信托受益人（受损投资人）和国家谁对那笔利润更有直接的利害关系？显然是前者。弄清了这一点，我们就不难理解，为什么美监会近年来在处理违法所得和罚金去向时向投资者倾斜。这也从另一个侧面反映出一种观点，即衡平法即使在当代也是有生命力的。

《萨本斯-澳柯斯雷法案》中的 308 条款实际上是司法救济方面由公法惩戒原则向私法补偿原则过渡的变革。它授权美监会可以把对违法违规人惩戒性罚金

---

〔1〕 See Covell and Lupyon, *Principles of Remedies*, LexisNexis Butterworths, 2008, 4th ed, p. 208; John Juriansz et al, *Equity and Trusts*, Malaysia: Palgrave Macmillan, 2012, p. 412.

〔2〕 不当得利和返还法是民法体系和普通法体系在内容上极相似的法律部门。只是英国法在传统上从来没有承认过不当得利这一法律概念，传统的英国法里的 the action for money had and received 是返还法的前身，它又是准合同法中错误支付或强迫支付所形成的应该返还的理由。总之，这里牵扯太多的历史和其他因素，就不展开讨论了。读者如有兴趣可以读一下 *Goff and Jones, the Law of Restitution*, 1986 年英文版，第 12~52 页。

〔3〕 损害赔偿是普通法最传统最正宗的救济手段，其目的就是使原告的损失得到补偿，使原告恢复到没有发生违约或侵权前的状态。但是在损害赔偿的救济中，有许多因素可以影响最终结果，如因果关系、可预见性、原告的疏忽等。

〔4〕 返还就是将得到的利益返还给原告，至于能否使原告得到充分的补偿则不在本救济的目的范围之内。

〔5〕 利润剥夺与原告的损失没有任何关系，它就是把被告的因违反信托义务而取得的利润全部拿回。它一般用于违反信托义务的案件中，因为它是衡平法的救济手段。在数额上，它可能小于实际损失也可能大于实际损失。

〔6〕 Phipps v. Boardman [1967] 2 AC 46; Regal (Hastings) v. Gulliver [1967] 2 AC 134.

归并到违规人的利润剥夺中，对受损投资人进行补偿。从而把单一公法性质的威慑和阻延犯罪的处罚变革为把利润剥夺和惩罚金合并对受损投资人进行补偿的私法性质的救济。这样的做法达到了一石两鸟的作用，即在不影响其原有的公法上的意义同时大大加强了该处罚的私法意义。[1] 因为证券市场本身就是公私兼具的性质。过去的惩戒性处罚，即把罚金上缴财政部的做法，只强调了公法性的惩戒作用，没有兼顾到对投资人的补偿的私法性救济义务。

20 世纪 60、70 年代，美监会的主要任务是保护市场参与者不受各种违法违规的欺诈行为的损害，而不是对受损投资者的经济补偿。[2] 到了 80 年代，颁布了《禁止内幕交易法案》(Insider Trading Sanctions Act)，美监会可以对内幕交易人处以罚金从而防止或减少此类经济犯罪。1990 年的《救济法案》(the Remedies Act) 扩大了美监会的惩罚权，但是也没有对投资人补偿的条款。[3] 2002 年的《萨本斯 - 澳柯斯雷法案》是在一系列审计丑闻、证券丑闻和金融丑闻曝光后，人们开始思考如何加强监管、加大惩罚力度和补偿受损投资人，并认识到无论退赔或处罚，只要不分配给受损投资者，都是惩罚性的。而仅仅惩罚违法违规人并不是美监会职责的全部。它的另一方面的职责是保护投资人。因此，对受损投资人的直接赔付更能体现美监会存在的意义。《萨本斯 - 澳柯斯雷法案》出台后得到许多国家的认可，相继加大了市场监管力度的国家有：日本、德国、法国、意大利、澳大利亚、以色列、印度、南非和土耳其。

真正开始对投资人进行经济补偿是从 2005 年以后。[4] 在 2006 年的 WorldCom 虚报利润案中美监会对该公司处以 22.5 亿美元的罚款而投资人受的损失是 2000 亿美元。[5] 最后由于破产，实际落实的罚金是 7.5 亿美元。股民只得到 5.5% ~6% 的补偿。[6] 从 2006 年起美监会开始行使法律赋予它的"可以将罚金

---

〔1〕 参见 Verity Winship, "Fair Funds and the SEC's Compensation of Injured Investors", Florida Law Review 5 (2008), 1111 – 4.

〔2〕 参见 Verity Winship, "Fair Funds and the SEC's Compensation of Injured Investors", Florida Law Review 5 (2008), 1111.

〔3〕 参见 Verity Winship, "Fair Funds and the SEC's Compensation of Injured Investors", Florida Law Review 5 (2008), 1112 – 4.

〔4〕 参见 Verity Winship, "Fair Funds and the SEC's Compensation of Injured Investors", Florida Law Review 5 (2008), 1111.

〔5〕 参见 Verity Winship, "Fair Funds and the SEC's Compensation of Injured Investors", Florida Law Review 5 (2008), 1125.

〔6〕 参见 Verity Winship, "Fair Funds and the SEC's Compensation of Injured Investors", Florida Law Review 5 (2008), 1111 – 4.

提高到与违法所得一样多的程度”的惩罚权。[1] 从2002～2007年的五年时间里，美监会做出连违法所得返还和罚金共计80亿美元的处罚。[2] 截至2007年6月，美监会已将总罚金84亿美元中的18亿美元分配给了受损投资人。[3] 截至2008年6月，已分配给受损投资人的资金达到了39亿美元。[4]

四、中国《证券法》第234条的历史局限性

经历了10年的无法可依的证券活动后，中国《证券法》于1998年颁布，1999年实施并于2004年第一次修正，2005年全国修订，2013年第二次修正。其中第11章“法律责任”包含47条对各种违法违规行为的处罚的规定。总结起来大致可以概括为：①重行政轻法律，该法第235条规定：“当事人对证券监督管理机构或者国务院授权的部门的处罚决定不服的，可以依法申请行政复议，或者依法直接向人民法院提起诉讼。”②重处罚无补偿，该法第234条规定：“依照本法收缴的罚款和没收的违法所得，全部上缴国库。”

中国《证券法》第234条依传统的思维模式看上去似乎无可非议。其实在逻辑上是不通的。罚款上缴国库是可以理解和接受的。一是因为它是加大违法人的违法成本，从而告诫其他违法人不要玩火的公法性质的罚金。二是因为它不是直接来源于投资人，所以投资人没有追索权或优先权。可是违法所得就不同了。虽然没收的行政命令是证监会作出的，但是钱却是违法违规人从投资人那里骗取的。所以投资人对违法所得比任何人都有追索的优先权，怎么会一转眼就归公了呢？“市场有风险，入市须谨慎。”的确，任何市场都有风险，但这种风险应该是供求关系变化所带来的价格正常波动的风险，而决不能用来为市场监管的不力作辩护，更不能为变相把投资者的钱“国有化”提供道德依据。当今世界证券市场的发展趋势是把罚金都尽量拿来补偿投资者的损失，更何况是违法所得的返还金呢？所以，证券法第234条应该修改，因为它违背经济正义，损害了投资者的利益。

如果说《证券法》对违法所得属性的认识处于初始状态，那么《信托法》

---

〔1〕 参见 Verity Winship,“Fair Funds and the SEC's Compensation of Injured Investors”, Florida Law Review 5 (2008), 1116.

〔2〕 参见 Verity Winship,“Fair Funds and the SEC's Compensation of Injured Investors”, Florida Law Review 5 (2008), 1122.

〔3〕 参见 Verity Winship,“Fair Funds and the SEC's Compensation of Injured Investors”, Florida Law Review 5 (2008), 1122.

〔4〕 参见 Verity Winship,“Fair Funds and the SEC's Compensation of Injured Investors”, Florida Law Review 5 (2008), 1122.

的出台应该说改变了这一状况，尤其是对基金经理或有关管理人员的违规行为。《信托法》第26条规定：“受托人除依照本法规定取得报酬外，不得利用信托财产为自己谋取利益。受托人违反前款规定，利用信托财产为自己谋取利益的，所得利益归入信托财产。”这里要指出，“利用信托财产为自己谋取利益”的规定过于简单。证券市场上基金管理人的“老鼠仓”行为虽不直接利用信托财产，但其性质同样违反《信托法》所禁止的信托义务人的“利益冲突”和“禁止得利”的原则。其所得应该归入信托财产（其管理的基金）。〔1〕《证券投资基金法》第130条第2款也规定：“基金管理人、基金托管人有前款行为，运用基金财产而取得的财产和收益，归入基金财产。但是，法律、行政法规另有规定的，依照其规定。”《信托法》是《证券投资基金法》的母法。〔2〕证券投资基金是中国目前两种主要的信托投资的形式之一。〔3〕它不同于其他的证券市场投资者。它是由投资者（基金份额持有人）作为委托人和受益人，基金管理人（基金经理）和基金托管人（托管银行）作为共同受托人所形成的证券投资信托关系。〔4〕

证券市场上的违法违规的形式多种多样，有违法经营证券业务的，有散布虚假信息的，有操纵市场价格的，还有利用基金的内部信息提前买入、提前卖出的“老鼠仓”行为。我国对证券市场的违法违规案件的处罚是民事、行政分开的“双轨制”，即由投资者到法院起诉违法违规的公司或个人，寻求民事赔偿（实际损失加利息），而行政处罚由证监会做出处罚决定书（包括没收违法所得和罚金）。起诉的立案条件是有证监会的行政处罚决定和受损投资人的损失证据。虽然说我们的《证券法》和《证券投资基金法》都规定了“民事优先”的原则，〔5〕但在实践中是根本不可行的。何况在2001年时，最高人民法院还曾出台过对证券市场案件暂不立案的通知。我国证券市场上投资者胜诉并得到赔偿的例

---

〔1〕需要说明的是，我国的《信托法》的规定有漏洞。它只规定了用信托财产为自己谋利而不包含受托人用自己的财产谋利。其实受托人用谁的财产不是问题的关键，关键是他利用受托人的位置谋利。所以英美国家的信托法不管受托人用谁的财产，哪怕是他自己的财产，只要他违反了信托义务，他的所有得利都要归入信托财产。前面两个引案就是信托义务人用自己的钱和公司董事及受托人律师的位置谋利后被法院责令退回赢利所得的案例。

〔2〕周小明：《信托制度：法理与实务》，中国法制出版社2012年版，第34页。王连洲、董华春：《〈证券投资基金法〉条文释义与法理精析》，中国方正出版社2004年版，第12页。

〔3〕周小明：《信托制度：法理与实务》，中国法制出版社2012年版，第34页。

〔4〕王连洲、董华春：《证券投资基金法条文释义与法理精析》，中国方正出版社2004年版，第37页。

〔5〕《证券法》第232条和《证券投资基金法》第151条。王连洲、董华春：《证券投资基金法条文释义与法理精析》，中国方正出版社2004年版，第386页。

子可以说是凤毛麟角，而且往往要历经好多年的诉讼历程。笔者认为这是我们立法的错误，它之所以错误，是因为投资者本来就在取证、诉讼上处于弱势地位，而行政处罚已经把违法违规所得没收上缴了，在这种情况下怎么能真正保护投资者的利益呢？笔者认为，现在是对这一立法的失误反省的时候了。正确的做法是让保护投资者利益的责任由证监会担起来，因为它在监督市场秩序和调查违法违规案件时相对投资者来说有取证优势，处理此类案件的行政处罚权又在其手上。所以不需增加成本，只需转变职能调整一下优先顺序就能大大提高保护投资者的效率。但由于立法上的原因，证监会不对投资者的损失负责，这不能不说是我们立法中的重大失误。下面请看证监会对“老鼠仓”行为人的“合法”处罚。

五、从证监会对“老鼠仓”行为人的处罚看我国信托概念的淡薄

在成立了18年后，证监会终于在2008年4月8日开出了对“老鼠仓”行为的第一张罚单，对基金管理公司从业人员唐建、王黎敏作出了行政处罚决定。[1]唐建是基金经理助理，王黎敏是基金经理，均为基金从业人员。他们都是通过用亲属的账号买入卖出基金将要做的股票，而且分别牟利1 527 200元（唐建）和1 509 400元人民币（王黎敏）。证监会的处罚决定分别是：“一、取消唐建基金从业资格；二、没收唐建违法所得1 527 200元，并处50万元罚款。当事人应自收到本处罚决定书之日起15日内，将罚款汇交中国证券监督管理委员会（开户银行：中信银行总行营业部、账号7111010189800000162，由该行直接上缴国库）”和“一、取消王黎敏基金从业资格；二、没收王黎敏违法所得1 509 407元，并处50万元罚款。当事人应自收到本处罚决定书之日起15日内，将罚款汇交中国证券监督管理委员会（开户银行：中信银行总行营业部、账号7111010189800000162，由该行直接上缴国库）。”大家可以查一下，中国证监会所有的行政处罚决定都是把违法违规所得和罚金上缴国库，没有一分钱用来补偿受损投资者。这种把违法所得和罚款“一锅端”的做法使得“保护投资者利益”成为一句空话。

基金是信托财产，理应适用《证券投资基金法》和《信托法》。问题是证监会在具体处理“老鼠仓”行为人时在《证券投资基金法》上有两个上位法：《证券法》和《信托法》。为什么证监会适用了《证券法》有关上缴国库的规定而没有适用《证券投资基金法》和《信托法》有关归入信托财产的规定呢？笔者估计有两个原因。一是《证券基金投资法》第130条的但书“但是，法律、行政法规另有规定的，依照其规定”。二是《信托法》第26条的“利用信托财产为自

〔1〕 参见中国证监会［2008］22号行政处罚决定书和中国证监会［2008］15号行政处罚决定书。

己谋取利益的，所得利益归入信托财产。”根据第一个原因它选择了“另有规定”的《证券法》，尽管《信托法》才是关系最密切的上位法。根据第二个原因它认为“老鼠仓”行为人的违法所得不是来自基金本身，从而选择了上缴之途。其实，这是对《信托法》和《证券投资基金法》的误读。“老鼠仓”行为损害的客体不单纯是市场秩序（甚至严格地说不是市场秩序），而且是基金份额持有人的利益。因为“老鼠仓”行为人的利益大了，基金的利益自然就小了。应得的利润缩水就是损失。既然基金的损失和违规人的不当得利是一回事，就理应把不当得利归入基金。更何况依照信托法原理，受托人利用其职务的不当所得不论是善意还是恶意都应该归入信托财产。[1]

在中国现行的法律框架内，证监会的处罚决定是唯一的“合法”处罚决定。可是，它并不是最符合法理的，因为它过分强调了公法性的惩处原则而忽略了私法性的补偿原则。虽说信托的广度是跨法域的，但它是根植于私法的。公法性的公益慈善信托实际上最初是教会法所管辖的，在英国历史上教会被国王因经济利益打压而使得大法官法庭接手了对公益慈善信托的管辖。目前在普通法国家，监督公益慈善信托是 Attorney General 分内的事，他对公益信托监管的资格使得他对公益信托的争议有诉讼资格，[2] 这是题外话。

由于信托的私法性质，所以它的救济应采补偿原则。如前所述，受托人的得利，不论是否由信托财产产生，都应归入信托财产。道理很简单：受托人的得利是他利用受托人的身份和违反信托义务所取得的，他没有持有该利益的权利。用民法理论来说，不当得利的返还应该给利益受损人。相比之下，基金份额持有人和国库，谁是利益受损人？信托法理论中的利益返还/剥夺（disgorgement）是专门用来对付背弃信托义务的不良受托人的救济手段。[3] 也就是说，信托关系中的受托人违反信赖义务（fiduciary obligation）所取得的利益是被推定为信托财产的收益而返还的。所谓的“财产上缴”，在英美国家的财产法里是穷尽了私法救济后，实在找不到该财产的“主人”时才采取的处理“无主物”的手段。虽然行政罚款不属此类，但“老鼠仓”行为的违法违规所得应归入信托财产，在这一点上，国库显然没有优先权。这样做是把信托财产等同于一般财产，在客观上，公权侵犯了私权。

---

〔1〕 参见前面所引案例和 G E Dal Pont et al, *Equity and Trusts*, Australia, LAWBOOK CO, 2007, pp. 1022 ~ 1030.

〔2〕 在普通法国家 Attorney General 负责公益信托的监管，参见 John Juriansz et al, *Equity and Trusts*, Malaysia: Palgrave Macmillan, 2012, p. 277.

〔3〕 John Juriansz et al, *Equity and Trusts*, Malaysia: Palgrave Macmillan, 2012, p. 413.

从上述分析不难看出，我国现行法律的特点是对私法权利的保护不足和对公法权利的过分保护。违法违规所得被行政处罚全部拿走再加上罚金，投资者从何获得民事赔偿？投资者可以自我保护，不上当受骗，但他们不能阻止“老鼠仓”行为的发生。投资者的市场参与积极性将仅仅依赖靠罚没违规者违法所得和罚金换来的市场规范性。正如靠严刑峻法并不能降低犯罪率一样，证券市场的长治久安之策不能只顾惩罚不顾补偿，应该两手抓，既要加大监管力度又要保护投资者的切身利益。笔者认为，中国证券市场的长期走熊与其30年来的经济发展是不成比例的。这其中法治方面的问题是不可忽视的。

六、美国证监会的做法值得借鉴

根据《萨本斯－澳柯斯雷法案》中308条款的授权，美监会可以设立一个投资者返还基金［Fair Fund (the Federal Account for Investor Restitution)］[1] 并可以把处罚金归入该基金用来补偿投资者的损失。美监会以每年四五百件处罚违法违规案件的速率，从它诞生到现在共处理了两万多起违法违规案件。[2] 而我国证监会到目前为止共处罚了五六百起违法违规案件。[3] 为了更好地解决投资者的取证难、起诉难等各个证券市场所面临的共同难题，在处罚违法违规人时，由美监会作出它认为合理的处罚数额（违法所得返还金）；如果被处罚人认为不合理，举证责任就转移到他的头上。[4] 这笔罚款全部用来补偿投资者的损失，如不够还可将罚金也用来补偿受损投资者。[5] 可见，在美国，证券市场投资者的权益得到了美监会的保护。这种灵活运用举证责任倒置的方法在证券市场监管中值得我们借鉴。要保护投资者利益，不仅要监管上市公司的行为，对违法违规的公司和个人进行处罚；对投资者的损害给予补偿并把该补偿放在首位的做法才是王道。市场监管者的全方位职责应该包括监管、惩罚和补偿。而中国证监会似乎做得并不尽如人意，尤其是补偿。究其原因，既有立法上的问题也有执法上的问题。根本问题还是在立法上。

---

〔1〕 Verity Winship, “Fair Funds and the SEC's Compensation of Injured Investors”, *Florida Law Review* 5 (2008), p. 1105.

〔2〕 参见美国证监会网站。

〔3〕 参见中国证监会网站。

〔4〕 参见美监会网站“Report Pursuant to Section 308 (c) of the Sarbanes Oxley Act of 2002”.

〔5〕 参见 Verity Winship, “Fair Funds and the SEC's Compensation of Injured Investors”, *Florida Law Review* 5 (2008), 1111－5. 参见美监会网站“Report Pursuant to Section 308 (c) of the Sarbanes Oxley Act of 2002”.

七、结　语

证券市场是经济规律主导的投融资平台。广大机构投资者和个人投资者的参与才能促进证券事业的发展。可是，对市场投资者的保护还需要立法者和执法者认真的换位思考，并做出相应的变革。主要包括在立法领域里对《信托法》和《证券投资基金法》进行修订，在实践层面上把补偿投资者放在首位而把“上缴违法违规所得和罚金”放在补偿金无法分配的前提下。本文通过对比美监会和中监会在处理证券市场上违法违规案件中的立法和执法后得出结论：①我国在证券立法和执法中存在着“重公法轻私法”的传统理念。②我国在《信托法》和《证券投资基金法》的立法中没有真正理解信托法中关于受托人违反信托义务得利的含义而对其进行了狭义的解释。③从保护证券市场投资者的参与积极性和保护他们的权益的角度出发，我们应该修订《信托法》和《证券基金投资法》的有关条款，以利于我国证券市场健康有序的发展。④授权中监会以行政手段补偿受损投资者，设立“受损投资者补偿基金”优先用违法违规所得补偿受损投资者，不足时用罚金补偿。

具体来讲，笔者建议将《信托法》第26条中“利用信托财产为自己谋取利益的，所得利益归入信托财产”改为“利用受托人身份为自己或自己的亲属谋利的，所得利益归入信托财产”；将《证券基金投资法》第130条“ 基金管理人、基金托管人有前款行为，运用基金财产而取得的财产和收益，归入基金财产。但是，法律、行政法规另有规定的，依照其规定”改为“基金管理人、基金托管人有前款行为，取得的财产和收益，归入基金财产”；将《证券法》第234条“依照本法收缴的罚款和没收的违法所得，全部上缴国库”改为“依照本法收缴的罚款和没收的违法所得，用于对受损投资者进行补偿，因无法确定受损人而不能返还的全部归入‘受损投资者补偿基金’以备‘补偿资金’不足之需。”

国际法中的电子商务：发展中国家的法律问题及影响

瑞马特·穆罕默德（Rahmat Mohamad）* 李哆咪** 译

电子商务代表着一种新的贸易模式，它以远程通信网络为基础实现商品活动。电子商务，尤其是通过互联网实现的电子商务，就如同一个商事企业一样。近期世界范围内电子商务的增长，给法律制定者、执业律师、监管部门、国际组织以及其他论坛带来了各种各样的问题。随着企业和消费者开始采用新的技术取代传统的面对面活动来完成交易，他们开始在现有的法律框架中寻求合适的途径，以确定其权利义务、纳税责任、向公开式通信网络提供个人和财务信息时的安全级别，以及当他们被违约或欺诈时获得救济的方法。新的技术给许多确认及核准商业行为的传统观念带来了挑战，特别是在适用哪国法律仍不明确的跨国法律环境之中。

有四份软性法律文件为电子商务国际规范的演化发展做出了自己的贡献。它们是：

---

* 亚非法律协商组织（AALCO）秘书长。

** 中国政法大学比较法学研究院2012级硕士研究生。

1985 年《贸易法委员会[1]关于计算机记录法律价值的建议书》、1996 年《贸易法委员会电子商务示范法》、1999 年《贸易法委员会电子签名统一规则（草案）》、《联合国行政、商业和传输中的电子数据交换规则》。

需要强调的一点是，这些文件仅对国际贸易中电子商务的使用提供规则和辅助，并不对任何政府产生强制约束力。

对于电子商务，学界并没有达成统一的定义，因此在文本上有众多不同的解释。最广义的理解上，电子商务可以被称为“一个涵盖任何使用信息和通信技术实现商业交易或信息交换的形式的概念”。[2]

电子商务不仅对互联网上的购买与销售行为进行限制，还调整通过计算机网络进行的产品、服务、信息的传输和交换，包括互联网、外联网和局域网（Turban et al. 2006）。它包含了在线客服、商业伙伴合作以及通过互联网或其他专用网络实现组织间商业文件传输等众多行为。由于它的广泛性，电子商务通常被称为电子商业。[3]

这个领域最早的《贸易法委员会电子商务示范法》[4] 并没有给“电子商务”下定义。示范法仅将“电子商务”作为一项可能包含以下传播方式的通用术语使用，这些传播方式的基础是电子技术的使用：

（1）电子数据交换（Electronic Data Interchange，EDI），例如，电子计算机之间以标准化格式进行的数据传输；

（2）以公开或专有标准进行的电子信息传输；

（3）通过电子手段进行的自由格式化文本的传输，例如互联网。

典型的 b2c 交易行为可以被分为三个主要阶段：广告和调研阶段、订购及支付阶段、交货阶段。这三个阶段中的任意或所有阶段都能够以电子形式完成，所

---

〔1〕 贸易法委员会是联合国中有关国际贸易法协调统一的部门，各国得以在最小的阻碍下在世界范围内进行国际贸易。这通常是通过在世界范围内被普遍接受的公约、示范法、指南实现的。贸易法委员会已经通过了《联合国国际货物销售合同公约》、《电子资金划拨法律指南》、《贸易法委员会国际贷记划拨示范法》、《贸易法委员会国际商事仲裁示范法》以及其他。

〔2〕 D. Whitely, *E-Commerce: Strategy, Technologies and Applications*, 1998, McGraw Hill, p. 1.

〔3〕 Barness, S. and Hunt, *B. E-Commerce and V-Business*, Butterworth Heinemann, 2001, England.

〔4〕 1996 年通过的《贸易法委员会电子商务示范法》旨在促进现代通讯和信息储存手段的使用，例如电子数据交换（EDI）、电子邮件和传真，而无论是否有互联网作为支持。它建立在与纸质环境里“书写”、“签字”及“原件”功能对等的概念之上。通过提供评估电子信息之法律价值的标准，示范法在促进无纸化信息传播的使用中具有重大的作用。除一般规范以外，示范法还包含了特殊领域的电子商务规则，例如，商品运输。为了辅助政府行政部门、立法机关和法院颁布和解释示范法，委员会还制定了《贸易委员会电子商务示范法实施指南》。

以也就属于“电子商务”的范畴。因此，在《电子商务的WTO规划》中，“电子商务”被理解为通过电子手段实现的商品或服务的生产、分销、市场营销、出售和交付等行为。

尽管《贸易法委员会电子商务示范法》并没有涵盖电子商务使用的所有方面，它仍然被许多国家（作为示范法）使用，来制定本领域内的国内法。例如，依据《贸易委员会电子商务示范法》，印度政府在2000年6月颁布了《信息技术法案》，促进了该国电子商务及电子政务的发展。

一、电子商务：对发展中国家的启示〔1〕

以多种信息和传输技术为基础的电子商务可以提高全球范围内的贸易效率，将发展中国家整合进入全球经济体〔2〕。因此，在过去的20年乃至更短的时间内，发展中国家的电子商务有了显著的增长〔3〕。

通常情况下，电子商务为发展中国家提供了一个独有的机会，跨过部分发展阶段，同时提高竞争力，减少贸易成本，提高客户服务。对长期深受有限信息、高市场准入费和远离市场之害的小型企业和经济体而言，电子商务的红利十分之高。发展中国家的中小型企业（Small and Medium - Sized Enterprises，SMEs）使用电子商务可以消除诸如远离市场及企业规模差异等传统贸易障碍。它为招投标、接受预订、商品购买和售后追踪提供了一种便宜的手段，因此使中小型企业得以减少行政开支，扩大运营。

新趋势表明，近几年以传统自然资源和农业为基础的经济体已经形成了受过良好教育的劳动力。凭借低成本和技术高度熟练的工人，他们开始向服务型经济体的转型。电子商务的出现和服务型的转变对促进发展中国家贸易的发展而言是有利因素。联合国贸易和发展会议一项近期研究显示，不同地理位置的发展中国家都在传输在线蓝图、设计图案、工程数据、图样，提供专业和商业服务、旅行和订票服务、休闲娱乐、计算机相关服务及金融服务。

对政府而言，电子商务的发展可以在技术、培训和基础设施等领域为国营和

〔1〕 我们需要了解，包括电子商务在内的众多技术，都是在与发展中国家有不同背景的西方国家中形成的。技术的成功在很大程度上取决于人们如何使用，这就反过来受到技术和使用者之间相适度的影响，所以发展中国家技术的使用并非都能成功也就不足为奇了。

〔2〕 UNCTAD - United Nation Conference on Trade and Development. “Can Electronic Commerce be an Engine for Global Growth?” Electronic commerce and the integration of developing countries and countries with economies in transition, International Trade, 19 ~ 23 July 1999, Geneva.

〔3〕 Chowdhury. A, “Information Technology and Productivity Payoff in the Banking Industry: Evidence from the Emerging Markets”, *Journal of International Development*, (15: 6), 2003.

私营企业提供巨大的投资机会。随着越来越多大型贸易公司使用电子传输手段，发展中国家的贸易商都迫于压力而采用了这种新的交易模式。为了探求电子商贸与它的增长给发展中国家带来机遇的关联性，我们就需要理解影响电子商务使用的国家性因素。下文中提到了众多因素。

二、影响电子商务使用的国家性因素

（一）政府推动

这对电子商务以及其他信息和传输技术的使用十分重要。它们可以是推动ICT使用、教育以及大量建立有关电子商务的规章制度，包括电子商务及知识产权保护中产生的税款和关税。政府推动将受到包括一国政治、经济条件以及来自其他国家的外界影响在内的多种因素的影响。

（二）政治条件

政治局势是电子商务增长的关键因素。在一个政治条件不稳定的国家之内，政府很难对电子商务的发展给予足够的重视[1]。

（三）经济条件

经济条件也被认为是适用电子商务的重要推动力。国内生产总值及人均收入是一国经济条件的通常指标。由于电子商务需要依靠技术基础设施，这对许多发展中国家而言是相对较贵的，因此，经济条件不利的国家就很难参与到电子商务之中。经济条件同时也会影响到一国的社会文化条件。

（四）技术基础设施

电子商务的成功极大地依赖于大量技术基础设施。首先，我们需要远程通信设施将一国或多国范围内不同的地区和当事人连接起来。建设这种设施的花费也同样影响到电子商务的增长。电子商务还依赖于一国有效的物流基础设施。它的增长又进一步要求建立可靠安全的支付手段来避免欺诈及其他不法行为。一个国家整体技术基础设施的发展在很大程度上依赖于这个国家的经济和地理条件。

（五）地理条件

一国地理条件可能成为技术基础设施发展的动力或阻碍。一方面，在由许多小型岛屿组成的国家之中，技术基础设施就很难发展。另一方面，对这种设施的需求对各方之间有效通讯和贸易往来也十分重要。

（六）社会文化条件

电子商务的适用同样取决于文化和社会环境。在某些国家之中，人们认为购

〔1〕 Dedrick, J., Goodman, S. & Kraemer, K., "Little Engines that could: Computing in Small Energetic Countries", *Association of Computing Machinery*, (35), 1995, pp. 21~26.

物是种消遣，因此 B2C 的电子商务就很难形成。同样地，某一社会的教育水平、信息技术的可用程度、个人计算机和电话的普及度，也影响着电子商务的增长。

（七）公共意识

对信息和通信技术的使用和潜在收益方面意识的缺乏也成为电子商务增长的阻碍。在一些发展中国家中，许多人们对电子商务的应用了解十分有限，仅包括聊天、邮件和浏览网络。因此，许多组织都没有考虑到利用电子商务的潜力以提高他们的企业经营业绩。

（八）外部影响

一国电子商务的增长同样受到其他国家的影响。例如，某些国家信用卡欺诈的名声会导致部分 IP 地址因为不同国家的商业网站而被堵塞。这种情况可能使得这些国家被全球商业交易所排斥，因此限制了电子商务的有效使用。

在考察了影响电子商务有效应用的国内因素之后，现在我要强调一些发展中世界电子商务增长的重大限制。

（九）基础设施相关困难

一项经常被提及的限制即与基础设施相关。国际电信联盟（ITU）注意到，发达国家中每 10 000 人就拥有 312 个互联网服务供应商（ISP），而发展中国家每 10 000人才拥有 6 个互联网服务供应商；发达国家每 100 人拥有 54 条电话线路，而发展中国家每 100 人拥有 2. 5 条电话线路。因此，没有大量计算机和基础设施的支持，发展中国家的公司很难面对新兴电子贸易的挑战。

（十）计算机使用度

计算机的使用度也是发展中国家的一大难题，更不必说网络使用度了。在人均收入较低的发展中国家，购买计算机是一种奢侈性消费。除此之外，还要算上每月的网络使用费。国际电信联盟报告显示，非洲拨号上网的平均费用是每月 75 美元，而在英国仅为 15 美元，在美国为 10 美元。除固定的网络连接费用之外，电信运营机构还以分钟为单位对电话线路的使用收取额外的费用。这就减少了使用者上网的时间，阻碍了电子商务活动的展开。

（十一）充足法律框架的缺乏

许多国家，特别是发展中国家考虑的一个重要问题就是，现行法律中对电子商务进行规范的不足。大多数发展中国家的现行法都没有考虑到纸质商业行为以外的其他活动。因此，即使商业界愿意采用电子技术来经营业务，但缺乏适当的保护和促进这项实践的法律机制也会成为一种限制因素[1]。

---

〔1〕 但是，许多发展中国家已经开始着手解决这个问题了。

（十二）安全问题

商业活动通过网络展开也引起了重大安全问题。通过网络进行商业交易的企业必须具备充分良好的安全措施以防止涉及信用卡、银行账户以及社会保障号码等方面的信息被非授权用户取得。发展中国家的小部分人口在使用信用卡时仍然有许多顾虑，甚至于对传统的银行机构也存有不信任和怀疑。除此之外，发展中国家的商业机构使用网络技术的目的似乎也仅在于进行市场营销和内部交流，而不是商业交易。因此，网络文化的缺乏以及民众对电子通信不信任的传统观念根深蒂固，都极大地限制了发展中国家。建立有效的安全体系以保持网络信息的完整和保密，促使国家性机构对这些问题引以重视，才能够克服这一大难题，这些都还有很长的路要走。

三、在全球范围内施行电子商务需解决的问题

在全球范围内施行电子商务需要在许多问题上达成共识。一些国际性和区域性机构目前正在组建适当的框架以促进电子商务在全球范围内的适用。

以下大纲即电子商务顺利有效实施所涉及的问题：

1. 概述

（a）国家的作用

（b）国际组织的作用

2. 经济和社会问题

（a）税收

（b）电子货币

（c）银行监管

（d）市场准入

（e）对劳动力的冲击

（f）进口关税

（g）垄断的风险

（h）文化问题——内容及审查机制

3. 法律问题

（a）司法

（b）电子合同

（c）隐私及数据的保护

（d）消费者及销售方的保护

（e）电子签名，加密

（f）知识产权

(g) 欺诈，洗钱

(h) 互联网服务供应商的责任

(i) 争议解决

4. 技术问题

(a) 电信基础设施

(b) 安全

(c) 加密

(d) 电子支付体系

(e) 身份验证和数据完整性

(f) 网络管理——标准及域名等

以上列举的内容反映了电子商务法律制度形成中所需解决的一系列问题。这些问题的解决在不同的国际和区域论坛中取得了不同的进展。由于很难对当下国际上促进电子商务的努力做出一个综述[1]，我演讲的最后一个部分将集中于世界贸易组织（WTO）在这个领域的工作。

四、WTO 和电子商务

电子商务这个主题对 WTO 而言十分之新，首先是由美国在 1998 年 2 月的总理事会上提出，随后的 5 月，在日内瓦召开的 WTO 第二次部长会议上，该主题被再次提出。WTO 中可能影响电子商务的规则范围相当广泛，包括服务、知识产权、商品、政府采购、TRIPS 以及技术性贸易壁垒。

《电子商务工作计划》[2] 在 1998 年 9 月 25 日的总理事会[3]上通过，并在多哈和香港的部长宣言里再次被提及。这份宣言授权 WTO 理事会建立一个综合的工作计划以检验所有与贸易相关的、涉及全球电子商务的问题，同时向第三届

---

〔1〕 考虑并着手解决电子商务问题的重要机构包括：联合国国际贸易法委员会（UNCITRAL）、世界知识产权组织（WIPO），以及联合国贸易与发展会议（UNCTAD）。除这些机构之外，还有其他论坛也在处理这个问题，包括经济合作与发展组织（OECD）、欧洲共同体委员会以及亚太经济合作组织论坛（APEC）。

〔2〕 从实现工作计划的目的而言，“电子商务”是指“通过电子手段进行的一切商品和服务的生产、分配、市场营销、销售和运输行为”。工作计划同样考虑到涉及电子商务基础设施发展的其他问题。

〔3〕 1998 年 9 月，总理事会为服务贸易理事会、货物贸易理事会、与贸易有关的知识产权理事会，以及贸易与发展委员会建立了一个电子商务的工作计划。1999 年 3 月，总理事会就对这项工作计划的实施进展进行了中期审查。这四个机构的最终报告于 1999 年 7 月 31 日递交给总理事会，其中包括建议书。根据这些报告，总理事会应当将建议书递交给 1999 年 12 月在西雅图召开的部长会议讨论。但是，WTO 西雅图部长会议未能在开始新一轮的贸易协商方面达成一致，导致多边贸易体制未能形成。这也就导致了现在这种对电子交易暂停收取关税的混乱的状态。

WTO部长级会议提交一份工作计划进度报告。这份宣言强调了发展中国家经济、财政及发展需求的重要性，并重申了当前不向电子交易征收关税的立场。WTO的作用就是，正如其成员国不能向跨越国境的电话、传真信息及电子邮件征收关税一样，它们也不能向通过互联网进行的电子交易征收关税。

根据2005年香港部长宣言，对电子交易停收关税仅持续到下一次部长会议的召开。尽管WTO协议规定部长会议至少应该两年召开一次，但除2005年在中国香港特别行政区召开的那一次会议以外，并没有召开过其他部长会议。

理事会、服务贸易理事会、货物贸易理事会、TRIPS理事会以及贸易与发展委员会对此进行的讨论仍在继续，其他政府间组织的工作也被考虑在内。这五个机构之间的工作交流覆盖较广，然而进展却十分缓慢，这主要是由于成员并未能就电子传输产品的分类问题达成一致。调整货物贸易的规则主要是《关税及贸易总协定》（GATT），调整服务贸易的则是《服务业贸易总协定》（GATS）。但事实上，GATT和GATS都没有对“货物”或“服务”给出定义，这使得原本就十分复杂的电子传输产品的问题更加复杂。WTO认为，正是由于原本仅为实体产品的交易现在同样也能以数字信息的方式进行传输，才导致了挑战的产生。

WTO并没有规定电子商务应该被当作为“商品”还是“服务”。如果把它视为服务，《服务业贸易总协定》（GATS）就应该包含电子商务的贸易规则。根据GATS，WTO成员国仅在他们已经做出具体肯定承诺的领域才具有必须提供市场准入的义务。

相反，如果电子商务属于货物，《关税及贸易总协定》（GATT）就应该适用。GATT要求WTO成员国彼此开放市场并享受国民待遇。在2009年12月的WTO部长会议上，部长们同意将对各成员国停收电子商务关税的期限延长至2011年下一次部长会议。如果停收期限延长，这又会再次成为引发争议的问题。

在2009年12月召开的第七次日内瓦部长会议上，部长们同意再次展开《电子商务工作计划》。他们指示理事会对《电子商务工作计划》的进展进行定期检查，理事会于2010年7月、12月以及2011年7月展开了检查。

2011年12月，根据现有授权指令、指导方针以及成员国递交的建议书，WTO部长通过了一项继续开展《电子商务工作计划》相关工作的决定。2011年部长决议同时也再一次延长了WTO于1998年开始的暂停收取电子传输关税的期限。WTO成员国认为这次停收有利于全球电子商务的蓬勃发展。

考虑到电子商务对发展中国家经济的影响，部长应该保障现有的不对电子传输征收关税的实践至少能够持续到下一次部长会议，这十分重要。

五、结束语

信息技术和通讯的增长、整合、一体化和成熟化正在改变着社会和经济。电子商务是世界商业贸易的主要催化剂，这是不可回避的事实。电子商务给发展中国家和发达国家都提供了前所未有的机遇。关键问题是：网络经济是否能够弥补发达国家和发展中国家的不一致？电子商务是否能够为发展中国家和不发达国家当前所面对的主要问题提供一个永久性的解决措施？例如，缺乏资源和资金以解决诸如赤贫、教育不足、婴儿死亡率高、安全性差、温饱、疾病、失业及不平等等国内问题。

从短期来看，利益将集中于发达国家，但是从长远的角度来看，发展中国家将会获得更多的利益。这是因为短时间内，（正如我们所见）发展中国家仍然缺乏充分利用网络资源的必要基础设施。但是，他们能跳过发达国家必须经历的信息技术的某些发展阶段。尽管在现有的基础设施及其他有关经济和社会文化条件方面仍然存在限制，但电子商务可以为发展中国家提供绝妙的成长契机。

国际统一私法协会的《国际商事合同通则》和它们对发展全球法律标准以及合同实践的重要性

阿尔伯托·玛宗尼（Alberto Mazzoni）*　王美丽**　译

一、国际贸易一直需要法律的保护和支持来保证其顺利、安全的发展，从而促进繁荣与和平

迄今为止，历史已证明了国际贸易和法律之间的三种主要协同作用模式，第一种模式是国家之间缔结条约。第二种模式是国际商业交易中因直接适用法院地法或者是因为诉讼地的冲突规则指向该法律为适用法而适用某一特定国家的法律。第三种模式是由一些团体或机构在国际贸易发展领域参与制定和推广的非国家制定的法律规则（non - state rules）；这些非国家团体包括且主要是国际组织、行业协会、银行、交通运输等行业，也包括律师、国际仲裁员和法律学者。

前两种模式符合这样的哲学和思想观点，即所有法律，包括适用于国际贸易的法律的最终来源是国家。根据这种观点，就不存在一个既不属于某一国家法又不属于调节各国之间关系的国际法的法律制度。

---

* 米兰天主教大学国际贸易法和国际商法学教授，罗马国际统一私法协会理事会主席，Mazzoni e Associati 米兰和罗马高级合伙人。在本篇文章中所阐述的观点仅为作者本人的观点，不代表罗马国际统一私法协会理事会主席其他成员的观点。

** 中国政法大学研究生院比较法学院硕士研究生。

第三种模式则源于相反的观点，即并非所有的法律的正当性是来自于国家（或由国家组成的国际团体）的。这一观点的倡导者认为，法律也可以由非国家团体或机构自主产生。这些团体或机构因其特殊能力而在特定领域之内拥有足够权威和/或拥有能从一定习惯做法中提取应被作为法律遵循的规则的能力。

在过去的两个世纪中，认为国家才是所有法律的来源的学派得到了迅猛发展，相应的非国家制定的法律则处在一种边缘地位。非国家制定的法律被特别地界定和分类为一种特别法，只在当事人双方明确或暗示选择时方可适用，且所适用的限度仅在适用的国家法律允许的限度之内。

然而，现在有越来越多令人信服的理由认为国家法理论已经过时或者至少是不足的。今天我们看到现象或许可以称为非国家制定法律（non - State law）的复仇，这种现象在当今国际贸易背景下更加显著。其原因有很多，一些原因是特定且根植于一定的需求，而另外一些则涉及更宽泛的领域。

在我看来，其中有两个理由相对于其他理由显得更加重要。

第一个原因是经济的全球化。这一现象不可避免地使一些概念、规则和结构过时，因为它们涉及的是不同的、过去的规则。当今的世界分为由经济和法律为边界的国家领域。

第二个原因是允许一个国家或一小群国家就法律事宜行使文化霸权的相关政治和经济条件的消失。现在的世界既不是民法法系也不是普通法法系，或是任一个属于其中一个法系的国家法律体系，可以独立地圆满解决经济全球化中国际贸易发展的需要。那些在过去仅停留在主要贸易交流外围的新崛起的经济大国（不仅是中国和俄罗斯，也有相当数量的其他新兴经济体如印度，巴西和一些东南亚国家）呼吁使用一种能在全世界通用的国际贸易法律和法律术语。然而，显然这样能在全球普遍适用的法律和法律术语既不能过分复杂和细致，也不能如作为国家法律或条约法那样刚性。

因此，现在非国家制定的法律的适用在很大范围内有着丰富的需求。它所凭借的是其内在品质，而不是如传统的国家法那样的形式性说服力来应对国际贸易日新月异的多中心发展需求。现在的国际贸易是建立在以新的（或重新发现的）普世价值如衡平（而非简单的自由）为基础的合同以及各缔约方的透明性和可预见性之上。

正是将国际贸易发展的这些需要牢记于心，国际统一私法协会所制定的原则才能在理论和实践中发挥中心和关键的作用。

二、国际统一私法协会

国际统一私法协会（UNIDROIT），是“The International Institute for the Unification of Private Law"的首字母缩写，这是一个由64个代表着世界大部分领域的国家组成的政府间国际组织。

国际统一司法协会成立于1926年，并在国际联盟的帮助下在意大利成立了总部，该协会主要机构的任务是促进实体法统一。显然，这涉及比较法领域大量的深入分析和研究。并且国际统一私法协会针对历史的发展做出了相应变化，使得它现在在促进法律统一上，至少在某些方面，运用了非常不同于前期的方法。

在协会刚成立时期（20世纪30年代），国家是法律来源的法律理论占据了主导地位。尤其是，法律实证主义当时处于全盛时期，并且他们的目标是尽可能在成文法中寻求法律。与当时思想相一致，国际统一私法协会在其早年着重强调分析现有国家法，将自己的——即使不是全部的——也是主要的作用定义为提出新的统一的法规或制定新的条约。

今天我们不应仍以这种方式来形容国际统一私法协会。除了其传统草拟建议新的统一法规或新的条约法的任务，国际统一私法协会在过去的20年中已开始促进作为软法的统一法的活动。软法能够在事实上指导实际的经济和法律主体的行为而并不需要政治上的统一，但也正因其缺乏政治统一这一关键要素而无法转变成硬（州）法。

《国际商事合同通则》（Principles of International Commercial Contracts）是国际统一私法协会在注意到非国家主体制定的法律的发展后在国家贸易领域出台的最重要和最著名的规则。因为通则中的规则能够对国家法起到补充适用的作用，或者能够转变为国家法，这些规则的构想源于不一样的精神，并且他们的功能也使其位于不同的水平。在当今世界，他们起到了如中世纪时期商法的作用。他们使得当代的商人能够满足一个古老但仍然相关的需求：对他们的跨境买卖能够适用统一的实体规则。

三、国际商事合同通则是由一群杰出的致力于研究比较法或者是熟知比较法的专家制定

这与协会的历史及其传统是相一致的。

鉴于国际统一私法协会在制定统一法公约时出现了联合国成员国之间因政治和法律主动性的争议，并且主要负责制定涉及商事团体需求和优先性的组织是国际商会（ICC），因此国际统一私法协会在一开始就采取了一种不同的模式：对协会中每个单独的项目设立一个由国际知名学者所组成的特别工作小组，由理事会负责管理。特别工作小组的工作成果获得理事会的通过之后将递交各个成员国政府。《国际商事合同通则》以及最近为促进该通则适用和传播的示范条款也是通过这样的方式产生的。

《国际商事合同通则》的第一版在1994年完成，在2004年进行了修改；第三版在2010年（实际上是在2011年由国际统一私法协会理事会批准）生效。所有这三个版本的通则均是在Joachim Bonell教授的指导下完成的。Joachim Bonell教授是一名公认的学者，他也被视为使得这个项目最终成功付出最多辛劳的学者。

《国际商事合同通则》的三个版本可以视为是有着持续灵感的一个进行中的工作。第二版和第三版实际上保持了第一版中所有的选择。后两个版本与其说是对旧版本的重新起草，不如说是尽可能地增加所能涉及的争议。一个显然的目标是确保通则是在国际商业合同中且能尽可能自主适用的一套完整的规则。

《国际商事合同通则》中包含的条文数目已经从第一版的120条增加到第二版的185条，并且在第三版增加到211条。因此它们现在涵盖了大多数，即使不是全部也是合同法领域可能出现的最重要、最紧迫的问题。

我们只需要去看一下最新的2010年版的《国际商事合同通则》的目录就能发现，至少在部分上，它更像美国的合同法重述或者是民法法系中一个现代民法典的总则部分，而不是一个标准的合同规范，如示范合同或者是一般的条件规范。

之后我们会详细阐述《国际商事合同通则》如何服务于不同的目的，以及他们如何根据具体情形实现不同的法律功能。现在如果我们看看他们构思和起草的方式，就能明确发现，其预期的功能基本上是与规范合同的法律规范相同的，而非旨在满足合同范本，以确保双方的协议符合所要求的标准条款的结构和内容的功能。

否则人们无法解释通则中吸纳涉及在合同范本或标准的一般条件的条款中从未（也许是永远）不会处理的问题的条文。例如处理以下问题的条文：尊重强制性规则（第1.4条）、非法合同（第3.3.1条和3.3.2条）、相关性和影响形成的合同无效理由（第3章，第2节）、机构（第2章，第2节）、第三方权利（第5章，第2节）、涉及多个债务人或权利人的合同（第11章）、限制期（第10章）。

通常情况下，没有合同范本会包含任何此类事宜的条款，因为传统的（仍然通行的）国家制定法（state－law）假定这些问题是由规范合同的法律或者特定的相关法律来规制的，而不是由当事人订立的合同规制。

显然，在超越了传统的示范合同的界限后，《国际商事合同通则》寻求能更接近法律。特别是在国际贸易合同的特定领域，他们的目标是实现一定程度的完整性和自主权，如在法律中一样，是一个甚至能为未明文规定的问题产生内部解决方式的系统。这种潜在的完整性和自主性（显然不是在绝对意义上而是限于合同事宜），是在一般性评估《国际商事合同通则》的本质和任务时应当被牢记的主要特征。

四、《国际商事合同通则》的第二个重要特点是它们属于并且应当在合同自由的维度内工作

换句话来说，通则所涉及的领域拥有契约自由，而在这个领域之内国家应当保证不加入强制性规则。通则本身不会制定不能由缔约双方减损的条文，也不会试图违反或者规避强行法。相反，通则本身明确是遵从强行法的（参见条文1.4）。

由于通则本身不具有约束力，并且它们处理的是契约自由领域下的问题，需要对其进行进一步的评论来避免潜在的误解。

从20世纪70年代开始，新的观点和趋势已经在法律学说以及那些以制定在国际贸易关系中可以公平且公正地适用的规则为基本目标的国际组织中出现。

这些规范不仅应当规制传统的国家法主体（如国家以及其他具有国际法律人格的主体），也应当涉及私主体，尤其是大的跨国公司。这些公司凭借其巨大的财富和其在政治上的广泛影响力，使得他们比一些主权国家更加有权力，即使他们不具有后者拥有的国际法主体资格。

到目前为止，希望提取和塑造这些新规则的尝试都失败了。国家，不管是那些经济最发达的资本输出国家，还是那些缺乏资本的新兴的发展中经济实体都强烈抵制这样的变革。他们或是因为极其不愿去遵从新的没有正式条约渊源的国际法义务或是（特别是）不愿看到这样一种情形，即国际法主体扩展到私主体上。一旦他们承认这种情形，那么私主体便会依据国际法拥有与国家相同的权利和权力（不仅是义务），而这是没有一个国家到目前为止能够或者愿意接受的。

这些希望在国际法中开拓新领域的尝试的失败，促使了寻找其他替代方法或途径的活动，借此来达到所希望的目的；即使是基于不同的基础。也就是说人们已经开始搜寻不同的手段来达到这样的结果，即让国际贸易关系中遵循公平且公正的行为成为一项义务。在这样的旨在希望促进国际贸易中良好行为的替代模式中，著名的有《联合国跨国公司行为守则草案》、《联合国全球契约》、《经济合作与发展组织跨国企业准则》和2009年2月在罗马的八国集团会议之际签订的《全球标准草案》。

然而，《国际商事合同通则》并非旨在成为此种全球国际法律标准。通则的目标不在于促进对保证遵循国际贸易行为准则的法律框架的接受，而在于，正如上文中已经指出的，它们是为了保证在契约自由环境中的适用。它们可以被视为国际法律准则（或可以产生这样的法律的因素），它们的内在本质不同于那些不管是已存在的，还是新兴的旨在提高国际贸易活动中道德性的规则：《国际商事合同通则》基于自身的统一性、补充性，使得契约自由的形式更加有效，它们并不是建立自由界限的规则。

在已经阐述完《国际商事合同通则》的第二个基本特征后，现在我们就开始讨论这些规则是如何通过不同的方式在实践中发挥作用的。

通则的序言包含这些不同的功能（非详尽）的清单。在这里我们既没有时间也没有空间来对这些功能进行详细的分析。我将涉及一些，特别是通则中的规定被作为合同条款适用以及作为一种工具来解释或补充国际统一法或国内法律使用的情况。最后，我的评论将着重放在最近的示范条款（2013 年 6 月），即国际统一私法协会为协助《国际商事合同通则》在合同实践中的使用而获得的最新成果上。

五、通则的序言

根据通则的序言，“当事人约定其合同受通则管辖时，应适用通则”（第 2 段），“当事人约定其合同受法律的一般原则、商人习惯法或类似规范管辖时，可适用通则”（第 3 段），“当事人未选择任何法律管辖其合同时，可适用通则”（第 4 段）。

以上三种序言中设定的情形的共同点是，缔约双方均希望能够保证他们订立的合同不适用任何国家的法律。

在第一种情形中，缔约双方明确约定适用《国际商事合同通则》为准据法。在其他两种情形中，缔约双方则未如此明确地表明适用意愿，因此只有在符合以下情况时方能适用通则规定：必须有具有说服力的证据证明缔约双方排除适用任何国家法的真实意愿，此外必须查明在该案的情形下通则的适用是最适合的方式。显然，在这三种情形下缔约双方意愿的确定性和准确性的不同导致了在第一种情形中，《国际商事合同通则》“应当适用”，而在其他两种情形中则仅为“可以适用”。

缔约双方排除任何国家的法律适用于他们之间的合同的原因是多种多样的。例如，缔约双方可能无法一致同意适用某一缔约方国家或任一第三方国家的法律。又或者，当缔约方一方为国家或者是国际组织时，这个合同可能需要“私有化”，因为去适用任何一个特定国家的法律都是不可能或者在政治上不适当的。一方面，当缔约方一方为国家时，它当然不会反对适用自己国家的法律，但是这可能对另一缔约方是不可接受的；另一方面，国家一般也不愿去适用另一国家的法律。也有可能是因为合同本身内在的国际性特质（如一个各船东间的海洋会议上飘扬各国的旗帜），要求或者希望所适用法律的绝对中立性。

过去，当这样的需求产生时，所拥有的解决途径都具有不确定的内容和范围：譬如，典型的情况是，缔约双方会接受允许合同由在国际贸易领域中各文明国家所采纳的国际通行的商事惯例管辖的条款。而这样的条款显然具有不可预测的危险性。现在同样的需求仍然存在，鉴于国际统一私法协会《国际商事合同通则》的适用使得上述风险有效地降低了。通则清晰、易于适用，全球接受度高且具有完整性和自主性。

然而现在还剩下一个基本问题，这个问题不仅在理论上具有重要地位，且在实践中也占据重要位置，最起码在一定的案件中。

这个问题就是，国际统一私法协会制定的这个通则能否作为法律来适用？也就是说，它是否能够作为一个充足的、综合的非国家性立法，或作为一个与国家法相等值的法律来规制合同。或者，通则是否能够作为合同中的条款来适用？这也就是说，作为当事人双方所选择的一组规则构成合同的一部分，而这部分规则同样需要受到根据相关的国际私法而指向的准据法的约束。

这个问题的答案依赖于两个初步的因素，即这个推理所依据的理论前提以及这个争议被审查的具体环境。也就是说，这个争议是否被提交到了法院或者是仲裁庭。

如果所被认可的理论前提是，双方所能选择的适用于其合同的法律仅限于国家法而不包括非国家制定的法律系统的话，那么一个不可避免的结论就是国际统一私法协会制定的这个通则不能代替必须适用于该合同的国家法，即使在缔约双方未明确约定适用该国家法的情况之下。这种理论的倡导者也认为，当缔约双方未明确选择一个法律时，他们排除适用任何国家法律的内心表示不生效，因此法院地的冲突法规则必须指向客观可适用的国家法。

在另一种情况下，如果理论前提与上一种情况截然相反时，即当不是所有的法律都是国家制定法或者国际法时，争议的情况就大大地改变了。这个观点的支持者认为，除了在合同的履行必须在相关国际私法所指向的国家法的强制法保障下的情况，基于当事人意思自治，没有任何理由能够将国家法的适用强加在缔约双方上。根据这一推理，适用非国家主体制定的法律作为适用法是完全可行的，尤其是适用一个如国际统一私法协会制定的《国际商事合同通则》一样合理、全面、自治的非国家主体制定法（non - state rules）。

当我们从这两种理论如何补充合同空白入手时，这两种途径的分歧的实际关联性是非常明显的。

这两种理论中比较早产生的理论拒绝规避适用国家法的情形，并认为合同的空白应当由国家法来填补。而根据另一种理论，则倾向于通则应尽可能多地直接作为法律适用，通则作为一个体系，本身能够保证在通则或合同中未明确规定部分仍有可适用的规则。

显而易见，第二种理论能够更好地服务于具有国际性特征的合同。因为通过适用国际通则来弥补合同空白，而不是在所谓的“不可避免”的国家法中寻找解决方案，消除或者减少了缔约双方未预料到的特定国内法适用的风险，而这风险仅仅是因为他们未事先（ex ante）排除相关国内法，且是在他们可能无法与对方进行协商，或仅有不足的协商的情况下。

在多数国家（尤其是美国以及一些拉美国家）中仍不支持排除国家法适用的理论。并且在司法中，法院在时间的推移中逐渐接受了适用外国法而非法院地法的可能性，然而在大多数法官的心目中，这里的外国法仅指国家法而非一些缺乏强制力的规则。

而第二种理论认为的非国家制定的规则能够作为管辖法律的观点，仍然属于少数派。不仅是一些学者，还有一些国家的法官（尤其是法国最高法院）已经被说服，而最接受此理论的是国际仲裁庭。

针对最后一方面，我们必须首先关注 1985 年《联合国国际商事仲裁示范法》第 28 条，这一规则已被四十多个内国法所采纳。第 28 条中清晰地规定到：“仲裁庭应按照当事各方选定的适用于争议实体的法律规则对争议作出决定。”

此外，目前两种观点在国际商业仲裁的背景下，促进国际统一私法协会通则作为仲裁法律规则来适用，无疑还有会很长的路要走。

首先，国际仲裁员将尊重当事人的意志作为他们的基本职责，而不是去保证某一特定国家的法律的适用。在显然是各方有意排除任何国家法律适用的情况下，作为结果，让国际仲裁员去适用双方已明确提到的非国家制定规则且使缔约双方不适用国家法的意愿生效通常没有任何困难。

其次，许多国际仲裁员认为，在缺乏一个由当事人所作出的明确的限制时，他们有一种内在的广泛的自由，去寻找他们解决争议的实质有用的争议规则。通则的序言中涉及当事人没有选择任何法律作为适用法的情况，这潜在的隐含假设是，仲裁员拥有广泛的自由裁量权，《国际商会仲裁规则》（2012 年）第 21 条中规定，根据“当事人有权自由约定仲裁庭处理案件实体问题所应适用的法律规则。当事人对此没有约定的，仲裁庭将决定适用其认为适当的法律规则”（第 1 款），并且“在任何的情况下，仲裁庭均应考虑［...］相关的贸易惯例”（段 2）。

最后，由海牙会议准备的《海牙国际商事合同中法律选择原则草案》也将国际统一私法协会制定的《国际商事合同通则》视为法律。

在经历过激烈的辩论后，这个草案（2012 年 11 月批准）的最新版本包含一个妥协的解决方案，其第 3 条中内容如下："在这些原则中，法律包括在国际上或在地区上被普遍接受的具有中立性和平衡性的规则，法院地法律另有规定的除外。"

上述提供的文本反映出国家法律论的倡导国家的担心：无条件地承认凭借当事人意思自治的原则，可以选择任何一个非国家制定法律规则来作为管辖法律的情形，可能会导致较弱一方受到需遵守额外的纯地域性规则，或者更糟糕的情况，涉及单边主义以及不公平的、严重倾向于强势一方的规则。

《国际商事合同通则》完全符合上述海牙草案第 3 条规定，并充分认可该条款。即，通则如果不是最恰当——也肯定是中立和平衡的规则中最显著的例子之一——适合选为国际合同的准据法。

诚然，我们仍应考虑"法院地法律另有规定的除外"这句话，但这只是对反对者做出的一种让步，这也是现在时兴的一种做法。因此，尽管未来的趋势和前景预示着通则被视为法律而得到运用；然而实际上，在某些司法管辖区法院地冲突规则仍可能不接受通则作为法律的选择，或认为这样的选择是无效的。在这样的地区中，最明智的解决争议的方法是明确地将适用通则规定变为"合同条款"。

《国际商事合同通则》在这方面的工作以及如何最佳利用通则的问题，将会在此报告的最后处理示范条款部分进行详细的讨论（下文第 8 段）。

六、根据通则的序言，通则也可用来"解释或补充国际统一法文件"（第 5 段）、"解释或补充国内法"（第 6 段）

通过合同中的特别条款，可以在任何时候适用上述辅助性原则规定，也正是基于此种考虑，国际统一私法协会才决定将它吸纳进入其正在主张的示范条款当中，这正是为了确保这种性质的规定的适用，当有关各方希望通过采用这些条款时是十分明确的。

然而到目前为止，这种类型的特别条款在实践中并不常用，相反的一个经常被提出的问题是在合同并未明确允许这种可行性时，《国际商事合同通则》能否自动用来解释国际法和国内法。

第一种假设——运用通则解释或补充国际统一法律文书——值得注意的是，1980 年在维也纳签订的《联合国国际货物销售合同公约》（以下简称 CISG），在接下来的一系列国际公约中被采纳，这是否实际上打开了《国际商事合同通则》用以解释和补充所有这些公约的大门？

更具体地说，CISG（以及类似的其他公约）第 7 条规定，"在解释本公约时，应考虑到本公约的国际性质和促进其适用的统一以及在国际贸易上遵守诚信的需要。”（第 1 款），以及“凡本公约未明确解决的属于本公约范围的问题，应按照本公约所依据的一般原则来解决”（第 2 段）。争论的焦点是条文中所指的一般原则，只是可以在这个特定的公约中推定的一般的原则，还是也能从其他公约或其他具有类似的背景和目标的统一的法律文书推导出的法律原则。

学者们在这个问题上存在分歧，一些人认为应当秉承传统的缩小的和严格的做法，而其他学者则支持以更自由和进步的方法来解释公约和国际统一法。

根据第一种思想的传统派学者的观念，在 CISG 的情况下，唯一可以合法援用的一般原则，是指那些本身可以从 CISG 提取出来的原则。此外，他们用之后产生的国际法律文件来解释 CISG 是不合逻辑的，如《国际商事合同通则》。因为各国在谈判和批准 CISG 时，没有机会来对这个问题进行谈判并批准认可。

这种观点与那些认为公约和其他国际统一法律文件的解释应是自动且活跃的学者们的立场是截然相反的。尤其是涉及 CISG 与《国际商事合同通则》之间的关系时，这是显而易见的，即后者是在 CISG 的激励下产生的，并在很大程度上受到 CISG 的影响，而且推动《国际商事合同通则》通过的主要驱动之一，就是意图对因缺乏足够的政治共识而未被吸纳入 CISG 中的问题提出解决原则。在这个前提下，我们很容易得出这样的结论，即 CISG 和《国际商事合同通则》是基于相同的一般原则，并因此可以互相补充。特别是，《国际商事合同通则》能为 CISG 中第 7 条的解释起到填补漏洞的作用。

现在并不适合深入研究由法院和仲裁机构在这个问题上给出了具体的答案的各种反对意见的理论争议。我只想说，法院和仲裁机构并未过分关注理论争议，而多次适用了《国际商事合同通则》来解释 CISG。因此，序言中所提到的《国际商事合同通则》“可用于解释或补充国际统一法文件”所反映的是一个现实，而不只是一个假设或一个虔诚的希望。

同样的结论也适用于使用《国际商事合同通则》来解释或补充国内法的可能性。然而，在这方面需要考虑的原因和问题有些不同，需要我们单独进行审查。

七、《国际商事合同通则》是一个复杂的、均衡的比较法工具

在大多数情况下，它提供的是对在许多国家的法律制度中合同重要条款的重述。同时，在一些情况下，他们在国家现有的解决方案是相互矛盾的、不可调和的和并不如意的地方，提出了自己原创（和改进）的解决方案。因此，一般来说，《国际商事合同通则》和各类国内合同法是没有不相容之处的。那么这反过来表明，没有明确的逻辑和文化障碍阻碍通则成为大多数国家的合同法领域的法律制度。换句话说,《国际商事合同通则》可能一开始就渗透进国内法领域。在法院和仲裁机构足够熟悉通则并且认同它所提供的帮助时，他们很可能采取直接采取通则所提供的解决方案。如果这样的解决方案的适用是对国内法中的改革性运用，那么这实质上是进行了文化输入。

对通则在具体条款中的适用固然重要，并且可能会比立刻能看到的效果更加广泛，但在这里值得我们特别注意的是，至少在某些国家这并不是最关键的一点。我们需要关注的是：在适用一国法律且没有各方明确授权运用通则解释的情况下，法院和仲裁机构在解释或补充其内国法时，会在多大的程度上适用通则呢?

一个初步的观察是需要的。在适用国内法时，如果国内法律承认或认可，对国内法适用于涉及国际因素的合同和纯国内案件有所不同，那么以《国际商事合同通则》解释和补充国内法的道路是开放的和广阔的，但这仅限于争议具有“国际性”这一个显著特征。

历史告诉我们的，不同于一国国内私法忠实地反映了每个国家的鲜明特点，适用于跨越国界的商业交易的大部分的法律规则着眼于实质性一致性。因此，如果我们承认每个国家的法律制度可能包括一种特殊的“部分”应被运用到国际商业交易规则，很显然,《国际商事合同通则》在保持各国“部分”的情况下，是衔接国际国内不同的法律最好的方式。

然而，许多法律文化根本不区分国内的和国际的所应适用的商业规则，在这样的情况下所适用的法律不可避免地是一个特定的国家法。因此，如果所适用的国内法不允许涉及国际因素的案件适用特殊的国内法的话，这就很难理解从通则中产生的规则在其与明示或暗示的国内法规定冲突时如何会占据优势。

不过，也有可能是通则在所有这种案件中适用的实质开端，解决途径可能来源于通则，通则不是与国内法发生冲突而是填补了国内法的空白。事实上，抛开所有的理论争议，在解决一个给定的国内法争议时，通则可在极端情况或者书面情况下适用且不与国内法冲突的理论似乎获得了各国的法官的逐步接受，尤其在国际仲裁中。

虽然有将自己个人主观愿望视为事实的风险，但是通则在将来的适用基于上述情况是充满希望的。

《国际商事合同通则》在合同条款未明确规定其适用时有固有的产生或刺激自身条款适用的能力。这不仅在上述的情况下，而且在许多其他的情形或目的下都是真实的。但是我们需要想到通则可能会成为国家在合同领域立法改革的一个模型或灵感的源泉，如 1999 年中国《合同法》的制定就广泛借鉴了《联合国国际销售合同公约》和《国际商事合同通则》。

然而毫无疑问的是根据定义、国际合同以及当事人的意思自治构成了通则运作和进一步发展和成功的最好机会。考虑到这一点，在 2012 年 5 月的会议上国际统一私法协会理事会决定，批准由 Don Wallace Jr 教授申请的建议起草一套示范条款的项目，使缔约双方能明确指出他们希望通则如何适用到他们的合同中。这个项目由 Wallace 教授主持，Joachim Bonell 教授为报告员，及时地在最近的 2013 年 5 月理事会会议上批准完成。这不是国际统一私法协会主席对这种新产品的歌颂，但他认为国际统一私法协会有信心，这些示范条款能获得积极的回应，尤其是希望它能在国际合同实践中对通则的适用和理解做出显著贡献。

这份文书由四个部分组成。第一部分是当事人对通则作为他们之间合同适用法的意愿表达。第二部分涉及在当事人已选择通则作为合同条款的情况下的推荐条款。正如上面所提到的，在合同纠纷的当事人在地方法院的冲突规则不认同通则作为合同的适用法律，即通则作为非国家法律规制合同的情况下，这个条款的使用是强烈推荐的。第三部分汇集了各种直接的条款，以确保当 CISG 依照当事人的意志适用于合同时，运用通则来对 CISG 本身进行解释和补充。最后，第四部分以确保在当事人双方明确表示的情况下，依照通则来解释和补充国内法的条款。

所有的示范条款（将通则作为合同条款的示范条款除外）中都包括替代性措辞，它的使用取决于该条款是吸纳入合同本身或在争议出现时才单独订立。最众多和详细的示范条款是那些涉及选择《国际商事合同通则》作为法律规范的条款。这反映了起草者在面对一个必然会出现的问题时所采取的一个决定，为保证支撑《国际商事合同通则》和示范条款的当事人意思自治原则，一系列的解决方案被提出，以尽可能地确保当事人可以通过适当地对他们的合同自由的应用来解决这个问题。

总之，不管通则涉及了多宽的范围，也不管通则的目标是覆盖合同所能产生的所有问题，通则独自是无法解决这个必然会出现的问题的。针对这个问题，《国际商事合同通则》通过提供三种不同的示范条款提出了三种不同的解决方案，即①一个直接选择通则作为适用法的条款，在各方没有行使他们以自己的自由表示填补空白的权利时，所有不能由通则所填补的空白，都需参照有关国际私法规则指向的国家法律来填补；②一个要求所有空白必须由当事人明确选择的法律来填补的条款，而这个条款可能与通过国际私法规范所指向的“客观”的国家法不同；③一项条款的规定空白，必须依照普遍接受的国际商法原则来填补。

后者的示范条款显然出于以下考虑：当事人希望通过排除适用任何与普遍接

受的国际标准不相符的国内法，以确保其合同绝对的国际性。

总的来说，示范条款表明如果使用得当，那么当事人意思自治完全能够压制或者克服任何与潜在的不确定性相关的不便，否则这些不便可能会与明示选择通则作为管辖法律或任何其他双方有意识且深思熟虑的用途联结起来。就此来看，毫无疑问的是，对那些运用通则来进行国际贸易合同谈判的人来说，示范条款为加强法律确定性做出了巨大贡献。

澳大利亚经验：国际电子通信合同适用联合国公约的比较分析

艾伦·戴维森（Alan Davidson）* 李萌萌** 译

一、引 言

本文探讨了国际电子通信合同适用联合国公约的比较的观点，并提出了澳大利亚采取的电子商务立法实施办法。本文将列举采纳联合国公约的条款的优势和潜在的缺点。因此本文将“改良的”联合国的做法同采纳《联合国国际贸易法委员会电子商务示范法》的许多司法管辖区的现状做了比较。

在澳大利亚讨论由于国家统一立法未获通过的事实而变得复杂。相反，九个议会，每个都有自己的电子交易法；联邦立法机构；六个州，新南威尔士州、昆士兰州、南澳大利亚州、塔斯马尼亚州、维多利亚州和西澳大利亚州；两个地区：澳大利亚首都领地和北领地。

当2010年5月澳大利亚宣布将加入联合国公约时令人兴

---

* 南威尔士州最高法院和澳大利亚高等法院事务律师兼出庭律师；昆士兰大学TC贝尔尼法学院高级讲师。另见发表于2012年9月20~21日联合国国际贸易法委员会亚洲和太平洋地区区域中心电子商务和在线纠纷解决机制介绍：区域现状和发展前景上的论文《电子通信国际合同适用联合国公约的全球展望：澳大利亚的经验》。

** 中国政法大学比较法学研究院2011级硕士研究生。

奋。联邦、州和地区的九个检察长都同意通过修订立法来加入。

在此同时，多米尼加共和国于2012年8月2日成为联合国公约的第三个加入国，其结果是，联合国公约于2013年3月1日开始生效。洪都拉斯和新加坡在2010年6月15日和2010年7月7日分别加入联合国公约。[1]

联合国公约于2005年11月23日由联合国大会通过。它建立在联合国1996年《电子商务示范法》上，通过提供位于不同国家的当事人之间在合同的成立或履行中电子通信使用所产生的问题的实际解决方案以促进国际贸易。它的目的是增强法律的确定性和商业可预测性，但不是意在改变或创建合同法。鉴于认识的深化和电子商务的发展，该公约更新了示范法，并为合同提供国际贸易法律上的确定性，填补示范法于1996年制定以来产生的差距。

二、联合国公约条款的十个优点

1. 统一和标准化

正如联合国公约序言中所概述的“消除适用国际电子通信合同的障碍，其中包括可能会由于现有国际贸易法文书执行所产生的障碍的统一规则的采用，将加强法律的确定性和商业国际合同的可预见性，并帮助各国接近现代贸易途径。”

2. 签名：确定性的签名要求（“证明”）

1996年示范法是一部它所处时代的优秀的文件；然而，它反映的是在它所处的20世纪90年代初对电子商务的状态的理解。示范法中使用了这样的表述“根据所有的情况，正如对于数据信息所产生或传递的目的是合适的”。但是，有许多最简单的电子签名应适当地约束发件人的情况。例如，在电子邮件的末尾键入一个名称应该足以约束发件人，在这样的情况下，它相当于合同的要约的接受，甚至一个相当大的价值，并且发件人承认签名和电子邮件。然而，这一规定允许潜在的抗辩：鉴于合同价值较大的情况下，“简单”的签名是不合适的，即使发件人确认签名是真实的。联合国公约增加了一个替代性条款对其进行纠正：“事实上被证明已履行的职能”的电子签名法。

3. 签名：“意图”取代“审批”

引用表明签名者“审批”信息的简洁陈述被签名者“意图”的表述所取代而适当地提高。[2]

---

[1] 一经批准，新加坡宣布：本公约不适用于有关任何的不动产销售或其他处置合同，或该等财产的任何权益的电子通信。该公约还不得适用于以下几个方面（i）遗嘱的产生或执行；或（ii）可在本公约所规定的任何合同签约的契约的产生，履行或强制执行，信托声明书或授权委托书。

[2] 参见联合国贸易法委员会秘书处对国际电子通信公约适用联合国公约的解释性说明第160段。

4. 扩展定义

随着从十年的经验中获益，新的和改进的定义已被纳入。[1]

5. 发出时间

最初的发出时间该数据电文“进入脱离原发件人的控制之外的一个单一的信息系统”的标准包含了许多缺陷。不仅仅存在着这样一个问题：拥有现代电子邮件系统，发送者可能很好地保留并因此控制撤销已发送的电子邮件的能力，甚至从收件人的收件箱。新提法通过使用“离开发件人控制下的信息系统”的表达解决了这些问题。

6. 接收时间

接收时间被明确为当电子信息进入收件人指定的信息系统时。该规定是有问题的，其原因有很多，不仅仅是“指定的信息系统”没有被定义。它可能是收件人的个人计算机或互联网服务提供商，或者即使收件人只需指定互联网。新规定将其简化为当该电子信息“能够被取回”时。

7. 发出和接收的地点

对于发出和接收的地点的规定是没有争议的；然而，这些规定已被更新。

8. 自动合同

一项新的规定处理这一问题，即适当编程的计算机自动签订合同。这个问题没有在示范法中处理。过去没有统一的方法处理自动合同问题。该公约采取了实用的方法来处理计算机按照既有的安排和编程订立合约的现代适用问题。这样，公约承认了自动合同的广泛使用。

9. 纠正输入错误

这项新规定解决了这一问题，即当一个自然人与另一方当事人的自动信息系统交换电子通信输入错误时，自动信息系统没有给自然人以纠正的机会。

10. 适用于合同环境的明示的意图

联合国公约明确将其覆盖面扩展到合同环境。对于这一问题示范法有所规定，但仅仅是根据“交易”一词的意思的暗示。示范法适用于广义定义的电子交易。

三、联合国公约条款的缺陷

联合国公约的使用存在四个严重的问题。

1. 包含在第8条第2款中的同意条款

这一规定是在美国代表团的坚持下插入的。其结果是，包含同意条款实质上

---

〔1〕 参见联合国公约第4条。

阻碍了功能对等。[1]，功能对等的目标对于示范法和公约都是极为重要的。也就是电子版本或使用应当在法律上得到同传统交易功能上同等地对待。提供一种不接受电子对等的选择显示出对电子交易仍存在一定程度的抵抗。这不存在于示范法中，尽管几个司法管辖区都在立法中插入了同意条款。

2. 误解操作和电子商务的本质

正是这种缺乏了解，导致一些司法管辖区加入了同意条款。同样地，在一个适当的功能上对等的电子签名就足够时，许多组织需要一个数字签名。

3. 立法的豁免往往被过度使用

示范法指南警告全部豁免。例如，在澳大利亚，英联邦电子交易法规包含超过160个豁免。有些州广泛地豁免须予证明、认证、验证或见证的任何文件。这种方法同样妨碍了示范法和立法的目的。此外，还有一个误解，认为豁免意味着（举例来说）电子书写或签名是不允许的。豁免是指有关立法不适用。然而，在普通法司法管辖区适用普通法的原则，这些原则通常在任何情况下都允许电子对等。

4. 大多数司法管辖区误解了法律的性质和普通法（至少在普通法司法管辖区，以及其他地方的一般法）的操作

在可适用的立法由于诸多原因之一（如适用豁免）不适用时，这并不等同于规定电子条款是无效的。它只是意味着该条例并不适用，从而导致在任何情况下最坚忍维护电子商务原则的普通法的适用。

四、澳大利亚电子交易法

1. 立法背景

1999年《联邦电子交易法》是基于1996年联合国国际贸易法委员会《电子商务示范法》制定的，它适用于所有联邦，那些由法规特别豁免的除外。1999年5月，各州和地区同意基于联邦法案制定平行的立法。所有州和地区颁布了这样的法律[2]。在2005年，联合国大会通过了国际电子通信合同使用的联合国公约。

2010年5月为了加入联合国公约总检察长常务委员会同意修订符合联合国公

---

〔1〕 参见艾伦·戴维森："同意的问题——电子交易中同意要求如何阻碍功能对等"，（2004）24普罗克特，12月23日。

〔2〕 参见2000年电子交易法（新南威尔士）；2000年电子交易法案（维多利亚）；2001年电子交易法（昆士兰）；2000年电子交易法（南澳大利亚）；2011年电子交易法（西澳大利亚）；2000年电子交易法（塔斯马尼亚）；2001年电子交易法（澳大利亚首都领地）；2000年电子交易法案（北领地）。

约的电子交易法。联邦、各州及各领地都颁布了这样的修订立法。[1] 联合国公约通过消除可能的法律障碍或者适用国际电子通信合同的形成或履行而产生的不确定性从而促进国际贸易。[2]

立法的目的是提供有利于使用电子交易的环境，提高企业和社区使用电子交易的信心，使企业和社区在与政府交易中使用电子通信的法规框架。

2. 电子交易行为的主要特点

3. 电子交易的有效性

电子交易法规定一个交易不因它是通过一个或多个电子通信手段全部或部分的发生而无效。[3] 术语“电子通信”被广义地定义为包括电子邮件、网络聊天、电话短信和语音识别系统。一般规则从属于处理交易有效性法案的其他条款。法规可能也排除了同指定交易和指定法律有关的一般规则。立法的主要目的是提供功能对等，即电子交易同基于纸张的传统交易具有同样的功能，因此应当在法律面前同等对待。

当事人可以约定排除或修改这些默认规则。与联合国国际贸易法委员会的技术中立的原则相一致，通用表达式被使用，如“电子通信”，从而使法案能更广泛地应用于传真和即时短信。

4. 电子交易法案比较表

管辖区	联邦	新南威尔士	维多利亚	昆士兰	南澳大利亚	西澳大利亚	塔斯马尼亚	澳大利亚首都领地	北领地
短标题	1	1		1	1	1	1	1	1
开始实施	2	2	2	2	2	2	2		2
目的	3	3	1&4	3	3	3		3	3
简要提纲	4	4	5	4~5	4	4		4	4

〔1〕 2013 年 8 月 29 日昆士兰州最后一个这样做。

〔2〕 参见联合国贸易法委员会秘书处对公约的解释性说明 www. uncitral. org/uncitral/en/uncitral_texts/electronic_ commerce/2005Convention. html.

〔3〕 1999 年电子交易法（联邦），第 7 条；2000 年电子交易法（新南威尔士），第 7 条；2000 年电子交易法案（维多利亚），第 7 条；2001 年电子交易法（昆士兰），第 8 条；2000 年电子交易法（南澳大利亚），第 7 条；2011 年电子交易法（西澳大利亚），第 7 条；2000 年电子交易法（塔斯马尼亚），第 5 条；2001 年电子交易法（澳大利亚首都领地），第 7 条；2000 年电子交易法（北领地），第 7 条。

续表

管辖区	联邦	新南威尔士	维多利亚	昆士兰	南澳大利亚	西澳大利亚	塔斯马尼亚	澳大利亚首都领地	北领地
定义	5	5	3	6	5	5	3	5	5
王权绑定	6	6	6	7	6	6	4		6
豁免	7A ~ 7B	6A	6A		6A	7	4A	6A	6A
电子交易的有效性	8	7	7	8	7	8	5	7	7
书写	9	8	8	9 ~ 13	8	9	6	8	8
签名	10	9	9	14 ~ 15	9	10	7	9	9
文件的产生	11	10	10	16 ~ 18	10	11	8	19	10
保留	12	11	11	19 ~ 21	11	12	9	11	11
发出时间	14	13	13	23	13	13	11	13	13
接收时间	14A	13A	13A	24	13A	14	11A	13A	13A
发出和接收地点	14B	13B	13B	25	13B	15	11B	13B	13B
电子通信的特征	15	14	14	26	14	16	12	14	14
适用于电子通信合同的附加条款	15A ~ 15F	14A ~ 14E	14A ~ 14E		14A ~ 14E	17 ~ 21	12A ~ 12E	14A ~ 14E	14A ~ 14E
法规	16	15	15	27	15	22	13	15	15

5. 书写

在法律允许或要求任何人提供书面信息的情况下，如果该人通过电子通信手段提供信息，则该准许或规定即被视为满足。[1] 一般来说，通过电子通信的方式提供可以接受的信息，它必须是能够合理预期该信息将持续为将来的参考访问所获得，并且该信息的接收者必须同意通过电子通信方式给予信息。

6. 签名

在法律要求一个人提供签名的情况下，如果有一种方法被用来识别那个人，并且显示该人对于所传达的信息的意图，则这一要求被视为已满足。[2] 另外，这一方法必须是可靠的，同在所有的情况下传达信息的目的一样适当。这种可靠性标准被列入，以确保功能等同原则的正确解释。[3] 然而，这种可靠性试验标准的意外后果是，一方当事人可能会否认其签名，即使他或她的身份是毫无疑问的。可靠性标准"不应导致法院或事实上的审判者根据电子签名适当性的不可靠而判定整个合同无效，如果没有对签署人的身份或签订的事实有争议。"[4] 因此，测试合格条件是，它证明了该方法实现其功能，那么测试是不适用的。最后，收件人必须同意使用这种方法。

7. 文件的产生

法律要求或允许通过复印文本来产生文件的人可能通过替代的电子形式产生文件。[5] 对于可接受的电子文件而言，产生它的方法必须提供一种可靠性的方式来确保信息的完整性被维护。也必须可以合理地期待包含在电子文件中的信息可以持续的获得以备将来参考访问。另外，接收人必须同意电子文件的条款。

---

〔1〕 1999 年电子交易法（联邦），第 9 条；2000 年电子交易法（新南威尔士），第 8 条；2000 年电子交易法案（维多利亚），第 8 条；2001 年电子交易法（昆士兰），第 9－13 条；2000 年电子交易法（南澳大利亚），第 8 条；2011 年电子交易法（西澳大利亚），第 8 条；2000 年电子交易法（塔斯马尼亚），第 6 条；2001 年电子交易法（澳大利亚首都领地），第 8 条；2000 年电子交易法（北领地），第 8 条。

〔2〕 1999 年电子交易法（联邦），第 10 条；2000 年电子交易法（新南威尔士），第 9 条；2000 年电子交易法案（维多利亚），第 9 条；2001 年电子交易法（昆士兰），第 14～15 条；2000 年电子交易法（南澳大利亚），第 9 条；2011 年电子交易法（西澳大利亚），第 9 条；2000 年电子交易法（塔斯马尼亚），第 7 条；2001 年电子交易法（澳大利亚首都领地），第 9 条；2000 年电子交易法（北领地），第 9 条。需要注意的是，昆士兰州正处于修改其立法以达到这一标准的过程。一般地，参见装束有限公司诉选举专员 [2010] FCA869。

〔3〕 见联合国公约适用国际电子通信合同的解释性说明第 163 段。

〔4〕 见联合国公约适用国际电子通信合同的解释性说明第 163 段。

〔5〕 1999 年电子交易法（联邦），第 11 条；2000 年电子交易法（新南威尔士），第 10 条；2000 年电子交易法案（维多利亚），第 10 条；2001 年电子交易法（昆士兰），第 16～18 条；2000 年电子交易法（南澳大利亚），第 10 条；2011 年电子交易法（西澳大利亚），第 10 条；2000 年电子交易法（塔斯马尼亚），第 8 条；2001 年电子交易法（澳大利亚首都领地），第 10 条；2000 年电子交易法（北领地），第 10 条。

8. 同意

在立法所依据的联合国国际贸易法委员会《电子商务示范法》没有规定的情况下，电子书写、签名的同意条款和产生条款的规定的包含一直被视为一个严重的弱点。双方必须达到事先的协议，以使用特定的电子通信。同意包括可以合理地从有关的人的行为推断出的同意。

联邦法案的注释备忘录规定同意条款是基于政府的一般政策，即一个人不得为了满足联邦法律提供信息的要求或允许被强迫通过电子通信实施交易。同意条款甚至在修正案反映之后仍然存在，部分地，同意条款包含在联合国公约中。联合国公约的解释性说明规定，同意条款已包括在几个国家有关电子商务法律中以"突出当事人意思自治的原则，并明确了电子通信的法律承认不要求当事人使用或接受它们。"〔1〕

示范法、联合国公约和电子交易法案的基本原则是功能对等。

9. 信息和文件的保留

以书面形式记录信息，通过复印文本保留文件，或保留电子通信的主体的信息的要求可能会通过电子形式的记录或保留信息来满足。〔2〕在文件要求被保留时，关于通信的始发地和目的地，该电子通信已发送和接收的时间的额外信息将被保留，并且保存信息的方法必须提供可靠的方式确保维持信息的完整性。

10. 电子通信的发送时间

当电子通信"离开发件人所控制的信息系统"时电子通信被视为已由发件人发出。然而，在电子通信尚未离开发件人控制下的信息系统的情况下，发出时间是被收件人收到的电子通信的时间。这第二种情况被包括进了电子交易法的修正案中。它处理的是，在某些电子邮件系统中，发送者保留自收件人处撤回电子

〔1〕 联合国公约适用国际电子通信合同的解释性注释第131段。

〔2〕 1999年电子交易法（联邦），第12条；2000年电子交易法（新南威尔士），第11条；2000年电子交易法案（维多利亚），第11条；2001年电子交易法（昆士兰），第19～21条；2000年电子交易法（南澳大利亚），第11条；2011年电子交易法（西澳大利亚），第11条；2000年电子交易法（塔斯马尼亚），第9条；2001年电子交易法（澳大利亚首都领地），第11条；2000年电子交易法（北领地），第11条。

邮件的能力，因此，“收到”时为发出时间。[1]

在SZAEG诉移民部长［2003］FMCA258案中，法院将联邦法案适用于澳大利亚邮政的传真服务，发现当“用手”交给澳大利亚邮政雇员时发件人的文件被发出。

11. 电子通信的接收时间

当电子通信能够被收件人指定的电子地址取回时，电子通信被视为已被收件人收到。当受送达人未指定电子地址时，收到的时间是当电子通信已能够由收件人取回且收件人已认识到该电子通信已发送到该地址。[2] 这被推定为电子通信到达收件人的电子地址时[3]，并且战胜了处理信息系统指定的前一条款的困难。[4] 尽管如此，服务器收到的精确时间的证据可以从邮件日志来确定，可能会影响合同的订立和通知有效的服务。[5] 如果电子通信尚未离开发件人控制范围之内的信息系统，则电子通信被收件人收到时发出。

在里德诉爱尔兰［2009］NSWSC678一案中，麦克雷迪AJ认为，电子邮件地址是“一个积极的信息系统”，并讨论了2000年《电子交易法案》（新南威尔士州）范围内所指的收到的含义。他说的“某种形式的邮件交换记录”的证据需要确定由服务器接收邮件的时间。根据1999年《建筑及建造业支付安全法》（新南威尔士州），在被“服务”付款索赔后原告有10个营业日提供付款计划。支付索赔的附件在2008年11月6日下午3点06分送到的电子邮件中，邮件阅读回执记录显示，邮件已读于2008年11月7日上午5时30分。如果送达于11月6日，则11月21日发出的电子邮件超出了10个营业日的限制。如果送达于11月7日，则它在10个营业日期限内交付。由于缺少何时由服务器接受的证据，

---

［1］ 1999年电子交易法（联邦），第13条；2000年电子交易法（新南威尔士），第13条；2000年电子交易法案（维多利亚），第12条；2000年电子交易法（南澳大利亚），第13条；2011年电子交易法（西澳大利亚），第13条；2000年电子交易法（塔斯马尼亚），第11条；2001年电子交易法（澳大利亚首都领地），第13条；2000年电子交易法（北领地），第13条；注意2001年电子交易法（昆士兰），第23条规定电子通信首次进入发件人控制之外的信息系统时被认为已经由发送者发出，见联合国公约解释性注释，第177~178段。

［2］ 1999年电子交易法（联邦），第13A条；2000年电子交易法（新南威尔士），第12A条；2000年电子交易法案（维多利亚），第12A条；2000年电子交易法（南澳大利亚），第13条；2011年电子交易法（西澳大利亚），第13条；2000年电子交易法（塔斯马尼亚），第11条；2001年电子交易法（澳大利亚首都领地），第13条；2000年电子交易法（北领地），第13条。注意2001年电子交易法（昆士兰），第24条。昆士兰法规定当电子通信进入收件人指定的信息系统时，该电子通信被认为收到。

［3］ 参见联合国公约解释性注释第179段。

［4］ 参见里德诉爱尔兰［2009］NSWSC 678［31］。

［5］ 里德诉爱尔兰［2009］NSWSC 678［31］。又见奥星财经诉坎贝尔（2007）215 FLR464［18］。

法院认为接收时间是读取邮件的时间。

这一原则是邮政验收规则的部分应用。这个规则是一般规则的一个例外，一般规则接受传达给要约人时合同成立。当邮政是预期的通讯模式的情况下，要约的接受发生于当接收信被放置在邮政系统时：亨索恩诉弗雷泽［1892］2 Ch 77，根据亚当斯诉林德塞尔（1818）（1818）1 B & Ald 681；106 ER 250，信是否送达，延迟甚至丢失都是这样。邮政接受规则并不适用于即时通讯。然而，这种19世纪的规则已经蒙恩于技术如何被利用的21世纪的电子商务。

12. 电子通信发出和接收的地点

电子通信被视为在发件人设有营业地的地方已发出，并在收件人设有营业地的地点接收到。[1]

13. 电子通信的特点

任何人不得被电子通信约束，除非该通信由他发出，或由此人授权发出。[2] 这种授权可以按照代理原则明示，表面上或暗示发出。重要的是，当事人可以提前约定排除这一规定。

这一规定不同于联合国国际贸易法委员会《电子商务示范法》，后者包含一个可反驳的推定，即声称的发件人是事实上的发件人。该法令规定，声称的发件人只受由其发出或者经过其授权发出的通信的约束。

电子商务专家组认为，联合国国际贸易法委员会的建议认为电子商务将超过基于纸张的通讯。它指出，有距离的（以邮寄或传真方式），在纸张上使用签名的电子商务涉及伪造或未经授权签名的风险，但没有一般法律规则赋予收件人推定该签名是真的。如果联合国国际贸易法委员会建议被接受，电子签名数据信息的收件人，比那些接受基于纸张信息的人工签名的人处于更有利的位置。

随着收货和发货，根据该法双方之间的相反的协议可以取代这一推定。然

---

〔1〕 1999年电子交易法（联邦），第13条；2000年电子交易法（新南威尔士），第12条；2000年电子交易法案（维多利亚），第12条；2001年电子交易法（昆士兰），第25条；2000年电子交易法（南澳大利亚），第13条；2011年电子交易法（西澳大利亚），第13条；2000年电子交易法（塔斯马尼亚），第11条；2001年电子交易法（澳大利亚首都领地），第13条；2000年电子交易法（北领地），第13条。

〔2〕 1999年电子交易法（联邦），第15条；2000年电子交易法（新南威尔士），第14条；2000年电子交易法案（维多利亚），第14条；2001年电子交易法（昆士兰），第26条；2000年电子交易法（南澳大利亚），第14条；2011年电子交易法（西澳大利亚），第14条；2000年电子交易法（塔斯马尼亚），第12条；2001年电子交易法（澳大利亚首都领地），第14条；2000年电子交易法（北领地），第14条。

而，代理法被保留。[1]

附：论文的补充注释

注释 1

相关材料的链接

●联合国国际贸易法电子商务示范法

●http：//www. uncitral. org/pdf/english/texts/electcom/05 –89450_ Ebook. pdf

●电子交易法案 2001（昆士兰）

●http：//www. legislation. qld. gov. au/LEGISLTN/CURRENT/E/ElectronTrQA01. pdf

●新南威尔士州电子交易法案 2000

●http：//www. austlii. edu. au/au/legis/nsw/consol_ act/eta2000256/

●维多利亚州电子交易法案 2000

●http：//www. legislation. vic. gov. au/

●电子交易法案 2000（塔斯马尼亚）

●http：//www. thelaw. tas. gov. au/

●http：//www. austlii. edu. au/au/legis/tas/consol_ act/eta2000256/

●电子交易法案 2000（南澳大利亚）

●http：//www. austlii. edu. au/au/legis/sa/consol_ act/eta2000256/

●电子交易法案 2011（西澳大利亚）http：//www. slp. wa. gov. au/legislation/statutes. nsf/main_ mrtitle_ 12857_ homepage. html

●电子交易法案 2000（北领地）

●http：//corrigan. austlii. edu. au/au/legis/nt/consol_ act/etta499/

注释 2

澳大利亚立法的开始

联邦，第一阶段 –2000 年 3 月 24 日 – 第二阶段 2001 年 7 月 1 日；

维多利亚 – 2000 年 9 月 1 日；

塔斯马尼亚 – 2001 年 6 月 1 日；

北领地 – 2001 年 6 月 13 日；

澳大利亚首都领地 – 2001 年 7 月 1 日；

---

[1] 1999 年电子交易法（联邦），第 15（2）条；2000 年电子交易法（新南威尔士），第 14（2）条；2000 年电子交易法案（维多利亚），第 14（2）条；2001 年电子交易法（昆士兰），第 26（2）条；2000 年电子交易法（南澳大利亚），第 14（2）条；2011 年电子交易法（西澳大利亚），第 14（2）条；2000 年电子交易法（塔斯马尼亚），第 12（2）条；2001 年电子交易法（澳大利亚首都领地），第 14（2）条；2000 年电子交易（北领地）法（北领地），第 14（2）。

新南威尔士 – 2001 年 12 月 7 日；

昆士兰 – 2002 年 11 月 1 日；

南澳大利亚 – 2002 年 12 月 7 日；

西澳大利亚 – 2011 法案，2011 年 10 月 24 日，2003 年法案，2003 年 5 月 2 日。

注释 3

澳大利亚迄今立法案例

1. 合同

福特诉拉·阿甘［2001］QSC261（电子交易法案的第一个昆士兰案例）。“进一步通过电子邮件接收能够产生法律关系”在福特诉拉·阿甘案［2001］455 QCA 中确认。

彼得·斯迈思诉文森特·托马斯［2007］NSWSC844 – 法院不费多大劲地承认通过电子方式 – 易趣的合同成立。

欧莱雅党史诉格拉科伯［1934］2 KB394

里斯兄弟塑胶有限公司诉哈们西佰科奥斯特私人有限公司（1988）5 BPR11，106

数据库系统有限公司诉税务局局长［1990］3 NZLR385

2. 普通法

马克红莲诉辛普森［2004］NSWSC35（这个案件表明没有电子交易法案法律还是一样的吗?）

休谟电脑私人有限公司诉精确国际（2007）FCA 478

威尔肯斯诉爱荷华州保险业监理专员（1990）457 NW 2d

SM 集成传斯维尔诉辛克新加坡有限公司［2005］2 SLR651

洛克希·德阿拉伯诉欧文［1993］3 WLR468

南澳大利亚有限公司伊斯兰议会诉伊斯兰议会公司澳大利亚联邦［2009］NSWSC211

3. 签名

J 佩雷拉费尔南德斯 SA 诉梅塔［2006］EWHC 813

福克斯诉卡梅伦［2004］NTSC 61；（2004）32 Fam LR 417

梅恩诉罗宾斯［2009］SADC58（2009 年 5 月 27 日）

南澳大利亚有限公司伊斯兰议会诉伊斯兰议会公司澳大利亚联邦［2009］NSWSC211（和普通法）

法律服务委员会诉福斯特［2010］VSC102（2010 年 3 月 31 日）

装束有限公司诉选举专员［2010］FCA 869 – 根据第 10 条第（1）款（b）项，使用签名工具，并通过网站提交索赔表被认为是一个可靠的工具。法院确定了第 10 条第（1）款（b）项没有指定通信的可靠性和适当的方法应该依赖于发送方、接收者或两者的意见。这应该由法院来确定并适用。

太平洋大酒店［2010］QBCCMCmr 255（2010 年 6 月 9 日）

阿德莱德城市公司诉科尼鲁普［2011］SASCFC84（2011 年 8 月 10 日）（法律执业者来自

微软 Outlook 电子邮件信箱的电子证书连同他的名字的声明，足以确定他的条款 – 一个电子邮件的附件是一个签名）

陆逊梯卡零售澳大利亚私人有限公司诉 136 皇后街私人有限公司［2011］QSC162（2011 年 6 月 9 日）

布朗兄弟精细家具私人有限公司诉格雷厄姆（民事索赔）［2012］VCAT70（2012 年 1 月 20 日）（“给予” – 书写 – 签名 – 同意）

4. 同意

伊里奇和海湾星星私人有限公司［2004］WASTR25

金诉移民部长［2006］FMCA1591（2006 年 10 月 11 日）同意的问题。

装束有限公司诉选举专员［2010］FCA 869 – 同意条款不适用于联邦实体。

布朗兄弟精细家具私人有限公司诉格雷厄姆（民事索赔）［2012］VCAT70（2012 年 1 月 20 日）（“给予” – 书写 – 签名 – 同意）

5. 书写

洛克希・德阿拉伯诉欧文［1993］3 All ER 641，曼 LJ 认为，为了法案释义法 1978（英国）的目的，复印件构成了“书面形式”。重要的是在［814］曼 LJ 指出，为了达成这一发现“正在进行的法规应被理解以适应技术变革。”

威尔肯斯诉爱荷华州保险业监理专员（1990）457 NW 2d 1（US）“保险合同保留书面记录的要求可以通过保险公司保持在其计算机系统上的书面纪录所满足。”

太平洋大酒店［2010］QBCCMCmr255（2010 年 6 月 9 日）“该法人团体承认申请人于 2009 年 7 月 31 日周五递交了委员会提名表格，但认为申请人没有遵守包含在电子交易法 2001（昆士兰州）的电子通信要求，因为在发送电子邮件时生成电子版表格的方法并没有提供维护包含在文档中的信息的完整性的可靠方法。然而，申请人指出未能打印出完整的形式，是由于该法人团体经理的计算机上的打印机设置，在朱厄尔先生在微软办公软件上改变了打印设置为‘显示标记的文档’后打印出了完整的表格。总而言之，我相信可能提名表格被正确完成，但打印版本由于该法人团体经理的计算机设置而有缺陷。”

南澳大利亚有限公司伊斯兰议会诉伊斯兰议会公司澳大利亚联邦［2009］NSWSC 211 。“20 通知和类似的东西应当以书面形式的要求的目的一般至少是双重的。一是确保正式的行为以至于不会使发出通知的一方产生怀疑。二是通常通过确保通知有永久的记录可以避免后来的争论。这就是说，‘写作’的概念是关注词语的使用形式，而不是词语被书写的表面。根本区别是书面文字和口语词的区别。而‘写’常常设想写在纸上，但却是写作而不是讲话，尽管是用隐形墨水写。如果由飞机从事空中文字写在天空，它仍然是写作。在我看来，如果它出现在电脑屏幕上，作为数据输入到计算机的结果，它仍然是写。”

澳思达财经诉坎贝尔［2007］NSWSC1493（见接收）

里德诉爱尔兰［2009］NSWSC678（见接收）

布朗兄弟精细家具私人有限公司诉格雷厄姆（民事索赔）［2012］VCAT70（2012年1月20日）（“给予”－书写－签名－同意）

6. 接收时间

斯载戈诉移民部长［2003］FMCA258

澳思达财经诉坎贝尔［2007］NSWSC1493（2007年12月21日）

新南威尔士大学诉舍俟拉米［2008］FMCA1323（2008年9月24日）

里德诉爱尔兰［2009］NSWSC678（2009年7月22日）

辛朱诉移民部长［2009］FMCA1206（2009年12月17日）

辛朱诉移民与公民事务部部长［2010］FCA461（2010年5月13日）

美国运通澳大利亚有限公司诉迈克尔斯［2010］FMCA103（2010年2月9日）－服务破产通告－破产规则和接收时间的规定

螺旋管制造商私人有限公司诉PIHA私人有限公司［2010］APO16（2010年8月27日）

西太平洋银行诉迪克森［2011］FMCA211（2011年6月17日）

泰诉移民与公民事务部部长［2010］FCAFC23－移民规则－注释备忘录是指部长给出文件“发出和接收的确定性”规定的新部分。在第162和163段，EM也提到了新的规定取代了电子交易法1999（联邦）认为的接收规定，因为它们提供更多的确定性。

7. 杂项

芬利森诉移民代理注册管理局［2005］AATA1127（2005年11月16日）会员－RG肯尼“申请表预示着，有关的持续专业进修学分的信息应当在2005年5月16日前提供，他们通过电子方式提供，并且这被MARA承认。电子交易法1999（联邦）第8及9条（第19段）。”

莱恩诉就业和劳资关系的部门秘书［2006］AATA494（2006年6月7日）－申请人不合逻辑声称电子交易法1999第9条允许他要求所有通信，包括通告的签发，仅仅应当通过电子邮件进行。

塔甘可巴克联盟公司诉规划和RTA部长［2006］NSWLEC396（2006年7月14日）当部长“可以推断已经指出电子传递就足够了，然后通过电子邮件附件发送文件，也许把它放在一个网站并通知部长，是电子交易法2000（新南威尔士州）意义上的‘给与’［第8条和在第5条第（1）款‘同意’和‘电子通信’的定义］，第111段”。

SM集成传斯维尔诉辛克新加坡（私人）有限公司［2005］SGHC 58.

岩石固体表面私人有限公司诉BIESSE集团（澳大利亚）私人有限公司［2011］FCA42（营业地点接收电子邮件）

鲁克诉佳利［2011］SASCFC118（2011年10月26日）（豁免，已提到的）

注释 4

符合联合国公约的改变[1]

电子交易法 1999（联邦） - 2011

1. 简介

以下是本法例之简介：

一、施行联邦法例，一项电子交易不会因为其通过一项或多项电子通信，而被视作无效。

二、是根据联邦法例之规定，能够以电子形式完成：

（a）规定须以书面形式提交信息；

（b）规定须提供签署；

（c）规定须出示文件；

（d）规定须记录信息；

（e）规定须保留文件。

三、为施行联邦法例，在认定发出及接收电子通信之时间及地点方面已订立了条款。

四、为施行联邦法例，一项电子通信对声称发信者是有约束力的，只要该通讯是由声称发信者本人或经由声称发信者授权的人发出的。

第 2A 部包含适用于涉及电子通信的合同条款，包括以下条文（关于特别是互联网）：

（a）一个形成合同的未写地址的提议，被视为要约邀请，而不是作为一项如果接受将产生合同的要约；

（b）自动形成的合同不是无效的，无效或不可强制执行，因为没有人审查或干预；

（c）包含一个输入错误的电子通信的一部分可以在某些情况下被撤销；

（d）第 2 部的某些条文的适用范围只限于他们自身并不适用的程度。

5. 定义

一、本法例中，除非有相反意图出现，否则其定义如下：

电子通信的收件人是指发件人打算由其接收电子通信的人，但不包括作为电子通信中介的人。

自动电文系统是指一个计算机程序或电子或其他自动方式的系统，它用于启动一个动作，或对数据消息全部或部分做出反应，而没有自然人的审查或干预，发起行为或产生回应由系统进行。

电子通信的发件人是指由本人或代表在其存储之前，如果有的话，发送或生成电子通信但不包括作为电子通信中介的人。

营业场所是指：

（一）就一个人，不是段落（b）中提到的实体，一个地方，在那里此人为了从事一项经济活动保持一种非短暂处所，而不是一个具体地点货物或服务的临时提供；或者

[1] 添置有下划线；删除必须通过文本行。

（二）就任何政府、任何政府机构或任何非牟利团体而言，是指一个由政府、机构或团体进行任何运作或活动的场所。

交易包括：

（一）合同，协议或其他安排性质的任何交易；和

（二）任何陈述，声明，要求，通知或要求，包括要约和对要约的承诺，各方都需要作出或选择作出与合同，协议或其他安排或履行相连；和

（三）非商业性质的任何交易。

二、2001年7月1日之前，在本法例中（除本条款规定外）其定义如下：

联邦法例是指被指明包括在法规中的联邦法例

第六条 皇室当受约束

第七条 境外区域

7A 根据法规豁免

（1）本规例可规定该法的全部或指定的规定不适用：

（a）交易，要求，权限，电子通信或指定的或指定类别的其他事项，在法规中就本节而言；或

（b）在指定的情况下，或者指定类别的情况下，在法规中就本节而言。

（2）本法规可规定该法的全部或指定的条文并不适用于联邦法律规定。

7B 其他豁免

豁免法院和法庭

（1）第2A部分和第2部分第2分部并不适用于法院或法庭的做法和程序。为了这个目的，做法和程序，包括有关法院规则做出的所有事项。

1995年证据法等不受影响

（2）第2A部分和第2部分第2分部不影响以下的实施：

（a）1995年证据法令；或

（b）对应于1995年证据法令的州或领地的法律；或

（c）一个州或领地的法律或普通法的原则，这些规定了在法院按照程序提出证据的方式。

第2部分 电子通信法律要求的应用

第一分部 有关联邦法交易有效性的一般规则，电子交易的8个有效性（无改变）

第二分部　联邦法律要求

9. 书写（无改变）

10. 签名

签名要求

如果在联邦法例之下，规定某人须要签署。在下列情况即属满足了电子通信中签名的要求：

（1）在所有情况下使用了一种方法来识别人，并指出了此人信息通讯的核准意向；和

（b）在所有情况下，所采用的方法是任一：

（i）同电子通信产生或交流的目的的适当性一样可靠，根据所有的情况，包括任何相关的协议；或者

（ii）事实上被证明已经事先实现（a）段描述的功能，通过它自身或者同更多的证据一起；并且

（c）如果签名被要求给予联邦实体或者代表联邦实体的个人，并且实体要求适用的方法正如在（a）段中提到的，应当同特定的信息技术要求相一致，实体的要求已经满足，并且

（d）如果签名被要求给予个人，此个人既不是联邦实体，也不是代表联邦实体的个人，而将获提供该签署的人须同意采用在（甲）段所述提供之方法以符合规定。

特定的其他的法律不受影响

（2）条款不会影响为其他任何联邦法例之运作而订立或与之相关联的条款而就其所须：

（a）包含在任何一项电子通信的电子签署（无论如何描述）；或

（b）包含在任何一项电子通信有独特识别的电子形式；或

（c）就某一项电子通信而言使用一种特殊方法来识别通讯发出者及显示该通讯发出者关于信息交流的意图。

（3）提到在法律要求签名的第一款包括提到规定没有签名的后果的法律。

11. 文件之出示（无改变）

12. 保留（无改变）

第三组别——其他与联邦法例相关联的条款

14. 发出时间

（1）就联邦法律而言，除非发件人与电子通信的收件人另有协议，电子通信的发出时间是：

（a）当电子通信离开发件人或者代表发件人发出的一方所控制的信息系统时

（b）在电子通信尚未离开发件人或者代表发件人发出的一方控制下的信息系统的情况下，发出时间是收件人收到电子通信的时间。

注：（b）段将适用于在当事人通过同一个信息系统交换电子通信的情况。

（2）第（1）款适用于即使支持电子地址的信息系统所在的地方可能不同于根据本条例第14B条在电子通信被视为已发出的地方。

旧条款规定，当电子通信或“进入发件人控制之外的一个单一的信息系统”……电子通信发生于当它进入该信息系统，如果“一项电子通信连续进入发件人控制范围之外两个或更多的信息系统，那么，……电子通信发生于当它进入第一个该等信息系统的时间”。

14A 接收时间

（1）为施行联邦法例，除非发件人与电子通信的收件人另有协议，

（a）电子通信的接收时间为电子通信能够在收件人指定的电子地址被收件人取回之时；或者

（b）电子通信在收件人的另外一个电子地址的接收时间为：

（i）电子通信能够在那个地址被收件人取回；并且

(ii) 收件人知道电子通信已经发到那一地址。

(2) 为施行 (1), 当电子通信到达收件人的电子地址时, 推定电子通信能够被收件人取回, 除非发件人与电子通信的收件人另有协议。

(3) 第 (1) 款适用于即使支持电子地址的信息系统所在的地方可能不同于根据本条例第14B 条在电子通信被视为已发出的地方。

旧条款规定如果某一项电子通信的收件人指定一个信息系统作为接收电子通信之用, 那么……电子通信的接收时间是该通讯进入该信息系统的时间。如果某一项电子通信的收件人没有指定任何一个信息系统作为接收电子通信之用, 那么... 电子通信的接收时间是收件人留意到该电子通信的时间。

14B 发出及接收地点

(1) 为施行联邦法例, 除非该电子通信的发件人及收件人另有协议, 否则:

(a) 凡发件人拥有营业场所会被视为电子通信的发信地点;

(b) 凡收件人拥有营业场所会被视为电子通信的收信地点。

(2) 为了电子通信适用第 (1) 款:

(a) 一方的营业场所被假定是此方指明的地点, 除非另一方证明指明的一方在那一地点没有营业场所; 并且

(b) 如果一方没有指明营业场所, 且仅有一个营业场所, 那么假定那一地点为此方的营业场所; 并且

(c) 如果一方没有指明营业场所, 且有多于一处的营业场所, 营业场所为同相关交易关系最密切的营业场所, 考虑到所知的情况或各方所设想的在交易之前或结束时的任何时候; 和

(d) 如果一方没有指明营业场所, 且有多于一处的营业场所, 但是 (c) 段不适用, 假定一方的主要营业地点是此方的唯一的营业场所; 和

(e) 如果一方当事人是自然人的, 没有营业场所, 假定此方的营业场所是此方的惯常居所。

(3) 一个地方不是一个营业场所, 只是因为那是:

(a) 支持一方所使用的信息系统的装备和技术所在地; 或者

(b) 信息级数可能为另一方所获得的地方。

(4) 仅凭一方当事人使用连接到特定国家域名或电子邮件地址的事实不会产生其营业地位于该国的推定。

15. 电子通信的特征

2A 部分适用于涉及电子通信合同的补充规定

15A 本部分的应用和操作

(1) 除第 (2) 款外本部分适用于与当事人之间合同的形成或履行相连的电子通信的使用, 并且如此适用:

(a) 不论是否部分或所有各方均位于澳大利亚境内或其他地方; 并且

（b）不论合同是否是为经营目的，为个人、家人或家庭目的，或用于其他目的。

（2）本部适用于或就合同而言仅当：

（a）合同的准据法是（或其形成是）一个州或领地的法律；并且

（b）在形成合同的时候，该州或领地没有同这部分基本上相同的法律条款。

15B 要约邀请

（1）通过一个或多个电子通信形成合同的提议，这一提议

（a）不是向一个或多个特定当事人发出；并且

（b）使用信息系统的当事人通常可以获得；

不被认为是要约邀请，除非清楚地表明做出提议一方的意图是受接收该提议所约束。

（2）第（1）款延伸适用于通过信息系统利用交互式应用程序处置订单的提议。

15C 使用自动电文系统订立合同－非自然人干预

合同形成通过：

（a）自动电文系统与自然人的相互作用；或

（b）自动电文系统之间的相互作用；

不能仅仅因为在每个由自动电文系统或所产生的合同实施的个人行为没有自然人审查或干预而是无效或不可强制执行的。

15D 电子通信有关合同的错误

（1）本条适用于有关的陈述，声明，要求，通知或请求，包括要约和对要约的承诺，与合同的形成或履行连接各方都需要作出或选择作出。

（2）如果：

（a）一自然人在与另一方的自动电文系统交换电子通信时输入错误；并且

（b）自动电文系统没有给此人以纠正错误的机会；

此人或者代表此人行事的一方，有权撤回电子通信中输入错误的部分，如果：

（c）此人或者代表此人行事的一方在发现错误后尽快地通知对方，并表明他或她在电子通信中出现了错误，并且

（d）此人或者代表此人行事的一方并没有使用或收到任何来自对方货物或服务的任何重大利益或价值，如果有的话。

（3）根据本条撤销电子通信的一部分的权利其本身并不是一个撤销或终止合同的权利。

（4）行使根据本条撤销电子通信的一部分的权利的后果（如果有的话）要按照法律的任何可适用的规则来确定。

注：在某些情况下为了合同订立的目的电子通信的部分撤销可能会使整个通信无效或不发生效力（见国际贸易法委员会对联合国公约使用国际电子通信合同的解释性说明第 241 段，2005 年 11 月 23 日在纽约完成）

15E 有关合同的法案的应用

（1）除第（2）款外，第 8 及 14A 至 14B 条的规定适用于：

（a）由合同构成或同合同相关的交易；或

（b）有关合同形成或履行的电子通信；

正如适用于那些条文提及的交易或电子通信的同样的方法适用，尽管“为了联邦法律的目的”或者“根据联邦法律”这样的词语被省略。

（2）然而，这部分［包括第（1）款］并不适用于或同合同的相关的范围内：

（a）第2部分自身将有同样的效果；或

（b）一个州或领地的法律（即同第2部分大致相同的条款）自身将有同适用这部分相同的效果。

注：本条在这样的程度上将第2部分的规定适用于合同或拟议的合同（如果有的话）：这些规定并不适用，仅仅因为他们明示适用有关“联邦法”。本节在这样的程度上还不适用第2A条的规定：第2部分自身能够适用。其中第2部分自身可能不适用的例子是一个州或领地的合同正在同位于海外的供应商谈判中。

15F 有权无干扰和其他司法管辖区的职能

（1）如果：

（a）除本款外，本部分将实施，以防止或干扰权力的行使或州政府职能或职责的履行；并且

（b）该操作会因为宪法而无效；

则本部分不实施。

（2）如果：

（a）除本款外，本部分将实施，以防止或干扰权力的行使或澳大利亚首都领地或北领地政府职能或职责的履行；并且

（b）如果假定该领土是一个州，该操作会因为宪法而无效；

则本部分不实施。

第3部分——杂项

16. 规则

17. 过渡性条文 - 电子交易法修正案2011

（1）第7A条开始实施及立刻生效之前根据本法案制定的规定继续有效，尽管那一条款在他们制定时就已生效。

（2）除第（3）款外：

（a）第15B延伸至生效日期前提出的提议；并且

（b）第15C延伸至生效日期前进行的行动；并且

（c）第15D延伸到在生效日期之前作出或发出的陈述，声明，要求，通知或要求，包括要约和对要约的接受。

（3）第（2）款及第2A部分并不适用于有关生效日期前成立的合同。

（4）在第（2）和（3）款，生效日期指第2A部分的生效日期。

注释 5

考虑同意条款

伊里奇和海湾星星私人有限公司［2004］WASTR25（2004 年 7 月 5 日）

提交给法官——“同意”包括可从有关的人的行为合理地推断得出的同意。电子交易法第 8（1）条对于同意何时存在并不确定。电子交易法第 8 条第（1）款第（a）项具体是指“在信息发出时”预期通讯可以合理地获得，但是这似乎不符合第 8 条第（1）款第（b）项。然而，信息的“给予”和“同意”都表示在现在时，这很可能表明立法意图是，在信息发出时，同意必须存在。换句话说，后续的文字或行为严格地说是无关紧要的。

法官说：“不过，在目前的情况下，除了随后提交 Baystar 还没有同意接受公司内部章程，无论是 2004 年临时股东大会的会议纪要或提供给我的任何其他文件没有证据表明发出了先前的同意。在此基础上，该决议是没有效力的。被告已经取得了很大的技术要求，即申请人本应该在服务地层公司时遵守反对票的书面通知。这些意见中如果有任何有效性，相同的标准必须适用在公司内部章程第 42 条第（8）款付诸表决之前 Baystar 要求的‘书面同意’”。

笔者的意见——法官本应该认为，在没有同意的情况下，不适用电子交易法。他应适用普通法思考。电子交易法没有规定，在没有同意的情况下，不应当是“书面形式”，仅仅是如果有同意是可以接受的。